亚洲足球联合会/中国足球协会

足球教练员培训教程

（职业级）

中 国 足 球 协 会
国家体育总局干部培训中心 编

北京体育大学出版社

特约编辑	王　芬
策划编辑	李　建
责任编辑	刘玖占
审稿编辑	熊西北
责任校对	亦　飞
责任印制	陈　莎

图书在版编目(CIP)数据

足球教练员培训教程(职业级)/中国足球协会,国家体育总局干部培训中心编 . － 北京:北京体育大学出版社,2007.1
ISBN 978 - 7 - 81100 - 660 - 5

Ⅰ.足…　Ⅱ.①中…②国…　Ⅲ.足球运动 – 教练员 – 技术培训 – 教材　Ⅳ.G843.2

中国版本图书馆 CIP 数据核字(2006)第 126345 号

足球教练员培训教程(职业级)
　　　　中　国　足　球　协　会
　　　　国家体育总局干部培训中心　编

出　　版	北京体育大学出版社
地　　址	北京海淀区中关村北大街
邮　　编	100084
发　　行	新华书店总店北京发行所经销
印　　刷	北京市昌平阳坊精工印刷厂
开　　本	787 × 1092 毫米　1/16
印　　张	17.25

2007 年 1 月第 1 版第 1 次印刷
定　价　35.00 元
(本书因装订质量不合格本社发行部负责调换)

编　委　会

序

在深化足球改革的今天，职业联赛的比赛水平是否能够得到提高已经成为中国足球持续发展的关键因素之一，而训练质量的高低直接决定着比赛水平。不言而喻，要提高训练质量，在诸多相关因素中起决定性作用的是足球教练员的水平。

中国足协一贯高度重视教练员的培训工作，在进行职业化改革后，中国足协将中国足球教练员的培训与国际足球教练员培训接轨，实施了 A、B、C 三级岗位培训制度。2004 年～2005 年，中国足球协会在总结、汲取我国岗位培训工作经验和足球发达国家先进培训经验的基础上，对我国持有 A 级教练员证书的教练进行了职业级教练员的岗位培训。有来自中国足球协会、北京体育大学、中央党校等单位的 30 多位专家、学者为学员授课。同时聘请了荷兰及德国的讲师对学员进行指导。在培训期间学员赴德国对多家职业足球俱乐部进行了考察。国家体育总局干部培训中心和中国足球协会对讲课内容进行整理后出版了这本《足球教练员培训教程》。

这本培训教程是迄今为止国内最为全面的足球专业书籍，它不仅包括了足球基本理论、知识和先进的训练理念与方法，而且包含有与足球相关的法律、管理方面的知识。其内容涉及"足球运动的特点和规律，足球训练概述，运动员体能及训练，运动员技术、战术能力及训练，职业足球训练计划的制定，足球运动中的生理学、生物化学、心理学，足球训练监控，优秀足球运动员机能评定，足球高原训练，体育组织内部纠纷解决与司法介入，现代管理理念等"，非常系统和全面的阐述了现代高水平职业足球运动及训练中各个方面的问题。内容还包括荷兰和德国讲师讲课内容记录、以及教练员在培训期间的研讨会记录和赴德国考察报告。这本教程不但可以作为职业级教练员学习的教材，而且可以作为各个层次教练员理论学习和训练实践的工具。

我衷心期望广大足球教练员能够不断的学习和探索，提高自己的理论水平和实践能力，为中国足球的发展作出应有的贡献。

2006 年 10 月 20 日

克里特与全体学员合影

克利特授课

阿里肖授课

阿里肖授课

阿里肖与朱广沪合影

全体合影

教师授课

教师授课

拓展训练合影

教师授课

教师授课

学员讨论

学员讨论

学员讨论

学员讨论

全体合影

目　　录

第一章　足球教练员

第一节　教练员概述

一、教练员的职责

1. 选材；
2. 制定多年、年度、阶段、小周期训练计划；
3. 控制训练过程；
4. 教运动员技术；
5. 教运动员训练方法、手段；
6. 指挥运动员比赛；
7. 教运动员做人；
8. 提高运动员专项成绩，获得比赛好名次。

二、教练员工作的特点

1. 时间、精力投入多；
2. 个人利益牺牲多；
3. 外出多；
4. 心理压力大。

三、教练员必须具备的素质

1. 强烈的事业心和责任感；
2. 喜欢所从事的运动项目；
3. 有牺牲精神；
4. 有较强的承受能力；
5. 善于学习和研究，掌握项目的规律和特点；
6. 善于总结经验和汲取教训；
7. 具有改革创新、开拓进取精神；
8. 掌握先进的训练理论和方法、手段。

四、教练员要学习的内容

1. 别人成功的经验和教训、实践经验；
2. 基本的训练理论；
3. 专项训练理论；
4. 运动生理、解剖学；
5. 运动生物力学和生物化学；
6. 运动心理学；
7. 教育学；
8. 随时掌握和了解世界发展趋势和状况；
9. 计算机和外语。

五、教练员的角色

1. 教师：传授知识、教授技巧；
2. 训练员：安排与训练有关的事宜、按摩、拉肌肉；
3. 训导者：培养运动员的行为举止；
4. 启发鼓动者：动员激励运动员训练；
5. 纪律监督员：保证纪律的遵守；
6. 经理人：安排各方面的事；
7. 行政管理者：很多行政工作；
8. 公共关系代理：与媒体及各方面打交道；
9. 社会工作者：做大量社会工作；
10. 朋友：知心朋友；
11. 科研工作者：懂，而且能参与；
12. 学生：不断学习。

主讲人：冯树勇

第二节　如何做一名好的教练员

一、教练员的类型

划分教练员的类型，可以从两个不同的角度进行：教练员的决策方式和教练员的知识类型。

（一）按照教练员的决策方式来划分

权威型：一切自己说了算，不听任何意见，永远正确。

随意型：不十分认真、没有什么主见，人变亦变，人云亦云，总跟别人跑，怎样都行。

合作型：善于倾听和总结评价各方面意见和建议，吸取别人的优点，不断改进和提高自己。

（二）按照教练员的知识类型来划分

知识型：学历高、理论知识丰富，能说能写，缺乏实践经验。

经验型：丰富的实践经验，会做但说不清为什么，学历低、理论基础差。

综合型：具有以上两方面的优点，是每一个教练员努力的方向。

二、什么样的教练员是一名好的教练员

1. 能够充分发掘运动员的潜力（绝大多数教练员的目标）；

2. 能够把运动员带到大赛的领奖台上（少数人可以做到）。

三、教练员的背景与优缺点

1. **优秀运动员**

优点：经历经验多、体会深刻；

缺点：理论水平不够，易急躁、拿运动员与自己比。

2. **一般运动员**

优点：教训多、注意学习；

缺点：个人体会经历少。

3. **非运动员**

优点：虚心好学、工作细致，理论水平高；

缺点：没有亲身训练经历和体会。

四、教练员权威的建立

1. 以身作则，模范带头，树立榜样；

2. 事事从关心运动员的角度出发；

3. 敬业投入，事业心强；

4. 有知识、水平，训练效果好；

5. 争取、保护运动员的利益，不占运动员的便宜；

6. 多与运动员沟通、讲民主、乐于和学会倾听（技巧）；

7. 公平对待、一视同仁不搞特殊关系；

8. 乐观豁达、诙谐幽默；

9. 衣着得体、语言、举止文明；

10. 与同行保持"正常"的关系。

五、怎样处理好教练员和运动员的关系

1. 初期——师生关系；

2. 中期——同事关系；

3. 后期甚至一生——朋友关系。

六、教练员的管理教育方法

1. 严格要求；

2. 耐心的思想工作；

3. 说服教育；

4. 做朋友；

5. 做榜样；

6. 压服（对年轻的、水平低的有暂时作用）；

7. 迁就（主要是对高水平运动员）；

8. 运动员心服口服、佩服、信赖教练员最重要。

七、对运动员进行教育的方面

（一）文化知识教育

- 英语
- 计算机
- 训练理论和专项理论
- 营养学
- 心理学
- 一般语文和写作能力

（二）祖国培养意识和为国争光教育

- 中国的训练体制
- 自己是如何成为运动员的
- 自己是如何出成绩的
- 国家为自己提供和创造了什么条件
- 国家的利益和荣誉是第一位的
- 国家利益与个人利益是一致且密切相关的
- 为国争光的荣誉感和自豪感

（三）遵纪守法教育

- 法律是神圣不可违犯的，必须守法
- 没有规矩不成方圆，纪律和规定处处有
- 严格遵守纪律和规定是对优秀运动员的基本要求
- 是顺利完成训练和学习的根本保证
- 是职业的需要
- 要特别加强职业意识

（四）团结协作、公平竞争教育

- 与教练员、运动员友好相处
- 互相帮助、学习、促进、督促、监督
- 在训练中比学赶帮，比赛中力争上游
- 在生活中互相关心、爱护
- 消除"同行是冤家"的不良习气

（五）文明礼貌、自我修养教育

- 谦虚谨慎、不骄不躁
- 学会文明语言（请、谢谢、您好等）
- 杜绝"脏"字、脏话
- 行为举止要与场合一致
- 尊老爱幼、礼貌待人

- 穿着打扮大方、合体、清洁、适宜

（六）自觉自律教育

- 要能够自己要求自己
- 为国家、同时也是为自己
- 职业要求什么要明确、职业意识
- 清楚了解什么应该做，什么不应该做
- 让别人监督是没面子的事
- 是训练取得成功的重要因素
- 是要我练和我要练的区别
- 不辜负教练、家长和朋友的期望

（七）反兴奋剂教育

- 法律不允许
- 不道德的欺骗行为和投机取巧行为
- 损害身心
- 对正直人权益的最大侵犯
- 可能会一生受到良心的谴责
- 三不用原则
- 三严方针

（八）艰苦奋斗教育

- 服装
- 住宿
- 伙食
- 交通
- 器械

- 场地
- 天气
- 环境

教练员必须认识到：

1. 运动员的管理教育是教练员的重要职责；

2. 无论运动员出现什么问题，教练员都有不可推卸的责任；

3. 运动员离开家，你就是家长，就要象对待自己的孩子一样对待他们；

4. 沟通非常重要，知道运动员想什么；

5. 运动员水平越高越重要。

高水平的教练员还要做到：

1. 充分认识项目的特点和训练的规律；

2. 正确地理解和运用"三从一大"的训练原则；

3. 处理好量与强度的关系；

4. 处理好数量与质量的关系；

5. 处理好素质和技术的关系；

6. 处理好训练与科研的关系；

7. 处理好训练与恢复的关系；

8. 处理好训练与比赛的关系；

9. 处理好全运会和亚运会、奥运会的关系。

主讲人：冯树勇

第三节 职业教练员与俱乐部经理、运动员的沟通

教练员的观念决定了球队和俱乐部、球员的出路和发展。教练员必须清楚的是：球员可以建议俱乐部解雇教练员，而教练员则无法建议俱乐部解雇球员。

一、职业教练员、俱乐部及运动员的三种关系模式

1. 应聘团队

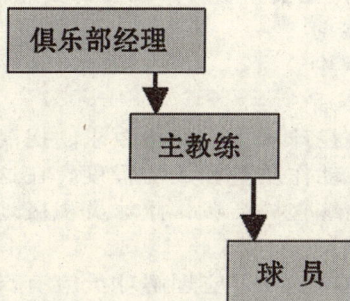

2. 训练比赛关系模式

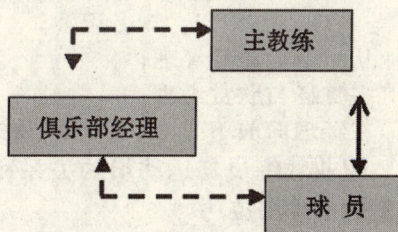

3. 人力资源关系模式

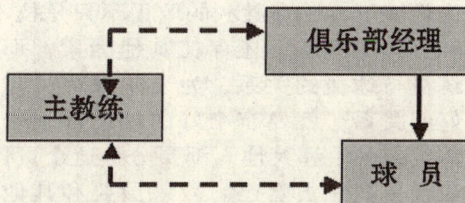

二、职业教练员与俱乐部经理的关系和沟通需要注意的事项与技巧

（一）注意事项

1. 职业教练员是俱乐部的雇用者，当主教练接手新的俱乐部时，与俱乐部经理的沟通首先是工作合同，必须明确自己任教的目标、任务、待遇、职权范围和责任、实现目标和任务的基本要求（运动员的选拔、引进、经费预算、日常事务等等）、激励与约束的条件。

2. 主教练要清楚俱乐部董事会准备花多大力气、期望的目标是什么？这必须要与董事会沟通，球队管理中最困难的不是球队的训练，而是俱乐部的董事会。

3. 沟通的时机：

（1）训练和比赛时的沟通；

（2）将自己的计划与方案及时沟通；

（3）出现的问题及时沟通。

（二）沟通的技巧

1. 面对面沟通；

2. 了解经理的行业背景；

3. 灵活性与坚定性之间的平衡；

4. 难得糊涂；

5. 主动挑大梁；

6. 站稳脚跟、内刚外柔、迎着阳光向前走；

7. 学会拒绝，轻易许诺危害多（小心说不）；

8. 喜怒不形于色（欲速则不达、小不忍乱大谋）；

9. 与经理心心相印，知上识下；

10. 从小事上关心经理；

11. 多赞扬与欣赏经理；

12. 在经理面前不要太计较个人得失。

三、职业教练员与运动员的关系和沟通需要注意的事项与技巧

教练员与球员的关系以及相互交流对球队的成功至关重要。并不是足球知识丰富就能成为教练员，比赛胜利的取得不只是技术、战术和身体的准备，还存在其他因素，那就是教练员与球员的关系，为了使教练员与球员有好的关系，就要有个好的接纳环境，首先教练员、助手和其他人都要分担这个责任，而不仅仅是教练员自己。教练员要和其他人分享知识，并带领其他人达到目标。教练员的权力来自上层领导，这还不够，教练员真

正的权威是来自于球队，只有清楚地认识了这点，才可相信球员和球队。教练员必须清楚的是：球员可以建议俱乐部解雇教练员，而教练员则无法建议俱乐部解雇球员。

（一）交流方式的选择

两种主要的交流方式：

1. 权威独裁

教练员要求运动员按事先的规定做什么：

（1）学习主题和训练内容都是教练员提出的；

（2）练习中教练员规定了练习的动作和内容；

（3）比赛后教练员表扬和批评队员。

对球员造成的影响：

（1）对队友、教练员不信任；

（2）使球队不稳定，球队没有凝聚力、没有创造性。

2. 民　主

所有的决定是教练员，但决定前却有个民主的过程：

（1）教练员与助手、球员一起讨论训练主题；

（2）教练员指出练习的目标、以及各阶段的目标；

（3）教练员给出一定的时间进行分析，逐个谈话进行表扬和批评。

对造成球员的影响：

（1）球队会进行友好的协作和合作；

（2）球队会有更多的创造性，达到球队的目的，球队的运作效率高，能完成许多工作。

（二）交流的原则

1. 理解信息；

2. 积极的指导；

3. 运动员的参与。

（三）比赛中各环节交流的要点

1. 赛前

2. 赛中

3. 赛后

一是在球场内，严格要求，提高球员的注意力，动作质量和关注程度。在这种要求下，让训练轻松活泼，让球员积极地参与到其中。

二是球场外，应理解球员应有自己的生活方式，让球员管理好自己。另外教练员要了解球员的私事，一般来说第一知道的是队

医，而不是助理教练和教练员，教练员要让队医成为传话筒，将一些要求转达给球员。对球员而言足球是生活中最重要的内容，可通过一些管理人员去管理一些足球以外的事。

4. 交流时注意的事项。

（四）中国目前足球俱乐部存在的主要问题

教练员大部分采用的都是独裁型的管理，喜欢告诉球员如何做。教练员应向民主型靠拢。首先要向助手、球员赋予他们一定的责任，让每个人都感到他们承担了重要的作用、为达到目标所肩负的责任重大，要让球队运作效果更高的话，这是最好的方法。在教练员与球队的关系中，他不能超之于球队高高在上，脱离球员和球队，但也不能显得作用渺小，让球员看不起教练员，他们应该是平等的，但最终的决定一定要是教练员做出的。教练员应该考虑的是应该让球员、助手帮助他做决定，而不是命令他们，教练员与球员的关系，像其他关系一样，是可以培养和发展的，但发展这种关系是需要时间的，内容和方法也很多。

教练员的权力是上层赋予的，但权力的接受是靠自己的知识和能力让球员所接纳和认可。

教练员当被球员认为是无用了，这表明他曾经有用过，而球员现在是进步了；教练员如果说还要发挥作用，除了他自身学习外，那就是说明球员并没有太大的进步。

教练员要从球员身上的错误中发现教练员自己存在的不足和过失。

教练员最关键的品质是冷静地评估球员的长处和短处。

足球教练员的职业是越来越难，知识的要求越来越高，需要有越来越多的才能，谦虚是最重要的品质，要忍辱负重，做到胜不骄败不馁，教练员不仅是足球专业的专家，更是教育学方面的专家。

（五）沟通的技巧

1. 面对面地谈话，不要传话；
2. 多倾听运动员的诉说、不要轻易表态；
3. 细心地观察运动员的身体语言；
4. 避免讲话太多；
5. 避免讲话的坏习惯；
6. 避免讲话缺乏逻辑，讲话应具有系统性和条理性；
7. 不要埋怨和怨恨球员；
8. 小心口头的争执；
9. 了解运动员的习惯、兴趣，用职业的敏感性从其他渠道获得运动员的信息，而不要让运动员感到你在背后调查他，这将会失去尊重；
10. 注意沟通的细节；
11. 保持一定的距离；
12. 学会批评队员的技巧；
13. 学会旁敲侧击；
14. 抓队员关键要抓其心；
15. 教练员与经理关系，最好的模式，是风调雨顺的模式；与球员的关系，最好的模式，是宽严有度的模式。

主讲人：周　毅

第二章 足球运动的特点和规律

一、足球运动的特点

（一）集体协作的前提性

位置分工多、身体多部位触球、配合线路多、集体配合难度大，球类集体性项目集体协作性特点。

（二）个人能力的综合性

1. 个人能力是集体球类项目的基础；
2. 个人能力要与集体技战术有机结合；
3. 独特的个性特征和个人竞技能力的重要性；
4. 个性特征和全面的技战术特点的结合。

（三）对抗的特殊性

1. 一对一的对抗到整体的对抗；
2. 有球的对抗到无球的对抗；
3. 同队的压力、对手的压力、环境的压力都可能作用到一次简单的动作中；
4. 同场对抗类集体项目对抗强度评价。

（四）技战术体能的专项性

1. 体能训练的技术化；
2. 体能训练的阶段性；
3. 体能训练必须与技战术提高同步。

（五）比赛技术情境不可重复性

1. 训练水平不等同于比赛水平；
2. 比赛场景不容易再现；
3. 无法真实还原比赛情境。

（六）比赛技术和训练技术的非一致性

同场对抗球类项目训练比赛的非一致性特征。

（七）对抗中的准确性

1. 动作准确性；
2. 配合思维的准确性；
3. 落实在射门的准确性上。

足球的制胜规律：

整体、快速、变化、对抗、意志力。

乒乓球的制胜规律：

快、转、准、狠、变。

二、足球运动的规律

（一）足球运动具有以有氧耐力为基础，以有氧和无氧混合供能为特点，突出非乳酸速度耐力训练的生理变化规律。

（二）足球运动具有以技术、技巧为基础，以战术意识为灵魂，以身体、心理和意志力为保证，突出综合性技战术训练的运动规律。

（三）足球运动具有以变化性、整体性、对抗性为特点，突出高强度对抗性训练的规律。

（四）足球运动具有以训练为基础，以比赛为目标，以比赛带动训练，突出比赛实用技术运用的运动规律。

主讲人：刘丹

第三章 足球训练概述

第一节 运动训练概述

一、高水平运动训练体系

成绩预测：运动员的强弱比较，分析出强手。

第一级：比赛行为的模型；

第二级：建立训练模型；

第三级：身体结构、心理状态；

第四级：运动员的选拔；

第五级：训练（t）比赛（c）与恢复（b）系统；

第六级：教练员与工作人员系统。

物质保障体系 MTO

目标：

能够经过学习而改善自己，学习才有意义。

除非你把学到的东西实际应用了，否则，你等于什么也没有学到。

SPORT：

① 运动；比赛；体育活动；

② 娱乐；游戏；

③ 玩笑；嬉虐。

爽朗的人；输得起或能开玩笑的人。

二、运动训练工作的核心

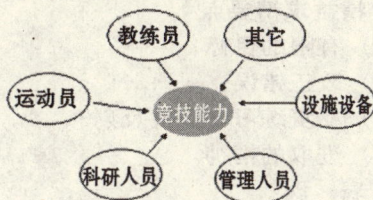

三、运动能力获得的不同途径

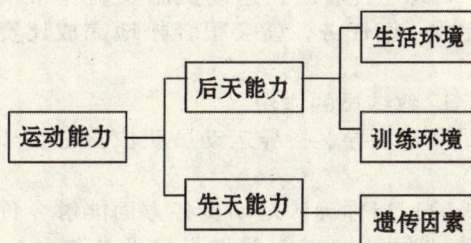

四、运动训练过程的控制理论

运动训练学理论认为，完整的运动训练过程由五个基本环节构成：

1. 运动员起始状态的诊断；

2. 训练目标的确立；

3. 训练计划的制订；

4. 训练活动的实施；

5. 训练过程的检查评定。

主讲人：王安利

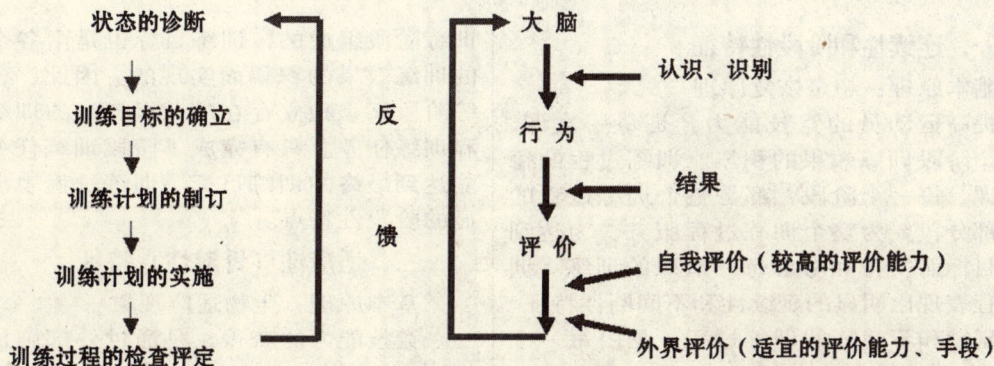

· 7 ·

第二节 对待训练内容的态度和训练的理想目标

一、对待训练内容的态度——精益求精

精益求精就是对人有高度的期望。

李文斯坦（J. Sterling Livingston）发现了比马龙效应（Pygmalion in Management），指出：专家、权威、领导等对部属的期望直接影响着部属的工作能力与成就。

1. 精益求精要点

（1）有限的目标；

（2）改正错误；

（3）反复练习、条件反射；

（4）进取的精神。

2. 表现

运动员对自己的任务如果够熟练，那么，熟能生巧。

训练、比赛时，运动员脑子就会很清楚地完成一切任务，就会很轻松地完成比赛任务。

3. 教练员的作用

（1）领导、指导运动员明白自己在干什么；

（2）当你确认运动员各方面能够令你放心时，就可以放心让运动员自己去做；

（3）要密切注意运动员在干什么；

（4）要及时称赞与纠正。

二、训练的理想目标——随机应变

1. 随机应变的要求

对计划有充分的准备与了解，要对可能发生的情况有足够的假设，并找到足够的办法解决困难。

能力控制不了的事情，不要花费精力为此烦恼。

2. 随机应变的基础

（1）充分听取别人意见；

（2）广泛收集信息；

（3）正确处理信息；

（4）决策后不能三心二意。

3. 随机应变的成因

（1）学习；

（2）总结；

（3）良好的心理定势。

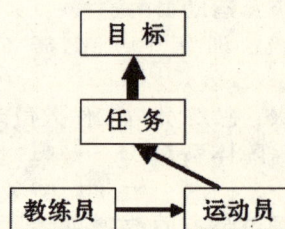

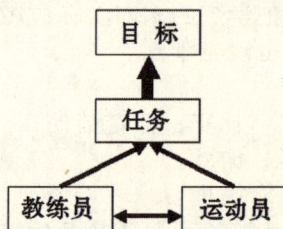

主讲人：王安利

第三节 足球运动训练的基本特征

一、连续性和阶段性特征

基本原理：超量恢复原理

提高运动员的竞技能力，是每一次课、每一个阶段训练效果的积累。训练过程的每一次课、每一个阶段，都是整个训练过程的一个部分，要为整个训练过程服务，为达到整体目标而安排和考虑每一节课的训练。训练过程表现出明显的延续性和不间断性特征。

延续和不间断的训练过程，是由每一个训练阶段组成的，训练目标也是由各个阶段的训练效果的积累而实现的。因此，各个训练阶段又是独立存在的，有各自的训练目的和训练任务。只有完成了阶段训练任务，才能达到最终的训练目标。训练过程表现出明显的阶段性特点。

二、适应性（针对性）特征

基本原理：生物适应现象

竞技能力的获得，是通过外部施加于运

动员身体适度的运动负荷，使运动员机体产生功能性的适应性变化，机体的运动能力得到提高。这是运动员机体对训练负荷的生物适应现象。

在适度的范围内，负荷量越大，对机体的刺激越明显，适应性变化也越显著。因此，在足球训练中，保持一定的负荷量是十分必要的。在技战术训练中使运动员产生适度的疲劳，有助于运动员在比赛中充分发挥已有的竞技能力。

超出适度范围，将产生过度疲劳，这是我们要注意避免的。

三、整体性特征

基本原理：系统论原理

对训练目标要有整体把握。

训练内容的选择和训练方法的安排要围绕训练的整体来实现，包括比赛。每一次课、每一个训练环节，都是训练整体的一部分。只对某一堂课、某一个练习进行评价和分析是不客观的。

四、可控性特征

基本原理：控制论原理

为了保证运动训练过程朝着预定的方向发展，在足球训练实践中实施有效控制显得越来越重要。

随着科研技术的不断发展，对运动训练进行有效控制的方法、手段越来越多，也越来越精确。例如对运动强度的监控，对活动方式和活动距离的监控，对身体恢复状况的评价等。

认识到足球训练过程的可控性，应开发和利用科学的控制手段，为足球训练服务。

主讲人：黄竹杭

第四节　足球训练过程的基本依据

一、运动员的运动技能、身体素质、战术意识发展的敏感期

（一）足球运动员身体素质发展的敏感期

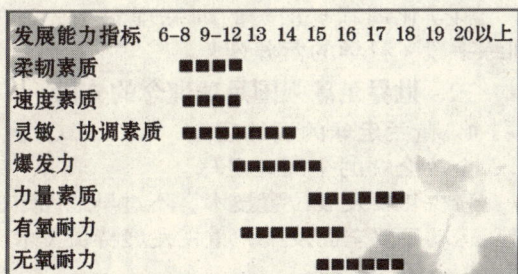

发展能力指标	6-8	9-12	13	14	15	16	17	18	19	20以上
柔韧素质		■	■	■						
速度素质		■	■							
灵敏、协调素质	■	■	■	■						
爆发力				■	■	■	■			
力量素质						■	■	■	■	
有氧耐力			■	■	■	■				
无氧耐力					■	■	■	■		

（二）足球运动员运动技术发展的敏感期

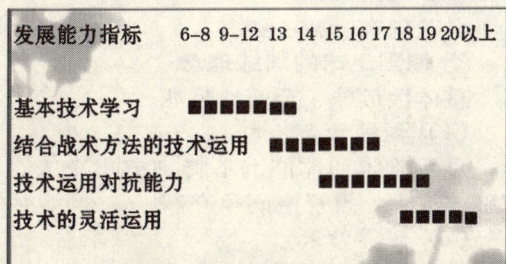

发展能力指标	6-8	9-12	13	14	15	16	17	18	19	20以上
基本技术学习	■	■	■	■						
结合战术方法的技术运用		■	■	■	■					
技术运用对抗能力				■	■	■	■			
技术的灵活运用						■	■	■		

（三）足球运动员战术意识发展的敏感期

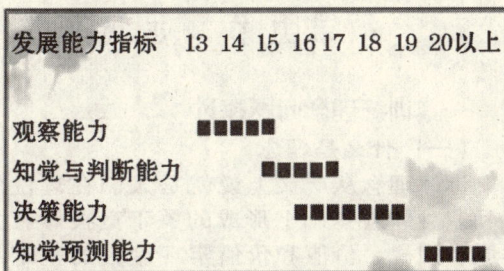

发展能力指标	13	14	15	16	17	18	19	20以上
观察能力		■	■	■				
知觉与判断能力				■	■	■		
决策能力				■	■	■		
知觉预测能力						■	■	■

足球运动员战术行为决策过程的内在步骤：

第一步，对场上环境的知觉过程。

第二步，对完成目标所需的重要信息进行有意注意并做出判断的过程。

第三步，从记忆库中提取已有的经验图式与比赛场景进行比对采取决策的过程。

第四步，通过决策采取行动的过程

（四）对运动能力发展敏感期的认识

运动能力发展的敏感期是大脑接受能力的敏感期，不是运动器官的敏感期。运动器官只是表现出来。运动训练的效果是基于一个反馈系统的良性循环。为此有两点认识：

1. 训练内容、方法、手段要符合运动员

的年龄特点，不能急于求成、拔苗助长；

2. 要适时的给予指导，纠正和反馈是十分必要的。

二、多年训练过程的阶段划分

（一）多年训练过程的阶段划分

多年训练过程通常包括三个阶段：基础训练阶段、专项提高阶段、最佳竞技阶段以及竞技保持阶段。

各个阶段有着不同的训练任务和训练内容，并对运动负荷的安排提出不同的要求。运动员进入最佳竞技阶段的训练并表现出最佳竞技成绩，是运动训练过程的最终目标，基础训练阶段和专项提高阶段的安排和要求，都要服从于最佳竞技阶段训练任务的完成。

足球运动员的成才过程要经历长期、艰苦的训练，一个优秀的职业运动员从开始训练到取得优异成绩，大致需要 10～14 年的时间。在这个漫长的训练过程中，每一个运动员都要经历基础训练、专项提高训练以及获得和保持竞技能力的训练等三个大的阶段。处于不同训练阶段运动员的训练过程，其训练任务和训练内容是不同的。

多年训练过程的阶段划分方法：

§ 基础训练阶段：9～13 岁

训练任务：打下良好的运动基础。

§ 专项提高阶段：14～19 岁

训练任务：提高运动员足球专项运动身体机能、运动素质和心理品质，发展足球比赛中的技战术运用能力。

§ 最佳竞技阶段以及竞技保持阶段：19 岁以上

训练任务：训练任务是发展和保持高质量的体能，发展运动员在比赛中的快速思维和决断能力，不断增长比赛经验，培养比赛的创造能力。

（二）对训练阶段划分的认识

1. 训练任务要明确

处于不同发展阶段的运动员应有不同的发展重点。

2. 训练要求要围绕训练任务来提出

根据运动员能力需要提出训练要求。

主讲人：黄竹杭

第五节　足球训练新理念与训练规律探索

一、训练理念问题探讨

（一）什么是理念

训练理念从广义上说就是人们在理性思考和亲身体验基础上形成的关于竞技体育的本质、规律、价值和价值实现途径的坚定不移的根本判断与看法。

1. 理念包括的三个方面

项目的本质与规律；

训练内容、方法、手段的科学性、针对性、有效性；对训练对象的认识；

训练比赛的态度、球队能力的培养、文化环境的营造等。

2. 理念的层次

操作性训练理念：主要指教练员、科研人员的训练理念；

评价性训练理念：主要指运动员的训练结果和成败的认识；

战略性训练理念：主要指管理层的训练理念。

（二）为什么提出训练理念问题？

科学化训练的含义：

科学化训练＝正确的训练理念＋先进的训练手段＋科学的营养恢复。

二、世界足球强国足球理念的分析

1. 荷兰足球的训练理念

全攻全守的全面型足球。

青少年要发展位置技术，不过早地固定位置。运动员要全面发展，重视发展特长技术。

（1）训练特点

从 6 岁开始，进行 4 打 4、7 打 7、11 打 11 的训练。

（2）培养结果

老三剑客、新三剑客。

2. 德国足球的训练理念

整体性足球、全面性足球。

（1）训练特点

重视整体和体能，不特别突出个人，讲究整体战术，重视空间争夺。

（2）培养结果

没有突出队员，但三夺世界冠军。

3. 英国足球的训练理念

简单足球；足球运动的核心是攻守平衡

问题。

（1）训练特点

体能训练特点：适应足球特点的跑动能力训练，重视耐力与力量。

技术训练特点：青少年球员练技术，成年队员练技术的运用。

战术训练特点：4－4－2阵型为基本阵型；战术训练细致。

4. 对国家队外籍教练霍顿与米卢足球理念的分析

（1）霍顿的训练理念

战术训练最关键的是教练员一定要有自己的基本思想，这是实现战术目的的战术思想问题，而不是战术阵型人员多少的安排问题。

足球运动的核心是攻守平衡问题。攻守平衡问题的关键是当本方丢球瞬间与本方得球瞬间这两个时间本方队员的攻防位置是否保持良好的平衡。

（2）用数字得出防守反击的重要性

通过守门员在后场发动进攻（或在后场通过短传发动进攻）：每750次才能射进一个球；在中场发动进攻，每250次可射进一个球；而在前场发动进攻，每35次便可以射进一个球。

这说明在前场进行防守反击是最有效的。虽然在实际比赛中，运动员很难在前场将球抢下来。但是，这种现象提示我们注意两个问题：

无论是本方队员在自己的后场拿球，还是让对手在本方后场控球，这两种情况都非常危险。

（3）中场防守的2个原则

第一个原则：在中场对对方控球队员实行逼抢。

第二个原则：不能给对手传球的空当。要减少本方的防守空当，使对方队员的传球目的与方式趋向简单化，这样有利于我方的防守成功。

（4）四四二阵型的进攻战术

这一成功的战术配合要有三个基本的跑动：即，远端队友的反身插入对方防守空当的肋部，近端队友的吸引接应，还有另一名前卫靠过来进行接应。

（5）米卢的训练理念

世界杯亚洲区十强赛和世界杯决赛截然不同的反映。

体育界普遍评价，两个缺：缺练、缺气。

团队精神、快乐足球、心理调整。

体能、技战术能力、心理、营养恢复。

5. 对韩国2002年世界杯主教练希丁克的训练理念的研究

（1）希丁克在韩国面临的问题

- 世界杯决赛圈0胜利纪录……
- 韩国足球文化……
- 韩国足球与世界水平的差距（技战术、体能、心理）……
- 世界杯主场的压力……
- 未知因素……

（2）球队建设

- 战术
- 体能
- 心理

（3）韩国国家足球队的世界杯历程

- 评估队员竞技水平
- 建立及时客观的训练信息反馈系统
- 发现问题和解决问题
- 改进球队的组织
- 提高个人能力和球队水平
- 取得理想结果——战术、技术、体能、心理

（4）准备——科学之路

- 录像分析
- Afshin Gotby（助理教练员）

§帮助了解战术的变化；

§分析对手的战术打法。

- Dr. Raymond Verheijen（助理教练）

§保证队员的恢复；

§组织小场地练习调节训练量。

§低速度的比赛

一场比赛运动员做90次激烈的行动。

§高速度的比赛

一场比赛运动员做180次激烈的行动。

§足球运动员体能

- 足球运动员体能包括四个因素

1. 维持快速恢复的能力；

足球教练员培训教程

意大利进攻路线
· 中锋的跑动方向（#21维埃里）
· 影子前锋（#10托蒂）
Italy

意大利进攻路线
· 长传球给前锋
Italy

KFA
角球进攻

KFA
任意球进攻

2. 维持爆发力的能力；
3. 最大的快速恢复能力；
4. 最大的爆发力。

主讲人：刘丹

· 12 ·

第四章 运动员体能及训练

第一节 体能训练概述

释 义

（一） 体能及构成

（二） 体能训练的意义

1. 技术、战术、成绩；
2. 心理；
3. 健康。

构成因素	竞技表现	决定因素

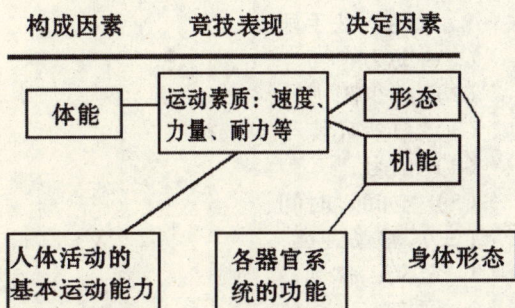

（三） 有关体能的观点

• 体能就是身体素质；

• 体能是以人体三大供能系统的能量代谢活动为基础，通过骨胳肌系统表现出来的运动能力；

• 体能是指人体的基本运动能力；

• 体能包括身体素质、形态、机能三部分。

主讲人：王安利

第二节 运动员力量素质及训练

释 义

（一） 定 义

神经、肌肉 ⟷ 阻力

（二） 分 类

最大力量、相对力量；

快速力量、力量耐力。

（三） 训练方法

1. 静力训练法 ［jingli xunlianfa］ isometric training method

以肌肉收缩力克服和对抗外力（重量、对手、同伴等），使肌肉张力改变，长度不变，环节不运动的力量训练方法。

训练目的是发展肌肉最大力量、或发展薄弱肌群的力量，或用于软组织损伤的康复训练。

训练内容包括：

（1） 负重静力训练法，身体处于某种姿势负一定重量保持静止用力，随负重量增加，静力时间递减；

（2） 对抗静力训练法，身体处于某种姿势时对抗固定物体，持续静止用力。

2. 超等长训练法 ［chaodengchang xunlianfa］ plyometrics training method

以肌肉的弹性、收缩性和牵张反射发展力量的方法。

训练目的是通过脊髓反射增强肌肉力量，提高支撑力、弹跳反应力、鞭打力等。

练习中，当肌肉快速地被拉长时（离心阶段），刺激了肌梭感受器，通过脊髓的牵张反射，被拉长的肌肉积极收缩（向心阶段），以保持肌肉长度的恒定。各种起跳前的制动（缓冲），投掷前的预拉长，就是利用这种牵张反射，使肌肉的收缩力量加强。在肌肉快速收缩之前，先快速地牵拉肌肉，既可使肌肉处于适宜的初长度，又可通过牵张反射提高肌肉力量。

3. "拉长—缩短周期"收缩（Stretch Shortening Cycle）亦称：超等长（plyometric）

（1）主动拉长（本体性）：发生在摆动动作

- 对抗肌的主动收缩
- 通过人体某一部分的惯性
- 通过运动器械

（2）对原动肌的拉长

- 被动拉长（外感受性）：跳深等动作。

主讲人：王安利

第三节　速度素质及训练

一、释　义
（一）定　义
（二）分　类
- 反应速度
- 动作速度
- 移动速度

二、评定及量度的确定
（一）反应速度
1. 定义：快速应答；
2. 评定：项目；应答。
3. 训练要求
（1）遗传表现出来；
（2）注意力；
（3）信号与能力。
4. 常用方法手段：
（1）信号；
（2）运动感知觉；
（3）移动目标；
（4）选择练习。
（二）动作速度
1. 定义：快速应答；

2. 评定：项目；应答；
3. 训练要求：
（1）遗传表现出来；
（2）注意力；
（3）信号与能力。
4. 常用方法手段：
（1）助力；
（2）减少阻力；
（3）自然环境与器械；
（4）信号；
（5）空间、时间。
（三）移动速度
1. 定义：移动；
2. 评定：
（1）30～60米，2～3次；
（2）状态好的情况下。
3. 负荷量度：
（1）次数与组数：6～12次；2～3组；
（2）超等长练习；
（3）延迟性转化。

主讲人：王安利

第四节　耐力素质及训练

一、释　义
（一）定　义：长时间运动
（二）分　类
- 有氧耐力
- 无氧耐力

二、评定及量度的确定
（一）有氧耐力
1. 定义：氧气充足；
2. 评定：12分钟跑等；

3. 量度确定；
4. 常用方法与手段：
- 持续训练法
（1）强度：145～170次/分〔安静心率＋（最大心率－安静心率）〕；
（2）量：＞20′；
（3）工作方式：

匀速跑：150次/分；1小时以上；

越野跑：1.5～2小时；

变速跑：130～145次/分到170～180次/分。

法特莱克跑

● 间歇训练法

（1）强度：170～180 次／分；

（2）量：几秒——＜2′；持续时间＞30′；

（3）间歇：120 次／分；

（4）休息方式：积极休息。

● 循环训练法

量与强度：按极限负荷的30％安排。

● 游戏训练法

量与强度：140～150 次／心率；＞20′。

（二）无氧耐力（糖酵解）

1. 定义：乳酸环境、长时间工作；

2. 评定：血乳酸、400 米跑；

3. 量度确定。

（1）强度：80～90％；距离：400～800米（400 米）；时间：1～2′；

（2）次数与组数：3～4 次；3～5 组；

（3）间歇；

（4）6～3′递减。

间歇应长于运动时间。

三、耐力训练的基本要求

（一）呼吸能力

（二）意志品质

（三）儿童、少年训练

1. 生长发育；

2. 以有氧耐力为主；

3. 手段多样。

四、耐力训练的方法与手段

（一）一般耐力的训练

（二）专项耐力的训练

1. 量：略超过比赛的量（时间、距离）；次数超过比赛的要求。

2. 强度：接近比赛的要求。

五、循环训练法［xunhuan xunlianfa］circuit training method

按先后顺序依次设站编组，进行身体不同部位、不同肌群力量练习，每组练习后经适度间歇重复练习至若干组的训练方法。

训练目的在于发展和改善力量、速度、耐力、协调、柔韧以及综合素质，特别是力量耐力，同时提高呼吸、循环系统的机能能力。

练习时，以最大负荷次数的二分之一为基准，根据"渐进负荷"和"递增负荷"的原则，因人而异地规定每个练习的负荷量、重复次数、动作速度，每组8～12 项练习，重复练习3～10 组。

循环训练法有三种：第一种为持续循环训练，练习之间无间歇，负荷量大，强度小，用于发展力量耐力；第二种为重复循环训练，练习之间间歇长，机体基本恢复后再开始作下一站的练习，负荷量中，强度大，用于发展最大力量；第三种为间歇循环训练，练习之间的间歇严加控制，在机体尚未恢复时就开始作下一站的练习，负荷量中，强度较大，用于发展力量耐力、速度力量。

主讲人：王安利

第五节 柔韧素质及训练

一、释 义

（一）定义：柔韧性是指关节运动幅度的大小

（二）作 用

1. 良好的柔韧性可增加运动时关节的活动幅度；

2. 增加美感；

3. 对动作的随意支配能力更加精确；

4. 提高了运动效率；

5. 降低运动损伤的易发性，特别是肌肉拉伤；

6. 保持肌肉的良好功能（弹性、爆发力等）；

7. 有利于预防肌肉僵硬及肌肉劳损。

二、柔韧素质的生理基础

决定柔韧素质的因素：

1. 运动器官的构造，包括关节的骨结构；

2. 关节周围组织的体积大小；

3. 跨关节的韧带、肌腱、肌肉和皮肤的伸展性；

4. 运动过程中对抗肌之间的协调性。

其中第三个因素对提高柔韧性关系最大。

三、发展柔韧性的方法

（一）摆动性牵拉（冲击性伸展；Ballis-

tic stretching）

（二）静力牵拉（Static stretching）

（三）本体感受神经肌肉促进法（即PNF牵张法，proprioceptive neuromuscular facilitation）

1. PNF牵张法的生理学基础

肌梭：肌梭的功能是感受牵伸刺激。当肌肉受到牵拉时，肌梭就会将受到牵拉冲动传入脊髓，然后再由脊髓传回到肌肉，引起肌肉反射性收缩，以抵抗牵拉。这种反射即牵张反射。

腱索：腱索感受张力的刺激。当肌肉的张力过高，并超过一定时间（至少6秒钟）时，腱索就会被激活（兴奋）。腱索就会发出另一种不同的冲动传到脊髓，引起肌肉反射性的放松。这种反射性的放松可以解释为一种保护机制，在我们提起特别重的重物有可能损伤时，腱索兴奋而使肌肉放松（肌肉伸展性增加），从而避免拉伤。

2. PNF练习的方法

（1）方法

缓慢－逆向运动－保持（6秒）－放松－向相反方向牵伸（slow－reversal－hold（6sec.）－relax－stretching）。

收缩－放松－向相反方向牵伸（contract－relax－stretching）。

（2）注意事项

热身后进行效果更好。

牵伸的幅度缓慢增加，避免拉伤。

PNF练习不仅仅是辅助发展柔韧性的方法，也是及时放松肌肉、消除肌肉疲劳的方法。因而是整理活动的重要内容。

PNF练习前的对抗练习还可以使该肌肉变的更加强壮。PNF练习即可以改善肌肉的伸展能力，又可以增加肌肉力量。

有研究表明：三个月的对比实验（PNF练习、弹性牵伸、静态牵伸），PNF练习后的坐位体前屈测试，比后者提高了200%。

（四）发展柔韧性的注意事项

进行柔韧练习还应注意以下几点：

1. 柔韧性练习应与训练课的准备活动、整理活动相结合。

进行柔韧练习前，先进行一定的动力性练习，使机体组织的温度略微升高，肌肉粘滞性降低，使结缔组织的机械性能改善后，再进行柔韧性练习。较高温度能使结缔组织的伸展性最大而损伤的危险最小。

2. 提高肌肉放松能力。主动放松肌肉的能力越好，关节活动时所受肌肉牵拉的阻力越小，关节活动幅度越大。

3. 柔韧性练习应与力量练习相结合。

4. 柔韧性练习要注意年龄特征，并要持之以恒。

柔韧性随年龄增加而下降，年龄愈大，柔韧性愈差；年龄越小练习的效果越好。因而，应从少年儿童时期开始进行系列训练，成年以后，只要坚持经常练习，已经达到的柔韧性可以保持很久。

5. 保持理想体重。以减少关节周围组织的体积，才能使已获得的柔韧性得到更好的发挥。

主讲人：王安利

第六节　足球运动的能量代谢过程及训练

一、足球运动员身体素质的组成

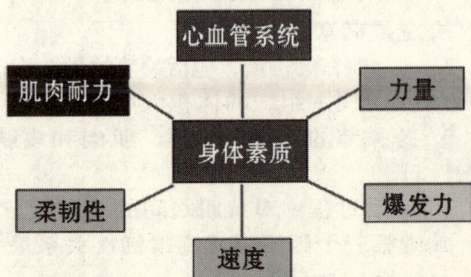

二、足球体能训练的组成要素

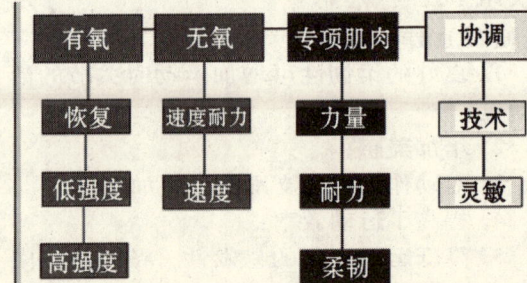

三、足球运动员比赛供能系统分析

（一）足球运动员的跑动距离和类型分析

研究结果表明中场队员跑动距离最长，明显高于后卫队员。在整场比赛跑动距离中慢跑占较大的比例。

每场比赛各跑动类型的跑动时间比例

跑动类型		跑动时间所占比例（%）	
原地站立		17.1±1.5	
走动		40.4±1.6	
低强度跑	慢跑	16.7±2.3	35.1
	低速跑	17.1±2.5	
	向后移动跑	1.3±0.3	
高强度跑	中速跑	5.3±0.4	8.1
	高速跑	2.1±0.2	
	冲刺跑	0.7±0.1	

大量研究表明，除了守门员外，中后卫和自由人跑动距离最短，但其无氧能力最好（同样对其无氧能力要求也就最高），对其爆发力要求也就越高。

（二）小结

1. 足球运动的特点

§ 对抗性强、相对强度大；
§ 比赛时间长；
§ 对体能要求高；
§ 为间歇性项目。

不同位置球员跑动距离和跑动类型不同，这与足球比赛的战术要求有关。不同位置对其各种能力的要求各不相同，这应在运动训练中体现出来。

2. 前锋队员特点

§ 跑动距离仅次于中场队员，对有氧能力要求相对较高；
§ 强度跑和冲刺跑是所有足球运动员中所占比例最高的，说明前锋要求具有良好的速度和速度耐力；
§ 跳跃和头球频率仅次于后卫，要求具有良好的腿部力量和爆发力。

3. 中场队员特点

§ 跑动距离最长（11.5km左右），对有氧能力要求最高；

§ 强度跑和冲刺跑在所有足球运动员中所占比例较高，其跑动距离最长，要求中场队员具有良好的速度和速度耐力；
§ 要求具有良好的腿部力量和爆发力。

4. 边后卫队员特点

§ 跑动距离在10km左右，对有氧能力要求相对较高；
§ 强度跑和冲刺跑在所有足球运动员中所占比例较高，表明要求具有良好的速度和速度耐力；
§ 跳跃和头球频率较多，要求具有良好的腿部力量和爆发力。

5. 中后卫队员特点

§ 跑动距离在9km左右，对有氧能力要求相对较高；
§ 强度跑和冲刺跑所占比例约为23~25%，表明中后卫要求具有良好的速度和速度耐力；
§ 跳跃和头球频率最高，要求具有更为出色的腿部力量和爆发力。

6. 守门员特点

§ 跑动距离最少约为4~5km，但同样对有氧能力具有一定的要求；
§ 全力跑、冲刺跑以及跳跃扑救占有一定比例，说明对于守门员来说要具有出色的速度、腿部力量和爆发力，这是守门员体现能力的关键；
§ 守门员要求保持良好的比赛兴奋性和专注能力。

四、足球运动供能系统分析

各国足球比赛时的心率。

人体的产能系统有磷酸原供能系统、糖酵解供能系统和有氧氧化供能系统共三大供能系统。

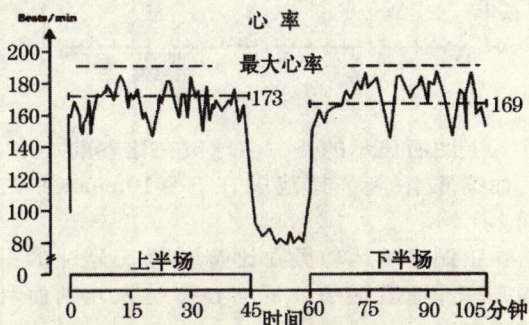

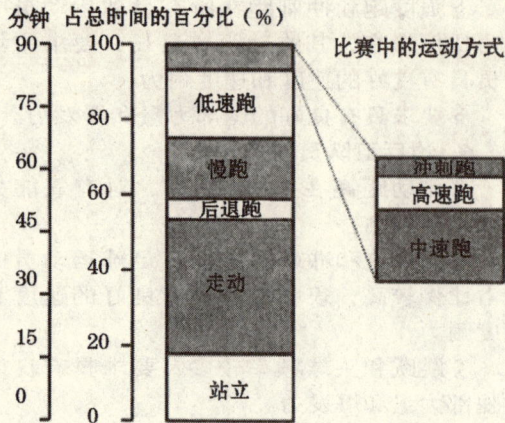

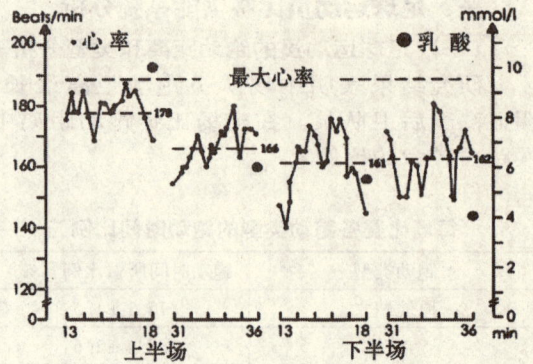

析，足球运动时间长，是以有氧代谢为主的运动项目，在运动期间运动能力是以无氧代谢来体现的。足球比赛中运动员不但要具备良好的速度、速度耐力，而且还应该具备良好的耐力。因此，足球项目要求运动员必需具备综合供能系统的能力，即磷酸原供能系统、糖酵解供能系统和有氧氧化供能系统三大供能系统的供能能力。任何一个供能系统能力的低下都是制约足球运动员体能发展的主要因素。

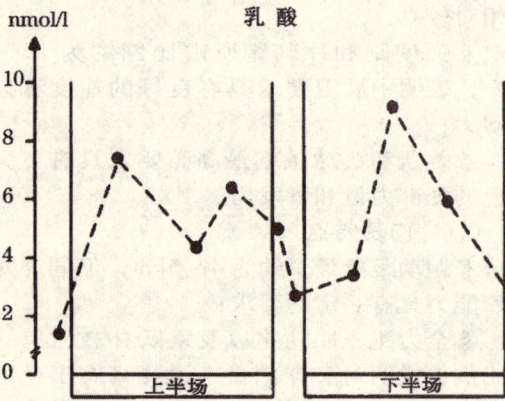

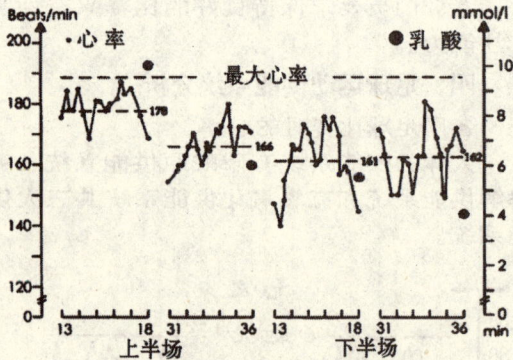

不同跑速运动时机体能量代谢系统

五、足球运动的无氧代谢过程及训练

（一）足球运动中的磷酸原供能过程及训练方法

作为足球运动员在比赛中要进行大量的冲刺跑，以适应教练员所安排的战术需要，足球运动员在整个比赛中无论防守或是进攻都要求运动员具备良好的冲刺能力，一旦运动员在比赛中冲刺能力降低，则其进攻与防守能力都会急剧下降，从而造成漏防或进攻威胁性降低，最终可能导致比赛的失败。因此，足球运动员的冲刺能力是足球运动员在比赛中所能够体现出比赛能力的专项能力。而足球运动员的冲刺能力是由磷酸原供能系

上图所显示的是一名球员在比赛前、中、后血乳酸浓度，其范围在 3 ~ 10mmol/L 之间。

下图显示运动员在比赛中每 5 分钟的平均心率和血乳酸值，平均心率越大，则血乳酸值越高。

上述研究表明：

根据足球运动跑动距离和跑动类型的分

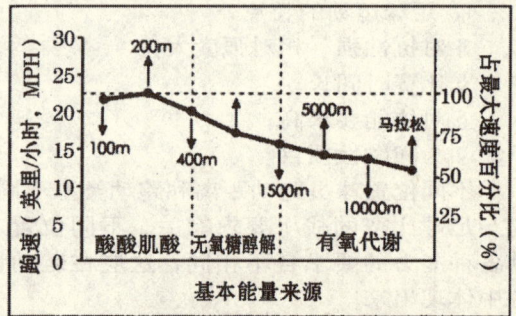

统的供能能力来决定的。

1. 磷酸原供能的过程

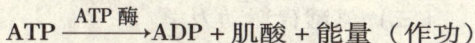

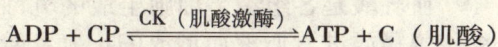

$$ATP \xrightarrow{ATP \text{酶}} ADP + 肌酸 + 能量（作功）$$

$$ADP + CP \xrightarrow{CK（肌酸激酶）} ATP + C（肌酸）$$

2. 运动肌快速合成 ATP 的途径

投掷过程肌肉运动的能量来源——ATP、磷酸肌酸分解合成 ATP；可供运动的时间：极量运动 6～8 秒。

动间歇恢复过程磷酸肌酸重新合成的能量来源——糖有氧供能系统、糖酵解供能。

基本恢复的时间：2～3 分钟；

完全恢复的时间：约 8 分钟。

3. 发展磷酸原供能的训练方法

（1）原则；

（2）运动强度：最大；

（3）运动时间：5～8 秒以内；

（4）休息间歇：组内（根据时间选择休息间歇），一般在 10 秒～90 秒之间（根据乳酸值调节）；组间：一般在 6 分钟以上，根据血乳酸的消除情况确定组间休息间歇。

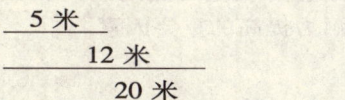

运动员进行不同距离如 5 米、12 米、20 米的全力冲刺跑多组数的重复跑练习，组内间歇根据跑动距离的不同一般跑动距离越短间歇越短，如 5 米的组内间歇一般在 10 秒以内，20 米跑的组内间歇一般在 15 秒以内，具体的休息间歇可以通过测试一组结束后的血乳酸值进行调节。组间间歇同样可以通过休息后准备开始跑动前的血乳酸值来确定休息时间。

转向冲刺跑练习

Home made 灵敏测试示意图

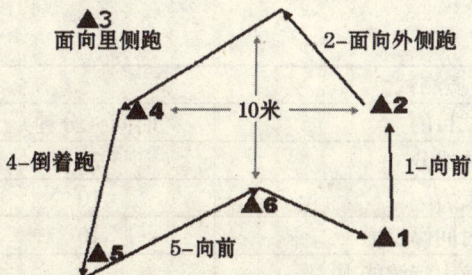

运动员做好准备活动后，在起点处准备，听到教练员发令后全力按照图中所示的路线冲刺。足球运动不但要求运动员具有良好的冲刺能力，同时要求运动员具有良好的变向冲刺能力，以摆脱防守队员，取得最佳的进攻位置和机会。

4. 提高速度训练效果的关键

处理好训练过程中休息间歇的把握。

在循环训练中，即使采用大强度、10 秒以内的运动，休息间歇把握不好时，血乳酸最高浓度仍可大大上升。所以，过短的休息间歇引起内环境 PH 下降，会减弱运动员速度训练的效果。认真处理好休息间歇，除了提高训练效果外，还可以防止运动损伤。间歇过长则对运动员施加的负荷强度和负荷量降低，达不到良好的训练效果。

5. 把握好训练过程中休息间歇的关键

确定跑动距离，固定运动强度，选择不同的休息间歇，通过测定不同间歇后的血乳酸值来评价所选择的休息间歇是否合理，如果血乳酸值升高较多，说明休息间歇短了，每次运动后磷酸原没有良好的恢复，则糖酵解参与比例增加，适当延长间歇使每组完成后的血液乳酸值保持在相对较低的水平。

（二）糖酵解供能系统的训练

1. 300 码折返跑训练

运动员作好指标活动，教练员发令计时，运动员从起点开始到 25 码标志折返跑回起点标志，跑 6 个来回，计时。

2. 5×25 米折返跑

3. 5×50 米折返跑

根据队员的糖酵解能力和教练员的要求，选择训练方法；安排每组重复跑次数和休息间歇、组数以及组间间歇，可通过血乳酸值监控加以科学合理的调整，从而达到发展足球运动员专项间歇糖酵解能力。

4. 4 秒运动～4 秒休息训练法、6 秒运动～6 秒休息训练法

采用 1/8 足球场地，4 人一组（或 1/4 场地，6 人一组），两组行进中传接球攻防练习。要求进攻的每个队员多跑动扯动、拉开空当接应；要求防守队员快速紧盯自己的防守对象，尽可能不让进攻一方队员接应到球，并抢断后转为进攻。开始进攻方可以接控 2～3 次球，逐渐提高要求进攻方只能一脚出球。其他队员在周边持球，一旦球出界迅速

掷球保证训练的连续。重复训练次数和间歇可以通过血乳酸测试来加以调整，保证运动员在高乳酸环境下完成技术动作的能力。

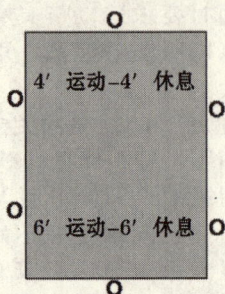

间歇性对抗抢截练习示意图

5. 提高速度耐力训练效果的关键

处理好训练过程中休息间歇的把握。在循环训练中，即使采用大强度、数分钟的运动，休息间歇把握不好时，肌乳酸大量堆积，血乳酸反而升高幅度不大，过短的休息间歇引起肌细胞内环境 PH 迅速下降，使运动员承受强度的能力降低，会削弱运动员速度耐力训练的效果。认真处理好休息间歇，可提高训练效果。间歇过长则对运动员施加的负荷强度和负荷量降低，达不到良好的训练效果。

（三）乳酸代谢动力学

血乳酸是各组织、细胞生成的乳酸透过细胞膜释放进入血液而形成的，血乳酸是血液中运输乳酸的一种形式，血乳酸反映了机体乳酸代谢的状况。正常情况下机体也有乳酸的生成（如红细胞只能依靠糖酵解供能，从而生成乳酸）乳酸的生成速率与消除速率相平衡，此时机体的血乳酸处于较低的水平（约 1 豪摩尔/L）。大强度运动时机体乳酸生成急剧增加，虽然乳酸消除的速率也增加，但生成速率远远大于消除速率，所以表现为血乳酸急剧增加。运动时乳酸的消除主要途径是有氧氧化，彻底氧化为二氧化碳和水。

运动时肌肉中生成乳酸的速率急剧增加，肌肉中大量的乳酸透出细胞膜进入血液，而运动中乳酸消除的主要途径是有氧氧化，彻底氧化为 $CO_2 + H_2O$，因此，提高有氧代谢能力对促进运动中速度耐力是十分有利的。故，有氧代谢能力较差可能是制约我国足球运动员速度耐力提高的重要因素。

德国足球协会根据年龄制定的12分钟跑成绩标准

女足队员	11 岁	12 岁	13 岁	14 岁	15 岁	16 岁	17 岁	18 岁
优秀	2600	2600	2700	2750	2800	2850	2900	2950
良好	2400	2450	2500	2550	2600	2650	2700	2750
好	2000	2050	2100	2150	2200	2250	2300	2350
及格	1600	1650	1700	1750	1800	1850	1900	1950
差	1000	1050	1100	1150	1200	1250	1300	1350
很差	<1000	<1050	<1100	<1150	<1250	<1250	<1300	<1350
男足队员每一级相应增加 200 米								

（四）国外足球运动员进行的测试项目

1. 足球运动员身体素质测试

足球运动员身体素质测试			
测试顺序编号	测试项目	测试目的	时间（分钟）
1	生物电阻抗法测试	身体成分	20
2	立定跳远	爆发力	10
3	30 米冲刺试验	短时间爆发力	10
4	冲刺疲劳试验	爆发力持续能力	10
5	1－RM 试验	最大力量	15
6	俯卧撑	肌肉耐力	5

足球运动员身体素质测试			
7	仰卧起坐	肌肉耐力	5
8	多级往返跑（Yo－Yo）	有氧耐力	20
9	体前屈测试	柔韧性	5
10	柔韧性测试	柔韧性	5

2．赛季内的训练安排

	赛季						
	上半赛季			下半赛季			
有氧训练							
低强度训练	4343*	4343	433	343	4343	4343	4343
大强度训练	5555	5555	555	555	5555	5555	5444
无氧训练							
**速度耐力训练	3453	4534	543	453	4534	5345	3453
速度训练	5555	5555	555	555	5555	5555	5544

* 每一个数字代表一周的训练

** 速度耐力训练程度依赖于球队在比赛中表现的水平

1＝很低强度；2＝低强度；3＝中等强度；4＝高强度；5＝很高强度

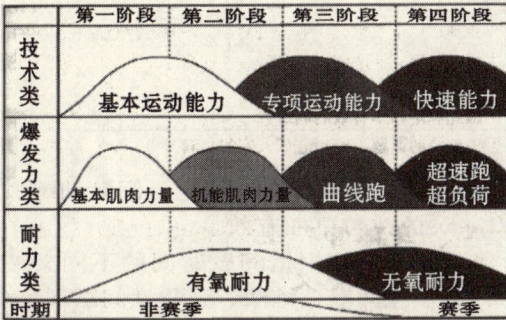

从非赛季到赛季的体能训练大纲

五、足球运动中的有氧代谢过程及训练

（一）足球的有氧代谢过程及意义

足球比赛时间为 90 分钟，运动员平均跑动距离约为 11000 米，其中慢跑占主要比重，说明足球比赛中有氧能力占据主要地位，有氧耐力在足球运动比赛时约占 70% ～ 80%。但是足球比赛中完成技术、战术的强度、冲刺跑动为无氧代谢供能，因此，足球运动的专项能力由无氧代谢能力决定，而有氧代谢能力是足球运动的基础，它决定运动员比赛过程中的恢复能力和长时间保持强度、冲刺的能力，是比赛中消除乳酸的主要途径。

（二）足球运动员有氧代谢能力的训练

1．影响足球运动员有氧代谢能力的因素

（1）氧的运输能力：肺活量、心输出量、血液携带氧的能力。

（2）氧的利用能力：毛细血管密度、氧向肌肉弥散速度、线粒体数量、糖原含量、有氧氧化酶活性、呼吸链效率。

2．有氧供能系统

这一过程包括氧的运输和氧在肌肉内的利用：

§ 呼吸系统吸入氧气；

§ 循环系统转运氧气；

§ 肌肉摄取和利用氧气提高有氧训练的效果。

目标 1：发展中枢循环的供血能力（运氧能力）；

目标 2：提高与专项有关的运动肌的氧利用能力。

3．影响足球运动员有氧能力的生理因素

（1）红细胞形态、数量及功能；

（2）肺泡呼吸量及呼吸肌抗疲劳；

（3）加速肌肉中氧的弥散速度和氧利用；

（4）心肌射血量及抗疲劳能力。

4. 改善循环机能的类型

循环机能的改善机制主要被分为以下 3 种类型：

（1）心输出量的增大→$VO_2max\uparrow$；

（2）动静脉氧差加大→$VO_2max\uparrow$；

（3）心输出量增大和动静脉氧差加大→$VO_2max\uparrow$。

在训练初期 VO_2max 的增大主要是受心输出量的影响，而随着训练的持续进行，后期对动静脉氧差加大的依存度就会逐渐增多（由肌肉对氧的利用度决定）。

5. 影响最大摄氧量的因素

（1）负荷强度

发展耐力训练的负荷量和强度在不同范围内均有分布。训练强度主要集中在 60% ~ 90% VO_2max 的范围内，大量的研究证明训练强度对 VO_2max 的影响较大。在耐力训练时，负荷强度越接近本人 VO_2max 的上限值所能达到的效果就越明显。但是当负荷强度超过 90% VO_2max 时，VO_2max 反而呈下降趋势。选择适宜的运动强度对发展 VO_2max 是十分必要的。

表3 国外推崇的几种有氧运动处方

提出人	强度	持续时间/（min/次）	频度/（次/周）	训练时间/周
Roskamm	Vigorous exercise	20 ~ 30	5	
Shephard	96% Hrmax	20 ~ 30	5	
Cureton			300 ~ 500Cal	3 ~ 5
Cooper	60% ~ 90% Hrmax	15 ~ 60	3 ~ 5	
American 等人	50% ~ 85% VO_2max	15 ~ 60	3 ~ 5	
Poollock	60% ~ 90% VO_2max	15 ~ 60		
	50% ~ 80% VO_2max			
Strauzenberg	60% ~ 80% VO_2max		5 ~ 7	
Wenger 和 bell	90% ~ 100% VO_2max	35 ~ 45	4	10 ~ 11

（2）训练时间

训练时间的平均值男女分别为 28.4min/次和 33.0min/次。训练频度从每周 1 ~ 7 次均有分布，平均值男子为 4 次/周，女子为 2.5 次/周。训练期限有 70% 主要在 6 ~ 20 周的范围内，最短的训练期限仅用几周即可见效，而长的则需要几十周才看到效果。因此，耐力训练是需要长期坚持并保证每周数次训练才能保持或提高耐力能力。

（3）训练方法

多年来，训练方法对 VO_2max 改善的对比研究大多以持续训练法和间歇训练法为主，这两种方法一种是没有负荷变化的持续式训练，另一种是负荷和休息交替进行的间歇式训练，两种都是耐力训练的基本方法。两种训练方法的负荷强度和持续时间虽然不同，但据 Pooce 等人的研究报告认为效果差异并不太大。而 Conley 等人对运动员的对比发现，最初 10 周的匀速跑练习后 VO_2max 有 3% 的增长，之后又采用间歇跑练习，

VO_2max 有 7% 的增长。结论是间歇训练法对 VO_2max 的改善更加有效。

间歇训练法根据间歇时间的不同又被分为：高强性间歇训练法、强化性间歇训练法、发展性间歇训练法 3 种。

Fox 对这 3 种不同强度的训练方法进行效果对比发现，负荷强度与 VO_2max 之间存在更高的相关联系，即安排间歇训练的负荷强度比练习时间更为重要。

近年来采用循环训练法发展有氧耐力的报道也在逐渐增多。这种可把速度、力量、灵敏练习溶为一体的训练形式对人体有氧供能系统有特殊的发展作用。

足球运动训练中采用的多种形式的结合球的循环训练法，以发展足球运动员的专项有氧能力。如带球跑动、转向、传球、接应球等，关键是保证足够的负荷强度。

提高足球运动员心肺功能和呼吸肌能力

§3000 米、5000 米强度跑（乳酸阈）；

§适当的游泳运动（水下呼吸）；

§ Yo – Yo 跑；
§ 间歇性有氧训练；
§ 结合球的循环训练法。

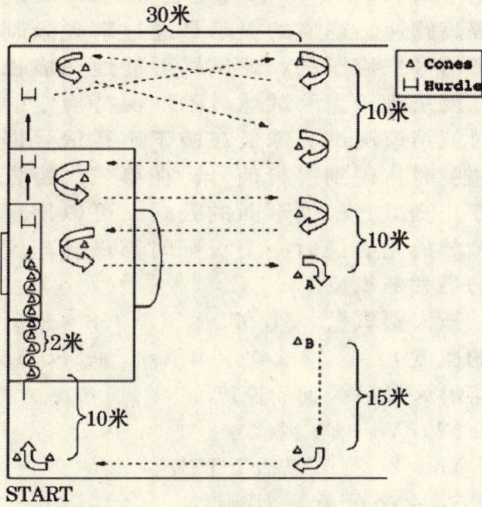

6. 足球特殊有氧训练

球员听到发令运球从标志物间运球穿过，遇到标志筒快速盘带球绕过标志筒，遇到横栏（3 ~ 4 个）时，把球挑过（横栏高 30 厘米），按照图中的标志快速带球运动；在 A 和 B 点之间，球员带球倒跑；然后快速带球到起点重复上述训练内容。在第一个 4 分钟运动的前 60 秒，队员被告知逐渐增加跑动强度至 90 ~ 95% 最大摄氧量，运动员进行两次 4 分钟间歇运动，中间间隔 70% 最大心率的运动。

7. 有氧训练强度的监控

（1）用最大摄氧量百分比强度（%VO$_2$max）监测

可以在实验室通过气体分析的方法得到个体 VO$_2$max，也可能通过 CONCONI 和 PALIERS 测试间接得到本人 VO$_2$max，然后以个体 55% ~ 60% VO$_2$max 的跑速进行训练。

（2）采用目标心率监测有氧耐力

目标心率的制定可以通过以下推测公式得到：

§ 推测最大心率：

最大心率 = 220 - 年龄，然后测定起床前安静心率；

§ 推测心率储备：

心率储备 = 最大心率 - 安静心率；

建立所需的强度值：所需的强度值 = 50% ~ 85% 的心率储备；

目标心率 = 心率储备 × % 所需的强度值 + 安静心率。

专项有氧训练是以有球为主的专门技、战术训练。目前常用的有多组、间歇、轮换的一对一盯抢、二对二、三对三、四对四、五对五小场地攻防。这一类的练习由于场上训练内容和速度是不断变换的，要想达到最大有氧耐力训练效果需用遥测心率表进行 1 次极限度运动，记录个体运动中的最大心率，根据最大吸氧量心率大约在 175 ~ 180T/min 的普遍原则，选取个体最大运动心率的 85% 进行运动强度的监测。但更重要的是组与组之间恢复心率的跟踪也是必不可少的。

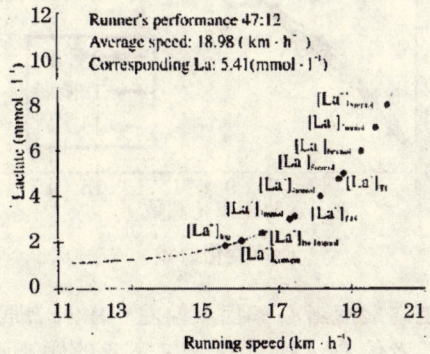

例如在一个 5min × 7 组的一对一盯抢中，组间间歇 3min，一般心率可恢复至 105T/min 左右，接下来每次训练间歇中的恢复心率的速率降低，恢复次数减少。最初几次训练间歇时 3min 的恢复心率可下降 60 次左右，部分队员坚持到最后数组训练的间歇期时恢复心率下降只有 30 次左右，即 3min 恢复期后心率仍保持在 130T/min 左右。上述情况出现，如果是以有氧训练为目的，为保证训练效果，应适当延长间歇时间。因为恢复期间心率降不到应有的水平，运动时无氧代谢已开始参与供能，大量乳酸开始在体内堆积。机体在此状态下如果不做调整，随着乳酸的堆积，机体将出现疲劳，有氧训练效果将很难保证。

（3）乳酸阈来控制负荷强度的方法

采用递增负荷测试，每递增一次负荷测试一次血乳酸，以跑速与血乳酸浓度作曲线。

研究结果表明：

1. 在递增强度运动中 85% 的足球运动员都出现了心率拐点。而且随运动强度的递增，

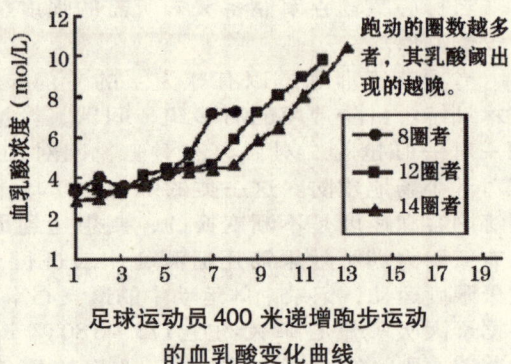

跑动的圈数越多者，其乳酸阈出现的越晚。

- ● 8圈者
- ■ 12圈者
- ▲ 14圈者

足球运动员 400 米递增跑步运动
的血乳酸变化曲线

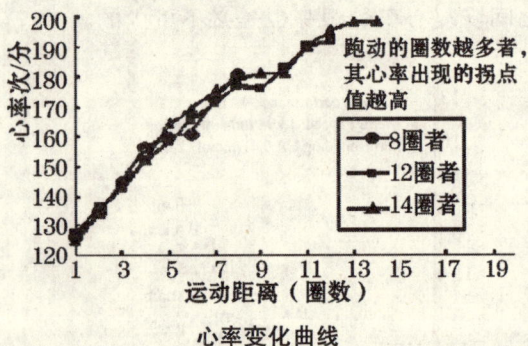

跑动的圈数越多者，
其心率出现的拐点
值越高

- ● 8圈者
- ■ 12圈者
- ▲ 14圈者

心率变化曲线

完成距离最短者心率拐点偏左、中长者居中、
而最长者偏右，拐点心率与完成的距离高度
显著性相关。

2. 测试中乳酸阈拐点的变化与运动能力
密切相关，运动距离越长则出现的乳酸阈拐
点越晚；但乳酸阈拐点出现在前，心率拐点
出现在后。

3. 比较乳酸阈速度和心率拐点速度发
现，乳酸阈时的跑速正好低于心率拐点跑速
一个等级，但哪一个阈值速度为该个体的最
佳有氧速度尚需做进一步的研究。

White 曾测定优秀足球运动员的个体无
氧阈心率为 179.2 次/min，在此强度上坚持
跑 10min 作为足球运动员的个体乳酸阈训练
强度。因此，在运动实践中还应具体掌握不
同运动员个体的乳酸阈拐点的心率变化，以
更为简便的方式掌控负荷强度，提高有氧能
力的训练效果。

8. 有氧耐力的评价
§ 最大摄氧量跑台测试；
§ 12 分钟跑；
§ 乳酸阈跑速；
§ 20 米折返跑测试——是一种最常用、
也是最适宜的测试足球运动员有氧能力的方

法。

（1）Multistage 往返跑测试

要求运动员在 20 米的场地上往返跑，开
始速度为 8.5km/h。以每分钟 0.5km/hr 的速
度提高跑速。跑速的提示是通过事先录制的
声音信号来控制的。球员尽可能地完成长距
离的反复跑，当测试球员不能保持规定的速
度时就结束测试。球员在慢于声音信号提示
的速度时将得到警告信号，在第三次警告时
将停止测试。根据下面的公式，可以评定每
一位球员完成最后一个级别时与最高速度相
应的最大摄氧量。

最大摄氧量 = 31.025 + （3.238 × 最后级
别的速度）－（3.248 × 年龄）+（0.1536
× 年龄 × 最后级别的速度）

（2）Yo - Yo 测试

Yo - Yo 测试包括 2 个内容

Yo - Yo 间歇耐力测试

Yo - Yo 间歇耐力测试的目标是评价球员
在长时间间歇运动后反复进行大强度运动的
能力，这与足球比赛的最后非常相似。测试
时，在每次往返跑之间有 5 秒的休息时间，
总的测试过程持续 10 ~ 20 分钟。

Yo - Yo 间歇恢复测试

Yo - Yo 间歇恢复测试的目的是检验球员
在进行大强度运动时的恢复能力，这种能力
在足球运动中非常重要，它可以影响球员在
比赛中进行高强度运动的潜能。Yo - Yo 间歇
恢复测试的跑动速度高于 Yo - Yo 间歇耐力
测试的跑动速度，在每次折返跑之间有一个
10 秒钟的慢跑阶段，总的持续时间在 3 ~ 15
分钟。

Yo - Yo 测试的时间安排

班斯伯（2003）认为，每年进行 4 ~ 6
次间歇耐力能力的测试是比较适宜的。

第一次：在赛季前准备期的开始阶段。

第二次：赛季开始前的 2 ~ 3 周。

第三次：赛季开始后的早期。一些球员
的体能水平在赛季中暂时有所下降，这是由
于在此期间体能训练的数量减少所引起的。
如果有必要，应该尽早地进行充分的测试，
以确保有足够的时间在半程赛季或整个赛季
结束前执行修正过的训练计划。

在有联赛间歇期的国家：

第四次：在后半赛季准备期的开始阶段。

第五次：后半赛季开始前的 2 ~ 3 周。

第六次：在后半程赛季期间。测试原则与第三次相同。

在没有联赛间歇期的国家：

第四次和第五次测试可在赛季中的某一时间进行。

测试的目的是为了了解运动员的有氧代谢能力，并为训练计划的调整提供依据。

主讲人：曹健民

第七节 准备活动和整理活动

一、准备活动

（一）准备活动的作用

1. 改善肌肉关节的灵活性

我们的运动器官由肌肉、骨骼关节及韧带构成。骨骼肌的特点是受运动神经（意识）的支配，想动就动，想停就停，所以又叫随意肌。

就肌肉的物理特性而言，肌肉具有伸展性、弹性和粘滞性；就其生物特性而言，肌肉具有兴奋性和收缩性。

当肌肉的温度较低时，肌肉的伸展性、弹性低，而粘滞性高。这无疑会影响肌肉的工作能力。

根据研究肌肉的最佳工作温度在 39～40 摄氏度，这时肌肉的粘滞性最低而伸展性、弹性最高，酶的活性最强，因而最有利于肌肉工作。

2. 克服内脏器官的惰性

内脏器官受植物神经支配，因而有以下特点，其一，灵活性低，兴奋与抑制的转换需要的时间较长；其二，兴奋传导的速度较慢；因而，内脏器官的兴奋与运动器官相比相对滞后，内脏器官兴奋性的调动，最佳功能的发挥需要一定的时间，即所谓内脏器官的惰性。

3. 唤醒已经建立的条件反射

运动技术的本质是条件反射。

准备活动具有加强和唤醒条件反射的作用，更有利于掌握和巩固运动技术，发挥自己的运动水平。

综上所述，准备活动可以提高中枢神经系统兴奋性，使其达到适宜水平；加强各个器官的活动，克服各种内脏器官的功能惰性；改善全身的血液循环，提高组织温度，增加肌肉的力量和弹性；唤醒已经建立的条件反射。

因此，在运动前，一定要做准备活动。

（二）准备活动的方法

准备活动一般应按以下步骤进行：

1. 慢跑儿分中，让身体发热（机体的供能物质只有很少一部分用于肌肉做功，绝大部分是以热能的形式释放出来）。

2. 在身体发热的基础上，进行各主要关节的活动。

3. 对参与运动的主要肌群进行牵伸（以动态牵伸练习为主）。

根据研究及各国运动员的实践，在准备活动中，牵伸练习应当以动力性牵伸为主，如踢腿、扩胸，振臂等，不要过多的进行较长时间的静力牵伸练习，静力牵伸练习的时间过长可降低神经系统的兴奋性，降低组织温度，过长时间的静力牵伸，还可导致肌肉过于放松，使肌肉的工作能力下降。

4. 在此基础上，开始专项活动，其强度也应由小到大，逐渐增加这样做不仅可以提高训练效果，而且可以有效减少伤害事故的发生。

准备活动的量，应根据个人的机能状况、气象条件、锻炼的具体情况而定。在兴奋性较低时或气温较低时，准备活动的时间应适当延长。准备活动一般以身体发热、微微出汗，没有疲劳感为宜。另外还应注意，准备活动的结束与正式锻炼开始之间的时间间隔不要太长（1～4 分钟）。

二、整理活动

（一）整理活动的目的

整理活动消除疲劳，是最廉价、最有效的一种恢复手段。

对较高水平的运动员而言，整理活动与提高肌肉质量，提高肌肉爆发力，防止肌肉劳损，延长运动寿命也有密切关系。

整理活动的目的是加速代谢产物的排除，及时放松肌肉，尽快消除疲劳，促进体力恢复。

（二）整理活动方法

一般整理活动应包括以下内容：如慢跑或游戏，肌肉放松练习及肌肉的牵伸练习（整理活动中的牵伸练习应以静力牵伸练习和 PNF 练习为主，而不宜采用动力牵伸练习）。

1. 慢跑或游戏

慢跑或游戏是运动后的积极性休息，也称活动性休息。休息有两种方式：一种是静止性休息，一种是活动性休息，为了加速身体在疲劳以后的恢复，应当使两种休息方式很好结合。

慢跑或游戏可保持较高的组织温度，使肌肉保持较好的伸展性和弹性，在此基础上进行牵伸练习，更有利于肌肉的放松。

慢跑或游戏可使心血管系统、呼吸系统仍保持在较高水平，有利于乳酸的排除。从能量代谢的角度来看，当运动至疲劳后，如果恢复过程中能进行轻微活动，肌肉和血液中乳酸的消除比运动后静止性休息要快得多。

2. 牵伸肌肉

我们知道，延迟性肌肉酸痛的起始环节是运动导致的肌肉张力增加，而肌肉的张力增加，必然压迫肌肉中的小血管，而导致局部的循环障碍，造成局部的血液循环不良，引起疼痛，疼痛反射性地使痉挛加重，痉挛又使局部缺血增加，形成恶性循环。

肌肉的伸展练习，肌肉的牵伸练习可以使肌肉及时得到放松，打断这一恶性循环，可避免由于局部循环障碍而影响代谢过程，造成恢复过程的延长。

因而肌肉伸展练习，可以有效预防延迟性肌肉酸痛（DOMS），缓解运动后延迟性肌肉酸痛（DOMS）的症状，并可加强骨骼肌蛋白质的合成过程，加速骨骼肌疲劳的消除。

就肌肉牵伸练习长期的效果而言，牵伸练习对预防肌肉僵硬、防止肌肉退化、保持肌肉的良好功能、预防肌肉劳损有良好作用。

3. 静力牵伸练习方法

（1）注意区别肌肉的酸痛和肌肉拉伤。如酸痛，在伸展的过程中则会逐渐减轻，缓解；如在持续牵张过程中疼痛并不减轻或甚至加重，则可能是肌肉拉伤，应立即停止练习并采取相应的治疗措施。

（2）弄清哪些肌肉有反应（酸痛），并搞清楚这些肌肉的起止点。

（3）根据场地条件设计动作，使有反应的肌肉（酸痛的肌肉）逐渐受到最大幅度的持续伸展。

（4）牵伸练习必须在身体微微发热的基础上进行。

（5）牵伸练习要以静力牵伸为主，开始进行静力牵伸练习时，伸展的幅度要适当，在持续牵张的过程中，如已感到肌肉放松，可逐步加大牵伸的幅度，直到可能的最大幅度为止。

（6）牵张持续时间约 1 分钟左右，间歇 1 分钟，重复二～三次为一组。

（7）练习时间的长短，重复组数的多少，以及每天进行牵伸练习的次数，可根据负荷大小而定。

（8）静力牵伸练习最好在运动结束后立即进行。

主讲人：王安利

第五章 运动员技术能力及训练

第一节 技术与运动员的技术能力

一、定义及特征

（一）定义：完成体育动作的方法

（运动规则、技术规范、个体特征）

（二）特征

1. 运动技术与体育动作不可分割；

2. 不断发展；

3. 技术的稳定与应变；

4. 运动技术的个体差异。

二、运动技术原理

（一）生物学原理

1. 生理学；

2. 生物力学。

（二）心理学原理

（三）社会学原理

三、动作要素与技术结构

（一）动作要素

身体姿势，动作的轨迹、时间、速度、力量和节奏。

（二）技术结构

1. 动作基本结构；

2. 技术组合。

四、影响技术的因素

（一）人体结构力学特征

（二）中枢神经系统的控制与协调

（三）感知觉能力

（四）动作机能的储存数量

（五）运动素质的发展水平

（六）运动员的个体心理特征

第二节 技术训练常用方法和要求

一、技术训练常用方法

（一）直观法与语言法

（二）完整法与分解法

（三）想象法与表象法

（四）加难法与减难法

二、技术训练的基本要求

（一）基本技术与高难技术

（二）特长与全面

（三）规范与个体差异

（四）循序渐进与难点先行

（五）内部机制与外部形态

（六）技术风格

1. 意义；

2. 释义：不同技术系统；

构成：技术系统；技术结构。

3. 影响因素

特长技术；气质类型；种族特征。

（七）学习与训练的关系

（八）改善及动作基本结构，提高技术组合水平

（九）技术创新

第三节 运动技术评价

一、目的任务及标准

（一）目的任务

（二）基本标准

1. 实效性；

2. 合理性；

3. 经济性。

二、运动技术评价指针

（一）生物学与社会学

（二）质量与数量

三、评价常用方法

（一）定性与定量

（二）运动学与动力学

（三）多维测试与综合评级

四、不同技术的评价特点

主讲人：王安利

第六章 运动员战术能力及训练

第一节 战术与运动员的战术能力

一、概　述

（一）定义：计谋和行动

（二）构成

战术观念；战术指导思想；战术意识；战术知识；战术形式；战术行动。

（三）战术分类

1. 按表现分阵形战术；体力分配战术；参赛目的战术；心理战术；

2. 按参加的人数分；

3. 按攻防的性质分；

4. 按战术的普适性分。

二、运动员战术能力

三、影响竞技战术与战术能力的因素

（一）军事学与谋略学

（二）心理学与思维科学

（三）形态学与体能、机能因素

第二节 战术训练方法

一、分解与完整训练法

二、减难与加难

三、虚拟现实训练法

四、想象训练法

五、程序训练法

六、仿真训练法

七、实战训练法

第三节 战术方案的制定

一、战术方案的基本内容

（一）战术任务和目标

（二）预测对手的战术意图

（三）确定战术原则

（四）己方的战术行动（任务、分工）

（五）预测比赛过程中可能发生的情况及应变措施

（六）适应比赛环境

（七）赛前战术训练

（八）保密及隐蔽

二、制定战术方案的要点

（一）准确、及时的情报

（二）战略决策与战术决策

（三）比赛环境

（四）竞赛规则

（五）稳定性与可变性

第四节 战术训练的基本要求

一、把握项目制胜规律

二、培养战术意识

三、战术应用能力

四、个人战术与集体战术

五、战术组合

六、战术创新

主讲人：王安利

第七章　中国队攻防战术细则

一、目标和任务

1. 组建球队；
2. 完成 04 年亚洲杯任务；
3. 进军 2006 年世界杯。

二、组队（选拔队员）

理念：

1. 国家队要由最优秀的队员组成，要考虑年龄结构，绝大多数队员应能完成 2006 年的任务。要不断地发现和寻找好的队员，这可能需要较长的时间。

2. 不同的场上位置有不同的要求，要按位置特点选拔队员，不是按名气选拔，避免媒体干扰。

3. 阅读比赛和做出正确选择的能力，是观察选拔队员的重要条件。

4. 更倾向作风过硬、意志顽强、心理素质好、攻守能力平衡的队员，这样队员更能打硬仗。

5. 队员应有良好的思维方式，能够正确评价自己和他人，有利于相互沟通和整体的和谐团结。

6. 各方面都突出的队员是很少的，球队需要有特点的队员，可以通过战术把他们组织好，发挥他们的特点。

7. 准备 30～35 人的大名单，保持队员之间的竞争和弥补由于伤病带来的影响。

队员入选国家队后能否在国家队站住脚，取决于下列因素：个人的基本实力；职业队员的工作态度；个人的竞争能力和适应能力；对战术的理解力和继续提高的学习能力（这一点非常重要，如果一个队员经过几次集训后，仍没有什么进步，可能就在这方面存在问题）。

三、阵型

国家队基本阵型是 4－4－2，如果前锋回撤一人，就形成 4－4－1－1；如果中场和后场都压上一人，就形成 3－4－3，随着比赛进程，根据对手和场上的不同情况而变化，关键是准确把握住场上的情况，充分发挥队员的特点。

当场上出现不利情况时，先回到最初的阵型，因为球队的组织更多的是防守，进攻主要是靠队员机动性和创造性。

在任何一个阵型里，首先要明确自己的位置和职责，在自己的位置上发挥作用，在此基础上了解对手的情况，对手是第二位的。

球队的组织是整体组织，因此，队员具有良好的性格和思维方式，才能在一起更好地交流和讨论，达到最佳效果。

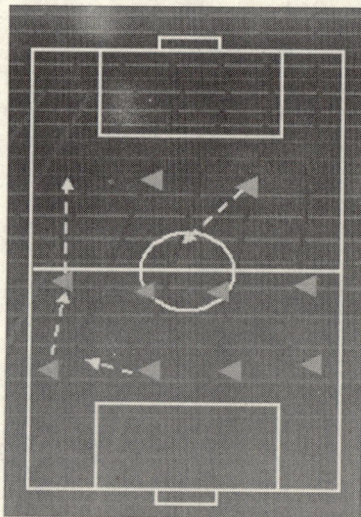

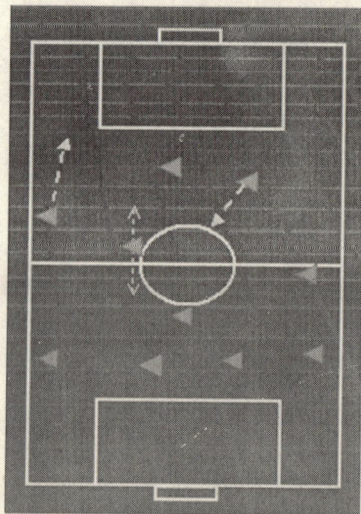

四、防守方面

只有真正防守好的情况下，才有真正的进攻。对我们防守威胁最大的是，我们在压上进攻时出现失误，队员又不在自己的位置，身后会有很大的空当，就容易失球，其次是在防守三区的个人失误，特别在我们小比分领先的情况下，会出现比分和心态的很大的逆转。保持场上的位置很重要，要在自己的位置上打比赛，中国队员位置意识不是很清楚。

不少队员只踢进攻足球，丢球不及时回防，因此在进攻时仍要保持好防守人数。攻守平衡要体现在位置上。回防不到位还和体能有关，体能上达不到攻能上去，丢球又能快速回位的要求。

整体防守要求：

进攻一旦球失误，最靠近球的队员要快速封堵对手，不让对手向前传球打反击，延缓其进攻的速度，其他队员都要快速退回到后面防守，压缩防守空间。此时对手前锋向前插时，后卫线要站住，不回收，不要让一个前锋把整个防线压进去，三条线之间要很紧密。压缩三条线和各位置之间的空当，形成相互保护。到位以后，不要等在那里不抢球，主动对拿球人及局部区域施压逼抢。要始终保持完整的队型，尽量避免被对手拉出空当。如：当对手把球转到边路时，如果我们左前卫抢球时，上得太早，后面还没形成保护，在身后就会先出现空当，容易被对手利用。此时他身后的队员就要指挥他，先等一下，待把空当控制后再上去逼抢。

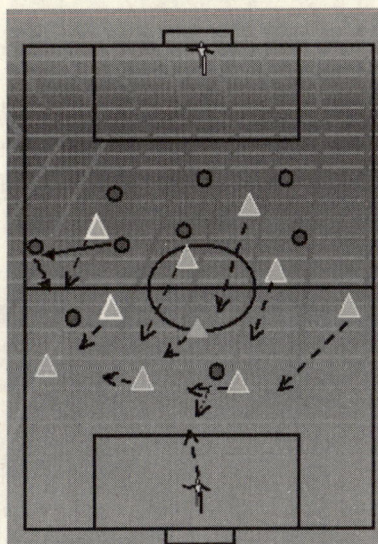

防守核心队员与位置：

守门员＋两名中后卫＋两名"后腰"是防守的核心，他们负责中路最重要的区域。守门员要负责控制后防线身后空当，因此，他应具备良好的判断意识和出击补位能力。

两名中卫要在中路区域内防守，不要轻易到边路区域去防守，如果自己盯防的对手回撤较大，不要跟出去，可交给"后腰"看管，在中路区域一旦出现空当被对手利用，常常是致命的。

阿里汉对"后腰"的位置非常重视，要求防守时两个"后腰"都要回到中卫的身前形成屏障，压缩与中卫之间的距离，不给对手活动空间。

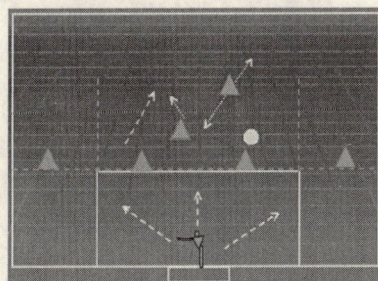

对手在防守三区进攻时，防守队员退到禁区线即可，一旦对手直传身后，守门员完全可以先于对手控制球。如果对手通过踢墙配合插进，防守队员一定要抢先收回位置，因为做墙的队员可以传出不同角度和力量的球，守门员很难判断出击。

防守位置与轮转：

四后卫站位不要退到禁区内（后面有守门员负责控制），任何时候，至少有一名后腰保持在中卫身前位置，另一中前卫，防守时也要回到位，压缩与中卫之间的距离，不给对手活动空间，如果中锋回撤，后腰盯防，中卫不跟。不要轻易被拉出去，要控制中路危险区域。

在我们进攻时，后卫要参与助攻，但我们后场的留守队员总是要比进攻队员多一人，对方两名前锋站在中路，或一边一中时，我们的盯防位置如图，边后卫助攻出去了，边前卫回来，或靠其他队员的轮转保护。

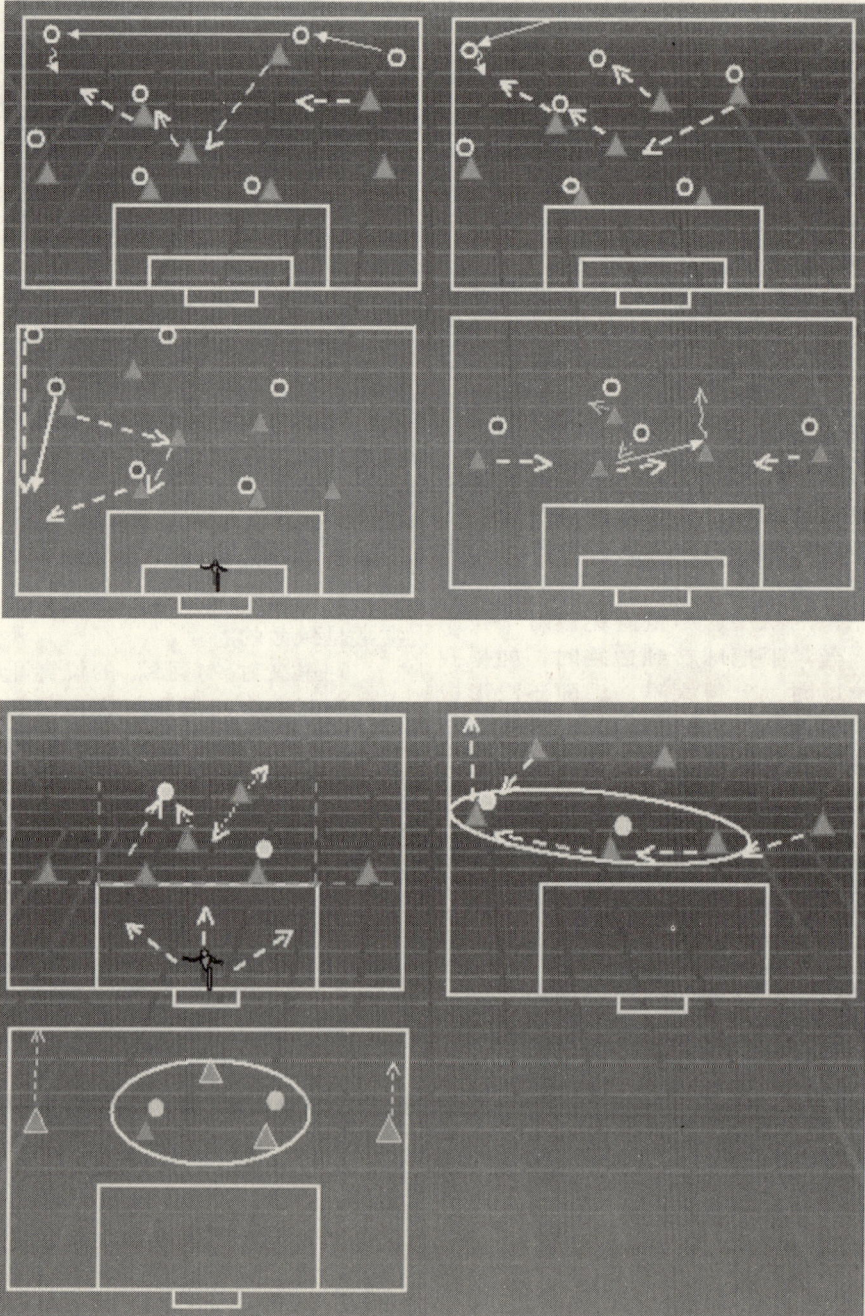

边路防守：

防边路的来球，后卫和"后腰"以球门为中心选位，防守的重心不要偏离，相互间的位置要紧密。

一旦有进攻队员插前点，由其它位置的队员去盯防，中后卫不要跟出去盯防。保持位置平衡，在门前如果身后出现了空当，包抄队员是正面包抄更有优势。

当中后卫必须离开自己的防守位置，"后腰"队员可回撤到中卫位置，控制出现的空当。

另一要点是，守门员和后面队员要负责指挥和提醒前面的队员位置和盯人，他们的视野更好。

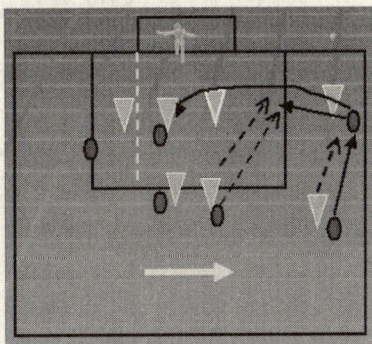

如何处理越位问题：

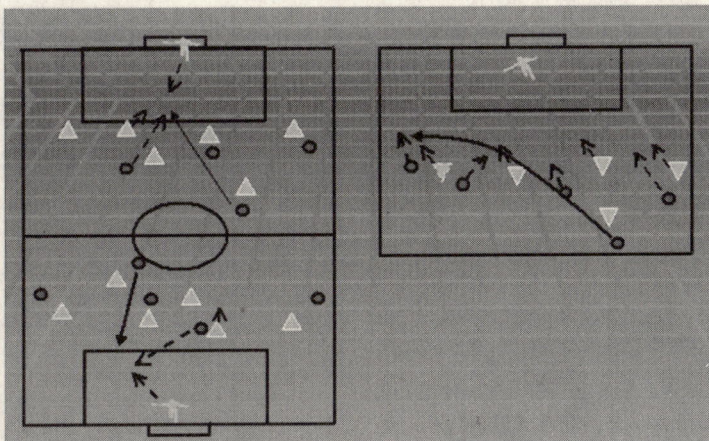

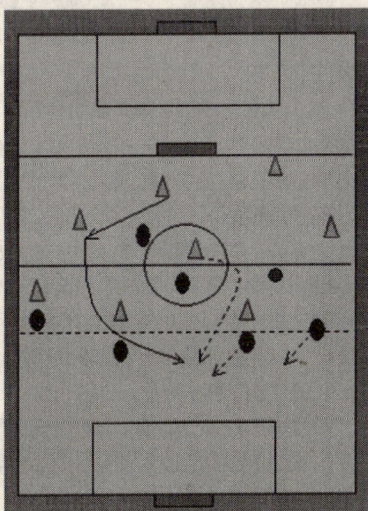

GK＋8 对 7＋GK（防对手传插身后空当）设中场线，防守压到中场线，对手进攻以长传身后为主，防守队员。判断对手传球意图，注意防守队员的位置。对手从身前插身后时，防守队员一定要先收，把对手控制在身前，整体一条线一起回收。中前场施加压力，限制对手传出身后球。

攻中有守：

当我们都到位防守后，任何队想进球都是很难的。对防守威胁最大的是，在压上进攻时出现失误，我们又不在自己的位置，身后会有很大的空当，这样的空当如果被对手利用，就容易失球。

阿里汉要求队员，在我们进攻时：后场防守的队员精力要非常集中，不被对手所左右，保持头脑冷静，牢记自己的防守职责。

在攻守的力量安排上，也要注意平衡，后场的防守队员总要多一人，控制好对手或可能有球的区域，防守的"后腰"进攻不要上得太大，在中卫身前控制区域。相互位置注意轮转，如：边前卫助攻上去后，边卫就要回收到边前卫位置，居后支援保护。

五、进攻方面

1. 快攻（最有效的手段）利用空当，不同情况的进攻要求

在由守转攻时，在对手没有组织有效的防守前，要打出快攻。先找最前面的队员或空当传球。最前面的队员要压住最后的后卫，如果对方有"自由人"，压住"自由人，"有可能还会牵引一名盯人中卫过来，拉出了身前空当，为同伴插上配合创造了条件。

同时其他队员要快速跟上或拉开宽度，或插对手身后空当要球，自己的位置留给后面的队员填补，形成整体压上。快攻要利用速度、宽度和空当，通过个人突破，或一组队员直接、流畅、简练的配合，完成攻门。

能否打出快攻，取决于场上队员的预见性，对场上情况有预判，才能先于对手行动，抢到先机。

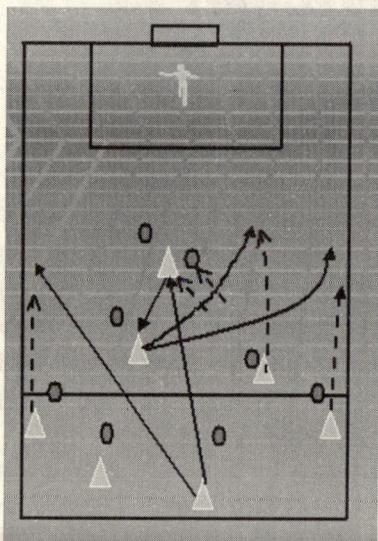

2. 利用边路空当（与中路包抄配合）

对手已回防密集中路时，要注意打边（要两侧转移），最有效的方法是套边插上传中，门前的包抄在前、后门柱和点球点至少要有三人包抄，其他队员依次跟上，注意不要形成一条平线，控制好外围区域，准备二

次进攻。

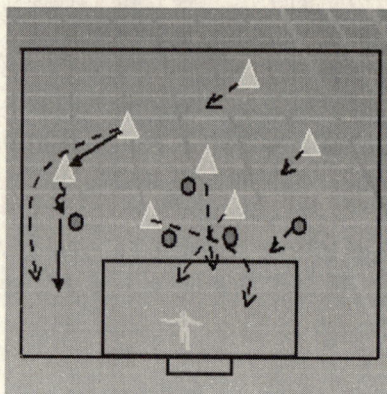

边路基本路线：

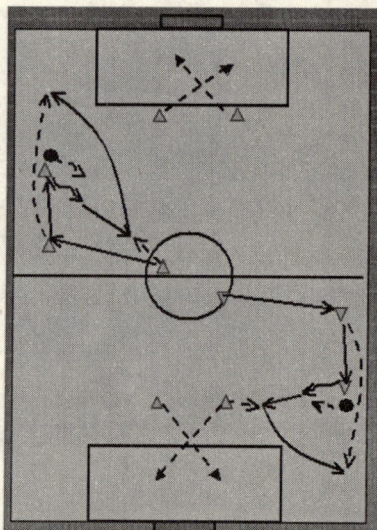

3. 组织进攻

在进攻三区，有可能创造射门机会时，就要敢冒险，如：个人的突破射门或渗透传球等，这取决于队员对机会的判断，根据情况做出正确的选择。

在此之前，全队都要完成有组织的进攻，都要把球控制好，不要随便丢球，找最简单的、安全的方式传球（传球的时机和方式），传球要简练，球速要快，把球传到同伴有利的脚，有利于同伴控球。

无球的跑动非常重要，场上不同角度的随时移动，有的要拉出对手，制造空当，有的要插进，特别是对手的身后空当。场上要多讲话，多交流，避免都去接球，或都站在一条平线上，缺少纵深角度。要能够保持连

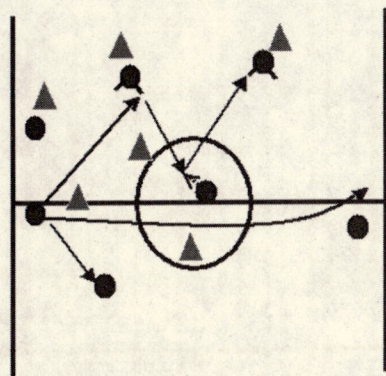

六、定位球防守

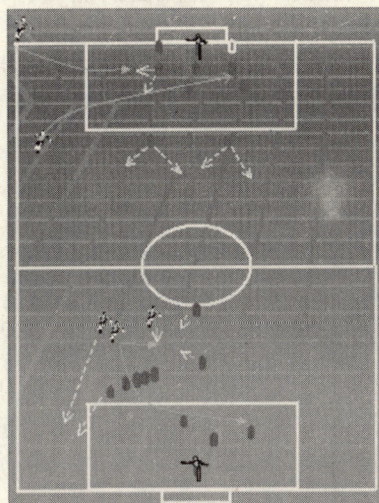

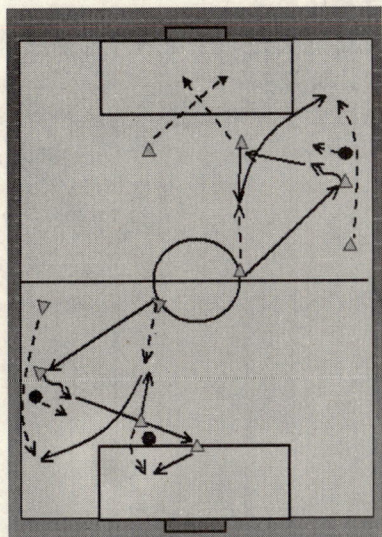

角球时，后卫和守门员站位

续的传递，球就要动起来，人要跑起来。

通过对球的保持，控制比赛节奏，这是阿里汉训练中重点强调的方面。他注重开发队员阅读比赛和做出选择的能力。

当队员在边路控球时，他自己要能够根据情况做出决策，是继续突破该区域，还是转移到另一区域？要求队员学会在进攻中，利用整个足球场，拉开进攻宽度，运用转移进攻，避开对手密集区域，这样就不会打得太小，不容易被对手破坏，弥补我们对抗能力差的弱点，也可以使我们的体力分布更加合理。

特别是对强队的比赛中，通过有意识的放慢节奏，使我们在体能、心理得到恢复，局面得到控制。

七、比赛方面

国家队的训练时间有限，主要训练任务在俱乐部，国家队主要是整体战术组合，提高比赛能力，所以要多打比赛。边打边练是最好的训练形式。

阿里汉认为要提高队员的适应能力（不同于国内的各种客观条件），就要走出去打比赛。要提高心理的适应能力，比赛中不紧张，敢于胜利，就要与不同风格的队打比赛，特别是与那些逼抢凶狠的队多打比赛，让队员获得不同的体验和经验。

比赛要完成下列任务：

§ 在任何比赛中都要争取胜利，培养队

员的取胜欲望；

§全面观察和了解队员的品质、能力及个人位置特长；

§逐步确定主力阵容，及如何运用替补队员，根据主教练攻防技战术设想和要求，演练和完善技战术打法；

§提高全队处理比赛中各种情况的能力，逐步获得比赛经验；

§通过比赛发现问题，为训练提供依据。

主讲人：刘丹

第八章　运动员心理能力与智力能力及训练

第一节　运动员心理能力及训练

一、概　述

（一）定义：个性心理特征、心理过程

（二）作用

二、常用方法

三、心理现象及克服方法

第二节　运动智能及训练

一、概　述

（一）运动智能及构成：知识

（二）作用

1. 控制训练和比赛；

2. 提高学习、掌握动作的能力。

二、运动智能训练的基本方法

（一）一般智能

观察力、记忆力、思维与想象力。

（二）运动职能的训练

专业知识、运用知识的能力、专题总结。

（三）形态学与体能、机能因素

三、运动智能训练的基本要求

主讲人：张力为

第三节　运动员的赛前心理准备

一、生理调节

先害怕，才逃跑；还是先逃跑，才害怕？

先高兴，才大笑；还是先大笑，才高兴？

先悲伤，才哭泣；还是先哭泣，才悲伤？

James – Lange 理论

先有情绪的身体反应；才有情绪的主观体验。

提示：控制情绪可以从调节身体反应着手。

（一）面部表情调节

1. 面部表情

（1）照镜子，了解自己的当前状态；

（2）看自己的微笑照片，诱发愉快心情；

（3）自我按摩面部，放松面部肌肉。

2. 身段表情

3. 言语表情

（二）呼吸调节

（1）深而慢的腹式呼吸，使兴奋水平下降；

（2）浅而快的胸式呼吸，使兴奋水平提高。

（三）肌肉放松调节

1. 放松方式；

2. 渐进放松，自身放松，三线放松，松弛反应；

3. 放松要点；

4. 注意集中，肌肉松弛，平稳呼吸；

5. 辅以音乐或表象。

二、认识调节

（一）表象调节

上场前，表象自己过去获得成功时的最佳表现，体验当时的身体感觉和情绪状态，以增强信心，提高运动成绩。

上场前，表象最佳技术动作（如撑杆跳

动作，跳远动作，掷铁饼动作），会提高罚球成功的可能。

（二）暗示调节

二次大战的弹震病：膝盖；

实验：喝糖水 →尿量和尿糖↑

暗示：喝糖水 →尿量和尿糖↑

● 在将要与对方或裁判发生冲突时，默念"冷静1. 冷静2. 冷静3"，则会起到控制情绪的作用。

● 临上场前，默念"镇静，镇静，镇静就是成功"或"放松，放松，放松就是成功"一类的提示语，有助于镇静情绪和提高自信。

● 在相持阶段，默念"再坚持一下，把对方拖垮"或"对方越来越慢了"一类的提示语，有助于鼓舞士气，提高信心。

（三）自我意识调节

主场效应：

整个赛季中，越接近决赛阶段，主场效应越小。为什么？

自我意识↑

行为的有序性和可预测性↓

比赛表现↓

实例：不谈首金行吗？

悉尼奥运会首金争夺战的教训；

最佳竞技状态（流畅状态）；

丧失自我意识；

自然而然发生；

平时加温，提高自我意识；

强调我，责任，目标；

赛时降温，降低自我意识；

强调我们，过程，现在，技术战术。

三、环境调节

（一）颜色调节

不同颜色的主观温度感受（江宇、张力为，2004）。

暖色		45.68
	红色	58.63
	橙色	40.72
	黄色	38.20
冷色		29.44
	绿色	31.50
	紫色	28.86
	蓝色	27.95

过分紧张时，注视周围绿、蓝、紫等冷色背景，如富士胶卷广告，可产生镇静效果；用淡蓝色毛巾擦汗，饮用绿色包装的饮料，也可产生一定的镇静效果。

精神不振时，注视周围黄、红等暖色背景，如红旗，可产生兴奋效果。

练习时，对阵双方穿红黄运动服，可提高对抗性（中国足球队）。

（二）音乐调节

Beethoven：第五命运交响曲

Beethoven：第五钢琴协奏曲

Vivaldi：四季之〔冬〕

Johann Strauss. Jr.：蓝色的多瑙河

三、社会支持

心理学的研究表明：

1. 人在遇到应激情况下，或遇到困难、挫折、挑战时，寻求社会支持的倾向提高。

2. 家庭支持每提高一个百分点，死亡率下降13%。

培根：

1. 把快乐告诉朋友，你将增加一倍快乐；

2. 把痛苦告诉朋友，你将减少一半痛苦。

运动员最需要关心和帮助的场合：

伤病、生日、比赛失利，与重要社会关系产生冲突。

提供社会支持的形式：

电话、贺卡、生日蛋糕、赞赏；

对运动员家人的关心。

主讲人：张力为

第四节　注意力集中

一、运动员何时达到最佳状态

当身体达到极限状态，精神高度集中，甚至达到忘我的程度时，个体就会超常发挥。

当出现外界干扰情况下，仍能将注意力集中在当前的事物上。

信息加工模型：

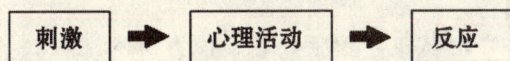

```
┌────────┐      ┌────────────┐      ┌────────┐
│  刺激  │ ━━▶ │  心理活动  │ ━━▶ │  反应  │
└────────┘      └────────────┘      └────────┘
```

何谓注意？

"思想的占据，它的形式是清晰且生动的。是对同时存在的几个事物或一连串思想之一的集中，……它意味着从某些事物中脱离出来，以便有效地处理其他事物。"

　－william james，1890

注意集中：运动员能够在比赛中注意适宜刺激的能力。包含必要时缩小和扩大注意范围的能力。

二、训练中注意力不集中的现象

1. 训练前准备不充分（上厕所，包扎）；
2. 课中不时地说话，聊天；
3. 换项间歇长；
4. 讲解内容和提出要求时聊天或看别处；
5. 无教练提醒时，放松要求；
6. 抵触情绪；
7. 身体条件；
8. 心理准备不足。

赵震：重复犯中韩战错误　请把 2008 奥运希望留住（http：//sports．sina．com．cn 2005 年 01 月 18 日 02：13 新浪体育）。

今天中国队几乎是重复了上一场与韩国队比赛的全部过程，比赛也是开场 18 分钟连失两球，而且两个球都是禁区内不必要的犯规送给对方的点球。同时，过早罚下一人也造成了自己人员上的劣势，相反在两球落后、少一人之后，场面取得了一些主动，那么连续两场比赛出现这种情况，实际便反应了我们队员在场上注意力不集中，因为刚开场的失球都是后防禁区内失误造成的，这已不是一个水平问题，而是队员场上责任心和注意力的问题。

三、足球比赛中注意力不易集中的时刻

1. 比赛开始后；
2. 进攻结束后；
3. 自己传球失误后；
4. 自己运球失误后；
5. 自己射门后；
6. 自己抢到球后；
7. 自己抢球失误后；
8. 同伴传球失误后；
9. 同伴运球失误后；

10. 同伴射门后；
11. 同伴抢到球后；
12. 本方犯规或违例后；
13. 对方犯规或违例后；
14. 裁判判罚的影响；
15. 观众的干扰；
16. 对自己的失误过分思考；
17. 教练的喊叫或责怪；
18. 赛前的心理状态不稳；
19. 自己的身体状态不佳。

四、注意力不集中产生的影响

1. 整体训练质量达不到预期效果；
2. 个人能力提高不稳定；
3. 影响他人的训练情绪和质量；
4. 比赛中易失误；
5. 有球进攻技术：停，传球，射门出现失误；
6. 无球接应：发现空当，利用空当不及时；
7. 防守中易出现看球不看人，盯人失误－失球；
8. 比赛失败率提高；
9. 比赛机会逐渐减少。

五、足球比赛失球原因

1. 光看球不看人；
2. 盯人不紧；
3. 抢前点，高点不及时；
4. 门前补门意识和抢点不及对方；
5. 不积极封堵对方射门；
6. 注意力不集中；
7. 体力不支；
8. 被对方强行突破；
9. 守门员技术失误；
10. 自己误射；
11. 没有强烈的责任心；
12. 依赖性；
13. 选位，站位错误。

六、足球比赛中攻防转换不快的原因

1. 战术意识缺乏；
2. 责任心差；
3. 全队队员认识不统一；
4. 技术运用失误；
5. 体力不支；
6. 对方干扰；
7. 受伤倒地；

8. 战术需要；

9. 注意力转换慢；

10. 后顾之忧；

11. 缺乏冒险精神；

12. 全队行动不统一；

13. 缺乏顽强的意志品质；

14. 缺乏必胜的信念；

15. 放弃比赛；

16. 比赛形势变化。

七、当今高水平实力相当的两队比赛中决定比赛胜负的关键环节

1. 瞬间注意力不集中；

2. 细小技术处理失误；

3. 对裁判判罚不必要的抗议得牌下场；

4. 禁区附近不应该犯规导致被罚任意球；

5. 犹豫的决策（场上队员，教练员）；

6. 换人不及时；

7. 体能状况；

8. 侥幸心理；

9. 球星的作用。

八、注意力不集中的原因

1. 生理原因

身体不适（生物钟，疾病，休息质量，NS疲劳）；

疲劳增加－注意力下降－失误率增加－失败可能性增加。

2. 心理原因

对当前事务和任务的认识程度，唤醒水平，自我调动能力，关心程度，赛期远近程度，心境程度。

3. 外界环境干扰原因

自然环境（气候），特殊环境（场地条件，熟悉程度，家庭事务，媒体干扰。

九、足球运动的注意特征

1. 项目特点决定注意特征（同场对抗竞技类）；

2. 刺激信息（球，对手，同伴，裁判，规则，观众，场地，气候，比赛局势变化，场区）；

3. 攻守转换角色换位（控球权转换，规则，判断结果，决策速度，行动效果）；

4. 任务重要程度（比赛的重要程度）；

5. 利益需要。

十、足球运动所需要的注意能力

1. 注意分配能力——同时注意两个以上目标

对队友、对手、球、位置等的注意。

2. 注意的广度——注意的范围【视野】

比赛场上广阔的视野有助于观察和判断。

3. 注意的适度集中和稳定

始终专注场上局势的变化，不顾及场外。

4. 注意的适时转移能力

及时摆脱不必要的纠缠、纠纷和困扰。

十一、选择性注意

概念：人类有能力排除或忽视无关感觉信息，而对相关信息进行选择性注意。

每个人都经历过由于过多刺激而使注意无法集中的情况。如果在某一时刻不能集中注意一件或两件事，那么也就无法正常生活。

选择性注意的机制就是注意一种活动而不管其他活动，同时允许注意从一件重要的事转移到另一件更重要的事上（攻防转换）。

选择性注意的一个作用就是使人们出于良好的状态。选择性注意刺激物的能力源于大脑生化物质的正确分配。

十二、注意范围缩小

在低唤醒的情况下，运动员既接纳有关线索，也接纳无关线索。

随着唤醒水平的增高，运动员的注意范围就会缩小。

在某一适宜点上，注意范围缩小会排除所有无关线索，并保留所有有关线索，此时成绩应达到最佳。

如果唤醒水平继续提高，注意范围缩小，有用的线索也被排除，就造成运动成绩下降。

十三、最佳注意状态的构成因素

1. 清醒的头脑；

2. 简明的目标；

3. 具体的（可操作性）目标；

4. 推进性的目标；

5. 净化和程序化的思维；

6. 图示化的表象。

十四、思维阻断和集中过程的基本步骤

1. 用积极的思想取代你脑海里出现的任何消极思想；

2. 用内心集中你的注意，同时对唤醒水平进行微调；

3. 在小范围内从外部把你的注意集中于和任务有关的且以合理形式出现的线索上；

4. 一旦你有了注意控制的感觉，就立刻

完成运动技术；

5. 模拟心理训练；

6. 调整战术注重平时注意力集中的训练；

7. 训练方法的制定和选择应有利于提高

注意力；

8. 教练员及时提醒而且要严格管理，促使形成自动化。

主讲人：李春满

第九章 职业足球训练计划的制定

第一节 运动训练计划

一、运动训练计划释义

运动训练计划是对于未来的训练过程预先做出的理论设计。它是为实现训练目标而选择的状态转移通路

二、运动训练计划在训练过程中的重要作用

运动训练计划的制定与实施，是运动训练过程的中心环节，贯穿于教练员和运动员的全部训练实践活动之中，其在训练过程中的重要地位主要表现在以下几个方面：

（一）使训练目标进一步具体化

通过训练计划的制订，把训练过程的目标具体化为若干独立而又彼此联系的训练任务，并进一步具体化为若干按特定要求进行练习。运动员逐一地去完成这些练习，逐一地去实现各课次的各种形式的训练任务和要求，逐步地接近直至完成训练的总目标。

（二）统一训练活动参加者的认识和行动

训练计划规划了实现由运动员的现实状态向目标状态转移的通路，使训练过程的所有参与者了解如何训练才有可能完成训练指标，使对于训练成果所进行的预测能够得以实现，并且围绕着所制订训练计划的贯彻与实施，统一教练员、运动员、科研人员、医务人员、行政管理人员及后勤人员等所有运动训练过程参与者的认识和行动。

（三）为有效地控制运动训练过程奠定必要基础

通过训练计划的制订和实施，可以对训练过程中"诊断""指标"等环节的状况做出适宜的评定。这是对训练过程实施有效控制的必要基础，也是保证训练过程顺利完成的重要条件。

三、运动训练计划的分类

根据不同标准，可以对运动训练计划进行不同的分类：

1. 按运动训练计划时间跨度的大小：多年、年度、大周期、周、课训练计划；
2. 按训练对象的人数；
3. 按训练的不同任务；
4. 按训练所处的不同阶段或不同训练内容。

运动训练计划的分类及基本任务

训练计划类型		时间跨度	基本任务
多年训练计划	全程性	10～20 年	系统培养高水平队员
	区间性	2～6 年	完成阶段性训练任务 或准备并参加一轮大赛
年度训练计划	单周期	6～12 个月	准备并参加 1 次或 1 组重要比赛
	双周期	每个周期 4～8 个月	准备并参加 2 次或 2 组重要比赛
	多周期	各周期 2.5～5 个月	准备并参加 3 次或 3 组以上重要比赛
大周期训练计划	准备期	5～20 周	提高运动员竞技能力
	比赛期	3～20 周	参加比赛创造好成绩
	恢复期	1～4 周	促进心理/生理恢复

续表

训练计划类型		时间跨度	基本任务
周训练计划	训练周 比赛周 恢复周	4～10 天 或 3～20 次课	提高运动员竞技能力 参加比赛创造好成绩 促进心理/生理恢复
课训练计划	综合训练课 单一训练课	0.5～4 小时 0.5～4 小时	综合完成多项训练任务 集中完成一项训练任务

四、运动训练计划的基本内容

- 运动员起始状态的诊断；
- 确定训练指标；
- 划分训练阶段，提出各训练阶段的主要训练任务；
- 确定实现目标的基本对策；
- 安排比赛序列；
- 规划训练负荷的动态变化趋势；
- 选择训练方法和手段；
- 确定各手段，练习的负荷要求；
- 制订恢复措施；
- 规划检查评定训练效果的内容，时间及标准。

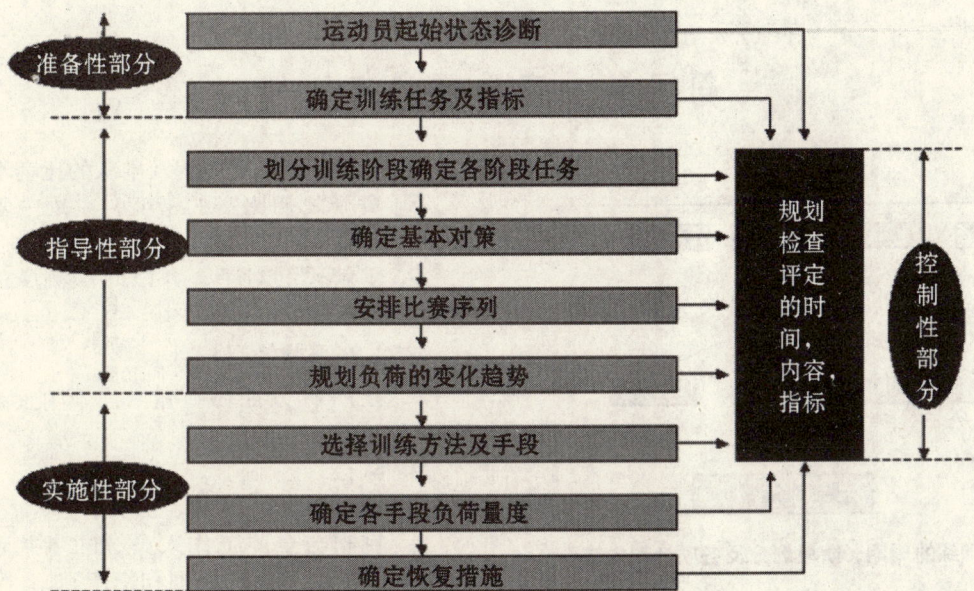

运动训练计划的基本内容及制订计划流程图

1. 准备性部分

包括：对运动员起始状态的诊断和建立训练目标。既是训练过程与训练计划的制订并列的两个重要环节，其内容又是训练计划中不可缺少的组成部分。

训练实践中教练员在制订多年或年度训练计划时，通常都会考虑到对运动员进行起始状态诊断，并提出相应的训练指标。但是在制订周、课等短期的实施计划时，则往往忽视这两项工作。另一方面还常用具体的训练要求代替训练目标，由此极易使训练的盲目性加大，导致训练脱离预定总目标的现象出现。

2. 指导性部分

指导性部分是全局性的整体决策，是与训练目标同样具有战略意义的重要内容；训练计划的指导性部分如果考虑得不够周密，将会对训练的效果产生重要影响；时间跨度越大的训练过程，指导性部分的意义就越大。

3. 实施性部分

这一部分涉及到训练的具体手段和各种手段负荷量度的大小，用于具体训练活动的组织进行；需要更多地考虑专向特点和运动员的个人特点。

问题：教练员制订训练计划使对于训练手段的选择和训练负荷的确定考虑得很多，很细。但常常忽视制订相应的恢复措施。

4. 控制性部分

近年来运动员训练的控制日益得到教练员的高度重视；要有效控制训练过程，必须掌握反映训练过程进行情况的大量信息，而这些信息只能通过有计划的检查评定，通过及时、准确、客观而可靠的训练诊断才能获得。

五、制订训练计划的主要依据

训练计划体现着运动训练活动的基本决策。既要考虑实现目标的需要，又必须考虑到主客观条件提供的可能。

实现训练目标——必须选择和设计最适宜的通路（最佳训练计划）。

必须符合现实状态——基础。既是运动员可接受的，又是足以促进竞技能力发展。

符合运动训练的客观规律：

§ 运动训练过程的连续性与阶段性；

§ 运动员的机体在负荷下的适应性与劣变性；

§ 训练活动组织的集群性和个体性；

§ 运动训练过程的多变性与可控性；

§ 技术，战术，心理品质和各种运动素质本身的结构特点和发展特点；

组织实施运动训练活动的客观条件；

训练场地，器材质量和数量，营养条件，恢复条件等。

第二节 赛季前训练计划

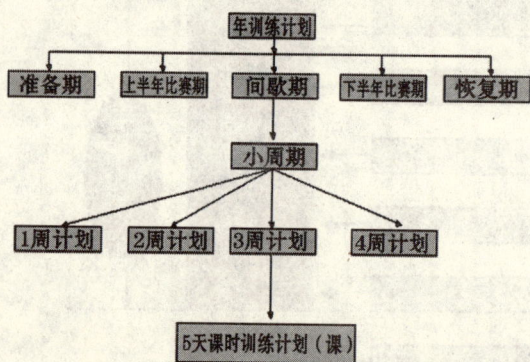

年度训练的周期，阶段划分及各项计划内容要点

一、新赛季开始前教练员必须了解

1. 本赛季俱乐部的目标（总裁制定的目标）；

2. 教练员自己制定的较实际的目标；

3. 开赛前队伍的实力；

§ 可用的队员，需购买哪些位置的队员；

§ 卖掉富余的队员；

§ 重新使用受伤康复的队员；

4. 实际可动用的资金；

5. 可以一块儿共事的工作人员；

6. 训练基地和旅行安排（住宿、就餐、娱乐等）；

7. 必须了解联赛规程及本队的比赛场数；

8. 赛季之初比赛的密度，一周一赛或两赛；

9. 了解你的对手，并以此预测所能取得的成绩。

二、赛季前的目标

1. 在所有方面做好准备：体能、心理、战术等；

2. 队会；

3. 制定目标：球队，队员；

4. 宣布与全体工作人员、同事共事，与新闻界、球迷交往的原则和纪律；

5. 行为方式；

6. 职业道德；

7. 训练和比赛纪律；

8. 伤病和疾病；

9. 奖金和津贴；

10. 客场旅途组织和职责；

11. 赛季前和赛季中的训练计划。

三、准备期训练的重要性

例1：1998 年法国世界杯决赛 7 月 3 日结束，利加拉祖打完决赛夺冠后，没有休整马上回到德国参加俱乐部的准备期训练，赛季开始 8 轮状态很低迷。

例2：2004 年葡萄牙小罗纳尔多参加完欧锦赛后不久又要参加奥运会比赛，接着赶回曼联队参加赛季前训练。

没有休息和恢复过程，很难为下赛季打下良好基础。俱乐部需要区别对待。

例3：有时有的队前几场比赛呈上升气势，结果突然联赛中断两周，好的开始没有延续下去，成绩开始下滑，相反有的球队开始不好，及时调整后很快恢复。

四、准备期的任务

1. 训练运动员（包括身体和心理两方面，必须安排好准备期第一个月的训练负荷）。

2. 全面考虑运动员的力量、耐力、爆发力、柔韧，有氧和无氧能力及心理状态。

3. 发展运动员智力，让他们充分理解全队的战略、战术，并能执行全队的战略决定。

4. 培养对集体和运动员个人训练计划的理解，有助于全队战术的顺利实施。

5. 个人、集体计划是用来实现全队比赛目的和制定比赛战术的，包括有计划地利用集体和个人技术，分析和利用对手的弱点和缺陷，以便尽快制定出战胜对手的战术。

6. 比赛战术是为了达到比赛目的充分发挥全队长处和计划好比赛过程中的每一个细节。

五、测试：评价球员是否为训练和比赛做好了准备

1. 体重控制；
2. 速度测试；
3. 力量测试；
4. 耐力测试；
5. 训练和比赛；
6. 心理状态。

六、准备期训练计划的制定

（一）准备期训练阶段

1~2 周：主要是体能，但也要有结合球的练习；

3~4 周：体能 + 足球，战术 + 技术，练习赛，阵型；

5~6 周：热身赛 + 专项身体素质，阵型，战术。

第一周	第二周	第三周	第四周	第五周	第六周
基地	外出	基地	基地	外出	基地
体能	体能	实战技术	实战技术	战术	调整

（二）如何安排运动负荷

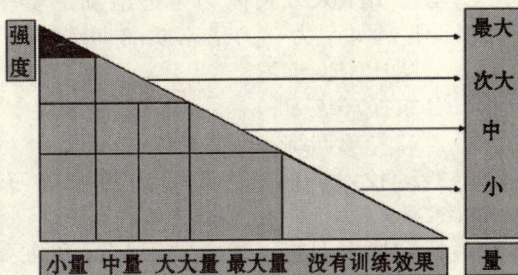

（三）负荷原则

1. 开始时运动量大，强度小；

2. 随训练时间推移，量变小，强度变大；

3. 如果准备期分为 6 周，负荷安排的原则可参照；

4. 第一周：大量，小强度；

5. 第二周：次大量，中强度；

6. 第三周：中量，次大强度；

7. 第四周：小量，最大强度；

8. 第五周：中量，次 – 最大强度；

9. 第六周：中小量，次大强度。

（四）足球专项训练内容

1. 演练比赛阵形和选择比赛方式的实战练习；

2. 控制球训练；

3. 两次触球训练；

4. 长传，向前运球训练；

5. 取得一定的身体素质训练效果和专项训练效果；

6. 经常进行全队比赛阵形的特定训练，队内比赛 11 对 11；

7. 娱乐，比赛性游戏，两次触球的 8 对 8/6 的比赛。

（五）准备期的第一个两周

1. 应使训练和比赛需要的基本能力达到一定水平；

2. 耐力水平需要全面发展，有氧耐力——无氧耐力过渡（70~80% 到 95~100% MHR）；

3. 力量素质（力量耐力——爆发力过渡）；

4. 个人和集体进行某一特定内容的训练；

5. 技术——基本技术；

6. 战术——局部，游戏性比赛。

（六）准备期的第二个两周

1. 运动员个人或集体为了适应新的赛季所必须具备的如耐力、力量素质的训练等；

2. 分队比赛性练习；

3. 分组循环练习；

4. 足球专项训练；

5. 持续技术训练：去预盯人防守练习，控制球练习；

6. 特定战术训练：战术阵形核心和主要环节的训练（后场、中场、前场进攻的位置打法等）；

7. 固定战术的一般思想；

8. 休息、恢复、游泳。

（七）准备期的第三个两周

1. 在这两周的最后一个星期内，要逐渐调整训练负荷以准备第一场联赛；

2. 基本的有球练习；

3. 提高身体素质水平，尤其速度；

4. 模拟比赛训练；

5. 保证训练质量；

6. 战术的理解；

7. 战术具体安排；

8. 特定的训练课，了解、分析对手的情况；

9. 观察对手。

（八）准备期要提高的方面

1. 耐力——基础耐力，专项耐力；

2. 速度力量；

3. 1对1——全队基础，多做；

4. 战术；

5. 激励：激发运动员参加训练、实战比赛；

6. 技术；

7. 准备比赛，放松。

（九）目标

第一阶段　3场；

第二阶段　6场；

第三阶段　10场。

（十）制定准备期训练计划所包含的因素

1. 第一场比赛日期；

2. 俱乐部新闻发布会的日期；

3. 热身赛；

4. 在训练间隔，跑步3500米或逐渐增加到这个数字——训练课的容量；

5. 每天训练的强度安排，高、中、低。

（十一）其他考虑因素

常规会议；

利用录像，加强足球理论学习；

根据队员需要进行训练或一般性教育。

七、准备期的预期目标和结果

1. 选择最有效的球队（主力阵容及替补）；

2. 选择和确定最合适、有效的阵型和打法；

3. 发展和理解有效的、适合本队特点的阵形；

4. 提高体能水平，适应比赛需要；

5. 提高技术、战术和心理素质；

6. 比赛风格：指在整个比赛过程中和比赛的任一阶段，每名队员对比赛采取的明确表现出来的态度和比赛方法（抗压力）。

八、赛季前要考虑的因素

1. 奔跑能力；

2. 身体肌肉力量训练；

3. 结合球的技术训练；

4. 战术和战略目标制定；

5. 训练计划和战略目标；

6. 训练计划和比赛风格；

7. 热身赛安排；

8. 休息和恢复时间；

9. 队会，讨论；

10. 心理方面的准备；

11. 运动员饮食，营养需要。

九、后勤保障

1. 队员人数——训练小组；

2. 教练的人数，助理教练，理疗师的数量及水平；

3. 教练的不同作用，任务分配，责任；

4. 财政可能性（可利用资金）；

5. 可选择和利用的场地；

6. 训练器材，装备；

7. 客场交通——训练场地，训练、比赛；

8. 真正可利用的时间——训练的可能性；

9. 实际可利用的教育时间和工作时间；

10. 在不同阶段的训练重点。

第三节　比赛期训练计划

一、训练任务和时间

训练任务：包括发展专项竞技能力和使运动员在比赛中充分表现自己已具有的竞技能力。

比赛时间：根据联赛赛程及杯赛赛程确定比赛时间（上半年为 2～2.5 个月，下半年 2～2.5 个月）。

比赛期计划安排要注意：

1. 安排好负荷的节奏，使运动员的体能在比赛时处于超量恢复阶段。

2. 技术，战术的掌握达到高度熟练和自动化，但不要过度训练导致专项技术动作的超限抑制和重复泛化。

3. 通过适当的热身赛和其他适应性比赛，激发运动员强烈的竞赛欲望，而又不因过多的比赛引起运动员的厌烦，甚至对比赛的恐惧。

4. 采取各种措施激励运动员的进取动机，使运动员保持适宜兴奋水平，即能最大限度地动员机体的潜力，超水平发挥，又能保持高度的自控能力，有效地排除内外因素的干扰。

二、训练方法、手段和负荷特点

1. 比赛期发展体能采用重复法。

2. 发展技能主要采用完整法、比赛法，以便综合发展与竞赛密切相关的体能、技能、战术能力、运动智能和心理能力。

3. 根据需要适当地运用间歇训练法及分解法。

4. 特别注意组织好赛间训练。

体能恢复，针对上一场出现的问题进行分析，重点解决，为下一场比赛针对性演练。

5. 负荷特点：局部、整体配合和实战训练增加，个人技术练习比重减少。

三、怎样制定比赛周训练计划

（一）小周期：周训练计划

1. **赛后第一天**
- 全体工作人员会议；
- 全体工作人员的分工；
§ 助理教练　训练未参赛队员；
§ 队医　治疗受伤队员；
§ 理疗师　康复；

§ 秘书　场地安排，行政事务；

§ 场管员　维护场地及设备；

- 训练负荷：大量、次大量、中量、小量；

比赛后训练：
- 战术——无；
- 技术——30 分钟有球训练；
- 身体素质——无（队员疲劳）；
- 其他练习和游戏（1 小时）；
- 没有参加比赛的队员在助理教练的带领下训练；
- 队会（队会，看录像，吃午饭，放假）；
- 下午休息。

2. **赛后第二天**
- 球员 36 小时基本恢复；
- 对比赛进行全面分析；
- 有氧耐力训练＋补偿性训练＋配合性训练。

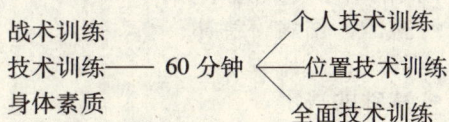

战术训练

技术训练—— 60 分钟　　个人技术训练、位置技术训练、全面技术训练

身体素质

3. **赛后第三天**
- 球员身体已经完全恢复；
- 安排训练两次（大量），时间 90 分钟；
- 身体素质训练根据球员在队中和场上的位置作用来定；
- 助理教练执行训练，并制定训练计划，主教练进行监督与观察；
- 训练必须要有针对性（比赛）。

4. **赛后第四天**
- 确定比赛阵容的重要一天；
- 确定阵形，圈定阵容名单；
- 战术训练和分工；
- 技术训练；
- 身体素质训练；
- 比赛阵容以外队员由助理教练训练，准备其他比赛（教学比赛、友谊比赛等）；
- 关注主力队员。

5. **赛后第五天**
- 重要是 16～17 名队员的训练；

- 60 分钟训练——最后 25 分钟比赛；
- 训练必须要激发队员的比赛激情；
- 固定机体战术，组合训练；
- 不比赛的队员由助理教练带领训练。

6. 赛后第六天

- 模拟比赛训练 50% 强度 60 分钟训练；
- 让队员一起或单独进行放松，娱乐活动。

7. 比赛当天

- 在联赛或杯赛上的位置；
- 内容：比赛打法的重温；

§预见可能出现的问题（受伤，不紧凑）；

§此打法是否有效？

§坚持和发展此种打法；

§改变和重组优势；

计划的内容：

- 技术方面；
- 核心因素（保持球权，传中等）；
- 重要的发展因素；
- 比赛打法的全部内容（发现新观点）；

下周的对手，观察录像：

- 整体，伤病，替补；
- 阵型；
- 特殊的战术；
- 定位球；
- 位置和结果。

针对对手的训练：

- 训练赛（替补采用对手的打法进行模拟）；
- 针对性训练（位置职责，小组）；
- 发挥长处；
- 暴露弱点；
- 演练特殊的战术；
- 根据情况调整。

引进新观点：

- 新的定位球战术；
- 在训练赛中演练此打法。

一周双赛：

周六比赛；

周日下午训练；

周一上午训练；

周二休息；

周三比赛；

周四休息；

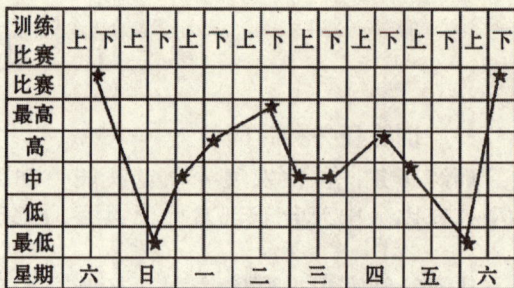

一周训练安排范例表

周五上午训练。

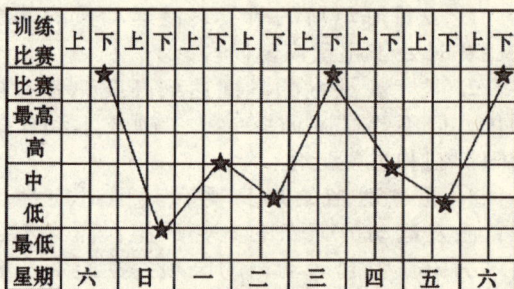

一周双赛（例）

（二）战术训练的引导

1. 采用练习必须与实战相结合，包括练习的强度。

2. 尽一切可能在练习的最后阶段要安排实战性训练，鼓励运动员提高自己的能动性和主动性。

3. 所采用的练习必须要有一定难度，并且使该练习对运动员形成一定的刺激作用，但又不是球员无法完成的练习。

4. 所安排的一系列练习必须集中在一个主题上，使各训练之间难度循序渐进的增加。

5. 尽可能使所有队员参加全过程的学习，包括示范、纠正错误、提问和讨论等环节。

6. 尽可能多的指导队员学习与内容相关的战术练习方式。

（三）课训练计划的制订

1. 训练课是运动训练活动最基本的组织形式。

2. 不论是周训练计划，还是多年训练计划，都必须通过一次次训练课的组合来予以贯彻和实施。

3. 综合课（选择 2～3 项训练内容，准备期较多，正确设计综合训练课的结构）。

4. 单一课（集中发展运动员某一种能力，准备期较少）。

（四）训练课的基本结构

1. 准备部分，基本部分，结束部分。

2. 课训练计划实施性部分的制定：

包括：准备性部分，指导性部分，实施性部分，控制性部分；

训练手段选择的有效性、系统性与多样化；

训练课的组织实施（场地、器材设备、训练课每个部分的组织形式、分组安排、队列和队形，教练员及助手在课中位置，记录检查表格等）；

恢复措施的制定。

第四节 恢复期的训练计划

一、训练任务：

有机体的保护性机制提出进行修整调节的强烈要求，要满足这一要求而组织实施的训练阶段。

二、恢复手段：

自然恢复和积极恢复。除了单纯休息、睡眠，且保持一定训练活动的积极恢复，通过负荷内容、量度，组织形式及训练环境的改变达到身心消除疲劳目的。

单周期训练安排中的恢复时期，应持续1~1.5个月。

三、比赛期训练方法、手段和负荷特点

1. 为了达到恢复目的，采用游戏法、变换法为主进行训练。

2. 恢复手段：慢跑、牵拉、物理疗法、游泳、桑拿、按摩等。

3. 训练负荷：突出特点是降低练习强度，可以根据运动员具体情况保持一定的量。

4. 多采用持续训练法。

四、周训练计划的制定

1. 训练周期的制定。

2. 全年共分5个大周期，准备期是其中一个大周期。

3. 准备期：6周，6周共分3个中周期即：

4. 第一个两周（恢复期）；

5. 第二个两周（身体素质＋战术＋技术）；

6. 第三个两周（热身赛＋专项身体素质）。

主讲人：李春满

第十章　足球运动生理学

第一节　肌肉及神经控制

一、肌肉收缩的能量来源

二、三个供能系统的特点：

（一）高能磷化物供能系统（ATP－CP）

§ 无氧代谢；

§ 供能速度最快；

§ 供能时间 6～8 秒；

§ 用于短跑和高功率、短时间运动。

（二）糖无氧酵解供能系统

§ 无氧代谢；

§ 供能速度快；

§ 代谢产物乳酸（HL）；

§ 供能时间 2～3 分钟；

§ 用于 30 秒～2 分钟速度耐力运动。

（三）有氧氧化供能系统

1. 糖有氧氧化供能系统

§ 有氧代谢；

§ 供能速度慢；

§ 供能时间 1.5～2 小时；

§ 用于耐力和长时间运动。

2. 脂肪有氧氧化供能系统

§ 有氧代谢；

§ 供能速度最慢；

§ 供能时间长；

§ 用于耐力和长时间运动。

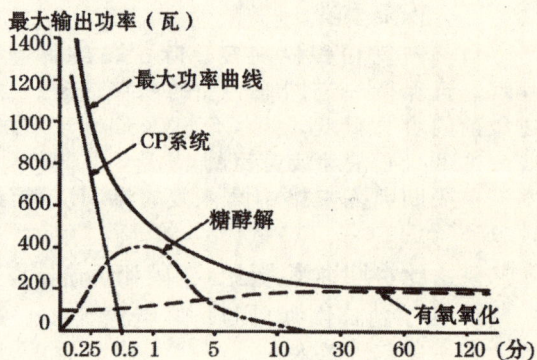

三、肌肉的收缩功能

（一）各种类型肌纤维的机能、结构特征

	I 型	IIa型	IIb型
运动神经元	小	大	大
放电频率	低	高	高
收缩速度	低	高	高
耐力	高	中	低
毛细血管密度	高	中	低
血红蛋白含量	高	中	低
糖原含量	（无区别）		
糖酵解酶活性	低	高	高
线粒体酶活性	高	中	低
肌原纤维ATP酶活性	低	高	高
PH10.3处理ATP酶活性	0	高	高
PH10.3及PH4.9处理ATP酶活性	0	0	高

- **I 型**
  - 慢红肌
  - 耐力
- **IIa型**
  - 快红肌–
  - 速度耐力
- **IIb型**
  - 快白肌
  - 爆发力

慢肌纤维百分比（男，上图）/ 快肌纤维百分比

慢肌纤维百分比（女，右图）/ 快肌纤维百分比

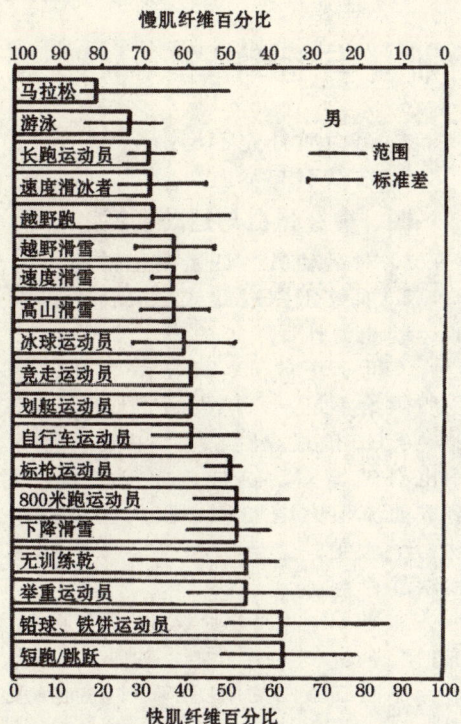

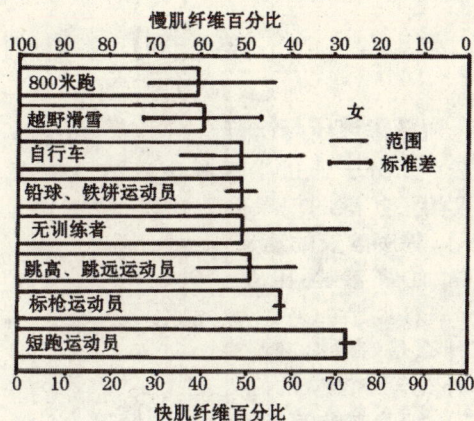

- 快肌纤维越多，收缩速度力量越大；
- 慢肌纤维越多，耐力越好；
- 收缩力量小时，红肌先动员收缩；
- 收缩力量大时，主要动员白肌收缩；

§因此不同收缩力量训练，会提高不同类型肌纤维收缩功能。

- 运动训练不能改变肌纤维类型比例；
- 大负荷训练可以使快肌纤维选择性肥大，无氧代谢酶的活性提高；
- 小负荷长时间训练可以使慢肌选择性肥大，有氧代谢酶活性提高。

四、中枢神经系统控制肌肉收缩的功能与生理适应

（一）中枢神经系统控制肌肉收缩的功能

1. 中枢神经发放支配肌肉收缩的神经脉冲电位频率。
- 发放越快，肌肉收缩速度越快。
2. 中枢多神经同时发放支配肌肉运动的神经脉冲电位能力。
- 同时发放的越多，肌肉力量就越大。
3. 中枢多神经协调发放支配肌肉运动的神经脉冲电位能力。
- 协调性越好，技能就越准确。
4. 中枢神经的抗疲劳能力。

5. 人体先天固有的非条件反射。
- 牵张反射、状态反射、翻正反射、防御反射、朝向反射、保护性抑制等。

（二）前庭感觉与平衡能力

1. 影响平衡能力的主要生理因素：
§视觉；
§本体感觉；
§肌肉力量；
§前庭感觉。
2. 前庭感觉。
3. 位觉由哪几部分构成？
4. 囊斑结构特点。
5. 人体运动的感觉过程：
（1）直线加减运动的感觉过程
（2）旋转加减速运动的感觉过程
6. 什么是前庭功能稳定性？有何意义？

（三）本体感觉在运动中的重要性

1. 什么是本体感觉？
2. 牵张反射：
（1）什么是牵张反射？
（2）牵张反射主要生理意义？

（四）姿势反射对运动技能的影响

1. 什么是姿势反射？
2. 状态反射的概念，规律；
3. 翻正反射的概念，反射规律。

第二节　血液的机能与运动

一、血液渗透压与饮料

渗透：水分子通过半透膜由高浓度溶液向低浓度溶液扩散的现象称为渗透。

（一）等渗溶液的意义

正常血浆渗透压是：7.6个大气压（5776mmHg）。

1. 什么是等渗溶液？
2. 补充等渗溶液的好处。

（二）细胞在非等渗溶液中的情况

二、红细胞的形态数量和功能

（一）红细胞的形态数量和功能

1. 形态：红色、无核、双凹圆盘；
2. 数量；
3. 功能。

（二）血红蛋白含量

（三）红细胞的生成

（四）红细胞的调节

（五）红细胞的破坏

三、运动性贫血

（一）定　义

在训练期（特别是训练初期）或比赛期Hb和RBC减少，出现暂时性的贫血现象。

（二）产生原因

1. 红细胞破坏增多；
2. 蛋白质补充不足；
3. 缺铁引起贫血。

四、血红蛋白与运动训练

1. 对运动员血红蛋白正常值评定；
2. 血红蛋白过低或过高都会影响运动员的运动能力；

§低于正常值，即出现贫血，氧和营养物质供给不足，必然导致工作能力下降；

§Hb值过高时，血液中红细胞数量和压积也必然增多。这样，血流的粘滞性增大，造成血流阻力增加和心脏负担加重，使血液动力学改变，也会引起身体一系列的不适应和紊乱；

§当Hb为14克%时，血粘度为4单位；

§血红蛋白为20克%时，血粘度为6单位；

§正常生理活动应保持血粘度在4～5单位。

因此，保持Hb值在最适程度范围，可使运动员达到最佳机能状态，这也是科学地进行训练的有效途径之一。

五、我国足球运动员的血红蛋白

中国优秀男足运动员的血红蛋白值（g/dl）

研究对象	N	平均值	测试背景
中国男子足球队	21	15.87 ± 0.66	备战1996年亚洲杯集训
	25	16.47 ± 0.81	备战1998年世界杯集训
中国青年男子足球队（U17）	21	13.39 ± 1.17	春训期间
中国青年男子足球队（U15）	34	14.48 ± 1.06	春训期间
	25	13.08 ± 0.97	春训期间

（引自孙文新，2002）

六、应用Hb指标时应注意以下几个问题

1. 冬训期间评价标准应略低，女运动员例假期间亦稍低，这是正常的生理波动。

2. 运动员Hb含量存在个体差异。每个运动员存在季节、生物周期等的周期性差异。

3. 虽然Hb含量存在个体差异，但一般男运动员Hb值不得超过17克（170g/1），女运动员不得超过16克（160 g/1）。最低值不得低于本人全年平均的80%。同一次检测中，如果个别运动员血红蛋白值与同队平均

值相差过大时，应引起注意。

4. 运动员在大运动量后的调整期，血红蛋白由低向高恢复时，运动员的自我感觉与运动成绩也最好，可能这一时期是运动员身体机能状态"最佳期"。这个"最佳期"并不是出现在人们想象的"超量恢复期"。

5. 血红蛋白指标主要用于评定某个训练周期或阶段，如1～2周时间内运动员对运动量和运动强度的反应，评定运动员的机能状态等。而不能用于评定每次训练课的情况。在观察分析 IIb 指标变化时，应结合其它指标（如无氧阈、尿蛋白、心率等），以及运动员的自我感觉和运动能力进行综合分析。

6. Hb 指标的应用主要针对有氧工作为主的项目。其它项目只能以此作为参考指标。

七、用 Hb 指标进行运动员选材

实践证明，按每个运动员的 Hb 平均值，可将 Hb 值的个体差异分为三个类型：偏高型、正常型、偏低型。每一个基本类型中又可分为二个亚型，即：按标准差（SD）大于1 克％为波动大者，小于1 克％为波动小者。

因此，理论上可以把运动员的血红蛋白分为六个类型。但在实际工作中经常遇到的只有四个类型：即：

偏高 – 波动小者

正常 – 波动大者

正常 – 波动小者

偏低 – 波动小者

运动训练实践证明，以血红蛋白值高、波动小者为最佳。这种类型运动员能耐受大负荷运动训练，这种类型的运动员从事耐力性项目运动较好。而以血红蛋白值偏低波动小者为较差。

在运动员训练期间，每周或每隔一周测定一次血红蛋白，1～2个月左右就可以基本判定运动员属哪种类型。

但也要注意，分析时应根据运动训练的实际情况综合分析，并和同队的其他队员进行横向比较才较为客观。这个指标在耐力性项目或速度耐力性项目运动员选材时可作参考。

第三节　循环机能与运动

一、心脏的结构

二、心脏的自动节律

心脏的自动节律性：

§ 心肌能够自动的、按一定节律产生兴奋的能力；

§ 心脏的所有组织都可以自动产生兴奋，导致心脏收缩，但是窦房结处产生兴奋能力最强，因此是心脏起搏点，其它部位都是潜在的起搏点。

三、心电图原理与检测

1. 什么是心电图？

§ 用引导电极在体外记录到的心脏兴奋过程电变化的波形，称为是心电图。

2. 主要作用：

§ 可以判断运动中心脏的兴奋过程是否正常；

§ 反应心脏的疲劳程度及对训练的适应。

四、心输出量 – 心脏机能的指标

（一）什么是每搏输出量？

§ 心脏每搏动一次，左心室射入主动脉

的血量；

§ 正常成年人，安静：60～80mL，平均70mL。

（二）什么是每分心输出量？

§ 心输出量 = 每搏心输出量 × 心率；

§ 正常：60～80 × 75 = 4.5～6.0（L/min）。

（三）影响心输出量的主要因素

1. 每搏输出量

心肌收缩力越大，心腔越大，每搏量越大，心输出量越大，心脏也越大（耐力越好，每搏量越大）。

2. 心　率

心跳越快，心输出量越大。但是心跳过快会导致回心血量不足，反而造成心输出量下降。因此心输出量增大主要表现为每搏量增大（耐力越好，最大心率越低）。

3. 静脉回心血量

§ 回心血量是保证每搏量的基础，肌肉收缩，深呼吸都有助于血液回心（运动中急停会造成血液沉积在下肢，回心血量不足，

大脑缺血缺氧，甚至产生重力性休克）。

4. 每搏量与心输出量的关系

随着运动强度增加，每搏量增加，心率增加，但是一般人每搏量在 120/min 时就提前达到最大。之后心输出量的增加就靠心率了。

提示我们根据超负荷原则，提高每搏量的运动强度应该在略高于 120/min。

5. 心率与心输出量变化

§ 安静心率：60～100/min；平均：75/min

§ 心率↑→心输出量↑

§ 心率↑>180/min→心舒期↓↓→心室

充盈↓↓→每搏输出量↓↓→每分输出量↓

§ 运动员：心肌肥厚→心室在极短时间排空→心室充盈×↓→每分输出量↑

五、心力储备

1. 什么是心力储备

§ 心输出量能随机体代谢需要而增长的能力；

2. 运动员的心力储备特点

§ 安静时：健康人：5L/min；运动员：5L/min；

§ 最大负荷运动时：健康人：15～20L/min；运动员：35～40L/min。

中国男子国家足球队队员心率值的参考范围（h/min）

指标	中国男子国家足球队		中国优秀女子足球队平均值	男青年队平均值	甲级队平均值
	范围	平均值			
安静心率	72～47	57.82	61.13±6.29	64.46±10.04	65.63±7.92
最高心率	202～178	189.58			
无氧阈心率	180～160	164.63			

（引自孙文新，1996）

六、不同运动项目的运动员左心室泵血功能测量值

项目	心率（次/分）	每搏输出量（ml/次）		每分输出量（L/min）		射血分数（%）	
	均值	均值	标准差	均值	标准差	均值	标准差
中长跑	52.71	156.51	37.29	8.43	2.72	70.9	5.50
自行车	53.17	131.97	23.25	7.01	1.45	68.1	7.14
投掷	62.00	131.77	17.88	8.23	1.45	71.6	3.20
足球	58.00	121.15	35.12	7.03	2.12	69.0	7.10
游泳	58.78	120.15	20.17	7.63	1.49	72.2	3.20
跨跳短跑	62.67	112.52	27.71	6.98	1.71	69.9	5.50
篮球	51.17	110.67	27.92	7.19	1.43	70.2	5.50
举重	62.63	96.61	32.76	5.81	1.31	70.0	6.30

七、训练对心血管系统的影响

（一）窦性心动徐缓

优秀耐力运动员安静心率：40～36/min

原因：

§ 迷走神经作用↑

§ 交感神经作用↓

§ 心肌组织 β 肾上腺素受体↓

（二）运动性心脏增大

力量训练以心肌增厚为主，耐力训练以心腔增大为主。

原因：

§ 对抗超负荷刺激的生物学适应；

§ 肌肉持续剧烈收缩↑→压迫血管→外周阻力↑→心脏负荷↑→心肌代偿性肥大→心脏增大；

§肌肉中等强度长时间收缩→每搏输出量↑→心室血液排空→静脉回流↑→心室容积↑→心肌纤维长度↑→心腔↑→心脏增大。

（三）心血管机能的改善

第四节　呼吸机能和运动能力

一、呼吸的环节

1. 外呼吸

肺部进行：血液与外部环境的气体交换；分为通气过程和换气过程。

2. 气体运输

血液将 O_2 从肺运至组织；

血液将 CO_2 从组织运至肺。

3. 内呼吸

组织细胞与组织毛细血管间的气体交换。

二、呼吸系统的组成

（一）呼吸道

1. 组　成

上呼吸道：鼻、咽、喉；

下呼吸道：气管、支气管。

2. 功　能

无气体交换能力；

黏液、浆液、纤毛：加温、润湿、净化空气。

（二）肺　泡

通透性：气体交换。

三、呼　吸

1. 平和呼吸

吸气是主动过程，呼气是被动过程。

2. 用力呼吸

吸气和呼气都是主动过程；

有目的的锻炼呼吸肌的力量和耐力，可以增加呼吸机能，使更多的空气进入肺。

四、肺容量的组成

1. 潮气量；

2. 补吸气量；

3. 补呼气量；

4. 肺活量。

五、肺通气量和最大通气量

1. 每分钟通气量 = 呼吸深度 × 呼吸频率；

2. 成人安静时：500mL × 12 ~ 18/min = 6 ~ 8L；

3. 运动时：2000mL × 40 ~ 60/min = 80 ~ 100L；

4. 进入肺的氧气量：100 升 ×21% = 21 升。

六、解剖无效腔和肺泡通气量

1. 解剖无效腔：150mL；

2. 肺泡通气量；

3. 肺泡通气量 =（呼吸深度 – 解剖无效腔）×呼吸频率；

4. 肺泡通气量的意义。

七、肺泡通气量的意义

肺泡通气量占肺通气量的70%

1. 原　理

（2150 毫升 – 150）× 20 次/分 = 40000 毫升/分；

（4300 毫升 – 150）× 10 次/分 = 41500 毫升/分。

2. 运　用

运动中加深呼吸有利于增加肺泡通气量。

八、二氧化碳对呼吸的影响

CO_2 浓度	肺通气量	其它表现
1%	↑	
4%	↑ ×2	
10%	↑ ×8 ~ 10	头昏、头痛
40%		呼吸中枢麻痹、呼吸抑制

九、缺氧对呼吸的综合影响

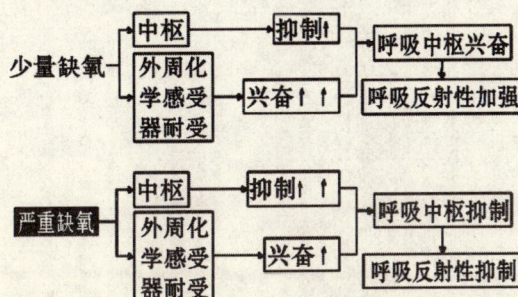

少量缺氧：中枢→抑制↑→呼吸中枢兴奋；外周化学感受器耐受→兴奋↑↑→呼吸反射性加强

严重缺氧：中枢→抑制↑→呼吸中枢抑制；外周化学感受器耐受→兴奋↑→呼吸反射性抑制

十、运动时合理的呼吸方法

1. 减少呼吸道阻力；

2. 口鼻并用、以口代鼻；

3. 节制呼吸频率、加大呼吸深度，提高肺泡通气量；

4. 呼吸方法适应与技术动作变换的需要；

5. 合理运用憋气：

§ 反射性增强肌张力；

§ 有关运动环节创造最有效收缩条件。

主讲人：熊开宇

第十一章　足球运动中的运动生物化学

第一节　运动营养和医疗

一、运动营养

（一）运动营养补充金字塔

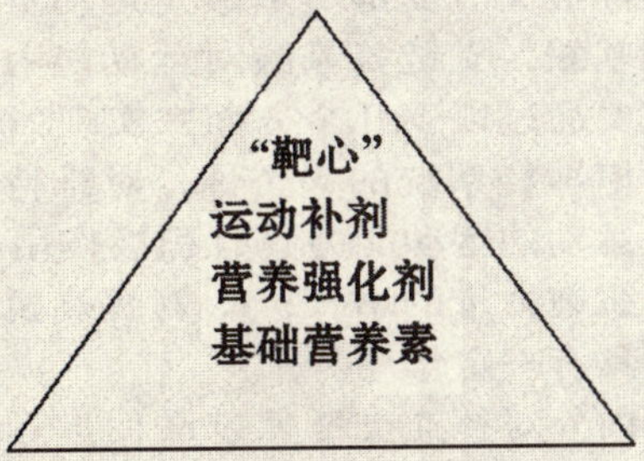
"靶心"
运动补剂
营养强化剂
基础营养素

（二）运动员的特殊营养

运动营养补充品

使用原则：

个体化原则；

加强个体监控，因人而异。

根据特殊营养的作用目标，我们通常将它们分成4类：

1. 增加肌肉合成代谢和肌力的强力营养素；

2. 促进能量代谢的强力营养素；

3. 促进疲劳消除和体能恢复的强力营养素；

4. 减轻和控制体重的膳食安排和特殊营养素补充。

（三）增加肌肉合成代谢和肌力强力营养素

肌肉的增大和肌力的增长需要两个条件，即① 蛋白合成的原料，② 最佳蛋白合成的环境。

——高生物活性的优质蛋白质和氨基酸是蛋白合成的最佳原料，它们包括乳清蛋白、酪蛋白、卵白蛋白、大豆蛋白及这些蛋白的分离制剂和水解产物（含寡肽和游离氨基酸）、谷氨酰胺、鸟氨酸和α－酮戊二酸合剂（OKG）、支链氨基酸、β－羟基－β－甲基丁酸盐（HMβ）、牛磺酸等。这些高生物活性的优质蛋白质和氨基酸除了作为蛋白合成的原料以外，像谷氨酰胺、鸟氨酸和α－酮戊二酸合剂（OKG）、β－羟基－β－甲基丁酸盐（HMβ）等还具有促进合成作用。

——促进自身睾酮、生长激素、胰岛素和相关激素的分泌，创造肌肉合成的最佳的激素环境。这一类强力营养素包括肌酸、精氨酸、鸟氨酸、甘氨酸、谷氨酰氨、铬、硼、Vc、锌、伟特摘金者－雄鹿精华渗透泵、激力皂甙、以及中药廷伟、生力君、长白景仙灵等传统的补肾中药（如肉苁蓉、淫阳藿等）。

蛋白质代谢营养

早餐蛋白质：保持一天的新陈代谢在一个良好的水平上，改善或维持上午的血糖平衡。

午餐蛋白质：提高大脑中神经递质的水平来保持警觉性；避免碳水化合物饮食所特有的下午中段时间的能量供应衰退。

晚餐蛋白质：保持糖和蛋白质平衡的饮食。

运动恢复

蛋白质、肌酸、谷氨酰胺和牛磺酸。

修复组织，减少肌肉疼痛；

蛋白质和葡萄糖协作恢复效果更好；

运动后20～120分钟内，营养恢复的敏感性最高。

在保证能量摄入时，大多数运动员能通过膳食摄入达到需要的蛋白量，无需额外补充蛋白。

耐力运动员蛋白质推荐量女子比男子低10～20%。

1. 乳清蛋白（Whey Protein）

乳清蛋白是由牛奶中提取的，乳清蛋白富含各种游离氨基酸及易于吸收的蛋白质，其生物价为100，是所有蛋白质中最高的。在乳清蛋白中脂肪含量很少，富含支链氨基酸、谷氨酰胺。乳清蛋白对运动能力的作用主要表现为：A、提高机体免疫功能；B、延缓中枢神经系统疲劳的发生和发展；C、促进机体蛋白质的合成；D、提高机体的抗氧化能力。目前研究结果表明大量补充乳清蛋白对机体没有任何副作用。

由于乳清蛋白对维持和提高运动员的身体机能以及对促进运动能力具有良好的作用，乳清蛋白是运动员经常补充的重要蛋白质营养品。在大负荷量运动训练期间为了保证蛋白质的恢复和促进运动员身体机能水平提高，乳清蛋白的摄入量可以提高到总蛋白摄入量的50%甚至以上；而在一般训练期乳清蛋白补充量维持在每天20克左右，就能够充分体现乳清蛋白对机体的有利作用。

最近的研究结果表明乳清蛋白是那些对体重要求严格的运动项目（如摔跤、柔道、体操、艺术体操等）在控制体重期间最佳的蛋白质补充剂。由于在控制体重期间运动员要求严格限制饮食，运动员不能大量摄入膳食蛋白质以避免脂肪和能量的过多摄入引起体重的增加，这样蛋白质的摄入不足势必会影响运动员的身体机能以及运动能力。而乳清蛋白的补充不但可以为控制体重的运动员提供优质蛋白质以维持机体正常蛋白质的合成、降低身体脂肪含量，而且对维持运动员的运动能力具有积极意义。另外对高原训练期间运动员营养的研究表明乳清蛋白的适量补充对维持运动员身体机能水平、促进高原训练的效果具有重要作用。

2. 大豆蛋白（Soy Protein）

在运动界流行的另一类蛋白粉是大豆蛋白。经过浓缩加工的大豆蛋白粉其蛋白质含量较高，有些大豆蛋白粉产品的蛋白质含量可以高达80%以上，也是一种良好的蛋白补充剂。研究表明大豆蛋白的补充对降低血浆甘油三酯和低密度脂蛋白水平、缓解机体钙的丢失防治骨质疏松具有积极意义，这对目前我国运动员中普遍存在摄入高脂膳食而造成的运动员血脂过高的现象具有明显的改善作用，同时对女运动员的调查表明女运动员由于高脂高蛋白膳食易造成机体钙的摄入不足、钙丢失增加，而大豆蛋白中富含钙对预防骨质疏松具有重要作用。

运动员大豆蛋白的每日摄入推荐量还没有建立，这有待于今后进一步的研究，但是目前研究表明大量摄入大豆蛋白没有明显的副作用。但应注意的是在高原训练期间不易大量补充大豆蛋白粉，这是因为大豆蛋白摄入增加可能会引起胃肠胀气和腹部不适等。

大多氨基酸类物质具有促进合成代谢的动力作用。通过营养补充，使机体自身分泌的生长激素、胰岛素、睾酮和相关激素的水平提高。

在补充氨基酸类营养品时，要注意空腹单独服用。如果与蛋白质或其他氨基酸一起服用，会因争夺神经元受体而发生竞争，使营养补充的效果下降。

3. 支链氨基酸（BCAA）

支链氨基酸包括亮氨酸、异亮氨酸和缬氨酸，它们都为必须氨基酸，其中以亮氨酸的实用性最高。支链氨基酸是运动员经常服用的氨基酸，支链氨基酸对运动能力的有利作用主要通过以下几个方面来实现：a. 可以改善中枢神经系统的兴奋性，对维持长时间持续性运动的运动能力具有积极作用；b. 可以促进肌肉力量的增长；c. 对提高机体的免疫能力具有一定作用。

国内外对补充支链氨基酸促进运动能力的作用机制进行了大量的研究。在长时间运动中补充支链氨基酸可以缓解 f – TRP/BCAA 比值的升高，使 f – TRP 竞争进入大脑中的数量下降，从而延缓中枢疲劳的发生和发展。同时支链氨基酸中的亮氨酸的分解代谢的产物为 HMβ，HMβ 具有抗蛋白质分解，促进蛋白质合成的作用；而且亮氨酸还可以作为合成谷氨酰胺的基质物，参与对机体免疫功能的影响。因此，BCAA 是维持长时间持续性运动项目运动能力的重要营养补剂。

但是支链氨基酸的大量服用对身体具有一定的副作用，其主要表现为：引起血氨大幅度上升，氨对机体产生不利影响；为中和大量的氨，造成丙酮酸的消耗增加，从而影响有氧氧化能力；抑制糖原异生；大剂量的支链氨基酸对胃肠道刺激较大，会引起机体对水的吸收能力下降。因此，在补充支链氨基酸以提高长时间的运动能力时一定注意服用的剂量。目前研究认为 BCAA 以低剂量补充效果较好，而且在运动前的 30 分钟服用，长时间运动多采用 0.5g/h 的剂量补充，低剂量支链氨基酸补充时不但口感好、能够预防血浆支链氨基酸水平的降低，而且可以防止血氨的大幅度升高，并且不会引起胃肠道刺激。

4. 其它氨基酸

运动界应用的氨基酸除了以上所述的氨基酸外，还有牛磺酸（Taurine）、苯丙氨酸

（Phenylalanine）、磷脂酰丝氨酸（Phosphatidyl Serine）、γ－氨基丁酸（Gamma－aminobutyric acid，GABA）、葡萄糖胺（Glucosamine）等。这些氨基酸以及氨基酸代谢物在体内各具有其独特的生物学作用，如磷脂酰丝氨酸可以有效抑制大负荷强度训练期间皮质醇的升高，改善下丘脑－垂体－性腺轴机能，有利于机体内源性睾酮的分泌；γ－氨基丁酸可以促进机体生长激素的分泌，降低运动员的焦虑感、促进睡眠；而葡萄糖胺则对减轻关节疼痛、保护关节和韧带、减轻关节僵硬具有重要作用。因此，这些氨基酸以及氨基酸代谢产物的合理应用对促进运动员身体机能水平的提高、促进运动能力的提高具有积极意义。

氨基葡萄糖——关节营养。

胶元水解蛋白：帮助重建软骨，减轻关节疼痛、僵硬、关节炎。

主要关节强、骨关节营养素。

关节强：意大利 E. 法玛公司生产，北京威戈斯运动营养有限公司经销；成分：硫酸氨基葡萄糖和维生素 C 的泡腾片。

5. HMβ 与运动能力

HMβ 是 β－羟基－β－甲基丁酸盐（β－hydroxy－β－methylbutyrate）简称。国外就补充 HMβ 对运动能力的影响进行了大量研究，结果发现：（1）补充 HMβ 具有抗蛋白质分解的作用，可以有效地增加肌肉的体积，提高力量；（2）补充 HMβ 可以促进脂肪分解代谢，有利于脂肪的燃烧，增加去脂体重；（3）补充 HMβ 有利于耐力运动能力的提高；（4）补充 HMβ 有利于维护细胞膜的完整性，降低大负荷强度运动时骨骼肌的受损程度；（5）补充 HMβ 对机体的作用与年龄和性别无关，不同年龄和性别的受试对象补充一定剂量的 HMβ 都取得了上述的效果。

同时国外对服用 HMβ 的安全性也进行了许多研究，没有发现毒副作用，可以说 HMβ 是一个安全的运动营养补剂。

HMβ 是必需氨基酸－亮氨酸的代谢中间产物，人体可以合成少量的 HMβ，大约每天合成 0.25～1 克左右。人体除了可以自身合成以外，还可以从某些食物中得到 HMβ。要想获得对人体运动能力具有促进作用的足量 HMβ，仅靠自身合成和食物提供的 HMβ 远

远满足不了人体的需要，因此必须依靠额外补充 HMβ 才能满足运动机体的需要。目前的研究认为每天三次、每次 1 克补充 HMβ，同时补充磷酸盐和肌酸效果最佳。

6. 鸟氨酸和 α－酮戊二酸（OKG）的补充

鸟氨酸具有促进人体内源性生长激素分泌并可以调节下丘脑－垂体－性腺轴的机能，与精氨酸相类似的生物学功能，以前的研究通常将精氨酸与鸟氨酸同服来发挥其生物学功效。近年来的研究和应用实践表明：鸟氨酸与 α－酮戊二酸同服同样具有促进胰岛素和生长激素分泌以及免疫系统功能提高的功效，而且降低了对胃肠道刺激，研究也发现单独服用不具备这种协同作用。目前在市面上出售的鸟氨酸－α－酮戊二酸合剂（OKG）为鸟氨酸与 α－酮戊二酸按 2：1 混合而成，长期服用 10～15g/day 可以促进内源性胰岛素、生长激素的分泌，抑制体内蛋白质的降解，对于提高运动员肌肉质量和促进能源物质恢复具有积极意义，而且没有发现明显的副作用。因此，OKG 是替代精氨酸促进运动员身体机能恢复、提高肌肉质量的良好营养补充品。

7. 创造最佳的激素内环境

这类运动营养品主要包括：伟特摘金者－雄鹿精华渗透泵、OKG、精氨酸和鸟氨酸合剂、细胞活力素、刺蒺藜（激力皂甙）、结合亚油酸（CLA）、中药制剂（生力君、廷伟、长白景仙灵等）、甲基吡啶铬、硼、锌等。

具有促进自身睾酮和生长激素的分泌；

促进肌肉及血红蛋白的合成；

抗氧化、减少氧自由基对细胞膜的损伤，促进疲劳恢复；

提高有氧能力和抗缺氧能力；

增强机体免疫能力；

调节神经系统、提高运动兴奋性。

特点：舌下给药有效的保留了有效成分，避免在胃肠道中有效成分的破坏。

8. 激力皂甙

睾酮是机体中促合成作用最有效的激素，睾酮水平的高低对运动员身体机能的恢复以及反复承受负荷的能力具有十分重要的作用。因此，如何维持和提高运动员的血睾酮水平是当前运动界研究的重点。近几年来研究发现，从刺蒺藜（Tribulus Terrestris）中提取的

主要活性成分－激力皂甙（植物固醇类物质）能够刺激人体垂体促黄体生成素的分泌，进而促进人体内源性睾酮的分泌，提高血睾的水平，并对增加肌肉的大小、力量和促进骨骼肌的代谢具有重要的作用。目前实验和临床研究表明，激力皂甙对机体无任何不良副作用，运动员服用量一般为 300 ~ 700mg/day。因此，目前来说激力皂甙是改善运动员下丘脑－垂体－性腺轴机能的较为理想的，而且安全有效的天然运动营养品。

9. 矿物质

矿物质在人体中起着十分重要的作用，它不但是构成人体各组织的成分，而且在维持人体的生理机能中发挥极为重要的功能。运动员特殊补充矿物质主要为了达到平衡，更重要地是通过这些矿物质的补充来充分发挥其特殊的生物学作用。目前运动员主要补充的矿物质有：锌、铬、硼制剂等。

锌与机体的自由基代谢关系十分密切，锌缺乏时机体消除自由基的能力明显降低，而且锌与智力有关。铬在体内具有促进内源性胰岛素分泌的作用，这对运动后能源物质的恢复十分有利，目前运动界常用的为甲基吡啶铬等制剂。硼具有刺激自身睾酮分泌的作用，这有利于提高运动员的身体机能，提高运动员持续承受负荷的能力。

但应注意的是，这些矿物质如果大量补充超过机体的需要，会对人体产生毒害作用。因此，虽然这些矿物质对提高运动员身体机能和运动能力具有十分重要的作用，但在补充时一定要加强监测，避免盲目大量补充这些矿物质。只有通过对机体矿物质代谢的实时检测，了解机体各种矿物质的水平，有目的的合理地补充这些矿物质，才能充分发挥其促进身体机能水平提高的作用，避免其副作用。

10. 谷氨酰胺（Glutamine）

谷氨酰胺是人体肌肉、血液和氨基酸池中含量最丰富的氨基酸，是蛋白质、核酸、谷胱甘肽以及其它重要生物大分子合成的必需营养素。谷氨酰胺的补充对运动能力的作用主要表现为：

A. 谷氨酰胺是主要的中枢兴奋性递质，具有促进记忆的作用，有利于运动技能的形成。

B. 补充谷氨酰胺可以维持和提高机体免疫机能水平，有利于运动员抗感染能力的提高，减少患病的几率。

C. 补充谷氨酰胺可以促进机体抗氧化能力的提高。谷氨酰胺是谷胱甘肽的前体，补充谷氨酰胺可以促进机体谷胱甘肽的合成，而谷胱甘肽是机体中强有力的抗氧化剂。

D. 谷氨酰胺的补充有利于机体胰岛素的分泌。

但是大量补充谷氨酰胺也具有一定的副作用，建议谷氨酰胺服用量为 5 ~ 10g/day，在运动或比赛后服用。

促进胰岛素释放的营养动力；

保持血液中胰岛素的稳态水平的营养措施。

① 调整进餐次数；

② 训练后合理膳食以及补充营养－饮用含有氨基酸、复合糖及优质蛋白质等营养的复合饮料；

③ 铬参与胰岛素正常代谢，运动训练会引起铬的缺乏。

谷氨酰胺是强有力的胰岛素分泌刺激剂。机体能利用鸟氨酸与 α－酮戊二酸产生谷氨酰胺。这两种氨基酸结合在一起，在胰岛素、生长激素的分泌调节中发挥的作用更大。

（四）促进能量代谢的强力营养素

1. 基础营养常用的强化补品

§ 复合营养液（健身饮、威创系列运动饮料）；

§ 磷酸果糖胶囊（活性糖）；

§ 1，6－二磷酸果糖注射液；

§ 伟特（Vitargo）系列冲剂；

§ 威创电解质活力胶囊；

§ 维生素：

A、维他保 ；B、善存片、金施尔康。

§ 磷脂；

（1）健身饮、威创系列运动饮料

主要成分：低聚葡萄糖、果糖、葡萄糖、苹果酸、氨基酸、维生素 B_1、维生素 B_6 等。

主要功能：增加运动中供能物质，配合 FDP 胶囊可以强化耐力能力、延缓疲劳、提高训练效果、促进体能恢复。

（2）磷酸果糖胶囊

主要成分：1，6－二磷酸果糖、苹果酸、氨基酸、维生素 B_1、B_2、B_6、C、E 等。

主要功能：运动中抗缺氧，改善肌肉、大脑的能量代谢调节，提高抗疲劳能力。

（3）1，6－二磷酸果糖注射液

主要成分：1，6－二磷酸果糖等。

主要功能：促进运动后疲劳的消除和肌细胞膜损伤的修复，提高训练效果。

（4）伟　特

主要成分：中链淀粉、乳清蛋白、电解质等。

主要功能：增加运动时糖的来源，维持血糖平衡，提供丰富的氨基酸、电解质，延缓运动性疲劳的发生和发展，运动后服用促进糖原的快速恢复。

2. 补糖的研究进展

（1）补糖的基本作用

§无氧运动的基本"燃料"，维持高强度有氧运动的优质燃料。肌糖原水平高者，高强度有氧运动的时间延长；

§缓解运动后期中枢神经的疲劳，降低整体代谢机能的疲劳感；

§降低运动引起的免疫抑制作用，对稳定免疫机能有作用。

例如，运动时补糖使血糖升高，血浆皮质醇下降，免疫系统反应增强。

§运动中糖供能充足具有节省肝糖原，减少蛋白质消耗，降低血尿素水平的作用；

§在长时间大强度运动中，保持良好的血糖水平，有助于维持 CP 的速率；

§在长时间运动中，保持良好的血糖水平，有助于维持糖供能的速率，发挥脂肪的供能作用，减少有害物质酮体的产生；

§防止因低血糖引起的定向能力丧失和外伤发生。

（2）补糖方法－运动前

运动前补糖－提高运动时抗疲劳能力。

运动前补糖对提高运动时抗疲劳能力，维持血糖稳定有明显的效果。

运动前 2～4 小时吃一顿含糖丰富的膳食可显著地增加肌糖原、肝糖原的含量。对前一次运动未恢复者或前一次进餐与运动之间的间隔太长者，这一餐高糖膳食尤其重要。

近年的大多研究证明，运动前 2 小时内补糖虽然引起一过性血浆胰岛素浓度上升，但引起的代谢反应是暂时的，并无生理显著性，大多研究还证明能提高 2 小时以上的中等强度运动能力。

早晨适量高糖快餐或饮料，可以在 30～90 分种内消化和吸收，这对上午参加比赛的运动员是比较适宜的选择。

（3）补糖方法－运动中

运动中补糖的作用－提高强度、负荷承受量。

训练或耐力性项目比赛时需糖量大，运动中宜选用含葡萄糖、果糖、低聚糖的复合糖液。

补充含果糖、葡萄糖的复合液，其吸收率要比单纯葡萄糖高 20% 之多，但果糖的使用量不宜超过 35 克/升。

低聚糖分子量大，其渗透压低于葡萄糖，甜度小吸收也快，适合在运动中加量使用。

（4）补糖的种类

	葡萄糖	果糖	低聚糖	中链淀粉
甜度	高	最甜	低，口感好	低，口感好
吸收速度	最快	快，但要在肝脏修饰	分解成葡萄糖吸收	分解成葡萄糖吸收
胰岛素反应	高，间歇性降低血糖	较低	低	低
渗透压	高	高	低	低
胃肠道反应	无	摄入过多，有	无	无

（5）补糖方法－运动后

运动后补糖的作用－发挥糖原合成速度快的优势，加速糖原恢复，运动后即可补充。头 2 小时以及每隔 1～2 小时连续补糖，在 6 小时以内补糖效果好。运动后即应以补充运动饮料为主，如康比特系列运动饮料、伟特系列运动饮料、军工大分子糖冲剂。有利于运动后糖原贮备的恢复，40 分钟以后以膳食为主要糖的来源，促进糖原恢复。

（6）补糖与中长跑

主要因素是运动肌利用氧的能力，即氧耗速率。改善供氧和利用氧能力是这类项目首要解决的问题。少用脂肪供能是提高中长跑能力的重要因素，其理由是：产生等量ATP时，用脂肪供能时比用糖供能多消耗氧量10%左右。

减少运动时脂肪利用量。研究证明，促进脂肪参与供能的因素有：应激和精神紧张、饥饿等。为了减少运动时脂肪利用量，更多地利用糖的高功率输出的作用，中长跑运动员在重大比赛前应当尽量控制情绪。吃糖引起的血糖升高能抑制脂肪分解，减少肌肉吸收和氧化脂肪酸，因此这类运动员在赛前30~60分钟时饮用适量糖有益而无害。

3. 补充体液

（1）补液的生理基础

（2）补液的重要作用

§维持水平衡、电解质平衡；

§调节体温、保持机能。

脱水对训练和运动能力的危害：血容量下降导致心输出量减少，单位时间供氧减少，使最大摄氧量明显下降；由较少体液量负责体热重新分配，导致体温上升幅度加大，体温调节能力严重下降。

（3）理想的补液饮料具备的功能

促进饮用，迅速恢复和维持体液平衡；

提供能量，增进运动能力；

符合运动饮料的条件。

糖浓度：低于8%为宜，建议采用5~7%以促进胃排空和小肠吸收，满足快速补充体液和能量的需要。

糖的种类：多种可转运的糖，例如葡萄糖、果糖、低聚糖等。

电解质：一般不补充，在超长时间持续运动后程适量补充电解质。

（4）补液方法

"运动前水负荷"：运动前30~120分钟补充300~500毫升。

原因：对运动中增加排汗量，减少体温上升的幅度，延缓脱水有效。在特别热的天气，还应额外补液250~500毫升。

运动中补液方法：少量多次。一般每小时的补液总量不超过800毫升。

运动后补液：以摄取含糖-电解质饮料效果最佳，饮料的糖含量可为10%，补液的

总量由体重恢复的情况估计，仍以少量多次为原则，不可暴饮。

运动前、运动中补液应补充运动饮料，效果较好的有伟特的系列运动饮料、康比特的威创系列运动饮料等。

（5）1，6-二磷酸果糖（FDP）-细胞强壮剂

§缺氧条件下糖代谢酶的激活剂；

§口服FDP促进内源性FDP、二磷酸甘油酸、ATP成倍增高；

§促进红细胞向组织释放更多的氧；

§增加心肌供血，促进心肌能量代谢，使心肌收缩力加强；

§提高心搏量和舒张快速充盈率，减少心肌耗氧量；

§保持细胞内钾浓度，改善膜极化状态和促进缺血组织的活动；

§抗氧化作用，抑制肌细胞自由基，维持细胞完整性，具有促使血清CK水平下降的效果；游泳运动员大负荷训练、尤其力量训练后点滴FDP会使血清CK迅速回落。

4. 肌　酸

磷酸肌酸是高能储存库-快速合成ATP，与运动爆发力有关。

肌酸-磷酸肌酸能量穿梭循环-线粒体内外的能量传递，与耐力关系密切。

适用于以磷酸原供能系统为主的短距离项目。

肌酸补充方式

如何合理使用肌酸：糖、VE、VC、多喝水；

冲击量补充肌酸时更应注意运动训练的方式和强度；

检测尿肌酸、肌酐指标以确定补充肌酸的效果。

目前效果较好的肌酸营养品有：伟特纯肌酸、伟特肌酸糖泵、康比特极品肌酸、果味肌酸口嚼片等。

（五）加速训练后疲劳的消除和体能恢复的营养强力剂

系统补糖；促进睾酮、胰岛素、生长激素等激素内环境的平衡；使用能消除氧自由基和保护细胞膜的抗氧化和增强免疫能力的谷氨酰胺、维生素E、维生素c、胡萝卜素、番茄红素、硒和中药保健品等都能有效地促进疲劳消除和体能恢复。

1. 免疫系统营养

§ 伟特摘金者

（乳清蛋白、牛奶分离蛋白、α－白蛋白、谷氨酰肽）；

§ 各种特异蛋白，如免疫球蛋白、谷胱甘肽等；

§ 谷氨酰胺胶囊、谷氨酰胺肽；

§ 大蒜素、维生素 E、蕃红素等天然物质；

§ 黄芪、人参等中药制。

2. 抗氧化剂类

这类营养品有：谷氨酰胺、维生素 E、维生素 C、维生素 EC 复合剂、蕃红素、β－胡萝卜素、辅酶 Q、螺旋藻系列产品、牛磺酸、N－乙酰半胱氨酸（NAC）等。其中抗氧化效果最为理想的是维生素 E、蕃红素，其主要存在于番茄中。

创造最佳的激素内环境——有利于肌肉疲劳的消除和各种能源物质恢复。

这类运动营养品主要包括：伟特摘金者－雄鹿精华渗透泵、OKG、精氨酸和鸟氨酸合剂、细胞活力素、刺蒺藜（激力皂甙）、结合亚油酸（CLA）、中药制剂（生力君、廷伟、长白景仙灵等）、甲基吡啶铬、硼、锌等。

（六）减轻和控制体重的膳食安排和特殊营养素补充

控体重项目大体可以分为两类：一类是像举重、摔跤等按体重级别参加比赛的项目，为参加较低级别的比赛而减体重；另一类是像体操、技巧等技巧性很强的项目，他们减轻体重和控制自身体重，是为了取得生物力学上的优势，使动作难度更高，完成得更轻松和姿态更优美。

控体重主要是通过合理控制膳食，同时摄入特殊的营养，如 L－肉碱、丙酮酸盐和膳食纤维等。

1. 丙酮酸与运动能力

目前丙酮酸开始被广泛作为运动营养品使用，并且在应用时加入二羟丙酮。服用丙酮酸对机体的作用主要表现在：

（1）丙酮酸和二羟丙酮的服用可以改变机体的代谢速率和身体成份，促进脂肪酸的氧化速率、加速了脂肪酸的代谢，改善机体体成份；（2）长期服用丙酮酸有利于有氧代谢能力的提高；（3）服用丙酮酸对改善心血管机能具有一定的作用。

目前尚未见到服用丙酮酸副作用的报道，因此，丙酮酸可能是一个安全有效的运动营养物质。

基于丙酮酸的研究结果，丙酮酸主要适用于耐力性运动项群和对体重要求严格的运动项群。耐力性运动项群补充丙酮酸主要是通过促进肌肉吸收利用血糖、节省肌糖原来达到提高运动能力的效果。而对体重要求严格的运动项群主要是在控体重时通过服用丙酮酸促进脂肪酸的代谢、降低体脂、改善机体的体成份、缓解瘦体重的下降，从而提高此类项群的运动能力。目前研究中显示丙酮酸的服用量为 25g/d、二羟丙酮为 75g/d 时并结合高糖膳食效果较好，但是对于丙酮酸及二羟丙酮的服用的最佳剂量和服用时间，以及不同运动项群服用剂量、时间，长时间服用丙酮酸和二羟丙酮的副作用等有待于深入的研究。

2. L－肉碱（L－carnitine）

L－肉碱是目前运动界常用的一种运动营养品。L－肉碱在体内的作用主要体现在以下几个方面：L－肉碱是活化的长链脂肪酸穿过线粒体内膜的载体，L－肉碱可以促进脂肪酸的氧化，有利于节省肌糖原，并达到减少体脂的功效；可以减少肌肉中乳酸的堆积；促进支链氨基酸的氧化利用，维持运动时的能量平衡。由于 L－肉碱可以促进脂肪酸的利用，L－肉碱常作为控体重项目减少体脂含量的营养品。

运动实践中一般采用口服肉碱 2~6 克，分两次服用，便可显著提高血浆和肌肉内肉碱的浓度。由于肉碱是肌肉的天然成分，小剂量的补充未发现任何副作用，但大剂量补充会引起腹泻等不良影响。补充肉碱应注意其构型，D－肉碱有毒，会影响 L－肉碱的合成和利用，导致 L－肉碱的缺乏。但是 L－肉碱补充对运动能力的具体效果以及补充剂量和补充维持时间仍需进一步研究。

膳食纤维

（1）食物纤维在肠道中促进发酵作用；

（2）食物纤维促进肠蠕动；

（3）食物纤维促进有毒物质的排泄；

（4）食物纤维有助于控制体重；

（5）食物纤维可以预防结肠癌。

二、各种营养链

（一）促进耐力增长的营养链

在适宜的服用时间，选择补充下列营养

品，可以全方位发挥营养的强力作用，改善运动耐力。

1. 糖：运动时糖供能增多，有助于中枢、红细胞的机能水平。

2. 磷酸果糖：改善心肌供能，提高骨骼肌代谢抗酸能力，提高红细胞运氧能力。

3. 门冬氨酸－苹果酸：促进心肌、骨骼肌线粒体膜上能量物质的传递，促进有氧供能。

4. 苹果酸：有氧代谢链的活性物质，具有加速有氧供能的效果。

5. 补充 L－肉碱：促进肌内脂肪酸转移，增强运动耐力；可减少短时间大强度运动中丙酮酸和乳酸的堆积，对速度耐力也有好处。

6. 辅酶 Q：存在线粒体内发挥作用的维生素。补充后能促进肌内氧的利用，从而提高有氧供能能力。

7. 适量肌酸：加速 ATP 转运到肌原纤维旁，发挥调节代谢供能的作用。

8. 甘油酸盐具有保持体内水分及血浆容积的特性，同时是有氧代谢的能量底物，因而对耐力项目运动员的体温调节和运动能力有积极作用。

（二）抗酸化促进速度耐力的营养链

速度耐力素质的营养措施：

运动前：应多吃一些蔬菜和水果，造成体液碱化和提高碱储备，补充 FDP，以激活代谢酶活性，提高抗缺氧的能力。

训练后：多吃新鲜蔬菜、水果等碱性食品和碱性饮料，促进代谢过程中酸的消除。补充苹果酸盐，加速乳酸经有氧代谢的消除过程。

注：食物的碱性越强，正值越大，即——都大于零。

在大多数蔬菜、水果、豆类、茶叶及牛奶等食品中含有金属元素钠、钾、钙、镁等离子，其在人体内代谢过程中会生成碱性物质，从而使体液呈现弱碱性，故称这些能够生成碱性产物的食物为成碱性食物。

（三）饮用碱性饮料提高运动成绩

适用的项目：从运动强度上讲，以糖酵解供能为主的项目，从游泳距离上讲，针对 100 米至 400 米的项目。解释：食用碱盐增强细胞外液缓冲酸的能力，促进 H^+ 从运动肌透出，从而提高肌内 ATP 合成的能力。

（四）提高运动效果训练的营养补充

总的指导性原则：配合力量训练，使用促合成、抗分解的营养品。

1. 营养组方之一

以肌酸为主，辅以糖发挥促吸收的动力作用，同时补充具有增效作用的 Vc、VE、牛磺酸等。伟特复合肌酸、康比特肌酸等效果好，在负荷力量训练间隙补充运动饮料，保持 CP 恢复的良好代谢环境等。

2. 营养组方之二

以有机铬（甲基吡啶铬）、钒等为主，辅以蛋白质、糖、维生素 B_6 等营养素。

生理作用：铬和钒是胰岛素正常代谢的必需物，促使胰岛素释放增多，利用血胰岛素水平升高，促进血液氨基酸、肌酸、糖等营养物进入组织细胞内参与合成代谢等。

3. 营养组方之三

必需脂肪酸和 HMa。

生理作用主要体现在：更新组织细胞膜和线粒体膜的结构，提高细胞抵抗高负荷运动应激带来的负面影响。细胞膜和线粒体的成分、合成某些激素的原料、促进蛋白质合成代谢和抗分解代谢、促进脂肪分解和抗脂肪合成、抗氧化剂、防治因力量训练而造成的"肌肉超微结构损伤"等。HMa 具有抑制蛋白质降解的作用，促进肌肉力量的提高。

（五）关节强、骨关节营养素

对于跳跃、投掷以及长期奔跑的竞赛运动员，在运动训练过程中膝关节、踝关节等负重较大、损伤较为严重。而氨基葡萄糖是一种天然物质，是构成人体关节的最重要的物质，是促进关节修复所必需的物质。当氨基葡萄糖从软骨中流失增多时，从而造成关节软骨退行性变化严重，导致关节软骨结构性损坏，功能下降或丧失。而运动训练即是造成软骨中氨基葡萄糖流失增多的重要原因。因此，合理补充氨基葡萄糖对保护和促进各关节软骨内源性物质的合成，预防和改善各关节软骨的氨基葡萄糖的代谢状况，具有非常好的疗效。

（六）中药营养补剂类

中国传统医药是中华民族对世界文明史的一大贡献，更好地继承和挖掘中国传统医药是当前我国体育工作者的研究重点。对中医药主要从补肾壮阳、补脾益气、补肝理气、活血化瘀等方面进行了全面的研究，取得了大量的研究成果。中医药主要分为外用中药和内服中药。

1. 促进睾酮回升的中药

强力士、道安液、红景天、长白景仙灵等。

2. 促进脾胃功能的中药

健脾理气、补中益气类中药。

3. 调理肝胃不和等中药

舒肝理气、和胃止痛类中药。

4. 调节免疫机能的中药

健脾益肾、补脾理气类中药（健脾增免汤、健脾丸等）。

5. 促进血红蛋白回升的中药

健脾益气、养血生血类中药（生血液）。

6. 调理运动性月经失调的中药

补肾气、益精气、养血理气调经类中药（调经汤等）。

7. 促进肌肉疲劳恢复的中药

健脾益气、补肾健脾、行气活血类中药。

三、运动医疗

（一）运动性贫血的防治

1. 运动性贫血的发生机制

§ 运动引起高血浆容量反应，使血红蛋白浓度相对下降；

§ 运动引起红细胞损伤破坏，引起溶血；

§ 运动员需铁量、排铁量剧增，而铁的供给或吸收量不足，导致机体缺铁。

运动性低血红蛋白的形成原因

主要的观点：

溶血：能量消耗增加，酸性代谢产物增加，自由基生成增加，红细胞膜损伤——对策是抗溶血的营养补充。缺铁使受训练影响合成代谢的需铁量增多、汗尿排铁量增多、膳食铁的供给量或小肠吸收量不足——对策是提高红细胞合成的营养补充。

2. 运动性贫血的防治

（1）抗氧化剂的补充

蕃红素、维生素C、维生素E、β-胡萝卜素、结合亚油酸（CLA）、谷氨酰胺及谷酰胺肽胶囊、辅酶Q、叶酸、大蒜素等以及新鲜的水果和蔬菜等。

（2）铁制剂的补充

海默菲、比特铁为主，铁红强、速力菲等。

（3）卵磷脂

（4）补血生力胶囊

（5）营养物质

中药、充足的蛋白质（优质）、充足糖类物质的补充。

（二）运动性低血睾的防治

1. 伟特摘金者－雄鹿精华渗透泵；

2. 激力皂甙；

3. 传统的补肾中药：如肉苁蓉、淫阳藿等；

4. 廷伟、生力君、长白景仙灵等；

5. 硼、锌等。

刺激睾酮产生

睾酮不仅可以由睾丸产生，肾上腺皮质及妇女卵巢甚至肌肉也可产生。男子每天可产生10毫克睾酮，女子仅0.25毫克。提高血睾酮水平可使运动员，尤其是女运动员提高肌肉力量，促进恢复。

与睾酮产生有关的主要营养素：

硼是一种微量元素，参与构成睾酮的成分，运动员需要比一般人多的硼。摄入一定量Vc会使体内更多的孕烯醇酮有机会转化成睾酮；而缺乏Vc时，影响睾酮的生成。睾丸间质细胞产生睾酮需要锌，当正常人缺锌时，血液睾酮水平立刻下降。通过补充营养来提高血液生长素水平，能够刺激睾丸多产生睾酮。磷脂酰丝氨酸能促进人体内源性睾酮分泌，抑制皮质醇的增长。每天服用800毫克磷脂酰丝氨酸，能有效抑制运动员强化训练期间皮质醇的增长。

总之，维持充足的硼、锌、维生素C及提高生长素释放等，可以刺激机体自身的睾酮产生，从而提高血睾酮水平。

（三）防治运动性免疫低下的营养

1. 伟特摘金者；

（乳清蛋白、牛奶分离蛋白、α-白蛋白、谷氨酰肽）；

2. 各种特异蛋白，如免疫球蛋白、谷胱甘肽等；

3. 谷氨酰胺胶囊、谷氨酰胺肽；

4. 大蒜素、维生素E、蕃红素等天然物质；

5. 黄芪、人参等中药制品。

四、运动员的特殊营养

（一）激活神经内分泌功能的运动营养补充品

磷脂酰丝氨酸

功能：① 抑制运动员强化训练期间皮质醇的增长，为提高训练效益创造了良好的激素环境。② 促进人体内源性睾酮分泌。

用法：推荐每天服用 800 毫克。

（二）女运动员的特殊营养需要

女运动员体内容易缺乏某些营养物，这些营养物主要包括：钙、铁、维生素 B_2 和叶酸。必须多补充钙。对于正常的成年女性而言，每日需钙量为 800 毫克，而女运动员应该超过这一水平。

女运动员由于运动量较大，且限制膳食控体重者较多，因而易出现铁严重丢失而补充又不足。缺铁是造成运动性贫血的原因之一。因此，女运动员要多吃含铁丰富和促进铁吸收的食物，以保证身体机能的健康。

（三）靶心运动营养品

靶心运动营养品主要是指那些为了促进某些特殊机能而使用的运动营养品。这类运动营养品主要包括：OKG（L－鸟氨酸和 α－酮戊二酸）、精氨酸和鸟氨酸合剂、细胞活力素、刺蒺藜（激力皂甙）、结合亚油酸（CLA）、中药制剂等等。

1. 激力皂甙

睾酮是机体中促合成作用最有效的激素，睾酮水平的高低对运动员身体机能的恢复以及反复承受负荷的能力具有十分重要的作用。因此，如何维持和提高运动员的血睾酮水平是当前运动界研究的重点。近几年研究发现，从刺蒺藜（Tribulus Terrestris）中提取的主要活性成分－激力皂甙（植物固醇类物质）能够刺激人体垂体促黄体生成素的分泌，进而促进人体内源性睾酮的分泌，提高血睾的水平，并对增加肌肉的大小、力量和促进骨骼肌的代谢具有重要的作用。目前实验和临床研究表明，激力皂甙对机体无任何不良副作用，运动员服用量一般为 300 ~ 700mg/day。因此，目前来说激力皂甙是改善运动员下丘脑－垂体－性腺轴机能的较为理想，而且安全有效的天然运动营养品。

2. 鸟氨酸和 α－酮戊二酸（OKG）的补充

鸟氨酸具有促进人体内源性生长激素分泌并可以调节下丘脑－垂体－性腺轴的机能，与精氨酸相类似的生物学功能，以前的研究通常将精氨酸与鸟氨酸同服来发挥其生物学功效。近年来的研究和应用实践表明：鸟氨酸与 α－酮戊二酸同服同样具有促进胰岛素和生长激素分泌以及免疫系统功能提高的功效，而且降低了对胃肠道刺激，研究也发现

单独服用不具备这种协同作用。目前在市面上出售的鸟氨酸－α－酮戊二酸合剂（OKG）为鸟氨酸与 α－酮戊二酸按 2：1 混合而成，长期服用 10 ~ 15 克/天可以促进内源性胰岛素、生长激素的分泌，抑制体内蛋白质的降解，对于提高运动员肌肉质量和促进能源物质恢复具有积极意义，而且没有发现明显的副作用。因此，OKG 是替代精氨酸促进运动员身体机能恢复、提高肌肉质量的良好营养补充品。

3. 促生长素释放的营养补充

（1）人体生长素的生理作用

具有刺激肌肉、骨骼生长，增长力量、提高体脂动员和损伤修复等过程起重要的作用。生长素低下时，将影响机体正常生长，尤其会影响运动员的肌力增长。

生长激素正常分泌量 0.4 ~ 1.0mg/day

脑垂体储存量 5 ~ 10 毫克

（2）生长激素释放的特定时间：

● 熟睡后 30 ~ 60 分钟。

（3）促进生长激素释放的生理背景：

● 增加睡眠次数。

● 补足相关的营养。

（4）促进蛋白质合成代谢营养补充的原则：

● 训练或睡觉前 1 小时补充氨基酸一天 24 小时内共补充四次。

● 训练后中午小睡 30 ~ 60 分钟。

4. 矿物质

矿物质在人体中起着十分重要的作用，它不但是构成人体各组织的成分，而且在维持人体的生理机能中发挥极为重要的功能。由于大负荷的运动训练容易造成运动员矿物质的代谢失衡，从而影响其身体机能，导致运动能力的降低。运动员特殊补充矿物质的主要目的，不但是为了使维持人体内环境稳定的矿物质达到平衡，更重要的是通过这些矿物质的补充来充分发挥其特殊的生物学作用。目前运动员主要补充的矿物质有：铁、钙、锌、硒、铬、硼制剂等。

铁：有机铁制剂的补充效果比无机铁制剂要好得多。

硒：硒是组成谷胱甘肽过氧化酶的成分，其在体内具有抗氧化、增加维生素 E 功效的作用。

锌：锌与机体的自由基代谢关系十分密

切，锌缺乏时机体消除自由基的能力明显降低，而且锌与智力有关系。

铬：铬在体内具有促进内源性胰岛素分泌的作用，这对运动后能源物质的恢复十分有利，目前运动界常用的为甲基吡啶铬等制剂。

硼：硼具有刺激自身睾酮分泌的作用，这有利于提高运动员的身体机能，提高运动员持续承受负荷的能力。

但是应注意的是，这些矿物质如果大量补充超过机体的需要，会对人体产生毒害作用。因此，在补充时一定要加强监测，避免盲目大量补充这些矿物质，产生毒副作用。

保持适宜的甲状腺素水平：

甲状腺素在促甲状腺素和营养物碘，蛋白质刺激下，从甲状腺中分泌出来。

甲状腺素 T3 对合成代谢是必需的：

① 直接影响胰岛素的分泌，是刺激胰岛素分泌的必需成分；

② 协同胰岛素作用，抑制肌肉中蛋白质分解代谢，甲状腺素合成需要的质量。

5. 谷氨酰胺（Glutamine）

谷氨酰胺是人体肌肉、血液和氨基酸池中含量最丰富的氨基酸，是蛋白质、核酸、谷胱甘肽以及其它重要生物大分子合成的必需营养素。谷氨酰胺的补充对运动能力的作用主要表现为：A. 补充谷氨酰胺可以维持和提高机体免疫机能水平，有利于运动员抗感染能力的提高，减少患疾病的几率。B. 补充谷氨酰胺可以促进机体抗氧化能力的提高。谷氨酰胺是谷胱甘肽的前体，补充谷氨酰胺可以促进机体谷胱甘肽的合成，而谷胱甘肽是机体中强有力的抗氧化剂。C. 谷氨酰胺的补充有利于机体胰岛素的分泌。因此，谷氨酰胺是运动员维持身体机能水平、促进恢复、提高机体免疫机能的重要营养补充剂。但是大量补充谷氨酰胺也具有一定的副作用，主要表现为大量补充谷氨酰胺会导致血氨的升高，从而对运动能力产生一定的影响。为克服谷氨酰胺的副作用，建议谷氨酰胺服用量为 5~10g/day，在运动或比赛后服用。

促进胰岛素释放的营养动力：

保持血液中胰岛素稳态水平的营养措施。调整进餐次数，训练后合理膳食以及补充营养——饮用含有氨基酸、复合糖及优质蛋白质等营养的复合饮料，铬参与胰岛素正常代谢，运动训练会引起铬的缺乏。

谷氨酰胺是强有力的胰岛素分泌刺激剂。机体能利用鸟氨酸与 α-酮戊二酸产生谷氨酰胺。这两种氨基酸结合在一起，在胰岛素、生长激素的分泌调节中发挥的作用更大。

五、不同训练阶段营养补充的重点

由于不同的训练阶段其主要任务的不同，其训练量、训练手段也不相同，运动员身体机能变化的特点各不相同，因此，应根据不同的训练阶段突出营养补充的重点。

（一）冬训期营养补充

冬训是为全年比赛作准备的最为重要的时期，其特点是负荷量大，因此其营养补充重点是：

1. 膳食营养中注重糖类物质的摄入量和种类；
2. 注重膳食营养中维生素的摄入量；
3. 加强维持和提高睾酮的合理运动营养品的补充；
4. 强调防止运动性贫血营养品的补充，如抗氧化剂、铁制剂和生血中药的补充；
5. 注重运动训练过程中运动饮料的补充；
6. 注意 FDP 等的补充；
7. 强化提高免疫力营养品的补充。

（二）赛前准备期营养补充

赛前准备期是为比赛作准备的时期，其特点是负荷强度大，其营养补充重点是：

1. 膳食营养中注重糖类物质的摄入量和种类；
2. 注重膳食营养中碱性食品的摄入量；
3. 加强运动员身体机能监测；
4. 加强维持和提高睾酮等合理运动营养品的补充；
5. 强调防止运动性贫血营养品的补充，如抗氧化剂、铁制剂和生血中药的补充；
6. 强化提高免疫力营养品的补充。

（三）赛季营养补充

1. 膳食营养中注重质量，适量糖和优质蛋白质，减少油脂类食物的摄入；
2. 注重膳食营养中碱性食品的摄入量；
3. 注重膳食营养中维生素的摄入量；
4. 加强维持睾酮等合理运动营养品的补充；
5. 注重抗氧化剂的补充；
6. 适当补充提高免疫力的营养品；

7. 注意调节神经系统营养品的补充，如支链氨基酸、乳清蛋白、GABA、褪黑素等。

（四）赛后调整期营养补充特点

1. 赛后调整期的主要任务是使运动员尽快的恢复其身体机能状态，以迎接新的训练任务；

2. 强调维持和提高睾酮等合理运动营养品的补充；

3. 注重促进胰岛素分泌营养品的补充；

4. 膳食营养中注重糖类物质的摄入量和种类；

5. 注重膳食营养中维生素的摄入量；

6. 注意抗氧化剂的补充；

7. 强化提高免疫力营养品的补充。

六、补充营养补剂应注意的问题

1. 关键是膳食营养，尤其对于青少年运动员，合理的膳食营养最为重要；

2. 含糖运动饮料作为常备品，不饮用纯净水；

3. 加强对青少年运动员营养状况的监测；

4. 应根据青少年的生长发育特点补充促进生长激素分泌的营养品，切记不可盲目大剂量使用；

5. 促睾酮分泌的营养品应结合监测指标调整使用；

6. 铁制剂与钙制剂或含钙较多的营养品不要一起服用；

7. 营养品的使用要遵循节律性、交替性、个体性原则；

8. 大剂量的促进生长激素分泌的营养品使用——生长激素过度分泌可能使骨垢过早形成而影响其身高；

9. 不注意铁的补充极易引起运动性贫血的发生；

10. 钙的补充不充分，易引起肌肉痉挛、骨形成受影响；

11. 肌酸长期大量补充，抑制自身肌酸的合成能力；

12. 营养品补充缺乏针对性，造成效果差、经费浪费大，从而使教练员、运动员失去对这些营养品的认知程度；

13. 微量元素过量摄入易产生极为不利的影响。

七、当前营养的趋势

1. 更强调营养补充的综合效果，注重监测；

2. 运动员个体化合理膳食营养的实施；

3. 补糖的种类、数量和时间——糖代谢动力学；

4. 运动训练造成低血睾的机制，如何更为有效的合理提高血睾水平，目前一些活性物质提纯剂研究是热点；

5. 运动性贫血、缺铁性贫血的机制及合理的防治措施；

6. 运动性免疫低下的机制及防治措施；

7. 植物中提取的抗疲劳营养物质。

（一）特　点

1. 更加注重膳食营养的重要性；

2. 糖补充更具项目特点、并结合训练的不同特征；

3. 依据监测结果调整和设计营养品的补充；

4. 营养品的补充更具个体性、节律性和针对性；

5. 营养品依然是以预防三低为主。

（二）避免营养缺乏而形成的过度训练

营养监控指标：

1. 潜在性缺铁和贫血；

2. 监控蛋白质营养、免疫机能的指标；

3. 供能物质：血糖、支链氨基酸、尿肌酸等；

4. 目标性运动营养的补充（三大功能）。

提高负荷能力

增强恢复能力

促进合成动力

注意将营养的功能和效果结合起来选择指标。

第二节　足球膳食营养

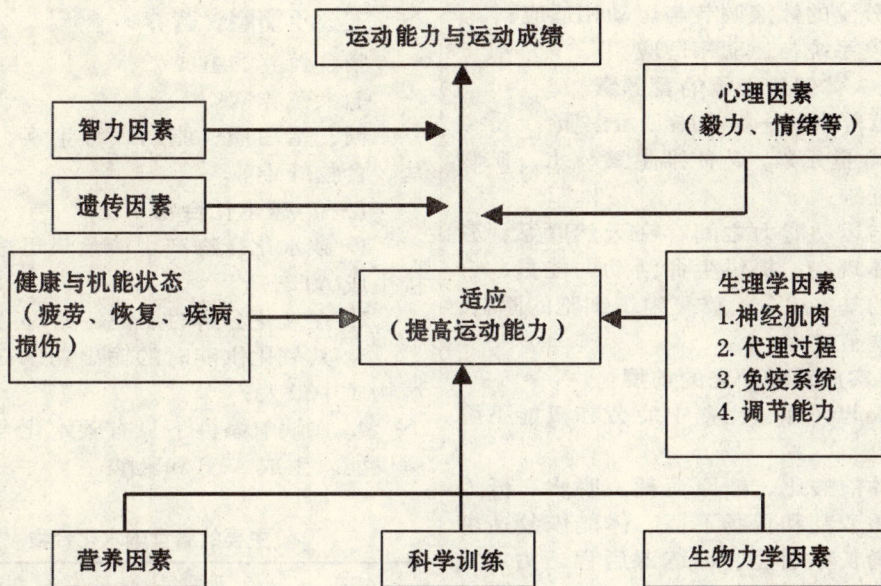

```
                    ┌─────────────────────┐
                    │   运动能力与运动成绩   │
                    └─────────────────────┘
                               ▲
        ┌──────────┐                      ┌─────────────────────┐
        │  智力因素  │ ──────────▶          │   心理因素           │
        └──────────┘                      │ （毅力、情绪等）      │
                                          └─────────────────────┘
        ┌──────────┐                            │
        │  遗传因素  │ ──────────▶  ◀────────────┘
        └──────────┘
 ┌──────────────────┐   ┌──────────────┐   ┌─────────────────────┐
 │ 健康与机能状态     │   │   适应        │   │ 生理学因素           │
 │ （疲劳、恢复、疾病、│──▶│ （提高运动能力）│◀──│ 1.神经肌肉           │
 │ 损伤）            │   └──────────────┘   │ 2.代理过程           │
 └──────────────────┘          ▲           │ 3.免疫系统           │
                                            │ 4.调节能力           │
                                            └─────────────────────┘

 ┌──────────┐      ┌──────────┐      ┌─────────────────────┐
 │  营养因素  │      │  科学训练  │      │   生物力学因素       │
 └──────────┘      └──────────┘      └─────────────────────┘
```

科学的训练安排：

运动训练的目的是提高运动能力，这就要在训练中给运动员超负荷的运动强度，造成运动员的机体内环境的失衡，从而使运动员在一个新的、更高的代谢水平上达到一个新的平衡，运动员的运动能力也就相应达到一个新的水平。即运动训练就是：

疲劳——恢复——再疲劳——再恢复的过程。

一、营养学

（一）营养学

（二）营养的重要性

（三）运动营养的研究方向

§各种能源物质的合理补充：

如糖、脂类、蛋白质、肌酸等；

§促进身体机能水平恢复和提高的功能性营养品：

如激力皂甙、中药、硼、铁制剂等；

§促进能源物质恢复的功能性运动营养品：

如OKG、有机铬、卵磷脂等；

§提高运动员抗疲劳能力的运动营养品：

抗氧化剂、含能源物质饮料、支链氨基酸等；

§缓解和促进免疫能力提高的运动营养品：

谷氨酰胺、谷氨酰胺肽、蕃红素等。

（四）运动营养主要内容

1. 运动营养的任务；

2. 运动员的膳食营养；

3. 运动员的特殊营养；

4. 营养补充应避免误服兴奋剂。

（五）科学的训练安排－应激与适应

1. 应　激

应激反应是功能活动或损伤作用下引起的所有非特异性变化的总和。

2. 应激的特点

§动员阶段；

§适应阶段；

§衰竭阶段；

任何应激都会使机体处于上述阶段之一。

训练适应：训练是指机体对不同运动方式所引起化学特性反应发生的适应性变化的现象。

达到提高竞技能力适应的基本要求：

1. 机体能源贮备能力的适应性提高；

2. 机体调节能力的适应性提高；

3. 机体防御能力的适应性提高。

从细胞水平决定竞技能力的基本条件：

1. 相适应的细胞结构；

2. 相适应的能量保证；

3. 相适应的机能调节能力。

从整体机能调节水平决定运动能力的条件：

1. 神经系统对各器官的调节与运动相适应。

2. 内分泌的体液调节与运动相适应；

3. 免疫系统与运动相适应。

（六）人体健康必需的营养素

宏量营养素——糖、脂、蛋白质

22 种微量元素、3 种维生素、水、矿物质、食物纤维；

营养与运动能力之间存在天然联系，营养的作用体现在：提供生命活动的能量，合成新组织的基本成分，修复组织细胞的原料，参与运动调节过程。

（七）实施营养补充的前提

了解引起训练、比赛中疲劳和机能下降的因素：

如：体液酸化、糖原消耗、脱水、低血糖、电解质紊乱和胃肠不适、体能恢复速度慢、力量增长不明显、训练课后程乏力、血睾酮下降等。环境因素也不可忽视。

（八）运动员体能恢复的营养问题

1. 合理膳食是基础；

2. 常规补充糖、饮料、维生素和抗氧化剂；

3. 正确补充蛋白质和氨基酸；

4. 青少年和女运动员需重视钙、铁的补充；

5. 重视特殊运动营养物质的补充，维持身体机能状态；

6. 加强营养状况监控，强调综合效果。

（九）目前运动界在运动营养中存在的误区

§ 错误的营养观念，忽视膳食营养的重要性；

§ 过分强调和夸大特殊运动营养品的功效；

§ 运动营养品的使用缺乏针对性；

§ 忽视不同年龄、性别的营养补充特点。

树立正确的营养观念：

膳食营养是基础，是促进运动中所消耗的各种营养素，在运动后快速恢复的根本保障，只有在膳食营养摄入合理的基础上，科学的补充特殊营养才能充分的发挥特殊营养的功效。

在学习、观察的基础上，找出什么对自己有益，什么对自己有害。

§ 请您考虑如何吃好三餐！

§ 如何正确补充营养品！

§ 如何拒绝使用违禁药物！

§ 如何防止误用违禁药物！

二、平衡膳食营养

膳食营养的组成

七大营养素：

糖、蛋白质、脂肪、维生素、水、无机盐、食物纤维。

（一）碳水化合物－糖

1. 碳水化合物产生能量最迅速，氧化直接生成 ATP；

2. 在氧化分解时所消耗的氧量最少；

3. 其氧化供能时的输出功率在所有的能源物质中最大；

4. 在缺氧条件下只有碳水化合物可以分解供能，生成 ATP 和乳酸。

主要的膳食碳水化合物

分类	亚组	组成
单糖（1）	单糖	葡萄糖、半乳糖、果糖
	糖醇	山梨醇、甘露糖醇
寡糖（2~9）	双糖	蔗糖、乳糖、海藻糖
	异麦芽低聚	麦芽糊精
	寡糖	棉子糖、水苏糖、低聚
	其他寡糖	果糖
多糖（≥10）	淀粉	直链淀粉、支链淀粉、变性淀粉
	非淀粉多糖	纤维素、半纤维素、果胶、亲水胶质物

碳水化合物——糖的来源

基础营养——糖的来源主要是由植物性食品来提供，如大米、小麦及由其制成的相关食品、块根类食物（如马铃薯、白薯等）、玉米、蔬菜等。其中食物中的糖类大多以多糖的形式提供，而单糖、低聚糖含量较少，且多存在于水果、牛奶、蜂蜜、糖（白糖、红糖）中。

糖对运动员来说是非常重要的，在我们日常膳食中食入的糖是多种多样的，有单糖、低聚糖、淀粉等。这些糖食入时由于其成分的不同，其消化和吸收的速率就不同，食物的这种特性可用糖血指数（Glycemia Index GI）来表示。GI 是指食物使血糖升高的相对能力。GI 高的食物比 GI 低的食物可使血糖

升高更多更快。因此，在补糖时应根据 GI 来选择食品。如支链淀粉的 GI 比直链淀粉高，

土豆粉中支链淀粉约占 80% ，豆类淀粉全是直链淀粉，故同样吃淀粉，补糖的效果不同。

影响食物血糖指数的因素

影响因素	作用机制	食物举例
淀粉的糊化	淀粉的糊化程度越低，则消化率越低。	意大利面条、燕麦片
食物的物理形式	谷物和豆类的县委胞衣，完整的细胞壁作为物理屏障降低了消化酶进入淀粉内部的几率。	裸麦粗面包、全麦面包、整粒豆类、大麦、生香蕉、生地瓜土豆
直链淀粉与支链淀粉的比例	食物中直链淀粉越多，则淀粉消化比例越低。	高直链淀粉的糯米、豆类、玉米面
膳食纤维含量	可溶粘性纤维增加了肠道内容物的粘性，从而降低了淀粉与消化酶的相互作用；精加工的面粉，由于其纤维没有粘性，具有很高的吸收率。	碾过去麸的麦类、豆类、水果中的苹果等
蔗糖	蔗糖后生成 1 分子葡萄糖和 1 分子果糖。其可以限制淀粉与水结合的糊化作用。	一些饼干、早餐麦片

——淀粉的糊化程度

生食物中的淀粉是以紧密结合的小颗粒形式存在，机体难以消化分解；在加工过程中，淀粉颗粒在水和热的作用下，发生膨胀，许多淀粉颗粒甚至破裂并降解。

如煮粥过程，生食物淀粉紧密结合，水无法进入，水与食物分离；当水加热到一定程度时，淀粉分子膨胀、破裂，水分子进入，变得粘稠，这就是淀粉的糊化过程。

膨胀糊化的淀粉具有较大的空隙，便于淀粉酶的进入并易于与之结合，故易于消化分解。

——直链淀粉与支链淀粉

直链淀粉结构紧密，水分子较难进入，故糊化和消化较难。

支链淀粉结构松散，具有较多的空隙，便于水分子的结合，故易于糊化和消化。

——食物颗粒的大小

食物颗粒越小，面粉越细，则越容易被水吸收，被淀粉酶降解。故精制的各种面粉都易于被消化吸收。

——脂肪和蛋白质

高脂肪、蛋白质食物具有低血糖指数。因为，脂肪、蛋白质的增多可以降低胃的排空速率及小肠中的食物消化率。因此，油炸食品（土豆等）比烤土豆具有较低的血糖指数。故少吃油炸食物。

——酸度

酸具有延缓食物在胃中的排空速率，延长进入小肠的时间，从而降低食物中碳水化合物的消化和吸收，降低血糖水平。食物中的酸主要是醋，其中红曲醋及柠檬汁效果最明显。对于糖尿病人有利，但对运动员尽快补糖不利，故为了尽快补充消耗的碳水化合物，应少吃酸类食物。

（二）维生素——蔬菜、水果

蔬菜和水果主要是提供维生素、矿物质和食物纤维，其中也会含有一定量的糖。在膳食中蔬菜和水果类食物可以在一定程度上大量供应，但摄入过多会影响主食的摄入量。应注意的是，蔬菜和水果应不断变换种类，这样可以即保证运动员维生素等的充足补充，又可避免运动员对其产生不适。但应注意的是，由于一些蔬菜和水果可以抑制铁吸收。因此，吃蔬菜和水果时应避免与补铁制剂同服。

维生素的共同特点

1. 以本体或前体形式存在于天然食物中。

2. 不能在体内合成，也不能大量贮存，必须食物提供。

3. 机体需要量甚微，但在调节机体代谢方面起重要作用。

4. 不构成组织，也不提供能量。

5. 多以辅酶或辅基的形式发挥功能。

6. 有的具有几种结构相近、活性相同的化合物。

7. 食物的选择不当或食物在贮存、加工、烹调过程中可能造成维生素的破坏或丢失。

维生素的分类：

1. 脂溶性维生素（A、D、E、K）

脂溶性维生素在体内排泄效率不高，摄入过高可在机体内蓄积以至产生有害影响（中毒）。

2. 水溶性维生素（B族、C）

（三）蛋白质

1. 饮食来源

肉类、奶类、蛋类、干豆类、硬果类、谷类等。其中，肉类的蛋白质含量为 10 ~ 30%，奶类为 1.5 ~ 3.8%，蛋类为 11 ~ 14%，干豆类为 20 ~ 49.8% 之间，是植物性食物中含量较高的，硬果类如花生、核桃、莲子等也含有 15 ~ 26% 的蛋白质，谷类一般含蛋白质为 6 ~ 10%，而薯类约为 2 ~ 3%。

一般来说，动物蛋白质的氨基酸构成比植物的更加平衡。

2. 各种食物的蛋白质含量

3. 蛋白质的供给量与来源

蛋白质在机体的储存甚微，每天有 3% 需要更新，每天必需供给一定量的蛋白质才能满足机体需要。

4. 蛋白质的供给量必需满足机体的氮平衡

§ 氮平衡：摄入氮 = 排出氮；

§ 正氮平衡：摄入氮 > 排出氮；

如儿童、孕妇、乳母；

§ 负氮平衡：摄入氮 < 排出氮；

如肾脏病、消耗性疾病；

§ 蛋白质含 16% 的氮，氮与蛋白质的换算系数为 6.25。

5. 含蛋白质数量丰富质量良好的食物

§ 肉类：10 ~ 20%；

§ 奶类、鲜奶：1.5 ~ 4%；

§ 奶粉：25 ~ 27%；

§ 干豆类：20 ~ 24%；

其中大豆含量最高；

我国目前农村膳食以植物性蛋白质为主，生物价较低；

成人蛋白质的供热量应占一日膳食总热量的 10 ~ 12% 为宜，即 1 ~ 1.2g/kg 体重；儿童、青少年为 12 ~ 14%。

6. 蛋白质营养失调对人体的影响

§ 当蛋白质供给不足时，蛋白质更新愈快的组织愈易受到影响；

§ 肠粘膜及分泌消化液的腺体首先受累，引起消化不良，导致腹泻、失水、失盐；

§ 肝脏受累，脂肪浸润，不能合成血浆蛋白，从而血浆蛋白含量下降，尤其是白蛋白，最后导致水肿；

§ 骨骼肌不能维持正常结构，肌肉萎缩。

7. 过量蛋白质的副作用

在渐进性力量练习的前提下，适宜的蛋白质营养支持才能使肌肉增长。

过量补充氨基酸或蛋白质会引起下列副作用：

§ 肝、肾负担增加，人体容易疲劳；

§ 脱水、脱钙、痛风；

§ 影响水盐代谢，可能引起泌尿系结石和便秘；

§ 伴有高脂肪摄入，可引起脂代谢紊乱；

§ 若是以单一氨基酸的形式补充蛋白质，还可能引起蛋白质代谢失调，血氨升高；

§ 诱导肝内线粒体发生形态学变化，以致发展成病态。

因此，运动员在平衡膳食条件下，不必补充氨基酸。

（四）食用油脂类

组成我们人体细胞膜的主要成分是不饱和脂肪酸。而不饱和脂肪酸在人体内不能合成，必须依靠食物来提供。另外机体所需的脂溶性维生素必须溶解在脂肪酸中才能被人体所吸收，而这些脂溶性维生素在机体中起很重要的作用。因此，在膳食中必须摄入一定量的脂肪，但要有选择并对其加以限制。这个选择就是选用含有不饱和脂肪酸（必须脂肪酸）多的植物油为主要烹调油。

通常所说的膳食脂肪主要由三种脂类构成：

§ 脂肪（甘油三酯）；

§ 复合脂－磷脂、糖脂；

§ 类脂。

1. 脂肪（甘油三酯）

包括动物性和植物性两大类油脂。如猪油、牛羊油、鱼肝油、奶油、鸡油、豆油、花生油、菜油、麻油、茶油等。这是一类在人体饥饿时即会减少储藏量的脂肪。主要构成均为甘油三酯：一分子的甘油，三分子的脂肪酸。

脂肪酸根据构成脂肪的脂肪酸不同可分为：饱和脂肪酸和不饱和脂肪酸两类。

不饱和脂肪酸是人体不能自身合成必须依赖食物提供的脂肪酸也称必须脂肪酸。

2. 复合脂

复合脂包括：卵磷脂、糖脂、脂蛋白。

3. 类 脂

主要指固醇类物质（胆固醇）。

是构成固醇类激素及其它物质的原料，如睾酮、肾上腺皮质类激素、醛固酮等激素。

（五）膳食纤维

指存在于食物中的不能被人体消化吸收的多糖类化合物的总称。主要包括纤维素、半纤维素、木质素和果胶等。

生理作用：

1. 增强肠蠕动，利于粪便排除；

2. 具有吸水膨胀功能，增加粪便体积，从而稀释肠道内有害物质的浓度及降低其吸收；

3. 维持肠道正常菌群，有利于益生菌的生长，不利于厌氧菌的生长；

4. 控制体重及降低血糖、血胆固醇等保健功能；

5. 预防结肠癌发生的作用。

三、运动员基础营养膳食中存在的问题

1. 碳水化合物（糖）摄入严重不足；

2. 脂肪和蛋白质摄入过多；

3. 部分维生素摄入不足；

4. 三餐摄入能量分配不合理；

5. 运动中忽视了水和无机盐的及时补充；

6. 烹调方式的不合理；

7. 没有注意食物之间的相克作用；

8. 酸性食物与碱性食物搭配不合理，造成体液酸化；

9. 水果代替蔬菜，或蔬菜代替水果；

10. 精制食品代替粗粮。

过多的脂肪和蛋白质摄入对运动能力的危害表现如下：

1. 过多的脂肪和蛋白质会造成热能过剩，从而导致体重增加，而增加的体重主要是体脂。

2. 过多的脂肪和蛋白质在体内的代谢加剧肝肾的负担，本身运动训练对机体的肝肾功能就要求较高，这种由于膳食的不科学使其肝肾功能下降而影响训练效果。而且脂肪和蛋白质代谢中能产生酸性产物，使体液酸化，从而导致疲劳过早发生。

3. 过多的脂肪会使肠道内铁和蛋白质的吸收降低。

4. 过多的蛋白质摄入易造成钙丢失和脱水。

四、食物相克举例

1. 猪肉——黄豆

《饮膳正要》说："大豆不可与猪肉同食"。

在人们的饮食中常看到大豆与猪肉同炒。如："炒三丁"（黄豆、黄瓜、猪肉丁）等，是人们常吃的菜肴。从现代营养学的观点看，豆类不宜与猪肉一起搭配制作菜肴，原因有以下几方面：

（1）豆中植酸含量较高，60～80%的磷是以植酸形式存在的，它常与蛋白质和矿物质元素形成复合物，降低其利用效率。

（2）多酚是豆类的抗营养因素之一，它与蛋白质起作用，影响蛋白质的可溶性，降低其利用率。同时多酚不仅影响豆类本身的蛋白质利用，在与肉类配合时也影响肉类蛋白的消化吸收。

（3）豆类纤维素中的醛糖酸残基可与瘦肉、鱼类等荤食中的矿物质如钙、铁、锌等结合后，干扰或降低人体对这些元素的吸收。故猪肉不宜与黄豆相配，制成菜肴。象猪蹄炖黄豆这道菜也是不合适的。

2. 猪肝——含维生素C的食物

青椒、油菜、西红柿、菠菜、豆芽、土豆等蔬菜中含有丰富的维生素C，维生素C是一种烯醇结构物质，极易氧化破坏。尤其是遇到微量金属离子时、氧化的速度会加快千倍左右。猪肝里含有丰富的铜和铁元素，如果与含维生素C多的食物一起吃，猪肝中的铜、铁，就会很快把维生素C氧化分解，使维生素C失去原有的功能。

3. 葱——豆腐

豆腐中含钙，葱里有一定量的草酸，二者结合成为草酸钙不易吸收。炒豆腐放葱使汤变为乳白色，就是草酸钙沉淀的原故，所以制作豆腐菜肴少放葱花。

4. 黄瓜——青椒、西红柿

黄瓜、西红柿、青椒均为夏季人们喜爱

的蔬菜，营养价值都很高，但在日常生活中常把黄瓜和西红柿或黄瓜和青椒一起烹制菜肴，从营养学角度看，这并不科学。因为黄瓜含有维生素C分解酶，能把维生素C破坏掉。而西红柿、青椒又含有较多的维生素C，若和黄瓜一同食用，那么，这些蔬菜里的维生素C就会被黄瓜里的维生素C分解酶破坏掉。含维生素C越多，破坏的越严重，所以在日常膳食中，黄瓜和西红柿、青椒不宜一起食用。另外，南瓜也含有维生素C分解酶，故也不宜和含维生素C多的蔬菜及水果一起同食。

5. 菠菜——豆腐

豆腐中含有硫酸钙、氯化镁等无机盐类，如和蔬菜中的草酸相遇，则化合为草酸钙和草酸镁，这两种化合物产生白色沉淀，人体不能吸收，还破坏钙的吸收。如果将菠菜放在开水中烫3分钟左右，则菠菜中的草酸可溶去80%，然后再与豆腐同烹，则可避免草酸产生的不良作用。

6. 萝卜——胡萝卜

萝卜味甘辛微凉，性质偏利；胡萝卜性味甘辛微温，性质偏补。两者性味功能不合，都含有多种酶类，特别是胡萝卜中含有维生素C分解酶，在一起生吃或凉拌时，极易发生酶类的分解与变化。如萝卜每百克中含维生素C34毫克，胡萝卜中的维生素C分解酶，极易将萝卜中的维生素C氧化破坏掉，而降低营养价值。

注：食物的酸性越强，负值越小，即都小于零。在我们摄入的主食中大米、面粉和一些动物蛋白，如肉、禽、鱼、虾、蛋、花生以及很少的蔬菜中含有非金属元素磷、硫、氯等食物，这些食物在人体内代谢最终生成的产物为酸性物质，使体液相对呈现弱酸性，故称这些食物为成酸性食物。

叶菜含有各种营养素成分，为蔬菜首选；各种颜色蔬菜含有不同的营养成分，应作到各种颜色蔬菜互补。

水果不能代替蔬菜：
1. 水果中的糖分含量高于蔬菜；
2. 一般水果的维生素C含量不如蔬菜；
3. 水果中的胡萝卜素低于蔬菜；
4. 水果中的某些矿物质含量低于蔬菜。

五、食物中营养素损失的原因
1. 切洗的损失
蔬菜切后再水泡、清洗，会造成各种水溶性营养素（维生素、矿物质）的丢失。

2. 烹调时的损失
高温、长时间的烹调会造成许多不耐热的维生素损失。

3. 不良饮食习惯的损失
煮粥加碱，破坏维生素B；采用"捞饭法"蒸米饭，使多种易溶于水的营养素丢失；吃菜弃汤，使溶于水中的营养素无法利用。

六、我国运动员膳食管理上存在的问题
1. 管理伙食的领导和炊事人员在工作中缺乏运动营养学知识的指导。
2. 肉等于营养的错误观念造成膳食营养结构失调。
3. 烹调的方式与科学膳食不相适应。
主要表现在：
（1）过多地使用烹调用油；
（2）没有生吃的蔬菜；
（3）主食品种少（早餐除外）；
（4）过多的猪肉使膳食中脂肪含量居高不下。
4. 对食物相克了解不够。
5. 配餐中－酸性碱性食物搭配不科学。

七、关于我国运动员膳食营养工作的几点建议
1. 尽快提高运动员膳食管理者的知识水平和管理水平。
2. 按照运动员膳食营养的需要科学地办好运动员食堂。
（1）充分利用现有的最新开发的膳食营养调查软件，对运动员进行定期的膳食调查。根据调查结果设计运动员50～70%营养需要的基本标准餐。
（2）在运动员食堂中运动员食谱和食物烹调方式应部分西餐化，增加奶制品、豆制品和蔬菜（生吃）水果的比例。
（3）加强早餐的品种配给，减少黄油等高脂肪的摄入，保证运动员能够吃到一个营养素齐全的早餐。
3. 加强对运动员的运动营养知识教育。
（1）坚持做到4多：主食、蔬菜、水果、奶制品（或豆制品）多；
（2）3少：油脂、肉类、油炸食品少原则。
4. 使厨师、运动员、教练员了解哪些食物不能同食。

最终做到：

（1）自由摄入碳水化合物（淀粉和多糖），达到占膳食总热能的 55～65%，对于某些项目运动员甚至要达到 70% 及以上。

（2）适量的摄入蛋白质（占膳食总热能 12～15%）。

（3）控制脂肪的摄入量（占膳食总热能 25～30%），特别要控制饱和脂肪酸的摄入，例如：黄油、人造黄油、动物脂肪、内脏。

（4）提倡蔬菜和水果尽量生吃，增加维生素和食物纤维的摄入。

（5）在运动前、运动中、运动后尽量不饮用纯水，而补充含有一定量的糖、无机盐和维生素的运动性饮料，以便更好地把营养物质运输到运动肌肉中去，维持运动中的体液平衡，保证运动中的能量供应。

（6）养成良好的饮食习惯，注重早餐和午餐的质量和数量，有条件的最好在训练中有一次加餐。

（7）了解和掌握食物相克的知识，避免进食中大量浪费食物的营养素。

第三节　运动员的膳食营养

一、运动员合理营养的基本要求

1. 食物的数量和质量应满足需要；
2. 食物应当营养平衡和多样化；
3. 食物应当是浓缩的、体积重量小；
4. 一日三餐的能量分配；
5. 进食时间。

二、合理的各种食物的能量占总能量的百分比

蛋白质　　　　　　15%
脂肪　　　　　　　25%
碳水化合物　　　　60%

一日三餐的能量分配

早餐　30%
午餐　40%
晚餐　30%
必要时加餐

三、各种食物的能量供应

1 克　蛋白质　供能　　4 千卡
1 克　糖　　　供能　　4 千卡
1 克　脂肪　　供能　　9 千卡

确定蛋白质、脂肪和碳水化合物的比例和供给量。

§一般比例：
§蛋白质 10～15%；
§脂肪 20～25%；
§碳水化合物 60～70%。

运动员每日糖、蛋白质、脂肪摄入量

§如总热能为 3000 千卡/日：
§蛋白质 = 3000 × 15% ÷ 4 = 112.25 克；
§脂肪 = 3000 × 25% ÷ 9 = 83.3 克；

§碳水化合物 = 3000 × 60% ÷ 4 = 450 克。

即：每天的能量消耗是 3000 千卡。糖应占能量摄入量的 60%，即 3000 千卡 × 60% = 1800 千卡。而每克糖氧化生成的能量是 4 千卡，1800 ÷ 4 千卡/克 = 450 克。蛋白质应占能量摄入量的 15%，3000 千卡 × 15% = 450 千卡。蛋白质氧化生成的能量是 4 千卡/克，450 千卡 ÷ 4 千卡/克 = 112.5。脂肪应占能量摄入量的 25%，3000 千卡 × 25% = 750 千卡。脂肪氧化生成的能量是 9 千卡/克，750 ÷ 9 = 83.3 克。即每日消耗 3000 千卡能量，需要从膳食中摄取糖 450 克、蛋白质 112.5 克、脂肪 83.3 克，才能满足运动员的能量平衡的需要。

每日食物摄入量

§糖类（碳水化合物）：主食 400～500 克以上；
§蔬菜和水果：500 克以上；
§肉、蛋和水产：300～400 克；
§奶和豆类：250～500 毫升奶和少量豆制品；
§食用油脂：摄入量应有限制。

进食时间：
§运动前 2 小时以前；
§运动后 40 分钟以后。

四、各种运动项目对膳食营养的特殊需要

（一）耐力项目运动员

§糖需要量：8～10 克/公斤体重/天；
§蛋白质需要量：1.5 克/公斤体重/天；

§适量补液（大分于糖、伟特、康比特饮料）；

§提供富含铁的食物（如木耳、海带、虾子、动物血等），对于大运动量的女运动员和青少年运动员应适当补充一些铁制剂（如海默菲、比特铁）。

（二）力量项目运动员

§蛋白质需要量：2 克/公斤体重/天；

§提供充足的维生素 B_1 和 B_2；

§适当补充钠、钾、钙、镁；

§需要减体重，应控制脱水的程度；

§及时补糖，以维持减体重情况下的无氧能力。

五、营养膳食的合理性

要求膳食中必须含有机体所需的一切营养素，而且含量适当，种类互补，全面满足身体的一般需求和特殊需求。此外，营养的合理性还要求食物是易消化吸收，不含对机体有害的成分。

营养获取的正确途经是：

1. 合理膳食是基础——吃好三餐

2. 补充正常膳食不足以满足运动员营养需求——添加营养补充品。

高水平运动员的营养恢复，仅仅依靠三餐膳食是不够的。其合理组成是：

1. 多餐

2. 三餐 + 额外补充运动营养品

采用科技含量高的运动营养补充品

实现营养膳食的合理性，必须做到营养成分全面均衡，营养搭配要因人而异，营养过程要持之以恒，久而久之，才能从营养学角度提高体质与健康水平。

膳食营养的合理性应注意下面三个问题：

1. 做到食物营养成分的互补

例如：粮食谷物主要提供糖类、肉类禽卵等主要提供蛋白质与脂肪，而蔬菜与水果是维生素、无机盐的主要来源。只有各种食物合理搭配，才能实现营养成分的互补，满足机体的需要。

2. 营养成分的选择

青少年时期处于生长发育的高峰，对各种营养成分的摄取，在种类数量上要有充分的保障，做到高蛋白、高热量、高维生素，适量脂肪，全面而均衡。

3. 做好特殊体能消耗的补充

日常膳食可满足一般体能消耗，但对那些有特殊体能消耗的运动员应予以区别对待。为实现训练效果提供必要的物质基础。

六、合理实施营养恢复的注意事项

人体内营养素之间存在复杂的多因素关系，在考虑营养补充之前，应注意：

1. 单一营养素的作用有限，而复合营养素能通过协同作用充分发挥效益。

2. 运动项目、营养状态、生活习惯等不同，机体对营养素的需求也会有差异，因此要针对每个人的具体情况制定营养计划。

3. 营养素摄入量要相对精确，摄入时间也要符合代谢要求，才有可能获得理想的补充效果。

4. 营养素不是激素，从摄入到发挥作用需要的时间相对较长。

5. 在计划实施过程中，建议加强机能和营养监控，以提高营养补充的效果。

主讲人：曹健民

第十二章　足球运动心理学

第一节　紧张焦虑情绪的原理和控制

　　紧张、焦虑是任何运动员在生活、训练和比赛中无法回避的问题。它对运动成绩产生着重要的影响。面对大赛的压力，任何一个有责任心的运动员，只要他（她）还不想放弃，就会出现紧张焦虑。因此，出现紧张焦虑完全是正常的。而且，从观众的角度看，它也是运动竞赛魅力的一部分。

　　情绪问题十分复杂，科学发展至今，还没有一种彻底消除紧张的绝对有效的办法。因此我们所能做的，就是设法有效的控制它，尽量将它调整到最佳状态，减少它的消极影响，甚至使它能够促进运动水平的发挥。

　　面对紧张，每个人都有自己的应对策略。但在实践中，不是人人都能解决好这个复杂的问题。情绪问题虽然复杂，但它还是有规律可循的。从本质上看，紧张是我们面对压力所产生的情绪和行为反应。

一、压力反应包括

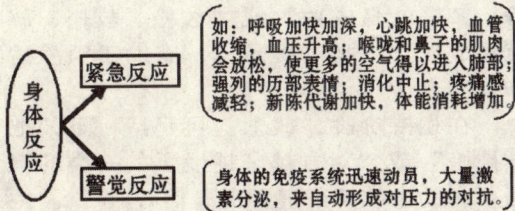

身体反应 → 紧急反应（如：呼吸加快加深，心跳加快，血管收缩，血压升高；喉咙和鼻子的肌肉会放松，使更多的空气得以进入肺部；强烈的历程表情；消化中止；疼痛感减轻；新陈代谢加快，体能消耗增加）

身体反应 → 警觉反应（身体的免疫系统迅速动员，大量激素分泌，来自动形成对压力的对抗。）

压力下的身体反应一方面有助于运动员顽强拼搏，果敢行动，创造优异成绩；但长期如此，有损健康。

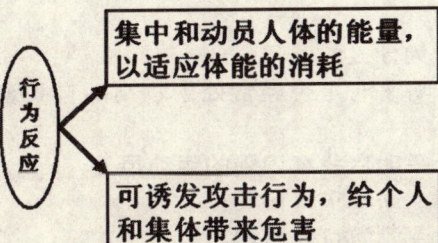

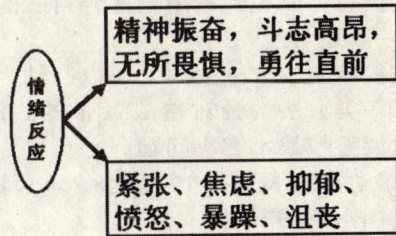

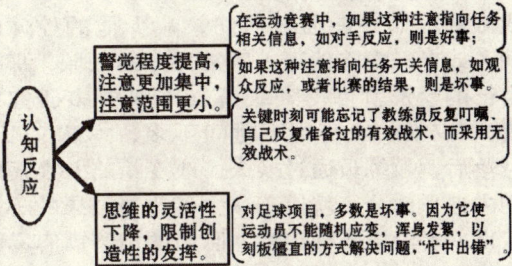

行为反应 → 集中和动员人体的能量，以适应体能的消耗

行为反应 → 可诱发攻击行为，给个人和集体带来危害

情绪反应 → 精神振奋，斗志高昂，无所畏惧，勇往直前

情绪反应 → 紧张、焦虑、抑郁、愤怒、暴躁、沮丧

认知反应 → 警觉程度提高，注意更加集中，注意范围更小（在运动竞赛中，如果这种注意指向任务相关信息，如对手反应，则是好事；如果这种注意指向任务无关信息，如观众反应，或者比赛的结果，则是坏事。关键时刻可能忘记了教练员反复叮嘱、自己反复准备过的有效战术，而采用无效战术。）

认知反应 → 思维的灵活性下降，限制创造性的发挥。（对足球项目，多数是坏事。因为它使运动员不能随机应变，浑身发紧，以刻板僵直的方式解决问题，"忙中出错"。）

二、什么是紧张、焦虑

　　紧张：是人们面对各种压力所产生的情绪和行为反应。

　　焦虑 = 紧张 + 担忧 + 恐惧。

　　紧张、焦虑产生的原因

　　紧张的原因：将各种压力评价为有威胁的事件。

　　焦虑的原因："三不知"（事情的不确定性）。

　　§ 不知道即将发生什么；
　　§ 不知道最好的行动方针是什么；
　　§ 不知道别人期望自己做什么。

　　注意：在训练和竞赛中——

　　适度的紧张和焦虑是必要的，它有助于运动员调动身体和心理的一切积极因素，发挥水平；但如果赛前、赛中紧张和焦虑程度过高，它往往带来灾难性的后果。

　　前苏联学者汉宁认为，每个运动员都有自己最适宜的紧张程度范围。有人适合在高紧张状态下发挥，有人适合在低紧张状态下发挥，关键是比赛前能否将自己的状态调整到最适合自己发挥水平的紧张程度范围之内。

为此，运动员要通过长期的运动实践，学会记住自己在发挥最佳水平时的紧张程度，做为日后调节比赛情绪的依据。

三、紧张、焦虑情绪的调节与控制

调节情绪的问题，实质上是怎样应对压力的问题。从运动心理学的角度看，方法很多。虽然同一种方法并不是对每个人都有效，但运动员总可以找到其中最适合自己的方法："必有一款适合您"。

调控情绪的方法大体上可以归纳为三类：

第一类方法：针对造成紧张的原因，直接通过调整技战术解决问题。

"通过改变局势，或变化得分来转换心态"（中国跆拳道队陈立人）。

例如，比赛中对方核心队员屡屡突破，造成威胁，如果能通过协防，减少他的控球时间，或者经常将他逼入不常得分的区域，那么自己的紧张就可得到缓解（平时要多研究对手）。又如，比赛剩下时间不多，本队又以1球落后，教练员通过换人，改变策略并在短时间内追平比分。就等于减少了比赛结果的不确定性或者消极的确定性，队员的情绪就容易稳定。因此，当出现紧张焦虑情绪时，首先应立足于采用解决问题的应对策略。

第二类方法：直接调节、控制情绪，减轻不愉快的感受。

运动心理学有许多方法可以用来减轻不愉快的感受，从而调节控制情绪。这类方法又可分为三类：

（一）生理调节

控制情绪可以从调节身体反应着手

1. 面部表情调节法

● 面部表情

§ 照镜子，了解自己的当前状态；

§ 看自己的微笑照片，诱发愉快心情；

§ 自我按摩面部，放松面部肌肉。

● 身段表情

● 言语表情

2. 呼吸调节法

§ 深而慢的腹式呼吸，使兴奋水平下降；

§ 浅而快的胸式呼吸，使兴奋水平提高。

3. 全身肌肉放松法

§ 放松方式；

§ 渐进放松，自生放松；

§ 放松要点；

§ 注意集中，肌肉松弛，平稳呼吸；

§ 辅以音乐或表象。

4. 哭泣宣泄法

遇到极其令人沮丧、令人悲伤的事情时，及时哭泣。

控制情绪的第一步或许是在恰当的时间和恰当的地点充分宣泄情绪。

5. 剧烈运动法

运动员在遇到使人烦恼、焦虑的事情时，进行相对剧烈的运动，如打球、短跑、短距离游泳等等，可即刻缓解烦恼和焦虑的情绪（注意：半拍、快速动作）。

（二）认识调节

强制自己改变认识，就可以有效控制情绪

1. 表象调节法

上场前，运动员可将自己过去获得成功时的最佳表现"过电影"，体验当时的身体感觉和情绪状态，以增强信心，提高成绩。上场前，运动员表象自己的"得意技"（如左右晃动急停射门、接球转身射门、穿越人丛的传球等），会提高成功的可能。

2. 暗示调节法

让运动员用简短、具体、积极的正面语言暗示自己，可以有效控制情绪。

在将要与对方或裁判发生冲突时，默念"冷静1、冷静2、冷静3"，则会起到控制情绪的作用。即将上场前，默念"镇静、镇静、镇静就是成功"或"放松、放松、放松就是成功"一类的提示语，有助于镇静情绪和提高自信。

在相持阶段，默念"再坚持一下，把对方拖垮"或"对方越来越慢了"一类的提示语，有助于鼓舞士气，提高信心。

3. 自我意识调节法

§ 自我意识强的人，比赛时可更好地应对压力；

§ 自我意识弱的人，比赛时较难应付压力；

为什么？

看平时是否经常处于较高的自我意识状态。

平时自我意识强的运动员

§ 面临重大比赛；

§ 刺激自我意识；

§ 与平时自我意识状态的差距较小；

§ 对比赛气氛产生的心理反应较小；

§容易发挥水平。

平时自我意识弱的运动员

§面临重大比赛；

§刺激自我意识；

§与平时自我意识状态的差距较大；

§对比赛气氛产生的心理反应较大；

§不易发挥水平。

最佳竞技状态（流畅状态）

§抛开自我意识，进入"忘我"状态；

§让合理的比赛过程自然而然发生。

调节自我意识的原则

§平时加温，提高自我意识；

§强调"自我"：强化责任，目标；

§赛时降温，降低自我意识；

§强调"忘我"，追求过程，现在，技术战术。

4. 归因调节法

归因是分析和理解成败原因的过程。归因对行为产生直接的和重要的影响。

人常常从三个方面分析自己成败的原因

（1）内部归因与外部归因

§内部因素

努力，能力；

§外部因素

任务，运气。

（2）高控归因与低控归因

§高控制性因素

努力，饮食，训练；

§低控制性因素

裁判，天气，教练，场地。

（3）稳定归因与不稳定归因

§高稳定性因素

能力，任务；

§低稳定性因素

努力，运气。

一般情况下，运动员均应尽量多做内部归因、可控归因以及不稳定归因。但在遇到挫折与困难时，为调节情绪，需要调整归因。例如，已知对手打法风格不变，即使对手使用风格之外的打法令你失分，你也要坚信这是偶然事件，即进行外部、不可控、不稳定的归因。

5. 认知宣泄法

（1）倾诉宣泄

找亲朋好友倾诉

（2）日记宣泄

养成写日记的习惯，遇到困难、挫折和失败时，将自己对这些境遇的真实想法详细写下来，有助于清理思绪，面对现实，平静心情，重新开始。

（3）作业宣泄

每周1次，15分钟，在纸上将最不愉快和最不满意的事情写下来，然后撕掉。

6. 转移注意法

有意识地培养运动员的业余爱好，组织队内"博览会"。

情绪不好时，有意识地强迫自己把注意从应激刺激转移到其它事物上，如进行有浓厚兴趣的娱乐活动（如看演出、逛商店、游公园、打扑克、下象棋等）。

（三）环境调节

1. 颜色调节法

过分紧张时，注视周围绿、蓝、紫等冷色背景，如富士胶卷广告，可产生镇静效果；用淡蓝色毛巾擦汗，饮用绿色包装的饮料，也可产生一定的镇静效果。

精神不振时，注视周围黄、红等暖色背景，如红旗，可产生兴奋效果。

2. 音乐调节法

可寻找自己喜爱的音乐，做为调节自己情绪的手段。

例如：Beethoven：第五命运交响曲

Beethoven：第五钢琴协奏曲

Vivaldi：四季之〔冬〕

Johann Strauss. Jr.：篮色的多瑙河

3. 从教练、朋友、观众那里获得社会支持

心理学的研究表明：人在遇到应激情况下，或遇到困难、挫折、挑战时，寻求社会支持的倾向提高。家庭支持每提高一个百分点，死亡率下降13%。

培根：

把快乐告诉朋友，你将增加一倍快乐；

把痛苦告诉朋友，你将减少一半痛苦。

运动员最需要关心和帮助的场合：

§伤病、生日、比赛失利，与重要社会关系产生冲突；

§提供社会支持的形式；

§电话、贺卡、生日蛋糕，赞赏；

§对运动员家人的关心。

第二节　训练与比赛的归因

一、什么是归因

归因指人们对他人或自己的行为进行分析，判断和指出其性质或推论其原因的过程。体育运动领域的归因是指人们如何解释训练水平提高的快慢以及比赛的成功与失败。归因对人们从事体育活动的情绪、动机和期望有直接影响。训练及比赛结束后的归因，是后续行为的起点，因而具有重要意义。

归因问题的实质，是通过认识来调整运动员的情绪、动机和后续行为的问题。因此许多运动心理学著作将它与动机放在同一章节来考虑。

一个例子：一场激烈的足球比赛结束后，在乘车回驻地的路上，运动员们虽不说话，但内心都在为0：1的结局寻找着原因：

一个后卫想："那个球我要是不失误就好了。"

一个前锋想："唉！运气不好，两次打在门柱上。"

一个前卫想："唉！归根到底还是技不如人。"

一个新手想："我们都尽力了，下次准行。"

主教练想："场地不平，裁判偏袒，心理不过关。"

替补队员心想："活该，教练用人不当。"

这些都是对比赛失败的归因。

这个例子说明：人对自己以及他人的行为总是力图追求其原因。有人归因于个人的本性（能力、努力），有人归因于外部环境（场地、裁判、运气），也有人兼而有之。当人的行为有希望获得肯定的结果时，他往往把成功归于自己，把失败归于别人；而旁观者则多采取相反的态度。可见：一个人与别人在归因时常发生矛盾。行为者与观察者对行为原因的解释往往不同。

二、三维归因模式

1. 内部归因与外部归因

主指对成败结果从内因或是从外因加以分析。如，技战术能力、个人努力、注意力的范围等是内部归因；天气、场地、裁判等是外部归因。

2. 可控归因与不可控归因

主指归因者认为原因是否可控。"可控"指经努力完全可以主观意志控制的行为；反之为"不可控"。如，归因于自身努力，是可控归因；归因于教练员的能力，是不可控归因。

3. 稳定归因与不稳定归因

主指内因与外因的稳定与否。如，"我一向很努力"，稳定归因；"我这次努力了"，不稳定归因；"教练员一直很关心我"，稳定性归因；"这次我运气好"，不稳定归因。

4. 三维归因模式示例

	可控的			不可控的	
	内部的	外部的		内部的	外部的
稳定的	个人能力	训练场地	稳定的	身体形态	工作难度 他人能力
不稳定的	个人努力	比赛器材	不稳定的	疲劳程度	他人努力 裁判、运气 天气

由成绩和归因的不同组合引起的情感：

结果

内部的：
成功　自豪感　自尊感　满意感
失败　自豪感下降　自尊感下降　满意感下降

内外源

外部的：
成功　缺乏关于自身的情感
失败　缺乏关于自身的情感

如果运动员成功或失败做出内部归因，会产生与自豪和自尊有关的强力情感

结果

可控的：
成功　自信　胜任感
失败　羞愧　负罪感　沮丧

可控性

不可控的：
成功　感激或同情对手
失败　愤怒　诧异　惊讶

对成功或失败的情感反应很大程度上取决于运动员对由谁来控制结果（自己或他人）

由成绩和归因的不同组合引起的情感：

结果

稳定的：
成功　满怀希望
失败　没有希望

稳定性

不稳定的：
成功　不确定
失败　满怀希望

运动员感觉将来有没有希望取得成功，取决于归因的稳定性。

所以：内部归因会引起自豪与自尊的情感；可控归因会引起羞愧、负罪及自信心方面的情感；稳定与不稳定归因则与有没有希望相联系。

对于运动员来说裁判是一个明显的不可控因素（欧洲冠军杯比赛）。

高水平的、获得更多成功的运动员往往从内部（自身）以及可控因素（能力和努力）来解释比赛成绩（网球名将休伊特）。

三、训练与比赛的归因指导

1. 进行积极的反馈；
2. 增加成功的体验；
3. 建立成功与失败的恰当标准；
4. 明确各种影响因素的可控性；

我们自己制订的成功标准应当有助于使自己不断获得成功的感受（比利时网球名将海宁）；

5. 设置合理的目标；
6. 强调个人努力；
7. 谨慎比较运动员之间的差距；
8. 事实求是。

第三节　运动员的心理训练

一、心理训练概述

（一）什么是心理训练

广义讲，是有目的有计划地对受训者的心理过程和个性心理施加影响的过程。

狭义讲，是采用特殊手段使受训者学会调节和控制自己的心理状态并进而调节和控制自己行为的过程。

（二）运动员的三大心理技能

（三）实施心理训练应注意的问题

1. 预防为主、调控在先；

2. 长期坚持、系统训练；

3. 积极主动、自觉配合；

4. 与运动专项相结合；

5. 开始时在心理学工作者的指导下进行，以后可由运动员自主进行。

二、放松训练

（一）什么是放松训练

是以暗示语集中注意，调节呼吸，使肌肉得到充分放松，从而调节中枢神经系统兴奋性的过程。

（二）放松训练的作用

1. 降低中枢神经系统的兴奋性；

2. 加速疲劳的恢复；

3. 为进行其他心理技能训练打下基础。

放松训练举例：

四川足球队教练唐兴华曾描述过一个十分生动的实际例子，说明了如何在临赛前进行放松练习。1992 年 3 月中旬，为备战 15 届世界杯足球预选赛，国家足球队到成都训练两周，即赴伊尔比德参赛。出发前与四川队进行了一场公开比赛，观众达四万多。这是四川队 20 多年来第一次与国家队正式比赛，又在家门口打。那么多的观众，领导又来看望，使运动员既兴奋又紧张，焦虑加重。队伍到休息地点后厕所拥挤，主力队员面部无表情，整个空气十分沉闷。看到这种情况，俄罗斯教练拉西莫夫采用了一些有效的方法：

赛前 50 分钟，他要求 11 名主力队员，安静、放松、闭目，无思维地静坐在椅子上 3 分钟。接着仍按上述要求，听他讲话（翻译）："我的脚很放松，…我的小腿很放松，…我的膝关节很放松，…"，直到身体的每一部位。8 分钟后，又要求运动员看着他，并按照他的呼吸频率进行呼吸。他深吸慢呼，动作夸张，表情生动，充满乐趣。顿时，使大家忘记了即将进行的重大比赛。5 分钟后他再要求运动员小声重复他的语言并体验他的话意："我今天特别轻松。我全身很有力量。我今天特别有信心。"等。

经 20 分钟的调节后后，他才让运动员到球场做准备活动。比赛一开始，四川队连续三次快速反击很有威胁。整个上半场比赛打得相当成功，与国家队攻守形势呈五五波。上半场 0：0 战平。比赛结束后，几个队员都对我说，今天比赛很顺，发挥很好，还有点超水平的味道。拉教练那 20 分钟"坐功"

还真灵。

尽管不经过系统的放松训练，也可能在他人暗示的情况下顺利进入放松状态，但是，经过系统的放松训练，运动员的放松技能可以得到明显提高，其标志是：可以经自我暗示，在更短的时间内和更紧张的情景中达到所需要的放松状态。显然，这种能力是比赛需要的。因为运动员常常要独立作战，单独面对应激情景；准备比赛的时间也常常十分短暂；放松的程度也不是越松越好，而是适宜即可。这些都是需要较高的放松能力才能做到的。

另外，不同的运动项目，不同的比赛情景，不同的运动员，采用的放松方式、放松时间可能会有所不同，具体采用何种放松方式，放松多长时间，需要在实践中不断摸索。

（三）放松训练的种类和时机

1. 自生放松训练

§ 预备姿势；

§ 自生放松程序的 28 种练习。

2. 渐进放松训练

§ 准备姿势；

§ 渐进放松程序的 21 种练习。

3. 使用放松技术的时机

表象练习之前：有助于集中注意力，使表象更为清晰、逼真、稳定。训练结束后或临睡前：有助于恢复疲劳，使身心得到充分休息。赛前过于紧张时：有助于降低能量消耗，使唤醒水平处于最佳状态。

（四）放松练习的一般要求

将注意高度集中于自我暗示语上；需要时，进行清晰、逼真地想象带有情绪色彩的形象；能够清晰知觉肌肉不同程度的紧张状态，从极度紧张到极度放松；进行深沉而缓慢的腹式呼吸；放松后应及时重新激发情绪。

三、集中注意力训练

（一）一般性的注意集中训练

1. 纸板练习；

2. 五星练习；

3. 记忆练习；

4. 实物练习；

5. 秒表练习。

（二）结合专项训练过程的专门练习

1. 逆反口令法；

2. 轻微口令法；

3. 有效口令和无效口令法；

4. 启发教学法；

5. 变换条件法；

6. 目标导向法；

7. 信息引导法。

四、表象训练

（一）什么是表象训练

表象训练，俗称"过电影"。它是在暗示语的指导下，在头脑中反复想象某种运动动作或运动情境，从而提高运动技能和情绪控制能力的过程。

（二）为什么表象训练有效

1. 念动现象及心理神经肌肉理论

当产生一种动作表象时，总伴随着实现这种动作的神经冲动，大脑皮层的相应中枢就会兴奋，原有的暂时联系会恢复，这种兴奋会引起相应肌肉进行难以觉察的动作。运动表象时引起的这种运动反应称作念动（ideo－motion），即意念诱发运动。实验证明，请赛跑运动员做赛跑的表象和请小提琴家做拉琴的表象时，同时记录他们腿上和手臂上的肌肉电流反应，可看出与安静时不同，有表象活动时，肌肉电流明显增强。

2. 符号学习理论

解释表象训练机制的另一种理论叫符号学习理论。这种理论认为，表象训练之所以有助于提高运动技能，是因为人在进行运动表象时对某任务各动作序列进行了符号练习。在练习中，可以排除错误动作，熟悉动作的时间空间特征，预见到动作的结果。

（三）表象训练举例

我在大学时代，曾在某高校代表队担任后卫。在前两年的比赛中，由于球门技术不好，抢断经常失误，常遭教练责备。为了解决这些问题，我将《体育报》剪裁的两张照片贴在床头，在相当长的一段时间内，每天睡觉前或比赛前反复端详、体会。

一张照片是容志行踢正脚背定位球的英姿：支撑脚跟着地，踢球腿充分摆动……。另一张照片是法尔考在1982年世界杯对苏联队比赛中正面断球成功的瞬间。我把这两张照片想象成动态的，它们仿佛是我在比赛中控制动作的活教材，动作协调舒展极了！

那几年在我脑海里反复出现的还有1981年世界杯预选赛科威特－中国比赛中迟尚斌大脚解围，以及1982年U19亚青赛中韩比赛中贾秀全飞身倒地护住国门的英姿。比赛前

想想他们，让我浑身充满了力量。

一个正确的表象往往胜过一吨言词。

（四）表象训练程序

1. 一般性的表象训练

§ 卧室练习；

§ 木块练习；

§ 冰袋练习；

§ 比率练习；

§ 五角星练习。

2. 结合运动专项的表象练习

（五）表象训练应注意的问题

§ 从视觉表象为主逐步过渡到动觉表象；

§ 利用准确简练的语言提示。

五、其他心理训练

（一）目标设置训练

是指对动机性活动将要到达的最后结果进行的规划。它直接关系到动机的方向和强度。正确、有效的目标可以集中人的能量，激发、引导和组织人的活动，是行为的重要推动和指导力量。

目标设置中的4对重要关系：长期的目标与短期的目标；具体的目标和模糊的目标；现实的目标和不现实的目标；任务定向的目标和自我定向的目标。

目标设置中需要注意的问题

1. 对目标的接受和认同；

2. 及时反馈，了解结果；

3. 目标的公开化；

4. 目标的多级化。

（二）暗示训练

也叫"自我暗示训练"。是利用言语等刺激物对人的心理施加影响，并进而控制行为的过程。我国的气功与印度的瑜咖运用了许多自我暗示的方法。

暗示训练的依据：通过言语，人能接受暗示和进行自我暗示，通过代表外部环境和体内环境的一切事物和现象的言语来调节认知、情感和意志过程。巴甫洛夫曾把词语称为"包罗万象"的刺激物，并以它为人类行为的最高调节器。

对自己说"我在吃一块很酸很酸的酸梅"，然后，看看发生了什么。

暗示训练的6个主要步骤

1. 使运动员理解认识及其表现方式—语言对情感和行为的决定作用。

2. 确定体育活动中经常出现的消极想

法，如：这个动作我算是学不好了。

3. 确定如何认识这种消极想法。

4. 确定取代这种消极想法的积极提示语，如：世上无难事，只怕有心人。

5. 不断重复相应的对子。

6. 通过不断重复和定时检查。

（三）模拟训练

是针对比赛中可能出现的情况或问题进行模拟实战的反复练习过程，目的是适应各种比赛条件。模拟训练的核心思想是适应。所谓适应，是指个体为自身的生存和发展，在生理机能或心理结构上产生改变以便与环境保持平衡的过程。

模拟训练方法：

1. 对手特点的模拟；

2. 不同起点比赛的模拟；

3. 裁判错判误判的模拟；

4. 观众影响的模拟。

第四节 运动动机与自信心

一、运动动机的培养和激发

（一）动机（motive / motivation）的含义

概念：推动一个人进行活动的心理动因或内部动力。

基本含义：能引起并维持人的活动，将该活动导向一定的目标，以满足个体需要的念头、愿望或理想。

动机 = 动力 + 方向

（二）动机的作用（基本职能）

始发作用：动机可引起和发动个体的活动；

指向作用：动机可指引活动向某一目标进行或选择活动的方向；

强化作用：动机是维持、增加或制止、减弱某一活动的力量。

（三）引起动机的基本条件

1. 需要（need）：个体由于对某种东西的缺乏而产生的内部紧张状态和不舒服感。

2. 环境因素：身体之外的各种刺激。

行为可由需要引起，也可由环境引起，但往往是内外因素交互影响的结果。其中内因是主要的，外因通过内因起作用。某一时刻最强烈的需要构成最强的动机，而最强的动机决定人的行为。

（四）驱力与诱因

驱力（drive）：驱使有机体进入活动，与身体的生理需要相联系的内部激起状态，是从后面对行为的推动。

诱因（incentive）：引起个体动机，并能满足个体需求的外在刺激，是从前面对行为的拉动。

（五）动机的种类

1. 生物性动机和社会性动机（biological / social motivation）。

2. 直接动机和间接动机（direct / indirect motivation）。

3. 缺乏性动机和丰富性动机。

缺乏性动机（deficiency motivation）是以排除缺乏，制止破坏，避免威胁，逃避危险等需要为特征的动机。它包括生存和安全的一般目的。缺乏性动机以张力的缩减为目的（可理解为"厌恶的动机"）。

丰富性动机（abundancy motives）是以体验乐趣，获得满足，达到理解，寻找新奇，有所发现，有所创造和有所成就等欲望为特征的动机。它包括满足和刺激的一般目的。与缺乏性动机相反，它往往趋向张力的增强而不是张力的缩减（可理解为"欲望的动机"）。丰富性动机的方向是追求刺激和加强刺激。

4. 外部动机和内部动机。

这是根据动机的来源来分类的。来源于客观外部原因的动机称为外部动机（extrinsic motivation）；来源于主观内部原因的动机称为内部动机（intrinsic motivation）。

外部动机以社会性需要为基础，人通过某种活动获得相应的外部奖励（extrinsic reward）或避免受到惩罚以满足自己的社会性需要。它是从外部对行为的驱动（"要我练"）。

内部动机以生物性需要为基础，通过积极参加某种活动，应对各种挑战，从中展示自己的能力，实现自己的价值，体验到巨大的快乐和效能感。它是从内部对行为的驱动。如果在活动中取得成功，则这种活动和成功本身就构成了一种内部奖励（intrinsic reward），对人起到激发作用（"我要练"、"享受足球"）。

（六）运动员的成就动机与参赛态度

1. 成就动机：追求成功，不怕失败

从事成就活动就需要有较高的成就动机水平。在一般情况下，成就动机变化遵循下列规律：成就动机 =（追求成功的动机 − 害怕失败的动机）× 比赛的重要程度 × 对成功可能性的估计。

运动员的成就动机取决于上述 4 个因素。其中，前面两个因素是能够控制而且经常变化的因素；后面两个因素（比赛的重要程度以及对成功可能性的估计）对前面的因素产生重要的影响，但难以控制且不易变化的因素。

问题是：怎样使成就动机最大呢？

追求成功的动机强度越大越好（想打好）；

害怕失败的动机强度越小越好（怕打坏）。

比赛想比好是积极思维，但不能光想，需要落实到比赛准备的各项具体任务过程中。即使这样，比赛有可能打好，也有可能打不好；但如果怕打坏的意识萦绕脑际，一般都难以打好。因此，运动员在自己的运动生涯中应始终坚持：追求成功、不怕失败。

2. 态度：采取现实主义态度，摈弃理想主义态度

前国家足球队主教练米卢曾经说过："态度决定一切"。

对待大赛的正确态度有以下四个方面：

第一，心理定向于发挥正常水平，不要寄望于发挥超水平。

高水平甚至超水平发挥虽有可能，但是小概率事件，运动员在任何时候，特别是重大比赛前，心理应定向于发挥正常水平，这丝毫不会减少你高水平发挥的可能性，更有可能增加。

第二，既全力以赴，努力拼搏，又积极地适应和接受现实。

只有将全力以赴拼搏与积极性顺其自然、接受现实、适应现实相结合，才能做到返璞归真、水到渠成。比如，比赛中与自己原来的手下败将相遇，但这次对手却明显适应了自己的打法，使原来的作战计划受阻。这时就应面对现实、接受现实，重新定位自己，

改变计划，立足于冲击对手。

第三，既富有激情，又能控制感情、保持冷静。

竞技体育的特点是既有激情，又有理智。优秀运动员都善于处理激情和理智的关系，能做到需要激情时有激情，需要理智时有理智。因为，没有激情，就不能有效地激发自己的斗志；没有理智，关键时刻就不能保持镇静、有效克服困难。

国家跆拳道队的陈立人总教练在备战雅典奥运会时，强调运动员在比赛中要"既抓'外在'，又抓'内在'"；"既注重势态，又注重心态"。"抓外在、重势态"是要求队员比赛中打出气势；"抓内在、重心态"是要求队员头脑清醒、沉着冷静、合理使用技战术。就是很好地强调了激情和冷静的关系。

例如：雅典奥运会跆拳道女子 67 公斤级决赛中，我国运动员罗微气势如虹地出场。她是防守反击型运动员，气势虽盛，但不会轻易率先攻击。这一点对手也十分了解。但罗微按照教练员的意图，利用对手开局不敢率先出腿的特点，出人意料地率先攻击，很快取得了领先优势。但当对手为追平比分频频率先出腿攻击时，罗微则改变战术，变为"后发制人"，比赛后段虽然她仍是气势如虹，大声喊叫，虚张声势，却从不真正率先出击，而是坚决打反击，最终赢得了金牌。这就是处理好"势态"和"心态"之间关系的成功案例。

第四，既控制过程，又追求结果。

运动员应真正理解、想通和吃透"过程与结果的辩证关系"。

运动员不可能按自己的意愿去控制结果，但不等于不想结果，大赛前和大赛中一点都不想结果是不可能的。既然我们向往结果，就应对处于实现结果前面的过程实现最大限度的控制，如自己的比赛准备、情绪控制、技术动作质量等。只有控制了过程，实现理想结果的可能性才能增加。

可以这样理解："细节决定一切"。

二、培养和激发运动动机的主要方法

（一）满足运动员的各种需要

1. 满足运动员归属集体的需要

2. 满足运动员追求乐趣的需要

§ 使运动员的能力适合练习的难度；

§ 使训练方法和手段多样化；

§ 让所有人都积极参与；

§ 在练习中根据运动员的特点分派任务，使他们有机会在完成任务的过程中享受乐趣；

§ 允许运动员在训练中有更多的自主权。

可以利用集体成员的资格作为一种颇具诱惑力的奖励，以激励这类运动员为优良成绩去努力拼搏；也可以用集体的行为规范、集体的目标、集体的荣誉感来激发他们的成就动机。

集体的名誉给运动员带来归属感、光荣感、责任感甚至神圣感。

3. 满足运动员展示自我的需要

自我价值感（perception of self value）也许都是他们最为珍惜和悉心保护的精神财产。教练员必须尽可能去保护运动员的自我价值感，不要让他们感到自己是无足轻重的（替补队员）。

（二） 合理运用强化手段

积极强化（positive reinforcement）：出现特定行为时就给予奖励。

消极强化（negative reinforcement）：通过撤除消极的结果来鼓励特定的行为。

进行强化时应注意 5 条原则：

1. 明确奖励的标准；

2. 进行没有规律的奖励；

3. 鼓励运动员间的相互强化；

4. 奖励不能过量；

5. 奖励不是最终目的。

（三） 因人因时因地而异，直接激发动机

1. 依从方法：利用外部奖励和惩罚激发动机的方法

例如，教练员对运动员说："如果你今天赢了，那我们星期一就不练了"，或者"你要是再不听，你就别想上场"。这就是通过依从法来激发动机。该方法是激发动机的有效手段，特别是对于那些没有建立起良好的行为习惯、自我观念很淡薄的运动员来说，尤其如此。

2. 认同方法：利用教练与队员之间的关系激发动机的方法

例如，教练员说："如果你关心全队，为全队尽力，那你也是在为我做这件事，帮了我的忙"。这就是通过认同法来激发动机。这种方法实际上是依从方法的隐蔽形式，这句话的潜台词是："如果你按照我的要求做，你就会得到奖励，如果你不这样做，就会受到惩罚"。

要成功地利用认同法来激发运动动机，教练员就必须与运动员保持良好关系，使运动员觉得自己应该照教练员的要求去做。应当看到，过分依赖惩罚和消极强化的教练员容易同运动员产生隔阂，运动员服从教练只是因为怕受罚。

3. 内化方法：通过启发信念和价值观来激发内部动机的方法

例如，教练员赛前对运动员说："小伙子们，为国争光的时刻到了，放开手脚大胆地踢吧，把自己的训练水平充分表现出来，我对你们充满信心"。"在与他们的比赛中，你一向发挥很好，今天首发，相信你还会有突出表现"。这就是教练员通过内化法来激发动机的典型例子。

（四） 变化训练比赛环境，间接激发动机

（五） 给予自主权，培养责任心

（六） 因材施教，区别对待

三、运动自信心

（一） 什么是自信心（self confidence）

自信心是个体对自己的能力和所能达到的目标的一种认识和确信。在顺利时如此，在逆境中也是如此；不仅表现在参加比赛的过程中，而且表现在整个运动生涯里。

自信心已深植在成功者的个性特征中。在他们的自我意象中，我就是个成功者，我就应该是这样。

自强者胜，自胜者强。

其实，你认为自己行还是认为自己不行，你都没有错。既然如此，为什么非要认为自己不行呢？中外所有成功人士，都有一个随身携带的无价之宝：自信心。

竞技体育是一项高竞争、高成就和高应激的活动，无论是对各个项目优秀运动员所进行的调查，还是有成就的运动员对自己成功历程所做的回顾总结，都可以看出自信心是他们共有的特征。

自强者胜：自信心是运动员走向成功的起点，是自己送给自己的礼物。一名运动员说过，"如果别人认为你不会成功，这并不可怕。如果你自己也认为你不可能成功，那可就真是没有成功的希望了"。

自胜者强：拳击教练说："夺得冠军的重点，不在对方。不在如何攻击对方的弱点，不在对方的偶然失误（侥幸），不在客观困难减少到 0，只要你自己变得更强，对手、客观困难……就变得较弱。首先要自胜，超越自我，战胜自己的软弱和缺点才能成为强者，而自我强大的人才能应付各种压力和事件的发生"。

（二）自信心的三种表现形式

1. 缺乏自信心

缺乏自信心的运动员特别害怕失败，他们同样重视比赛条件及挑战，同样很认真的做赛前准备和在比赛中十分努力，但容易充斥消极的自我想象和自我怀疑，也容易被局部失败吓倒，成了消极想象的俘虏，把自己看成失败者，并导致其最终成为一个现实的失败者。

缺乏自信心的人很容易陷入一个恶性循环之中：

自我怀疑——焦虑心态——缺乏士气——不敢大胆表现技术——动作不流畅协调——比赛不顺利——更加怀疑……

缺乏自信心的诊断标准：

（1）自我怀疑；

（2）过度焦虑；

（3）怕出问题；

（4）思维消极。

2. 虚假自信心

虚假自信心是自信心过高，超过了其能力的保证。虚假自信心有两种表现形式：一种是确实坚信自己比实际的要好，是由自我知觉和自我评价不准确导致。有的运动员期望自己超水平发挥，在竞技体育中，不乏有运动员超水平发挥的实例，但是小概率事件，对某一个体来说可能性更是微乎其微。

运动员在任何时候都应心理定向于高概率事件，这是我们对待事物正确的思维方法。特别是重大比赛前，对比赛结果的高期望值和侥幸心理的共同作用，促使运动员形成虚假自信心，这种虚假自信心最终带来更多的是失望。另一种是表面上看去是有自信心的，但内心却缺乏自信和害怕失败，表面的自信仅仅是一种自我掩饰行为的表现。如果一个运动员在赛前为自己订立了过高的目标，则首先应考虑这是一种虚假自信的表现。

3. 适宜的自信心

适宜自信心是与运动员自身能力相适应的自信心。适宜自信心是以能力为基础，是对自己能力的信心，与能力的发展相互依存。

通常所说的"艺高人胆大，胆大艺更高"就是指自信心与技术水平之间的相互关系。

自信心是理智的，不是盲目的。自信心的物质基础是实力，即训练水平、近期状况和比赛准备。对比赛的自信不仅仅是指向获胜，而是指向成功，成功对不同个体意味着不同体现。对有的运动员来说是在比赛中打出自己的正常水平；而对另一些运动员来说，可能是力争通过自己的努力，打出较好水平。

注意：有自信心并不意味着一定获胜；但获胜常常伴随着高水平的自信心。

（三）积极的思维活动

人的意识收集信息，信息储存在潜意识中。积极的思维向潜意识中灌输积极信息；消极思维向潜意识中灌输消极信息。

如果经常"消极"，使潜意识中消极信息过多，则比赛前、比赛中这些消极信息会由某一情境、某一思维或某一感受诱发出来，进入意识，从而干扰情绪和行为。

进入意识的过多的消极信息，称为"心理阴影"。

如果总想着失败，失败就会常常缠绕着你，使你的潜意识中留有一些不利于你比赛发挥的"阴影"。它暗示着你，使你的一切都受它的束缚，从而导致动作不流畅，形成心理压力。

如果总想着成功，就会形成一种动力，激励你去争取成功，使意识中的能力转变为现实。

这就是所谓："积极思维产生积极的结果，消极思维产生消极的结果"。

运动员在赛前和比赛过程中有时产生消极性认知是难以避免的，而成功者往往能够用积极思维克服消极思维。

运动员必须建立起思维犯规的意识，必须明确在赛前和比赛过程中应该想什么，不应该想什么，应该怎么想，不应该怎么想。

重要的是养成良好的思维习惯：

1. 积极思维；

2. 多想过程；

3. 用正面肯定的语词提示自己。

（四）增强自信心的方法

1. 注意可控制因素，忽略不可控因素；

2. 进行积极的想象；

3. 进行积极的思维与自我谈话；

4. 树立恰当的成功与失败的标准；

5. 设置短期目标，提供积极反馈，积累成功经验；

6. 注意控制自我实现的预言的效应；

7. 敢于打破自己的心理极限；

8. 创造一个心理控制空间；

9. 在日常生活中培养自信心。

主讲人：毛志雄

第 十 三 章　　足 球 训 练 监 控

第 一 节　　足 球 训 练 监 控 概 述

一、什么是足球训练监控?

足球训练监控是指在足球运动训练过程中，对整个足球运动训练过程实施有效的监督，通过专门的方法和手段使训练过程按照预先制定的训练指标和训练计划进行，顺利地完成以提高足球运动员竞技能力和取得比赛胜利为预期目的的方法手段。

二、足球训练监控过程

测试的目的：

1. 建立短期和长期的训练计划；
2. 防止伤病的发生；
3. 制定详细的康复方案；
4. 指定正确的训练方案；
5. 精确控制训练负荷。

第 二 节　　足 球 训 练 监 督 的 内 容

一、身体形态监督

（一）身高

（二）体重

体重是一个非同质的物质组成的总体，是反映人体发育的一个指标。它在一定程度上能够反映人体骨骼、肌肉、皮下脂肪及内脏器官增长的综合状况和身体发育的充实度。

（三）身体成分

通过克服重力来实现的，所以，过多的体脂就增加了身体的负荷。根据研究，一名成年男子在 25 岁左右时体脂平均约为体重的 16%，女子相应值为 25%。

二、机能监督

（一）最大摄氧量

最大摄氧量（VO_2max）是在心肺功能和全身各器官系统充分动员的条件下，在单位时间内机体吸收和利用的氧容量，它的意义在于反映人体最大有氧代谢能力。最大摄氧量是反映机体在极限负荷运动时心肺功能水平的一个重要指标，也是评定运动员有氧代谢能力和氧利用率的重要指标。

最大摄氧量的测量方法有 Astrand - Ryhnuiy 最大摄氧量推测、用台阶负荷时心率和体重推测最大摄氧量、用极限下强度负荷时的心率估测最大摄氧量等方法。

（二）无氧功

无氧功（Wingate）是评定运动员机体无氧代谢能力的主要指标。无氧功也称无氧功率，是指机体在最短的时间内，在无氧条件下发挥出最大力量和速度的能力。无氧代谢能力表示肌肉在磷酸原和糖酵解功能条件下的作功能力，它是由两部分组成，即由 ATP - CP 分解供能（非乳酸供能）和糖无氧酵解供能（乳酸能）。

（1）2 秒峰值功率反映力量和爆发力水平，较以往国家队虽然有了提高，但与国外运动员仍有差距。

（2）30 秒均值功率反映速度耐力，2003 届国家队的速度耐力与以往没有提高。

（3）下降率也反映速度耐力水平，保持乳酸堆积后的运动速度至关重要，我国运动员速度耐力下降太快．这应引起我们的高度注意。

三、生化监督

1. 血清睾酮

用血清睾酮评价足球运动员的训练负荷时，须注意血清睾酮对运动负荷量的反应较敏感，持续运动的时间越长，运动负荷越大，血清睾酮下降越明显；中等以上强度的运动才会对血清睾酮浓度有影响；大运动强度、低运动量的赛前训练也会导致血清睾酮水平下降，但一般下降程度不大。一般情况下，如果训练后血清睾酮没有什么变化，说明训练负荷不足，对运动员刺激不要根据训练目的增加训练强度，或者增加训练量；如果训练后运动员血清睾酮出现下降，但下降幅度不大，说明运动负荷合理动员刺激足够；如果血清睾酮下降幅度达 25% 以上，并持续下降，说明训练负荷安排不合理，应及时进行调整。

2. 皮质醇

在足球训练中，常在训练期做定期测试，如在集训前、集训中、集训后以及赛前、测定安静状态下足球运动员的血清皮质醇浓度，进行评价。一般认为，血清皮质醇是代表机体分解代谢强弱的指标。若运动后血清皮质醇保持较高水平时，就会导致机体分解代谢过于旺盛，不利于消除疲劳。如果长期保持较高血清皮质醇浓度而恢复不到正常水平，就可能引起过度疲劳。此时，还应注意足球运动员的免疫状况，较高的皮质醇水平会抑制机体的免疫机能，使足球运动员出现感冒、发烧等症状。

3. 血红蛋白

在训练和比赛期间，足球运动员的血红蛋白含量受营养、运动负荷、休息等因素的影响。因此，周期测定血红蛋白的含量有助于了解运动员的营养状况、对负荷的适应状况及身体机能水平。我国国家男子足球队、国奥队、国家女子足球队在近年的集训中都较好的进行医务监督工作。

4. 血尿素

血尿素在运动实践中的应用非常广泛，它是评定训练负荷量和机能恢复的重要指标。一般在运动前后和次日晨起取微量指血测定。血尿素可作为运动员疲劳程度、恢复情况和营养的监测指标。米卢时期的国家队在 2000 年底至 2002 年 5 月长达一年半的集训中，测得足球运动员在各种状态下的血尿素值，反映出不同的血尿素值的变化规律。在 20 次检测中血尿素值的波动范围由 5.8 ± 1.1 — 18.47 ± 1.87 mmol/L 之间，各次测试的平均值为 $10.76 + 1.97$ mmol/L。

第三节 足球训练的控制

一、运动学指标训练控制

1. 中国女子足球运动员的力量训练控制

为了掌握国家女足的基本力量情况，1994 年我们利用 TKK 肌力测试系统对 16 名运动员（不包括守门员）的髋关节屈肌群的力量进行了测定。全队髋关节最大力量（牛顿）左屈 479.698.1，右屈 490.888.7；相对力量（牛顿/公斤体重）左屈 8.431.57、右屈 8.601.35，爆发力量（牛顿/毫秒）左屈 4.460.71、右屈 4.520.83。国家女足右膝关节伸肌群最大力量平均 477.363.6 牛顿，相对最大力量 8.411.23 牛顿/公斤体重，爆发力量 3.510.49 牛顿/毫秒，国家女足左膝关节伸肌群的最大力量 469.375.7 牛顿、相对最大力量 8.281.51 牛顿/公斤体重和爆发力量 3.640.74 牛顿/毫秒。

2. 速度素质训练控制

二、利用生理指标进行训练控制

提高国家女足运动员适应大强度、反复奔跑的比赛能力是身体训练的一个重要组成部分，心率作为心血管系统工作强度较简单的生理指标，在训练中简便易行。但是由于每个人心率变化受其自身心肺功能影响，个体差异较大，国家女足首次使用无氧阈心率指标对训练强度进行控制。

1995 年冬训为了提高国家女足体能训练水平，掌握运动员基础心肺功能，两次在实验室条件下测试了运动员的无氧阈，跑台坡度为 1.5%，跑台转速以每小时 9 公里速度起始，运动员连续按五级速度跑步，五级负荷后第 2、5、10 分钟和安静时取指血，测定的运动员血乳酸水平，并根据测试结果，评定出每个运动员的无氧阈跑速和出现无氧阈时的心率范围，推算出她们的无氧阈心率。

在准备世界杯过程中，我们主要采取七种较大强度的速耐跑训练手段，主要有：

$100 - 200 - 300 - 400 \times 4$ 组间歇跑；

$50 - 100 - 150 - 200 \times 6$ 组间歇跑；

$50 \times 10 + 100 \times 10 + 200 \times 10$ 间歇跑；

$5 - 25 \times 10 \times 3$ 组折返跑；

$100 - 200 - 400 - 600 - 800 - 1000 \times 2$ 组

重复跑；

3200 米匀速跑；

4000 米快速传球跑。

各种练习间歇时间不同，重复次数不同，控制方法不同，但最重要的依据是按照每个队员的无氧阈心率进行控制。

方法是使用 PE－3000 心率表记录各种练习的心率强度，计算出每圈的最高心率、恢复心率和平均心率，然后与其无氧阈心率相对照。例如，赵丽红在三种心率跑时的心率水平分别为每分钟 172.8′、171.0、172.8 次，折返跑 176.5 次、匀速跑 173.7 次、传球跑 165.2 次，都比较接近她的无氧阈心率水平 169～173 次。通过这些有目的的心率控制，运动员的体能水平，特别是速度耐力水

平有了明显的提高，使中国女足在世界杯比赛和亚洲杯比赛中保持了良好的体能状态。

三、利用生化指标对运动训练的控制

众所周知，国家女子足球队自 1991 年以来承担了五次世界性大赛任务，身体训练是十分艰苦的。那么在强调训练作风，坚持大运动量训练的同时，如何检查和评定身体承受大强度训练的能力，运用必要的生理学指标监测训练强度、控制疲劳变得十分重要。

为保持运动员旺盛的精力投入训练，国家女足配置了中草药用以辅助训练。1995 年备战亚洲杯期间，服用了国家体委运医所研制的强力士口服液。

四、米卢时期国家队训练控制特点

米卢蒂诺维奇体能内容安排（1）

时间	练习手段	内容·要求	心率	目的
2000 年 12 月 4 日下午	3120 跑	在 13 分钟内完成	180	提高有氧耐力
2000 年 12 月 5 日上午	力量练习			发展力量
2000 年 12 月 5 日下午	折返跑	40M×3，3 组	180	提高无氧耐力
2000 年 12 月 6 日上午	变速跑 5′	140M×6 计时	160	提高速度耐力
	变速跑 5′	140M×12 计时	186	
	变速跑 5′	140M×10 计时	186	
2000 年 12 月 7 日上午	45′有氧跑		150	提高有氧耐力
2000 年 12 月 9 日上午	45′有氧跑		150	提高有氧耐力
2000 年 12 月 9 日下午	有氧跑	140M×20	168	提高有氧耐力

米卢蒂诺维奇体能内容安排（2）

时间	练习手段	内容·要求	心率		目的
2000 年 12 月 12 日下午	加速跑	200M×4×3 组	第一组：168 第二组：174 第三组：180		提高无氧耐力
2000 年 12 月 22 日下午	加速跑	100M×4×3 组	第一组：168 第二组：168 第三组：171		提高无氧耐力
2000 年 12 月 23 日下午	有氧跑	15min×3 组	第一组：148 第二组：150 第三组：163		提高有氧耐力
2000 年 12 月 23 日下午	加速跑	300M×4（间隔 3 分）×4 组（每组间隔 10 秒）	第一组：170 第二组：168 第三组：166 第四组：173		提高无氧耐力

米卢蒂诺维奇训练的负荷特点

第1小周期负荷量变化图

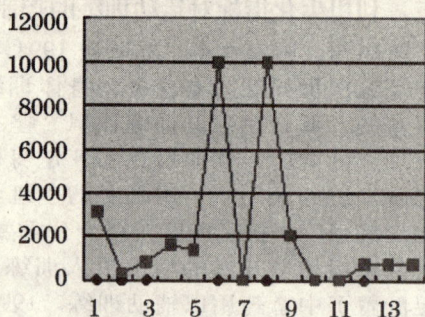

第1小周期负荷强度变化图

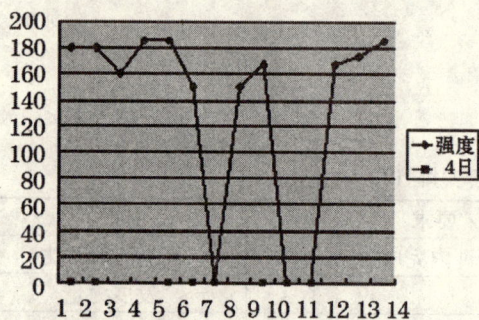

第1小周期训练内容安排表

日期	训练内容
4 日	有氧耐力训练
5 日	力量训练、无氧耐力训练
6 日	无氧耐力训练
7 日	有氧耐力训练
8 日	调整
9 日	有氧耐力训练
10 日	技战术训练
11 日	技战术训练
12 日	无氧耐力训练

第2小周期负荷量变化图

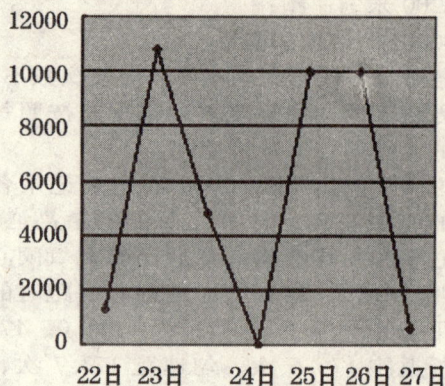

第2小周期负荷强度变化图

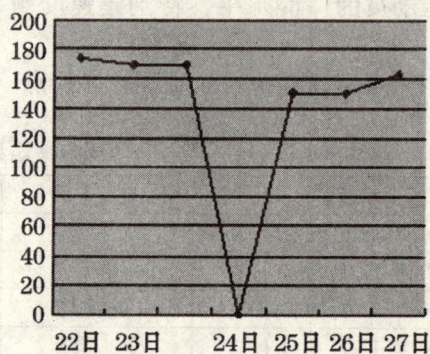

第2小周期训练内容安排表

日期	训练内容
22 日	无氧耐力训练
23 日	有氧耐力训练
	无氧耐力训练
24 日	恢复性
25 日	练习赛
26 日	练习赛
27 日	无氧耐力训练

基础中周期负荷量变化图

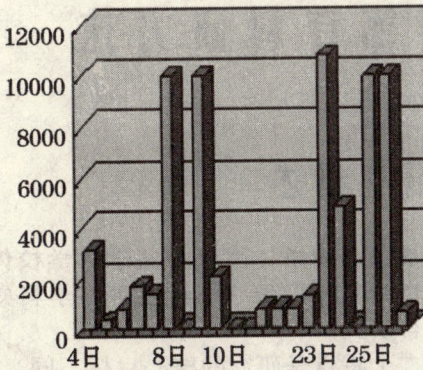

国家队生理生化测试指标：

1. 米卢的体能训练以发展运动员的无氧耐力为主要目标。在训练第 1 小周期全面发展运动员的有氧耐力与无氧耐力，在第 2 小周期训练内容则向无氧耐力倾斜。

2. 在整个训练中负荷强度稳定，通过小周期训练量的两段结构变化刺激运动员机体产生应激反应从而获得竞技能力的提高，稳步促进运动员的最佳竞技状态。

3. 米卢的训练负荷安排注意了运动员的现实可能和人体机能的适应规律，调整安排适时，从而保证运动员在集训后良好身体状态的产生。

主讲人：周　毅

第十四章　职业教练员体育科研方法

第一节　体育科学研究概述

一、体育科学研究的含义

体育科学研究就是人们探索体育领域中的某些矛盾和现象，揭示其发生发展与变化的客观规律的创造性实践活动。

如要增强人民体质，必须研究人体在体育锻炼中的活动规律。

要迅速提高我国各项运动技术水平，攀登世界体育高峰，就必须研究各项目运动员的不同形态、机能特征、探讨训练中的机能变化规律，科学训练的方法、手段、训练、训练负荷的结构与控制以及竞技体育事业发展的规模与速度等等。

二、体育科学研究的特点

第一个特点是需要多学科综合研究。

由于体育的发展受政治、经济、文化、教育等多种社会因素的制约，体育活动的参加者又受到生物的、心理的、文化的多种因素的影响，为了全面、准确、深刻地研究各种体育现象，研究者必然要涉及这些影响因素的学科知识，并采用不同方法从不同途径来进行研究，才能全面地、客观地提示体育的本质特征与规律。任何一个学科、一种方法只能涉及体育科研中的某一局部，只有多学科综合研究才有可能解决整体问题。

以足球运动员为例，要想提高一个队员的竞技水平需要解决的影响因素有许多种，包括素质、体质、机能、心理、技术、战术、智力以及许多社会因素。从训练过程看，它包括科学选材、少年儿童多年系统训练、高水平训练的控制和安排，训练水平的测定和评价、技术诊断、机能评定、营养卫生、医务监督、伤病防治和体力精神恢复等等。这些方面要涉及众多学科，如：形态学、遗传学、解剖学、生理学、生物化学、医学、心理学、运动学、生物力学、教育学、社会学、管理学、情报学等等；需要运用文献资料法、实验法、观察法、调查法及逻辑方法；要运用教育学、心理学、体育方法学、学校体育学、体育测量与评价、统计学等多学科知识进行综合研究。

第二个特点是研究的核心目标不同。

体育科学研究的第一核心目标是为竞技体育服务。

为竞技体育服务时，其研究的目的与任务主要是提高运动员的竞技能力，以提高人体各种机能的最优（大）化为目的，最大限度的挖掘人体的最大机能潜力，促使运动员在比赛中取得更好的成绩。

第二核心目标是为大众体育服务。

为大众体育服务时，其目的与任务主要是提供促使普通人群健康水平提高的锻炼方法、策略、思想等等，并不是要求参加锻炼的人群在运动成绩上不断创新高，而是引导与鼓励他们主动积极的参加体育活动以保持身体健康水平，形成健康良好的生活方式。

三、足球教练员开展体育科学研究的意义

1. 教练员一般应具备的五种基本能力

认识能力——（正确感知信息的能力、观察能力、逻辑思维能力）；

计划能力——（预见性、想象力、合理安排教学训练内容的能力）；

交际能力——（控制自己情绪与感情的能力、取得他人信任的能力、交际的主动性、协调人际关系的能力）；

组织能力——（提出任务并保证完成的能力、协调各方面关系并调动各方面积极因素的能力）；

教学能力——（语言表达能力、控制身体表情和面部表情的能力、控制运动员注意力的能力、技术示范、纠正错误、保护的能力）。

（引自田麦久，武福全等．国家体委体育科学技术成果专辑．运动训练科学化探索．人民体育出版社，1988.1，第 107～108 页）

2. 通过进行科学研究，可以提高教练员的

第一，自学能力——扩大掌握有关训练

理论知识与实践知识的数量与质量（没有文化的军队是愚蠢的军队，而愚蠢的军队是战胜不了敌人的）。

理论对于训练和比赛的认识功能和实践功能。理论的认识功能主要表现在：批判功能方面；选择功能方面；解释功能方面；预见功能方面。理论的实践功能主要表现在：指导功能方面；管理功能方面；教化功能方面；提高效率功能方面。

第二，观察能力——提高对训练和比赛过程中各种"事物/问题"的反应敏感度和查觉能力（善于在平常事中发现问题）。

第三，记忆能力——提高对训练比赛经历事件的再现能力（忘记过去，就意味着背叛？意味着失败）。

第四，消化能力——提高对训练比赛中各种信息的实用价值判断取舍能力（"拿来主义"在训练和比赛中必定要遭受挫折）。

第五，提问能力——提高对训练和比赛中"各种事物"不确定性的思考能力（"缺少问题则意味着死亡或独立发展的终止"）。

第六，分析能力——提高发现训练和比赛中各种现象之间相互关系的能力（不要被表面现象欺骗）。

第七，解决能力——提高对训练和比赛中出现问题的选择针对性训练手段或措施的能力（方法对头才会有效果）。

第八，抽象能力——提高对比赛与训练获得成功或遭遇失败的原因的总结、提炼、升华能力（不会总结的人是永远难以取得进步的人）。

第九，组织能力——提高运用和利用各种有利因素和条件以提高训练水平和比赛效率的能力（以最小的投入获得最大的收获）。

第十，表达能力——提高在训练和比赛过程中与运动员以及与其他有关人员之间的信息理解和交流能力（正确表达意图、情感、思想、观点等是教练员人格魅力所在）。

第十一，想像能力——提高对训练内容安排和比赛方案的准备及预测的能力（做好充分的准备面对未来）。

第十二，创造能力——提高训练手段变化与比赛战术方案调整的新、奇能力。如罚球区前的任意球正面抽射行吗？是二人配合，还是队员直接施射？（模仿他人仅能达到相等，变革才能超越对手）

第十三，思维能力——提高要确定解决训练和比赛中的什么问题，尤其是怎样解决（方法，手段、途径）的能力，表现在教练员占有知识和运用知识如何，尤其是运用知识方面，这是教练员智慧的集中表现（团结就是力量，知识是更重要的力量）。

四、足球教练员开展科学研究的适宜类型
（一）科学研究的基本类型
1. 根据研究成果的性质分类（可分为三类）

基础性研究：

是指着重从理论上探讨自然界、社会有关领域中的新奇疑难现象和根本矛盾，旨在提示其中存在的某些客观规律与法则，验证或创立新的科学假说理论、定律的科学研究活动。国际上通称的纯粹基础研究、基本研究、理论研究、战略性研究等都属于这类研究。如：人体机能活动规律，超量恢复理论，红肌白肌纤维学说等；我国男子少年足球运动员战术意识思维活动基本特点研究；足球运动员战术思维决策活动研究；战术意识活动在足球比赛中的表现特点分析。

基础研究的任务是：

在探索未知中去发现从未有过的新的事实，提出某种新原理、新法则、验证某种假说，创立新的理论、定律与学说。为以后的社会生产、科学技术等一系列重大问题的解决提供先进的理论指导和准备。

基础研究的作用：

（1）基础研究是现代科学技术结构的基础，也是科学技术发明的思想"发动机"。俄国科学家阿累尼乌斯说："理论是科学知识领域中最重要的推动力，……理论研究可以指出应当把今后的工作引向什么方向才能获得最大的成就。"

（2）基础研究能够为应用研究提供有效的工具。

（3）基础研究对发展教育具有重大意义（培养人才）。

基础研究的特点：

（1）基础研究是探索自然界基本规律的科学活动。

（2）要有一个比较长的过程。

（3）越来越具有综合性。

（4）与实践活动的关系一般是间接的，需要通过应用研究为中介，"效益"往往要

经过较长或很长时间才能显示出来。

（5）基础研究发展的推动力，一般来自科学自身的发展需要。

总体来说基础研究具有超前性、创造性、理论性。

应用性研究：

是为特定的应用目的所进行的技术发展性研究。具体一些说，应用研究是把基础研究成果应用于解决新技术、新产品、新工艺、新方法等问题而进行的科学研究。即运用科学理论去解决体育运动实践中迫切需要解决的实际技术、手段、方法等问题。如在足球教学训练中对各种新技术、新战术的实验研究、新的教学方法、训练方法、手段的探讨、选材方法、指标的研究等。

应用研究要求研究者既要熟悉本专业的科学理论知识，又要有一定的创新精神、分析和解决实际问题的能力。

应用研究的作用：

（1）提高运动训练（生产实践）的效率

科学理论必须通过应用研究和发展研究的环节才能转化为直接生产力。如超量恢复理论的应用。

（2）为发展研究提供根据，为基础研究提供课题

如高原训练理论应用问题，产生了高住低训、低住高训、高住高训等一系列如何运用高原训练理论的研究课题。同时也为运动生理，运动生化等基础理论提出了新的研究课题。

应用研究的特点：

（1）实用性：应用研究是运用已知的原理探寻其发挥作用的领域，以及如何发挥作用的方法；是把基础研究转化为直接生产力的中间环节，使基础研究获得的新知识变为有用的技术发明。应用研究的成果可以导致技术上的重大突破，甚至开辟出崭新的领域。

（2）综合性：一方面表现在研究成果是多学科、多技术的结晶。另一方面，表现在它是运用成熟的技术进行各种方案对比，通过实验研究，选择最佳方案进行验证性研究。

（3）商品性：应用研究成果具有商品的一般属性，也就是它具有使用价值，凝聚着社会必要劳动，并且可以通过交换（买卖）形式来转移其价值量。使它进入生产和消费过程，以满足社会的某种需要。在产品未进入市场以前，应用研究的成果还具有保密性。

推广性研究：

它是将应用研究成果转化为社会生产力，应用到生产、生活、教学、训练实践中去的研究过程。

推广性研究的作用：

（1）推广研究能够直接促进竞技运动水平的迅速发展。

（2）推广研究有助于消化、吸收和改进引进技术，积累和加强本国的技术研制能力。

（3）推广研究通过技术引进、消化、吸收到创新，能够加强"自身实力"，迅速地改变落后面貌，赶上并超过世界先进水平。

推广研究的特点：

（1）推广研究在很大程度上更接近于实际活动。它不仅对解决训练方法的技术问题具有一定的开创性，而且为训练方法技术的改进探明了方向，提供了经验，使应用研究的成果更趋成熟。因此，推广研究符合直接投入训练应用的要求。

（2）推广研究的成果具有可转移性。任何一项科学技术新成就，都是人类智慧的结晶和可供社会利用的宝贵财富。别人已经研究出的科技成果，人们没有必要再从头开始研究。一国从他国引进成熟的先进技术，加以消化、吸收，并在此基础上进行创新，就可以提高本国的技术水平，加强竞争能力。回顾世界科学技术发展的历程，我们可以看到，人类自有了科学技术以后，就有了科学技术和科学理论的输出和引进，而且这种引进还往往导致科学技术中心的转移。

2．根据研究的目的与内容分类（分为三类）

探索性研究：

指课题所涉及的研究范围与内容比较独特、新异，过去一般属于"空白区"，不曾有人涉足问津。研究者对研究结果事先也是胸中无数。有的学者亦称为无框架研究。

主要任务是：为了扩大科学知识领域或建立新的理论体系，去尝试探索新奇事物与规律或者为大规模正式研究探索新的研究方法的效果和功能可能性大小，为正式研究提供经验。体育领域中提出的一些新理论（如超量恢复理论）、新技术、新战术的应用研究就属于这类。

描述性研究：

指在对某一个问题事件进行研究的过程中，将观察了解到的事实与现象力求客观准确地描述下来，并根据描述提出某种假说或初步结论。

在描述中一般包括对事物的性质、结构、数量与质量特征的描述及概括性、规律性的反映。在体育科研中的大量技术、战术临场观察统计的研究、青少儿体质调查研究、体育社会学研究中的对若干体育社会现象（如体育人口的现状、城市社区体育的特征等）的调查研究均属于此类。

解释性研究：

是以某些科学理论和事实为依据提出科学假说，然后通过研究过程中对事物的大量观察（包括实验、调查等）和经验事实的收集，力求在逻辑上验证假说的可能性，解释观察事实与验证假说之间的关系（一致性），从而揭示事物发展存在的某种规律，进而提出某种新的理论。

所谓解释，哲学上最基本的两个意思是：

（1）使隐藏的东西显现出来；

（2）使不清楚的东西变得清楚。

（二）足球教练员开展科学研究的适宜类型

1. 职业教练员开展科学研究有哪些基本优势

第一，有工作任务指标，因此有提高工作效率的需要；

第二，本身在实践最前沿，能够最先"接触"到最"有价值"的研究课题（问题）；

第三，有完成研究所需的对象与充分控制研究过程的基本条件；

第四，能够较好地获得研究对象的积极配合；

第五，能够较充分地获得其他科研人员的协助。

2. 职业教练员开展科学研究的适宜类型

职业足球教练员面对的都是高水平的队员。教练员都有具体的带队"工作任务要求"。他们主要是解决训练比赛过程中遇到的各种问题，更多的是关注新理论、新观点、新方法、新手段的选用及训练手段与方法的有效性。因此，职业教练员的研究类型更多的是"工作研究"也就是应用研究，而较少是学术研究即理论研究或基础研究。

五、足球教练员开展足球科学研究的适宜形式

（一）足球科学研究的基本形式

1. 文献综述

研究者就某一自己感兴趣的问题在阅读了专业书刊、杂志等大量文献资料后，对其主要观点作归纳整理，综合分析，以此为基础，提出个人见解，进一步深化探讨的问题，构成综述性文章。

"综述"的主要目的与作用是对某一特定问题进行全面的了解，以获得前人在这一问题或者这一领域内曾经开展过哪些研究、取得了哪些研究成果、有哪些理论观点，并在此基础上经过分析比较，提出自己的观点。主要是存在的问题、应当深入研究的方面、出现的新观点等等。

就某一问题的"综述"，在得出研究结果时，一定要建立在尽可能多与全面的资料查阅与认真"消化"的基础之上，不要"一叶障目"，即只看到一两篇有关的文章就对此问题形成了自己的看法或是确定了对这一问题态度；或是如"盲人摸象"一般，即只看到对此问题的部分方面的有关文献（多篇）就形成了自己对这一问题的看法或是确定了对这一问题态度；或者是"人云亦云"，即虽然查阅了多篇有关的文章，可是自己没有对各种文献中的"科研信息"进行深一步的加工处理，而只是将他人的东西原样照搬下来，提不出一点点自己的见解。

2. 专题文章

这是针对足球运动中某一内容或问题进行专门研究，深入分析形成的文章。撰写出的专题性文章应观点明确，深刻有力，逻辑性强。这类文章说理性强，但没有一定的固定格式。

专题文章与综述的区别在于：专题文章主要是对某一问题进行研究与分析，其对某一问题的研究的途径可能是多种多样的，并不局限于对前人已经发表的文献信息进行加工分析，研究者可能是通过各种研究途径及其研究结果来阐明这一特定问题的方方面面，以使人们对这一特定问题有深刻与全面的理解。

综述则只是局限于对前人已经发表的文献信息进行加工分析，着重于前人对这一特定问题都进行了哪些研究工作和取得了哪些

研究成果和存在的问题等等。

3. 经验总结

在足球教学、训练、比赛和其它工作的实践基础上，针对自己从事的实践工作进行全面总结或者是针对实践过程中的某问题进行专题总结。其目的是为在未来的相同工作或类似工作中获得提高工作效率的"参考系"。

经过认真分析，获得经验。这种形式的特点是具有较强的针对性和指导性。研究中应强调实事求是，突出重点，抓住典型，找出规律，从而进一步指导教学、训练、比赛和其它实践工作。

4. 调研报告

是对足球教学、训练和比赛中的问题进行深入的调查研究，提示问题的实质，探讨其发展的规律。为此科研人员必须深入第一线，占有丰富的客观资料进行分行研究，提出带有指导性的意见。调研报告要防止贪大求全，不深不透，简单片面。

5. 论　文

对足球运动中某一领域的问题进行专门研究、科学论证，从而揭示该问题的本质特点和客观规律。论文是进行科学研究和表达科研成果的文章，是足球科研工作的高级形式。论文应有论点、论据、论证。在论述过程中，应力求论点准确，论据充分，论证有力，具有严密的逻辑性和科学性。

（二）足球教练员开展足球科学研究的适宜形式

文献综述：需要研究者在浩如烟海的专业资料中去检索、阅读有关的文献，要有大量的时间去分析前人的成果，教练员较少有这种时间和精力去从事这项研究工作，同时，文献综述的主要目的是为开展新的研究提供一定的理论准备，显然，教练员的研究工作一般不是这种目的。

专题文章：虽然与文献综述有一定的区别，但是，也需要研究者通过各种途径去获取必须的研究资料去论证和阐述自己的观点，对于教练员来说，仍然是一种需要投入大量精力的工作，显然对于教练员来说难度不小。

学术论文：在研究方法、分析讨论的深度、理论升华的高度、撰写格式等方面的要求更高更全面，对教练员来说，在没有进行过一定的科学研究实践的基础上要完成一篇

高质量的学术论文是非常困难的，因此，学术论文也不适合教练员。

调研报告：需要对拟进行研究的问题的各个方面进行深入细致的准备，拟定调研方案，调研表格的编制以及各种调查指标的操作尺度，调查研究对象等等都有一定的严格或特殊要求。而且从调研报告的研究内容来说，虽然调研报告要防止贪大求全，不深不透，又要防止简单片面，但多数是研究内容相对较多的综合调研，这对于教练员来说，一个人要完成一个调研报告是较困难的，常常需要多名同事合作才能够顺利完成。

经验总结：需要研究者有大量丰富的实践活动经历，而这正是教练员最大的资本也是进行经验总结的基本前提条件。此外，经验总结的内容与方式较为灵活。如可以是全面内容的经验总结，也可以是部分内容的专题总结，还可以是就某一个"点"或某一个时间段或训练过程等方面进行经验总结。

因此，对于教练员来说，以经验总结的形式开展研究是最实际也是最易行的。

六、足球科学研究的一般过程

第一，初步选择一个研究的专业领域（方向）。

选择研究方向也是一个较为认真的过程，要考虑到自己各方面的特点与现实情况，在深刻思考正确认识自己的优点与短缺基础上，能够在今后的科研工件中扬长避短来选择研究的方向和领域。

第二，在广泛查阅文献的基础上确定研究的领域或方向（选题）。

根据基本确定的研究方向，进一步深入查阅相关领域的文献资料，以使自己欲研究的问题不断明确、清晰，使研究的问题更加具体。

第三，在继续钻研文献资料的基础上选择研究题目（定题）。

在查阅、分析相关文献资料，并初步完成（撰写）研究综述的基础上，最终确定自己的研究课题。

第四，提出研究假设。研究假设是研究者对研究问题的预期结果的假定性设想或解释，是形成和建立科学理论的预制品。它体现了研究者解决问题的基本构思，是整个研究工作的纲领与导向。

第五，选定研究方法。在确定了研究课

题之后，就要从课题的特点、性质、研究对象、研究范围、研究条件及研究假设的内容出发，综合考虑与选择研究方法，以确保获得客观正确的研究材料，为顺利完成研究工作奠定基础。研究方法有很多种，不同的研究问题需要不同的研究方法，有的还需要交叉使用不同的研究方法，以从不同的视角去揭示事物的本质。但是应当清楚地认识到，对于一个研究课题，并不是采用的研究方法越多就越好，也不是采用的研究方法越复杂就越好。相反，对于同样的问题，如果能够用最简单、有效、正确的方法完成研究工作则最好。

第六，制定研究计划。研究工作计划是研究工作的行动纲领与指南。它对研究工作的每个过程都进行了合理、周密、详细的规划，以指导、提示或监督研究者按照预定的研究路线与时间阶段进行工作，以保证研究工作能够顺利按期完成。

第七，完成开题报告。开题报告是研究者将自己的研究课题的方方面面向专家组成员进行报告，征集各方面专家的意见，使研究工作能够获得确认和研究工作更加完善。因此，研究者在获得研究工作确认的基础上，应当对开题报告过程中专家们提出的意见就研究工作进行必要的补充和完善。

第八，搜集资料。搜集资料是研究工作中重要的过程，是花费时间与精力较多的阶段，是一个对研究问题进行论证、解释、说明、提出新论点等而进行材料准备的过程。每项研究工作只有在通过不同的途径获取大量各种文献和丰富实事资料基础上，才能最终对研究问题进行深入的探讨与分析、解释与提出新观点和理论。

第九，整理、分析研究资料及数据。对于在研究过程中获得的各类数据和资料应当进行及时的整理，保持数据资料存储状态处于分类及有序。这样当采集研究资料及数据工作完成后，在进行分析数据时就可以准确地提取自己需要的相关数据进行分析。如果不对获得的研究数据及资料加以整理，当获得的数据资料较多时，就有可能由于数据存放处于一种混乱而无法及时提取出来，从而额外增加资料搜寻工作降低研究工作的效率。

第十，撰写论文。在获得全部研究资料和研究数据之后，就要进行论文的撰写工作。这是一项将自己获得的研究结果进行创造性加工的过程。通过撰写论文，向人们阐述自己对于研究问题的新观点和新理论，从而使人们对这一问题有一定的新认识和理解。

第十一，论文报告及答辩。论文报告及答辩是将自己撰写的论文中的精华部分以口头宣讲为主的方式向专家组陈述汇报，并就专家组成员及其他人员对于此研究结果提出的疑问进行解答。这是一个反映作者综合能力的过程和场所，也是作者展示自己对所研究问题已经具有的学识水平的一个重要过程与场所。

第十二，修改论文与发表论文。在经过论文答辩之后，要针对专家提出的问题对论文进行相应的修改和完善。在此基础上，完成终稿并将篇章投送到相关的学术刊物上公开发表。至此，这一项研究工作才可以说是全部完成。

第二节　职业教练员体育科研方法

一、职业教练员进行科研的主要内容

（一）目前国内有关足球内容的研究基本概况

（二）获得足球研究内容的基本途径

1. 从足球运动的内容中找课题；

2. 利用各种获取信息的途径安排课题。

（三）职业足球教练员进行足球科研的主要内容

下面可能是职业教练员在带队过程中会面临的一些主要问题：

第一，高水平足球运动员技术能力薄弱环节的分析及如何改进与进一步提高的训练方法和训练思路方面。

技术失误的特征——哪些技术失误最多；技术失误产生的原因——为什么失误；针对训练方法的效果分析等等。

如某足球运动员在比赛中的对抗能力较差：这种"差"表现在哪些方面呢？用什么指标进行分析？

正面、侧面、背面三个方位对抗能力均

差？也可能是某一个方位特别差？

快速运动中对抗能力差；快速变向、或者是突停突起能力差？快速运动中改变身体姿势与灵活保持身体平衡的能力差？快速运控球始终保持球在自己的控制范围能力技巧差？缺乏意志力？等等。

空中身体对抗能力差：身高不够？力量不强？缺乏意志？判断不清？等等。

另一方面是队员的特长技术（不等于位置技术）的训练问题。

第二，不相邻交叉位置队员间的联络与配合问题（小组战术的组合与变化）；

第三，足球运动员整体攻防战术能力提高的训练问题（整体战术的"弹性"）；

第四，专项身体训练水平中的位置特点；

第五，高密度比赛间歇期的身体训练水平提高与保持方法；

第六，阵型和队形变化与队员能力发挥问题（比赛战术）；

第七，主客场队员水平发挥影响因素控制问题；

第八，守门员训练问题；

第九，与比赛相关的信息情报分析问题；

第十，整个联赛训练计划的安排问题；

第十一，训练效果的主客观评价问题（练的实际效果与想练的一致吗？）；

第十二，球队的管理问题（与队员保持有效信息交流）。

二、科学研究的选题原则及程序

（一）选题的原则

1. 实践需要原则

是指科研选题首先要满足足球运动训练比赛的实际需要，即从足球事业发展的实践需要考虑，从足球运动发展实际工作中亟需解决的问题出发去选择研究的题目。

2. 可行性原则

所谓可行性原则就是自己的选题要有能够在实际研究过程中进行下去的原则。假如选题很好，可是因为受到主客观因素的影响而不能最后将研究工作进行下去，就不会有什么研究结果，这必然是一次失败的研究工作了。

因此，在选题时要从各个方面考虑，如自己的研究能力（基础知识、实验能力、实践操作经验等等），具备的科研条件（仪器、设备、场地、研究对象的可控程度与合作程

度等等），经费支持的力度，能否有足够的经费保证科研活动的要求，完成科研工作的时间条件等等。有没有足够的时间完成科研工作。如要进行教学试验，能否保证在几个学期内就能够取得满意的试验结果等等。

3. 亲和性原则

所谓亲和性原则就是研究者要选择自己熟悉的科研领域和自己有兴趣的课题。

自己熟悉的领域对于开展科学研究工作来说有很多便利之处，最关键的是研究者能够较好地发现"有深度"的问题，展开"有创新价值"的课题研究，这也就是为什么研究人员都要有一个相对稳定的研究方向的重要原因之一。

此外，在自己的熟悉领域进行研究，不需要研究人员花费过多的精力去学习和了解掌握科研人员不熟悉的其它研究领域内的有关知识，能够提高人才资源的利用率。

4. 价值性原则

考虑研究价值有几个方面：

其一是填补"空白领域"的课题；

其二是方法学的创新课题；

其三是具体对某个（热点问题）方面的指导性课题；

其四是在宏观领域内的理论指导性课题；

其五是局部地区现实情况下的实用性与适应性课题。

当然，所有这些课题都是建立在科学研究基础之上的，没有科学基础，就谈不上什么科学研究课题。

5. 科学性原则

是指选题必须有一定的科学理论依据，又能符合某一学科理论发展方向与需要，这样才能保证研究课题的科学价值。

它涉及几层意思：其一，研究题目基本上能纳入某一具体学科的内容范畴，能为学科的发展完善提供参考。其二，题目有已形成的科学理论与方法作指导，并以此为依据提出研究假设。其三，有时某些新问题、新事实的科学理论依据不足，现有的理论又不能完全说明和解释它，题目看似有些不可理解，但从发展方向看它可能是潜在的科学领域而大有价值。

6. 创造性原则

是指课题在借鉴前人成果的基础上，对所研究的问题能提出新的见解，新的结论，

有所发现，有所前进，有所突破。创新是科学研究的灵魂。课题唯有新意，提出他人没有解决的问题，也就必然有独特性、创造性。搞科研最忌讳的就是不去了解、掌握相关的科研信息，不了解学术动态和实践发展需要，不注意提高自身的素养，重复前人的研究成果，做"炒现成饭"的重复劳动。

对创新要有一个全面正确的理解，凡是在本质上具有某种独创性、先进性和新颖性的课题，都是具有创造价值的题目。在基础理论研究中，表现为通过研究假设体现的新发现、新观点、新原理，建立新的学科理论，开辟新的领域。在体育应用、开发研究中，发明或创编新技术，新战术，新方法，新的训练器材、运动设备、新材料等等。

此外，选题时应当注意以下几点：

其一，题目要具体明确，应与研究的内容相符；

其二，题目不要太大，力求有深度；

其三，要考虑到研究内容的现实性与时间性；

其四，研究成果要有应用价值，能解决和指导当前足球运动中的有关问题；

其五，还要考虑到个人的研究能力和客观条件。

（二）选题的程序

一般包括：初步设想，收集、查阅资料，课题系统化，课题论证，确定课题五个步骤。

第一，初步设想

一般是在自己经过一定的思考之后对自己要进行研究的大方向有一个粗略的选择。这时对研究课题的各方面还是处于一种较模糊的状态。因此要进行下一步的工作，即收集查阅资料。

第二，收集查阅资料

收集查阅资料就是要对自己进行研究的课题的各个方面进行全面深入的了解，包括以下几个方面：

（1）当前这方面的研究现状和前人的主要研究成果如何？

（2）这方面的研究现状还存在哪些主要问题有待解决？

（3）我将在哪些方面争取有新的突破或成果？

在阅读资料时，要思考以下几个方面的问题：

（1）作者对该类问题持什么样的观点，与你的观点有何差别？

（2）作者采用了什么样的研究方法，这些方法的优缺点是什么？

（3）作者获得了哪些科研成果，还有哪些有待解决的问题？

（4）与作者的研究成果相比，预计自己的研究将在哪些方面有新的突破？

在完成了资料阅读查阅之后，经过分析与思考，下一步的工作就是将课题系统化。

第三，完成系统化

要有三个步骤：

（1）确定本课题的具体研究目的；

（2）确定研究对象（主要有三种形式）；

定语法：即在课时的题目中加些限制词，明确指出研究的对象，如《第12届亚运会男子足球决赛阶段中国队射门分析》。

副标题法：在主题目下面立一个副标题，借以明确研究对象。如《现代足球比赛基本特征与规律的研究——第15届世界杯决赛阶段比赛技术调研报告总论》。

前言说明法：即在论文的前言中明确说明研究的对象。

（3）确定研究方法。

在确定了研究目标之后，就要考虑采用什么样的研究方法以取得自己要研究之目标这一目的。研究方法应当考虑科学性，可操作性，具有明确、具体、针对性强的特点。研究方法中还应当考虑研究对象的抽样与分组，研究指标的确定方法，收集、整理资料的方法，分析、综合处理资料的方法等等方面。

第四，课题论证

课题论证时应当注意：

（1）该课题所涉及领域内的国内外研究动态；

（2）所确定的研究目标和预期结果；

（3）达到研究目标所设计的研究方法；

（4）可能会出现的困难和问题；

（5）请有关专家对课题的价值、可行性及研究方法提出意见。

第五，确定课题

经过认真详细的论证后，使课题符合科学性、创造性、实用性、可行性的要求，即可确定课题进入课题的研究设计阶段，提出本课题研究的预期结果或提出假说。

当课题确定之后，就要用文字准确地、科学地表述出来。论文的题目是论文内容的高度概括和中心所在，应力求用最精炼的文字说明自己研究阐述的问题。"能明白地叙述一问题，问题已经解决一半。"

一般来说，一个确切的题目，应清晰地表达研究的对象、范围和解决的具体任务；或者准确地反映同研究对象与施加因素及预期效果之间的关系；并从题目上能看出属于什么学科范畴。

（三）表述题目的基本要求

第一，题目必须确切，概括地表达研究的范围，深度与主要内容。题目与内容一致，使他人一看就清楚所研究的是什么中心问题，在什么范围、层次上。在科研实践中常常有人题目含糊不清，或论域太大，或笼统模糊。例如，"关于足球队员训练研究"，"职业足球队员能力研究"，"对我国足球训练水平的研究"等等就是这类例子。

第二，题目力求明确、精炼、醒目、简短。论域层次不要过繁，定语不要太多，尽量避免冗长、累赘。

第三，在表述上应符合语法规范要求，体育自然技术科学类的课题名称一般不追求文采，不用文学修饰性词语。体育社会科学类的则不同。

（四）研究题目表述的基本结构形式

第一，明确限制一个研究范围、领域与活动，一般用不同的定语，状语（作限定词）后接中心词。

一般在前面加上"关于"、"对"、"就"、"论"等词；一般在后边加上"研究"、"探讨"、"分析"、"调查"等。如"关于中国男子国家足球队在2006年世界杯预选赛小组赛中失球原因的分析"，"对中国女子国家足球队在23届奥运会小组赛中反击战术效果的研究"。

第二，确切表达研究对象，施加因素（研究手段）与预期效果（作用）。

如："非等时间歇在等距离（30米）冲刺跑发展足球运动员专项速度耐力水平中的训练效果研究"，"等间歇不同距离（30～60米）冲刺跑发展足球运动员专项速度耐力水平中的训练效果研究"等等。

第三，用连接词"和"、"与"将论述的两个问题（因素，范畴）连结起来，突出论

述两件事物之间的关系（因果关系、矛盾关系、空间关系、归属关系、并列关系等等）。如："中国男子国家足球队边后卫插上进攻的战术方法和战术效果特点研究"，"我队边路进攻失误的方式特点与失误原因的分析"等等。

三、制定研究工作计划

选题确定之后，要制定研究工作计划，这样一方面能够使研究工作有条不紊的进行，同时也有利于检查研究工作的进展情况。

科研工作计划大致分为五个部分：

第一，选题与定题阶段；这一阶段的工作内容：主要有调查访问；阅读资料；确定研究题目。规定完成每一项工作内容所需要的大体时间（即规定这一阶段的起止时间）。

第二，收集资料阶段；这一阶段的工作内容：主要有阅读、收集资料；调查访问；现场统计；实验测试等；规定完成每一项工作内容所需要的大体时间（即规定这一阶段的起止时间）。

第三，整理、分析资料阶段；这一阶段的工作内容：主要有整理、归纳资料；分析研究资料；规定完成每一项工作内容所需要的大体时间（即规定这一阶段的起止时间）。

第四，撰写阶段；这一阶段的工作内容：主要有撰写论文提纲；撰写论文初稿；规定完成每一项工作内容所需要的大体时间（即规定这一阶段的起止时间）。

第五，报告阶段；这一阶段的工作内容：主要有报告论文；修改论文与定稿；推广应用。

研究计划制定的内容：

研究计划的制定是研究设计的书面表达形式，既可用表格方式表达，也可用文字表达。无论何种形式，都应当包括以下几个方面的内容：

1. 论文题目；
2. 选题依据（包括国内外研究动态，前人的成果与不足，理论与实践的依据）；
3. 研究目的与任务；
4. 研究对象；
5. 研究方法（包括研究方法的设计，收集和整理资料的方法等）；
6. 预期结果（包括所建立的假说）；
7. 仪器用品与经费预算；
8. 研究工作进度安排。

在制定研究工作计划时，时间阶段一般不要过大，如三个月或者更长的时间，因为，一般的研究课题（如硕士论文）时间都在一年内完成。时间过长，不利于研究工作在出现意外情况时的调整，同时也不利于对整个研究工作执行完成情况的检查。

研究工作计划要小步子、快节奏，特别是在收集资料阶段更应当考虑要尽快地将资料收集齐全。在资料收集齐全之后，要尽快对资料进行全面系统地分析处理，尽快地将（分析）结果计算出来。然后对结果进行初步的分析。如果发现有不满意的方面，可考虑进一步收集新的资料以进行补充。

第三节　足球运动中常用体育科学研究方法

体育科研方法——人类认识体育的过程就是体育科研活动，为达到认识体育的目的而采用的手段和途径。

一、文献资料法

1. 文献资料法的概念

是指研究人员通过搜集和阅读大量与研究题目相关的文献资料，为研究问题提供学术背景和科学依据；并在此基础上检验假说，形成科学理论的一种研究方法。文献资料法是足球科研中常用的方法之一。

2. 文献资料法的作用

其一，通过搜集文献资料，能使研究者广泛了解和吸收前人创造的研究成果与知识，弄清研究领域的历史、现状与发展动态；为正确选择研究方向和具体课题，建立研究假说，提供可靠依据，避免盲目性和重复性选题。

其二，详尽占有文献资料，能为检验假说和形成科学理论提供充分的理论依据，确保论文言之有物，论之有据。

其三，通过这种方法的运用与训练，可能培养研究者良好的科学素养，严谨的工作精神和独立获取知识，加工处理信息的能力。

3. 文献的基本类型

文献资料按其形式可分为：印刷型、视听型、缩微型、机读型等四类。

4. 查阅文献资料的一般步骤

（1）列出所需要收集资料的纲目（确定查找文献的范围）

首先根据研究课题的中心内容及其包含的主要问题，确定相应的查找问题范围。这样就能有目标的搜集研究材料，尽量缩小搜集材料的范围，节省时间与精力。

（2）寻找资料来源

要事先了解所需要的文献资料的主要传播与保存形式、种类（如专门的论文集、报刊、文摘等）。

（3）查阅资料

第一，首先要选择合适的检索工具

目前的检索工具分为两大类：一类是书刊检索工具，一类是机械检索工具。

书刊检索主要有"目录"、"索引"、"文摘"三类。

目录：有各种专刊、专题目录、综合目录，它主要系统地排列各种文献的篇名（书名）、作者、时间、出处，如"全国中文体育期刊联合目录"，"国外体育期刊篇名目录"。

索引：除注明目录外，还附有内容简介。分为综合索引、专题索引、期刊索引、图书索引、报纸索引等。

文摘：属于二次文献，它概括地摘录原文献的内容观点，以杂志期刊的形式，定期报导某一学科领域的文献要点与成果。如"新华文摘"、"体育文摘"、"国外体育动态"等。

机械检索主要是"电子数据（资料）库"系统。

第二，采用合理的检索方法查寻文献

常用的有下列方法：

顺查法：按照时间顺序，由远至近进行查找。

这种方法有利于全面掌握有关课题的背景资料，但需要时间较多。研究人员应当确定"时间止点"。要以满足研究任务的需要为准。在对某一个方面的发展过程和历史变革时常常采用顺查法。

倒查法：按照时间顺序，由近至远进行查找。这种方法能够迅速查找到最新的文献资料，在查找最新资料的同时可对以往的资料有所了解和引用。研究人员同样应当确定

"时间止点"，要以满足研究任务的需要为准。在对某一问题的研究现状进行分析研究时，常常会用此方法。

追溯法：是指根据某一已经有的文献（论文、专著）后附注的参考资料文献目录为线索，去追踪检索原始文献的方法。此方法节省时间，少走弯路，能在短时间内扩大检索范围，获得较多的与研究课题关系较密切的文献资料。但可能查不全所有的文献，因前人对文献也是"有限的使用"。探索事物的由来，逆向探究，如利用已经获得的文献参考资料，按其标出的参考书找出原著。

循环检索法：是将检索工具与追溯检索法结合起来，交替使用的一种综合检索方法。这种检索方法查全率高，也能提高检索效率。目前一般的研究人员常常运用这种方法。

浏览法：先快速粗读一下，缩小资料范围，在关键地方进行细读。论文可先看结论，再看小标题和分段，浏览一下文中的图、表、曲线等直观信息，对论文的整体情况有一个大概的了解。

普查法：这种方法由于系统性强，所以查全率较高。如对某一期刊逐期查阅有关内容，从远至近或者相反，有助于对问题的原始状态有充分的了解。

第三，查阅资料的一般要求

其一，讲究阅读方法，精读与略读相结合

对研究课题的相关的重点文献资料如专著、论文其中的重点内容、观点、原理与结论需要进行精心的阅读。同时要做好材料的提取工作（下载、复印、记录等）。对于一些与研究课题关系不大的文献则只需要粗略地浏览一下就可。

其二，阅读与理解，记忆相结合

在阅读文献时，要把握住原文的要点、实质、特点与成果价值，同时要带着自己的研究问题去积极思考，对比联想，启发思路，激发智慧火花。这样就可能在阅读文献时产生一些新的观点、构思，为研究问题提供有价值的理论观点或者理论假说，也可以为研究方案或研究方法的改进提出新的思路与观点。

深刻理解与记忆相关的文献，对于在后来的研究工作中论文的分析讨论，资料的加工整理运用都有直接的帮助。

其三，掌握阅读文献的一般程序

对于学术专著、教材、论文资料，可首先从内容简介、序言或论文摘要开始阅读。先初步了解一下该文献的内容概要与结构轮廓，然后决定是否需要精读或是略读。

如果是读原文，可先精读论文的结论，重点章节与研究方法这些部分，然后根据情况阅读其他部分或者是全文。

其四，注意文献的真实性与权威性

阅读文献资料时应当首先在核心期刊上进行查阅相关的文献，然后再去查阅其他较低级别的期刊中的文献。核心期刊的文献一般在研究方法上的质量把关相对较严格，论据也要求较充分，理论升华要求较高，因此对研究的问题参考意义较大。

另外，阅读资料时要注意资料材料的可靠性，涉及到统计数据或者实验结果时，应弄清作者的概念与标准，对象与方法，条件等，以便能够进行比较对照应用。

(4) 摘取资料

采用合理的文献提取的方式，一般的方式有：

第一，索引式笔记（主要是在阅读时对其中相关参考文献的篇名、书名、作者及原文出处等信息进行记录，以扩大检索的范围，准备进一步查找）。

第二，摘录式笔记（又称抄录式笔记）。它是研究人员对阅读原文中的重点论点、论据、结论、方法、概念、公式数据等摘录下来的笔记形式。其特点是摘记原文中的要点内容，在记录时必须照录原文，不能对其进行任何修改。摘录的内容可以是长段内容也可以只是一个句子。根据自己的需要而定。同时，要注明文献的出处（详细的页码、原文来源、主要的"出版信息"如，作者姓名、论文题目、出版单位、出版时间等）。以示对前人的研究工作成果的尊重与借鉴。

第三，摘要式笔记。这是阅读者在对文献阅读理解的基础上对原文的内容要点进行归纳概括，并基本上按照原文的结构、层次记录下来的笔记形式。

特点是摘记经过消化概括的要点内容，具有加工的意义。在摘要式笔记中也可以引用原文，但要注明出处。

第四，心得式笔记。在阅读文献时，结合自己的研究问题，对当时产生的某些感想、体会、收获或新思想、构思及时记录下来的笔记形式。

心得式笔记又称为读书札记，其"消化"、"理解"、"加工"的意味突出。

第五，"原文下载"。这是利用电子计算机技术对相关文献进行阅读并保存到个人电子计算机的方式。下载的多少可以根据需要而定。目前，大量文献资料的阅读都是采用这种方法进行的。其效率比一般的手抄效率高出很多。

第六，"原件复制"。这常常是指利用先进的电子技术手段对一些声像资料进行复制而采用的方法。如将足球比赛的录像带转录为"光盘"以便在计算机上阅读观看。

提取文献资料时的注意问题：

摘录资料时，不论你将所需要的文献资料摘抄在资料卡上、笔记本上、电子计算机的存储器上还是其他载体上，在提取（摘录）资料时有几个方面要注意：

其一，摘录时要把资料的出处记录清楚，如论文题目、作者、刊物名称与时间、资料所在刊物的页码，以备以后的核查。

其二，分类摘录，不同内容的资料应当归为不同的类别。这样有助于对问题的分析理解。

其三，对那些对自己有启发的资料信息及时记录，并将自己的"思维火花"记录下来，防止"思维火花"被遗忘。

其四，摘录资料时要有几勤：一是眼勤（多看），二是手勤（多记），三是脑勤（多思考，多提问）。

(5) 整理资料（基本方面）

其一，对所有资料进行汇总和分类排列；

其二，对分类资料设置不同的导片（就是某一类或某个资料问题的内容特征标题。要求文字简短，特征显著，目的在于区分不同性质，不同内容的资料，以利于及时查找，分析使用）；

其三，筛选，鉴定资料（确保资料的可靠性）；

其四，分析研究资料；

要对资料进行充分的"消化与吸收"。

在整理的过程中，应当对于各种资料的利用有一个初步的设想，即构成论文的初步框架。此外，对于那些与论文的结论有直接说明作用的材料要重点详细的整理与分析。

5. 撰写文献综述

对大量文献资料的分析加工结果，应当用一定的文字表述出来，这就是文献资料的综述。文献综述的作用表现在：它既是对所获文献资料的有目的地综合与概括，是阶段性的研究成果的体现；又为下一步验证，全面研究问题和形成科学理论做好了最重要的准备。同时也可以为教师的教学工作提供参考。

文献综述的基本内容结构：

其一，前言；

其二，综述主体部分，主要的内容均在这一部分；

在表述主要问题时应注意：

(1) 资料的全面性，客观性；

(2) 以观点、问题为主线展开综述。以充分可靠的资料去说明自己的观点。要有层次，有依据地进行论述概括。避免无观点，无层次的资料堆砌；

(3) 突出重点；

(4) 对各种学术观点，前人的研究结果要历史地、客观地、全面地说明，避免个人偏见，避免实用主义，更要防止断章取义；

(5) 引用的资料要有代表性、针对性和准确性。

其三，小结部分（对全文进行总结）；

其四，参考文献目录。

6. 文献资料法运用的基本程序

初步查阅文献与事实；

确定课题；

建立研究假设；

研究查找文献的范围；

搜集原始文献资料；

阅读资料；

提取或记录文献资料；

加工整理资料；

撰写文献综述（初步提出理论）。

第四节　足球科研论文的写作方法

一、科研论文的基本格式

（一）学术论文的基本结构

一篇完整的论文应当包括：论文题目、（中英文）摘要、引言（前言）、研究对象、研究方法、研究结果、分析讨论、结论和参考文献等部分。

（二）撰写论文的一般过程

撰写论文一般分为四个过程。

1. 确立论点，选择材料

学术论文的核心是它的论点，也就是研究人员提出的新观点、新见解。为了能够证实自己的新观点，新见解，研究人员要对自己的研究资料进行选择利用，要找那些有代表性、典型性和针对性的材料。所谓的新观点、新论点也就是从材料分析中形成的论点，在论文中经论述和论证形成的理论观点。

2. 撰写论文提纲

撰写论文提纲首先要确定论文的题目。题目要反映论文的基本内容，要简洁、概括、醒目，要充分考虑题目的三要素（即研究对象、施加因素、效果反应）。论文提纲是整个论文的骨架和雏形，要把作者的思维逻辑，学术观点和有关的资料按照撰写全文的程序，简明系统地组合出来，实际是一个科研工作的小结。

常用的提纲形式有两种：一种是句子式提纲，一种是标题式提纲。

句子式提纲：

是以精炼完整的句子表达所论述问题的核心或要点，具有高度的概括性，用句子式拟出论文的提纲（粗略）。

题目：从欧锦赛比赛中看运球突破的发展趋势

第一部分，提出研究问题的选题依据；

第二部分，涉及的研究的方法与研究的对象；

第三部分，应当考查的观察指标与操作要求；

第四部分，对发展趋势的分析讨论；

其一是运用过程中的简练与实效性；

其二是运用过程中明显的目的性；

其三是运用过程中区域的特征性；

其四是运用过程中个人与全队的融合；

第五部分，结论与建议。

标题式提纲：

是用能反映所选择材料的特征，所论述问题本质的短语或词语，作为研究问题内容的大小标题。

用标题式拟出论文提纲（示例）：

我国优秀女子足球运动员战术决策信息观察模式研究

1　前言（问题的提出）；

2　研究方法与研究对象；

研究方法（略）；

研究对象（略）；

3　研究结果讨论与分析（主要内容部分）；

3.1　后场分析；

3.1.1　后场控球无干扰时对不同战术决策信息观察选择；

后场控制球无对方逼抢干扰时对前、中、后场战术决策信息观察第 1 选择；

后场控制球无对方干扰时对远、中、近距离战术决策信息观察第 1 选择；

3.1.2　后场控球有干扰时对不同战术决策信息观察选择；

后场控制球有对方逼抢干扰时对前、中、后场战术决策信息观察第 1 选择；

后场控制球有对方干扰时对远、中、近距离战术决策信息观察第 1 选择；

3.2　中场分析；

3.2.1　中场控球无干扰时对不同战术决策信息观察选择；

中场控制球无对方逼抢干扰时对前、中、后场战术决策信息观察第 1 选择；

中场控制球无对方干扰时对远、中、近距离战术决策信息观察第 1 选择；

3.2.2　中场控球有干扰时对不同战术决策信息观察选择；

中场控制球有对方逼抢干扰时对前、中、后场战术决策信息观察第 1 选择；

中场控制球有对方干扰时对远、中、近距离战术决策信息观察第 1 选择；

3.3　前场分析；

3.3.1　前场控球无干扰时对不同战术决策信息观察选择；

前场控制球无对方逼抢干扰时对前、中、后场战术决策信息观察第 1 选择；

前场控制球无对方干扰时对远、中、近距离战术决策信息观察第 1 选择；

3.3.2　前场控球有干扰时对不同战术决策信息观察选择；

前场控制球有对方逼抢干扰时对前、中、后场战术决策信息观察第 1 选择；

前场控制球有对方干扰时对远、中、近距离战术决策信息观察第 1 选择。

4　结论；

5　参考文献。

3. 撰写论文的初稿

撰写论文初稿是在论文提纲的基础上把科研内容用适当的文字准确地表达出来。撰写论文初稿要抓住论文的核心问题进行，注意内容的连续性。在实际过程中，有时常常是在参照撰写论文提纲的基础上一个部分一个部分地写，先将各个部分内容写出来，然后再将各个部分串合在一起。

另外，在撰写论文初稿时，最重要的一个方面就是对结论的撰写。有些人往往是先对论文的结论进行推敲，将论文的结论写出来，然后在此基础上进行论文其它部分的撰写。

如果在写作时有较大段的时间，中途尽量不要停顿，以防止思路的中断，应当争取一气呵成。

在初稿完成后，不要急于修改，而要放一放，过一段时间后，常常会对原先的分析讨论产生新的认识，对其进行一定的修改。

4. 修改定稿

初稿完成后，一般都要进行一定的修改才能最后定稿。修改初稿主要考虑：从整体结构上分析有无不妥之处；从论证上分析有无不充分之处，对不充分的部分是否能够增加补充进一步的论证材料以使其对某论点的论证变得充分；从论文的结论上分析有无不当之处；然后是从论文的文字修辞及援引的材料是否准确方面进行复核。

二、各部分写作时的重点内容

1. 题目：充分考虑题目的三要素（即研究对象、施加因素、效果反应）

题目的字数按照国家标准局 GB 7713 - 92《科学技术报告、学位论文和学术论文的编写格式》（北京：中国标准出版社．1992）

中的规定："一般不宜超过 20 字"。

2. 摘要（中英文）

（1）摘要的概念

摘要英文叫做"Abstract"，国际标准化组织（ISO）将它明确定义为："对原文献内容准确、扼要而不附加解释或评论的简略表达"。

中国国家标准 GB6447－86《文摘编写规则》中把文摘（摘要）定义为："以提供文献内容梗概为目的，不加评论和补充解释，简明、确切地记述文献重要内容的短文。"明确文摘的四要素为"目的、方法、结果、结论"。

（2）摘要的基本类型

在国际标准《ISO214 — 1976（E）》中，把"Abstract"分为：

提示性摘要；

报道性摘要；

报道——提示性摘要三种类型。

其各自特点和作用如下：

① 提示性摘要

用简洁的语言提示出论文中的新理论、新方法和主要结果与结论，无需交代理论、方法和结果的具体内容。这种摘要的字数一般在 100 ~ 200 字之间，提示论文的要点，使读者根据摘要的内容迅速决定有无必要再查阅原文。

对于提示性摘要，"目的"宜写得详细，"方法"、"结果"、"结论"可以写得简单，根据具体情况也可以省略。

② 报道性摘要

在简明扼要的条件下，对论文提出的理论、方法和主要结果结论作具体描述，并给出原文中的定性定量信息和主要创新内容，报道性摘要字数一般控制在 300 ~ 400 字之间，读者能从其中直接了解论文的主要信息或直接引用其中的信息，它可以作为参考文献被其它文献引用。

对于报道性摘要，"方法"、"结果"宜写得详细，"目的"可以写得简单，根据具体情况也可以省略；

③ 报道——提示性摘要

报道论文的研究目的、方法、成果和结论，重点放在成果（与论文同样多的定量和定性结果）和结论上。要求将正文中价值最高的信息用报道形式撰写，次要部分用提示形式撰写。字数以 200 字左右为宜。

（3）科技论文摘要的作用与功能

① 举要性功能：就科技论文整篇内容而言，涉及到成果的产生、推论过程及有关手段、方法之类的问题，读整篇论文必然要耗费时间、精力，而摘要可将主要问题、主要成果集中概括地反映出来，从而为科研提供一种举要功能，使科研工作的时效大大提高。

② 示导性功能：科技工作者常常借助翻阅论文摘要来了解最新的科技动态，因而论文摘要可起到指示、引导学科研究方向、态势的作用。

③ 贮存性功能：摘要包含了与原论文同等量的主要信息，读者通过短短几百字的叙述就能确切了解某项研究的主要内容和结果，非本专业的科技人员也可从中获得相邻学科发展的信息，从而有助于促进科学整体化发展。

④ 传播性功能：由于摘要短小精悍，可通过各类信息渠道高效、广泛地传播，从而使科技论文的时效性大大加强，功用和价值得到最大程度的发挥。

⑤ 商品性功能：摘要通过信息网络在社会上广泛流通传播，从而促进学术交流与学术繁荣，促进科学技术与生产的发展，带来一定的社会效益和经济效益。有关机构可借助摘要提供咨询服务，既方便读者，又创造收入。从这方面的意义上讲，科技论文摘要还具有信息商品的功能。

摘要上述功能的发挥直接关系到科技论文价值的发挥，而上述功能的发挥又取决于摘要写作质量的优劣。

（4）摘要应具备的特点

独立性与自含性：摘要作为二次文献，应是一篇相对完整的短文，其内容应具有独立性与自含性，即读者不依赖原文便可看懂摘要全文，获得有关整体的信息资料。

准确性与完整性：摘要是对原文献准确而完整的浓缩，严肃而忠实的表述，是原文献的精华与真谛，因而，不得夸大或缩小，切忌提及原文献中未及的信息和成果，切忌妄加评论、随意引申或自我评价，如"本项目达到了国际……水平"等。

学术性与通用性：摘要的内容应注重学术性，表达应使用通用的科学语言，尽可能不使用"行话"。"行话"是一种专门语言，

特殊语言，往往只有小圈子里的当事人才能理解其意义，在不得不用时，也应在下定义或解释后才能使用。

简炼性与概括性：摘要必须立意明确、词语精炼、概括性强，侧重于应详细的要素上。一些冗长的摘要，毛病往往出在语言含糊不清，着墨于无关紧要的细节和不必要的词句上。

（5）编写论文摘要应注意以下几点

摘要的作用是用较少的文字表达论文中尽可能多的主要信息。因而要求用语简洁、明确、严谨，有严格的科学性和逻辑性。编写论文摘要应注意以下几点：

① 必须忠实地表达原文的核心内容，保持原文的基本信息。即使脱离原文独立使用，读者也可以从中了解论文的主要信息，以便迅速决定取舍。摘要的信息必须准确。不能夸大缩小，力戒"方法最优"、"结果最佳"、"填补空白"等措词。

② 摘要中所用专业术语和技术名词应尽可能地具有通用性。所涉及的"数量"必须采用标准符号和计量单位。摘要多以一个主题中心句开始，不分段，一般使用第三人称。

③ 在满足对其内容要求的同时，摘要文字应尽量简洁但又不是意义上的难解或含糊不清。摘要中不能出现图表、结构式和复杂的方程式等非文字性的资料，也不宜采用正文中图、表、公式和参考文献的序号。

④ 摘要应紧扣主题，不要旁征博引，不要对原文中的新理论、新方法与新发现进行解释或说明，也不要进行自我评价。总之要避免那些与论文主题无关的一般性叙述和综述内容的出现。

（6）科技论文摘要写作中常见错误

① 字少错选类型；

② 结构要素残缺；

文摘写作中，其四要素——目的、方法、结果、结论——可根据文摘类型各有所侧重。对于报道性文摘，"方法"、"结果"宜写得详细，"目的"可以写得简单，根据具体情况也可以省略；对于指示性文摘，"目的"宜写得详细，"方法"、"结果"、"结论"可以写得简单，根据具体情况也可以省略。

③ 丧失摘要特点；

丧失独立性与自含性；丧失准确性与完整性；丧失学术性与通用性；丧失简炼性与

概括性。

④ 开头冠以"本文"；

⑤ 未用第三人称；

许多摘要在行文中出现"我（们）如何"，如"我们得出……"等词语，而不是以第三人称客观地进行叙述。这不符合摘要写作要求。

⑥ 与标题、引言雷同；

许多摘要内容与文题或文中小标题雷同，信息价值低、可读性差。毛病出在简单重复文题将已有信息或将小标题堆砌，而丢失了论文研究的目的、方法、结果、结论。

⑦ 分段叙述；

科技论文摘要有固定的格式和要求，应当篇幅简短，直接紧扣主题，用第三人称一气呵成，一般不必再分段叙述。

（7）摘要类型的选择

作者应根据论文的选题、研究的成果和结论以及信息量的多少来确定摘要的形式，而不能都是一个模式。

对于有创新，或应用价值较高的论文，建议选用报导性摘要，以赢得读者的重视，有利于研究成果尽快利用和推广。对于重复性选题或暂未引起人们重视有潜在价值的选题，最好也选用报导性摘要。若重复研究一个内容的论文，须在摘要中尽可能多地提供与众不同的新信息。具有潜在价值的论文，摘要中应表述文章的特色和价值。

对于有一定创新内容而信息量较少的论文，以及内容特别新颖或读者尤其感兴趣的论文，摘要可写成指示性摘要。

对于一般性论文，应该采用报导——指示性摘要。突出让读者了解的文章重点，简介文章的其他内容。

摘要中的关键词：

关键词是指那些出现在论文题名、摘要、正文中的，对表达论文主题内容具有实质意义的语词；是表达论文主题的最重要的词、词组和短语。关键词可以从题名、文摘、论文的小标题、结论中找，它是反映论文的核心内容的主要用词。以使论文在正确的范围内和研究领域内被他人检索和查阅到。

为了便于读者寻找文献和适应计算机自动检索的需要，GB3179/T－92规定，现代科技期刊都应在学术论文的文摘后面给出3～8个关键词。

如我国优秀女子足球运动员战术决策信息观察模式研究一文中的关键词：女子足球战术 决策信息 观察模式

总之，摘要中的主要内容应当包括：目的、方法、结果、结论、关键词几个方面。注重内容重点的突出性和上下文语言间的逻辑性。

3. 引言（前言）

引言（前言、序言、概述）经常作为论文的开端，它简明介绍论文的背景、相关领域的前人研究历史和现状，以及著者的意图与分析依据，包括论文的追求目标、研究范围和理论、技术方案的选取等。引言应言简意赅，但不等同于文摘或成为文摘的注释。有的引言写得太短，只用三言两语谈了作者所做的工作，读者从中看不出其工作背景及意义，还有的引言与摘要和结论雷同。

（1）引言的基本内容

简明介绍"论文的背景、相关领域的前人研究历史与现状，以及著者的意图与分析依据，包括论文的追求目标、研究范围和理论、技术方案的选取等"。

应当包括以下几个方面：

① 论文的背景；

② 论文作者的创新性；

③ 论文的应用前景。

（2）应注意的几个问题

① 言简意明，直奔主题；

② 避免与摘要和结论雷同；

③ 应有一定量的新文献；

④ 系列文章的引言不要重复；

⑤ 引言不是文献综述。

4. 研究对象

主要是界定研究对象的范围。也就是对本研究涉及的研究对象"特定性状"进行说明。如研究对象的年龄、运动水平、所在地域、性别等等方面。（见论文）

5. 研究方法

对本研究所采用的研究方法进行说明。如果是用调查法，要对调查问卷进行必要的说明，如调查问卷的发放情况，回收情况，问卷的信度与效度如何，有效问卷情况等等。

实验法，则要对实验的分组情况，实施细节，持续时间等方面的情况进行说明；

观察法，则要对观察指标的概念（或含义），操作尺度，进行明确的说明；

测量法，要对测量的工具，测量的时间，测量的地点等情况进行说明。

6. 结果与分析（结果与讨论）

是作者从直观的感性材料上升到理性高度的分析判断过程，是整个论文中的核心部分，其表述的方式可以用表格，插图，照片，公式等等。

其主要的内容包括：

研究结果做出的整体分析和讨论；

本研究结果与前人的研究结果的区别及原因分析；

对研究结果进行价值评价；

本研究还有哪些没有解决的问题及原因；

研究方法、手段、结果中的不足及改进的设想等。

论文中的表格目前都用三线表。

论文的层次标题的编写格式：

各层次标题一律用阿拉伯数字连续编码，不同层次的两个数字之间用一圆点"."分隔开。末位数不加标点，各层次的第一个序码顶格书写，最后一个序码后空一字距离接排标题（参见体育科学期刊中的某论文）。

撰写科技论文不要求有华丽的词藻，但要求论点明确、论据有力、层次清楚、重点突出；用语要简洁准确，明快流畅；内容要客观、科学，要让事实和数据说话；图表要具有自明性，数据的引用要严谨确切，物理量和单位符号要符合规范。

7. 结　论

结论是整个论文的最后精华部分，也是对全文的理论升华的高度概括性总结。结论应根据研究中观察到的客观现象、搜集到的真实数据实验等获得资料为依据，准确、精练地反映以下几个方面的情况：

揭示研究工作的原理及普遍性；

在研究中有无发现例外或本论文难以解释和解决的问题；

说明取得的进展及与他人研究工作的异同；

在理论与实用上的意义与价值；

并提出进一步研究本课题的建议。

结论不要拉得很长；不要与摘要或引言雷同；不要是正文各段小结的简单重复；不要自吹自擂，无限发挥，夸大其成果价值及影响力，拔高其成果的意义，否则会令人反感；结论也不是建议，不能与建议混为一团。

8. 参考文献

参考文献应能反映某一课题的来龙去脉，体现科学研究的继往开来。通过引用参考文献，可以将一篇论文与其他论文之间的有机联系告诉读者，便于相关人员开拓视野，互通信息；使科研项目节省时间、资金，少走弯路，早出成果。另外，正确引用参考文献也是作者对别人劳动的尊重和对知识产权的维护。

作者在撰写论文时，不应将所阅读过的文章和书籍都罗列到参考文献中，而只应将那些与主题密切相关、有助于读者更好地理解论文内容的参考文献列入。只列入最必要、最新的文献，只列入自己亲自阅读过的和在论文中直接引用的，以及在国内外公开发行的刊物上的文献，其他的可以不列入。

引用参考文献时，应严格执行国家标准——GB7714－87《文后参考文献著录规则》。

常用参考文献著录格式

期刊　作者．题名．刊名，出版年，卷（期）：页次

书籍　作者．书名．版本（第 1 版不标注），出版地，出版者．出版年．页次

论文集（论文汇编）作者．题名．见（英文用 in）：主编．论文集名．出版地．出版者．出版年．页次

著录作者时，包括译者和编者。书写时一律姓前名后（中、外文相同）；作者为 3 个人或少于 3 人时应全部写出，之间加"，"；3 人以上只列前 3 人，后加"等"或"et al"。译者姓名应置于书名或题名之后。

著录期刊出版年份、卷号、期号时，有缺少卷、期的，著录格式为：

年、卷、期齐全的：1980，92（2）：26

缺少卷次的：　　　1985（4）：26

缺少期次的：　　　1987·5：26

主讲人：张廷安

第十五章　优秀足球运动员机能评定

一、足球运动的特点

（一）足球运动员竞技能力特点

足球运动系非周期性同场对抗性项目，正式足球比赛时间为 90 分钟，有些比赛规程规定需打加时赛 30 分钟及罚点球决定胜负。男子和女子比赛纯时间 50~60 分钟，占比赛时间的 60% 左右。一场高水平的比赛，运动员的跑动距离男子达 6000~10000 米以上，女子达 5000~8000 米以上，要做上百个对抗和非对抗、有球和无球的动作，身体能量消耗 2000 卡左右，体重下降 3~5 公斤。其具有比赛场地大、人数多、竞争激烈、对抗性强、技战术变化复杂、运动持续时间长、强度高、能量消耗大、心理素质要求高等特点。

（二）足球运动员机能特点

1. 优秀足球运动员形态特点

随着现代足球运动的发展，比赛日趋激烈，对抗更加凶猛，对足球运动员身体条件的要求越来越高，攻防中运动员的立体控制范围越来越大，形态特征趋于高大健壮，特别是中路三条线及守门员位置，对高度的要求更高，无论男子和女子足球运动员，其形态特征发展趋势均一样。

2. 优秀足球运动员供能特点

现代足球运动要求足球运动员拥有全面良好的素质，需具备长时间间歇运动能力；高强度运动能力；反复短距离冲刺跑能力；多次数大力量的踢球、起跳、射门等能力。足球运动供能特点的研究来看，其供能形式却不可一概而论，并非仅是以运动时间断定为哪种供能形式。由于足球运动除了运动时间之外，其中还包含着许多上述繁杂的运动形式，说明足球运动员对供能的需求是多方面的，因此，ATP-CP 磷酸原系统供能；糖酵解系统供能；有氧供能几乎都是足球运动员不可缺少的能力。在整个供能系统中，足球运动员对各个供能能力的渴求程度又是有所不同的。其中，无氧供能能力的需求度高，但有氧供能也不能忽视，有氧供能是足球运动员供能系统的必要组成部分，也是无氧能力发展的强有力基础。因为高度的有氧能力既有助于更有效地进行氧化过程，最快地消除无氧过程中削弱无氧能力而积累的乳酸，而且还能最有效的提高肌肉中糖元的储藏量，而肌糖元储藏量又与无氧能力有关。因此，有氧能力虽不是现代高速激烈的足球比赛的主要供能形式，但却是不容轻视的发展内容。

3. 优秀足球运动员机能评定的必要性

世界足球运动技术水平的发展越来越快，特别是我国足球体制的改革，已逐步与世界足球接轨，对足球运动员各方面的能力要求越来越高。为了适应职业化高密度、高水平的比赛，运动训练负荷不断加大，科学化的训练日趋完善。科学、有效、适宜的足球运动员机能评定越来越受到重视，通过多项科学的机能评定指标的测试和分析，可客观地诊断足球运动员竞技状态、运动性疲劳的程度、机体恢复的情况，对科学的调整竞技状态、合理安排运动训练负荷、预防过度训练和运动损伤有其积极的作用。所以，优秀足球运动员的机能评定，是现代足球运动科学化训练不可缺少的部分。

二、优秀足球运动员的机能评定

（一）生理指标的应用

1. 心率（HR）

心率是心脏机能的重要指标之一。在足球运动实践中，对于了解足球运动员身体状态、评定运动强度、反映训练水平等多方面具有作用。脉搏与心率一致，可反映心跳频率、节律、心肌收缩力的强度和动脉管壁的弹性等方面的变化。

基础心率（晨脉）：指空腹起床前卧位心率。是了解运动员机体机能状态及对运动量适宜程度的简易指标。足球运动员基础心率较为稳定，随着训练年限的延长和训练程度的提高而减慢。基础心率突然加快或减慢常常提示有过度疲劳或疾病的存在，稳定或逐渐下降，说明机体状态好，对运动量适宜。运动量适当加大时，机体有一个逐渐适应的过程，基础心率会略有加快，但变化幅度一般不超过 6 次。若基础心率波动幅度很大，每分钟增加 12 次以上时，说明机体反应不良，如不是睡眠不好或疾病等原因，则应考虑运动量安排不当或过度训练。

安静心率：不运动状态下的心率。测定安静心率前至少休息 10 分钟。不宜在剧烈运动后测量安静心率。足球运动员的安静心率低于非运动员；运动训练水平高的运动员低于运动训练水平低的运动员；运动员的心搏量越大，安静心率越慢。优秀足球运动员的安静心率可减慢到每分钟 30 多次，评定足球运动员安静心率时，可自身前后比较。

运动中心率：用心率遥测仪测定或在实验室用心电图测算。运动中心率与负荷强度有关。训练中即刻测定的心率可评定该练习的运动强度，足球训练一般认为，运动中心率达 180min 以上为大强度训练，150min 左右为中等强度，140min 以下为小强度负荷。现代足球科学训练中，进行有氧训练和无氧训练时，通过血乳酸配合测定，判断无氧阈相对心率，应用无氧阈心率进行有氧无氧控制训练，一般足球运动员无氧阈心率为 180min。

运动后心率：运动后心率恢复时间通常用于评估训练课运动量和强度的大小。运动量和强度越大，心率恢复时间越长。一般而言，小运动量训练课结束后 5～10 分钟内即可恢复到运动前的心率；中等运动量训练课结束后 5～10 分钟心率仍较运动前快 2～5 次/10 秒；大运动量训练课结束后 5～10 分钟时心率比运动前快 5～6 次/10 秒。

2. 肺活量

肺活量是检查足球运动员肺通气功能的指标之一。因为简单易行，早已在运动医学中被广泛应用。肺活量是人体尽全力深吸气后，再尽全力呼出的气体总量，即一次深呼吸的气量。肺活量反映人体呼吸运动的能力，肺活量的数值与性别、年龄、身高、体重、肺组织的健全程度以及锻炼水平和运动项目等因素有关。我国成年正常人男子肺活量约为 3500 毫升～4000 毫升，女子约 2500 毫升～3500 毫升，优秀足球运动员可达 5000 毫升以上。

3. 最大摄氧量（VO₂max）

最大摄氧量系指人体在极限的肌肉活动下，呼吸、循环功能达到最高水平时，单位时间所摄取和利用的最大氧量。其同义词有：最大氧耗、最大有氧能力，通常用 VO_2max 表示。由于氧的充分供应，是实现有氧氧化的先决条件，人体的吸氧能力越大，有氧氧化水平也越高。所以，人体最大摄氧量大小是人体内有氧氧化能力的重要标志。最大摄氧量受多种因素影响，诸如民族、性别、年龄、遗传和训练等。一般说来，男女儿童在青春期前，最大有氧能力无明显差别，性成熟后女子的最大摄氧量是男子的 70%～75%；18～20 岁男女青年最大摄氧量达到顶峰，以后逐渐下降；65 岁的老人，最大摄氧量只相当于 25 岁青年的 75%。就运动员而言，从事耐力项目的运动员的最大摄氧量比从事其他项目的运动员高。

最大摄氧量应用于足球实践，主要表现于足球运动员选材和评定有氧耐力水平两个方面。足球运动员选材中把最大摄氧量作为重要指标的主要依据是，最大摄氧量 93% 可能取决于遗传，最大摄氧量受到多种因素的影响，如：民族、性别、年龄、遗传、训练等。由于最大摄氧量在很大程度上取决于遗传因素，通过系统训练只能提高 5%～25%。所以，在选拔足球运动员时，必须充分重视足球运动对运动员生理机能的要求；而最大吸氧量作为有氧能力水平的评定指标，则在于它是有氧代谢能力的重要标志。最大摄氧量与有氧耐力关系十分密切，足球运动是有氧与无氧混合的运动项目，研究表明，男足运动员的 VO_2max 与整场比赛跑动距离之间呈显著正相关（r = 0.67）。因此 VO_2max 可作为评定足球运动员运动能力的一个可靠指标。据前苏联、匈牙利、丹麦、德国、瑞典等国男子国家足球队最大摄氧量的测定表明：优秀足球运动员最大摄氧量约在 62 毫升/公斤·分（瑞典 4.31 升/分）左右。我国男足运动员的 VO_2max 水平明显低于国外运动员。这一指标可供我国教练员在运动训练中参考。

4. 无氧阈

无氧阈是指递增负荷中，运动强度由低向高转变过程中，从有氧代谢向无氧代谢转变的过渡。用血乳酸的开始升高来表示，叫做乳酸无氧阈（LT），通常以 4mmol/L 作为 LT 的值；用通气和气体交换的改变来表示，叫做通气无氧阈（VT）。

我国足球科研人员改良的用跑台负荷后的血乳酸评价无氧阈水平的负荷程序是：跑台坡度 1.5%，跑台转速以 9km/h 起始，在坡度不变的情况下，每级转速增加 1.8km/h，每级负荷 3 分钟，运动员连续按 5 级 ~6 级速度跑步，测定安静时、每级负荷后即刻、恢复期第 2、5、10 分的血乳酸。北京女足测定乳酸阈的负荷程序为：起始 9km/h，1.5% 坡度，每级增加 1.5km/h，每级负荷 3 分钟，每级间歇 30 秒测定血乳酸，到最大速度为 16.5km/h，以后每一分钟增加坡度 1%，根据内插法测定乳酸无氧阈。足球运动员用无氧阈时的 VO_2 水平或% VO_2max、无氧阈时的功率水平或跑速，可以判定运动员有氧耐力水平。无氧阈时的 VO_2 水平或% VO_2max 越高，有氧耐力越好，它反映机体对最大摄氧量的利用率。一般男青年无氧阈时的 VO_2 不低于 1800ml/min，为 55% ~ 65% VO_2max（Palka，1986）。中国女足备战奥运会前，中国女足国家队优秀球员的乳酸阈跑速为 4.47 米/秒，平均为 4.06 米/秒。北京女足在不同时期测定的乳酸阈跑速，在 3.5 ~4.0 米/秒之间。在发展足球运动员有氧代谢能力时，通常采取无氧阈强度训练（即血乳酸为 4mmol/L 时对应的跑速）是相对最适宜的强度。在训练实践中，测定无氧阈通常用于指导训练，检验训练的效果。

5. 心电图 $\sum$T/R

心电图 $\sum$T/R 是指测定心电图后，选择其中相对稳定的以 R 波为主的 II、III、avF、V5 四个导联，进行 $\sum$T/R 计算。有时为了方便分析与比较，采用 $\sum$T/R 比值（$\sum$T/R 比值指 $\sum$T/R 与本人以往 $\sum$T/R 比较）。心电图 $\sum$T/R 在足球运动员评定中的应用，主要表现在四方面，其一，训练年限长的足球运动员其心电图 $\sum$T/R 普遍高于训练年限低的运动员；其二，心电图 $\sum$T/R 随运动负荷的增加而下降，随运动负荷的下降而增加；其三，当足球运动员身体状态不佳、生病时，其心电图 $\sum$T/R 下降；其四，心电图 $\sum$T/R 在 0.9 以上时，大部分足球运动员承受负荷的能力较强，$\sum$T/R 低于 0.5 时，心脏机能较差，易出现 T 波异常，心电图 $\sum$T/R 下降超过 50%，则提示心脏已开始出现疲劳，需要及时调整。如北京女足运动员冬训前后心电图 $\sum$T/R 的变化。经过冬训，心电图 $\sum$T/R 下降，表明其机能状态有所下降。

（二）神经、内分泌指标的应用

1. 血睾酮

足球运动训练对人体形态和机能的改造中，尤其对运动能力的影响，雄激素起着重要的作用，有关雄激素和足球运动训练关系的研究一直吸引着足球科研工作者，并且普遍认为高水平的睾酮与良好的竞技状态、运动能力（特别是体能）有关。国内学者认为男子足球运动员血睾酮在 500ng/dl 以上，女子足球运动员在 100ng/dl 以上时，机能状态良好，在比赛前应将血睾酮调整到较高水平，男足运动员最低 600ng/dl，女足球运动员最低 60ng/dl。睾酮是较高层次调节代谢的激素，从睾酮的升降到引起代谢速率的变化，乃至表现出体能的变化需要一段时间，也就是说，当时的机能状态如何并非完全取决于此刻的睾酮水平高低。在足球运动实践中，有时运动员睾酮水平未低于参考范围，但运动能力、竞技状态并不佳；相反，有时运动员血睾酮不高（低于以往的测试值），但竞技状态并不差，运动能力甚至还有一定的提高，这似乎意味着测定睾酮意义不大。其实不然，当运动员完成训练任务的情况不差，运动水平亦有所提高，但睾酮值却处于低水平（出现了睾酮水平与运动能力分离的现象），此时机体的同化过程与恢复速率势必就要减慢，如果在此基础上仍继续增加训练负荷，将会导致训练后难以及时恢复，影响训练计划完成。现今，睾酮已经作为足球运动员评定身体机能状态的首选指标，许多教练反映，睾酮高的队员特别耐练，承受大负荷的训练课后，恢复很快；睾酮低的队员，进行大负荷的训练课后，恢复较慢。

目前，如何判断运动员是否出现了"运动性低睾酮"，至今还没有统一的标准，因为睾酮值的个体差异较大，并且和运动员的年龄大小、成年与否有密切关系。对于中国足球运动员，从未成年到成年运动员，年龄跨度很大，因此睾酮值也有很大的差别，如果仅仅把某一次睾酮测试值与正常人睾酮参考范围来评价运动员睾酮水平的高低是不全面的，注意积累个人资料进行纵向比较更有意义，我们在对优秀足球队队员进行评价时，当运动员血睾酮值低于本人正常值 25% 并持续不回升，建议应进行调整和适当的补充。

2. 皮质醇

皮质醇是由肾上腺皮质分泌的一种激素，参与体内物质代谢，维持糖代谢的正常进行，促进肝外组织蛋白质的分解，身体应激时分泌量增加，它是足球运动员判定疲劳和过度训练较敏感的指标之一。机体出现异常情况的时候，皮质醇往往会升高。造成皮质醇变化的因素比较多，在情绪紧张、受伤、疲劳、生病、训练负荷较高、训练安排不合理等情况下，均会出现该指标升高现象。足球运动员皮质醇的值较低时，说明机能恢复情况、身体及精神状态较好，一般在恢复调整期皮质醇的期望值应在 10ug/dl 以下，因为皮质醇的影响因素比较多，因此在对足球运动员进行机能评定时还需要结合其它指标及运动员当前的机能状况进行综合评价。在实际中，常在训练期中做定期测试，如在集训前、集训中、集训后以及赛前，测定安静状态下足球运动员的血清皮质醇浓度，进行评价。一般认为皮质醇是代表机体分解代谢强弱的指标。若运动后血清皮质醇保持较高水平时，就会导致机体分解代谢过于旺盛，不利于消除疲劳。如果长期保持较高血清皮质醇浓度而恢复不到正常水平，就可能引起过度训练。此时，还应注意足球运动员的免疫状况，较高的皮质醇水平会抑制机体的免疫机能，使足球运动员出现感冒、发烧等症状。

3. 睾酮/皮质醇比值（T/C）

测定 T/C 比值，可以了解足球运动员体内合成代谢与分解代谢的平衡状态，该比值在目前已成为公认的评定和监测过度训练、疲劳恢复状况的灵敏指标。通常认为，比值高时，是机能状态好，对运动负荷适应的表现。当身体疲劳或对负荷不适应时，比值下降。在一次急性运动后，尤其是 1~2 小时的大强度运动后，血睾酮水平通常已下降，而皮质醇处于较高水平，此时血浆 T/C 比值会明显下降，其下降幅度比单独的血睾酮或皮质醇变化的幅度更大，更明显。因此，有人认为睾酮与皮质醇比值反映运动后机体的疲劳状况更为敏感，也就是变化更明显。在长期持续训练过程中，T/C 比值一般是先上升，然后保持一段时间，再进一步下降到原来水平或更低，基本呈梯形变化。大量的研究表明，经过一段时间训练后，足球运动员的运动能力提高，通常会伴随着 T/C 比值的提高；而在持续大强度训练期后，足球运动员出现疲劳积累，血睾酮持续下降，皮质醇也保持较高水平得不到恢复，机能下降，此时 T/C 比值明显下降，而且变化比单一指标更

为敏感；而在调整期后，运动员机能状态良好，疲劳得到消除，会伴随着 T/C 比值的提高。

在实际中，可以定期测试足球运动员安静状况下血浆 T/C 比值，用以监控足球运动员的机能状况。可在阶段性训练前测晨起值，作为基础值，然后在阶段性训练中根据需要定期测定晨起值，并与基础值进行比较，反映机体总的合成代谢与分解代谢的平衡状况。如果血清 T/C 比值出现大幅度降低，则有可能是分解代谢大于合成代谢，不利于运动员消除疲劳，需要对运动员加强营养等恢复手段，以免发展为过度训练。芬兰学者把血清 T/C 比值作为机能评定的敏感指标，当比值超过 30%，则可诊断为过度疲劳。如果血清 T/C 比值不变或升高，则表明机体的分解代谢没有超过合成代谢，足球运动员机能状况正常。但也有学者认为，高强度训练引起血清皮质醇升高和 T/C 比值下降是正常机体的反应，所以在机能评定时要进行具体的分析，对 T/C 比值的应用还需要进一步研究和论证。运用 T/C 比值指标时，需注意足球运动员血睾酮、皮质醇水平受多种因素的影响，不能仅凭 T/C 比值一个指标来评价运动能力。在实际中，常结合其他反映过度训练的指标来共同评价运动员的机能状况，如：血尿素，血清肌酸激酶，血红蛋白等；有条件的话，在测定 T/C 比值的同时，进行运动员做功能力的测试，全面反映运动员的机能状况。由于运动员血浆睾酮、皮质醇水平存在个体差异性，在运用该指标评定运动员机能状况时最好要进行自身对照，建立运动员个人的正常值。还有需要注意的是当运动员的血浆睾酮、皮质醇同时出现下降时，根据二者下降幅度的不同，也会出现不同的结果，但在这种情况下，即使 T/C 比值升高，也需要注意运动员的机能状态是否正常，需要看血睾酮的绝对值是否处于较高水平，如果太低则有可能意味着"下丘脑－垂体－性腺轴"和"下丘脑－垂体－肾上腺轴"都受到了抑制。这种情况也不利于运动员提高运动能力，因此也要慎重对待。如女足运动员在不同训练时期的 T/C 比值及其分布。

4. 游离睾酮

在血浆中睾酮主要以结合形式存在（约占 97%~99%），只有少量（1%~3%）为

游离睾酮,这些游离睾酮才具有生物活性。游离睾酮反映合成代谢能力,从近期研究情况来看,其指标占总睾酮的 2% ~ 10% 为正常,正常人游离睾酮范围为 12.4 ~ 40PG/ML,相对来比,值高反映其运动能力强。

(三) 血液指标的应用

1. 血红蛋白

血红蛋白俗称血色素,是红细胞中一种含铁的蛋白质。血红蛋白的主要生理功能是运输氧和二氧化碳,并对酸性物质起缓冲作用,参与体内的酸碱平衡调节。血红蛋白的含量对足球运动员的运动能力影响很大并密切相关,特别对耐力素质尤为重要。是影响运动成绩的主要因素,因此运动员血红蛋白的含量应达到最大有氧代谢能力要求的水平。在训练和比赛期间,足球运动员的血红蛋白含量受营养、运动负荷、休息等因素的影响。因此,周期测定血红蛋白的含量有助于了解运动员的营养,对负荷的适应及身体机能水平等情况。

一般人血红蛋白的正常范围:男性为 12 克% ~ 16 克%,女性为 11 克% ~ 15 克%。我国运动员安静时血红蛋白值与正常人范围基本一致。因此,运动员贫血的诊断标准与常人一致,即男性低于 12 克%,女性低于 11 克%,14 岁以下男女均低于 12 克%,作为贫血的参考值。

目前认为,血红蛋白在 16 克%、红细胞压积在 45 克% 左右,是足球运动员表现出良好有氧能力的最佳值,当血红蛋白低于有氧运动所需的理想数值,则称为亚理想值。国外男运动员血红蛋白少于 16 克%、女运动员少于 14 克% 就认为达到亚理想值。关于足球运动员血红蛋白的亚理想值应是多少,尚未有一致的意见。因此,教练员应经过长期系统的观察,确定不同队员血红蛋白的亚理想值,将对科学地制定训练计划、切实保证每节训练课的完成以及比赛前运动状态的调整具有重要的意义。一般认为,如果男运动员长期低于 14 克%,女运动员长期低于 12 克%,都应当进行适当的营养补充或调整。

利用血红蛋白指标进行训练监控的应用,一方面,可根据训练中和比赛前测定的血红蛋白浓度,了解运足球动员的机能状态,并调整训练计划和比赛安排,防止过度训练和贫血的发生。另一方面,一旦观察到足球运动员发生了贫血,应对其发生的原因进行调查,并针对不同原因给予相应的营养补充和药物治疗。足球训练大运动量训练开始时,易出现血红蛋白下降,这是大运动量的早期反应,经过一个阶段训练后,身体对运动量适应时,血红蛋白的浓度又会回升,这是机能改善、运动能力提高的表现,此时足球运动员参加比赛成绩一般较好;但如果血红蛋白仍未回升,且较训练前下降了 10%,足球运动员比赛成绩大多不好;下降 20% 时,足球运动员运动能力明显下降。在训练周期中,早期血红蛋白浓度较为稳定或略有下降,然后逐渐回升,这说明足球运动员对训练安排能够适应,机能状况较好;如果训练一个阶段后血红蛋白水平仍未回升,甚至还有下降的趋势,此时应注意调整训练计划和比赛安排,并加强营养的补充。

2. 血红蛋白值与其他指标的配合评价

在对足球运动员进行机能评定时,单一用血红蛋白来评价运动员潜在的运动性贫血很困难,应与其他血象指标及一些生化指标配合评价,才能更客观。贫血有很多种,在运动员中常见的是小细胞低色素型的缺铁性贫血和叶酸或维生素 B_{12} 缺乏的巨幼细胞贫血。当 MCV < 80F1,MCHC < 32% 时,运动员最常见的是小细胞低色素型的缺铁性贫血。当 MCV > 100F1,MCHC > 36%,则可能是叶酸或维生素 B_{12} 缺乏的巨幼细胞贫血。当血象各指标出现异常变化时,还应进一步进行血液生化指标的检查,以判定其原因。血清铁(SI)、转铁蛋白饱和度(TS)、铁总结合力(TIBC)和血清铁蛋白可以进一步判定缺铁性贫血;叶酸和维生素 B_{12} 可以进一步判定叶酸和维生素 B_{12} 缺乏的巨幼细胞贫血。因此,建议足球运动员,每个训练周期,特别是大负荷训练周期,要进行 1 ~ 2 次的血清铁、叶酸及维生素 B_{12} 等营养素的检查,以便及时了解运动员的营养状况。

3. 血尿素(BUN)

作为疲劳监测指标时,蛋白质在人体主要作为构成人体的各组织细胞的"原料",而不是作为供能的"燃料",只有人体处于饥饿、应激(包括运动性应激)和一些消耗性疾病时,才会被动用。在正常生理状态下,尿素的生成和消除处于平衡状态,血尿素水平保持相对稳定。正常人安静时血尿素约为

1.8mmol/L － 8.9mmol/L（10.8mg/dl － 53.4mg/dl）。研究表明，运动训练使足球运动员体内蛋白质代谢保持较高的水平，运动会影响肝、肾的功能，因此足球运动员血尿素安静值常常处于正常范围的偏高水平。在运动强度和运动量这两个因素中，血尿素变化幅度对运动负荷的量度更为敏感，负荷量越大，血尿素增加越明显，次日晨起血尿素值恢复也较慢，血尿素通常情况下反映运动量、对训练的适应程度的指标。因此，也只有大负荷的运动训练才会动用蛋白质作燃料，使血尿素生成明显增多，因而依此可作为推测承受运动负荷的大小及疲劳监测的指标。在小运动负荷训练的情况下，机体完全可以由糖和脂肪的氧化供能满足需要，因此机体基本上不动用蛋白质，故血尿素值也不会升高。在机体能适应的大运动负荷训练情况下，运动负荷虽大，在训练后血尿素水平虽有所升高，如超过 7 毫摩尔/升，但由于运动员的机能水平高。经过 1～2 夜的休息后清晨值便迅速恢复到正常水平。在机体不能适应的大负荷训练情况下，运动负荷超过运动员机体的承受能力或运动负荷不太大，但足球运动员的机能下降，如运动性疲劳没有消除时，均会增加动用蛋白质而导致血尿素升高，而且经过 1～2 夜的休息仍不能恢复到正常水平。这时，则要及时地调整训练或进行适宜的营养补充。

作为营养监测指标时，有时一个阶段的运动量或者是训练负荷不是很大，并且其他指标也均正常，但某些运动员也会出现血尿素升高的现象。这种情况在足球运动员中经常发现，特别是饮食安排不合理，运动员挑食及带有地域性不科学饮食习惯等，因此身体没有摄入足够维持大负荷训练所需的主要能源物质，即碳水化合物与适宜的脂肪，只有以代偿性地消耗蛋白质来获取能量，从而造成血尿素值升高。足球运动员在各种状态下，反映出不同的血尿素值的变化。

4. 血清肌酸激酶（CK）

CK 是短时间激烈运动时能量补充和运动后 ATP 恢复的酶，与运动时和运动后能量平衡及转移有密切关系。正常情况下，肌细胞膜的结构完整和功能正常保证了 CK 极少透出细胞膜，因此血清中活性很低，正常值为<110 IU/L。研究证明，无论是大强度还是

低强度的训练都会使血清中 CK 活性增加。由于肌细胞和血液中 CK 的数量差异特别大（约 $5 \times 10^5 : 1$）。因此，CK 活性的变化可作为评定肌肉承受刺激和了解骨骼肌细胞膜通透性和微细损伤及其适应与恢复的重要敏感的生化指标。足球训练与比赛可引起血清肌酸激酶升高，其原因可能与机细胞膜的通透性大和损伤有关。运动强度和负荷量对血清肌酸激酶都有影响，一般认为，负荷强度的影响大于负荷量，当负荷强度的量大时，其升高最明显。所以，血清肌酸激酶的测定能反映足球运动员身体机能状态及运动后身体恢复状况。训练后血清肌酸激酶升高的程度与恢复的快慢，可反映训练强度的大小及身体的适应情况。在足球训练中，如果大强度训练 1～2 天后血清酸激酶（CK）仍高于 400 国际单位/升，则认为运动员身体尚未恢复，应根据教练员下一步的训练意图确定是否需要进行调整。足球运动员在各种状态下，反映出不同的血清肌酸激酶值的变化。

5. 血乳酸（BLA）

乳酸是糖代谢（无氧糖酵解）的重要产物。在进行肌肉活动时其生成率和运动项目、训练水平、运动强度、运动持续时间、糖原含量、环境温度以及缺氧等因素有密切关系。组织中产生的乳酸经过弥散进入血液后，在运动时通过氧化、糖异生作用以及汗尿排泄也能消除一部分，所以在运动过程中某一瞬间的血乳酸浓度可能是生成率和排泄率的代数和。激烈运动后整个恢复过程中上述排泄机制加强，血乳酸的恢复曲线呈双向指函数形式到安静时的水平。在运动后 5 分钟左右出现血乳酸峰值。由于血乳酸具有糖无氧代谢加强时，血乳酸增多；有氧代谢提高后，完成同样的运动负荷，血乳酸相对减少且血乳酸的变化不易受心理疲劳、精神紧张等因素影响的特征，因此血乳酸指标是足球运动中进行有氧代谢、无氧代谢能力及运动训练强度评定的常用指标之一。

在研究中发现，人体在有氧代谢条件下运动时，血乳酸值是正常值 2 毫克分子/升（相当于 18 毫克%）；当运动强度增加（在固定跑道上以 5% 的斜率，以 12～16 公里/小时速度跑）时，血乳酸逐渐增加；由 2 毫克分子/升上升到 4 毫克分子/升；当跑速大于 16 公里/小时后，血乳酸便直线上升。这

个研究说明，在血乳酸达到 4 毫克分子/升后，无氧代谢急剧增加。为此，人们通常就把 4 毫克分子/升作为无氧阈，用以评定运动强度，即在血乳酸值达无氧阈以上时，主要是无氧供能，反之是有氧供能为主。

（四）免疫指标的应用

保持运动员的身体健康是取得运动训练效益和比赛时发挥水平的前提条件。然而，大运动量训练以及紧张激烈比赛后，运动员常常出现免疫机能下降，易感性增大，影响运动能力，甚至终止训练或退出比赛。高水平运动员在安静时免疫异常、免疫缺陷已被证实；流行病学的研究结果也显示出大运动量训练和比赛后上呼吸道感染发病率增加；剧烈运动可能会造成运动员对疾病易感性增加，并且在疾病潜伏期训练或比赛还会加重发病症状。监测足球运动员的免疫状态，采取相应措施就显得非常重要。许多体育科研人员研究和文献表明，急性运动和过渡训练或竞赛时精神紧张等因素有可能引起机体免疫功能抑制而使机体对病原微生物易感性增高或所患感染性疾病症状加重。因此，足球运动员在大强度训练后或高度激烈紧张的比赛期间，是机体免疫力最低的时候，也容易患病。国家男女足球队及一些优秀足球队的运动员也经常会出现比赛前出现低烧、腹泻等症状，影响比赛的正常发挥。因此，运动员在大强度训练或比赛期间通过免疫学检查早期发现免疫机能的变化，采取针对性措施，尽量避免由运动性疲劳或心理紧张所引起的免疫机能降低，影响比赛状态。

1. 白细胞计数

白细胞计数是评定免疫状态的经典方法。运动员在安静状态下外周血白细胞计数及其分类是否在临床正常范围内与其在采样前所处的状态（如：是否有过剧烈运动等）有关。如果在取样前运动员有剧烈活动，则有可能使白细胞计数偏高。另外，在某些应激条件下，如寒冷、失血、剧痛、女子月经期，或病理慢性炎症时，白细胞数均会明显增加。北京女足运动员不同时期外周血白细胞及其分类的变化及其分布。结果显示，在整个观察期内，白细胞、淋巴细胞、粒细胞的计数均在正常参考值范围内；中型细胞计数于训练后在正常参考值范围内，但在训练前、比赛后却都高于正常参考值。出现这种结果的

原因，可能与各研究报道采用的临床正常参考值有出入，对白细胞的分类及其测定方法不统一，研究对象的训练水平、健康程度、营养状况、采样前所处的状态（如：是否有过剧烈运动、精神状态）等因素有关。建议今后在分析运动训练对白细胞及其分类的影响时，要综合考虑上述因素。上述结果还提示，按细胞体积大小所作的白细胞的三分类中，中型细胞可能是较敏感的指标。

2. 淋巴细胞亚群

淋巴细胞是具有特异免疫识别功能的细胞系。通常，淋巴细胞分为 T 细胞、B 细胞以及 NK 细胞。淋巴细胞在免疫功能方面起中心作用。在生物体中，抗体生成、细胞免疫、免疫耐受都是淋巴细胞活动和变化引起的。

T 淋巴细胞是免疫功能的启动者。CD^{4+} 细胞和 CD^{8+} 细胞是 T 淋巴细胞中功能相异的两个亚群。CD^{4+} 细胞在免疫反应中主要发挥辅助和诱导作用，CD^{8+} 细胞发挥杀伤和抑制作用。CD^{4+} 细胞和 CD^{8+} 细胞相互诱导、制约，形成 T 细胞网络，起免疫调节作用。已知机体的免疫平衡主要由 CD^{4+} 细胞和 CD^{8+} 细胞相互间的影响来维持，两亚群比例的失调就会产生机体免疫功能失常，如果 CD^{4+} 细胞减少或 CD^{8+} 细胞活化就会产生免疫缺乏性疾病，CD^{4+} 细胞过度激活或 CD^{8+} 细胞的抑制作用降低则会导致自身免疫性疾病。因此，CD^{4+}/CD^{8+} 的比值代表了整体的免疫平衡。如果 CD^{4+} 细胞和 CD^{8+} 细胞的质或量有缺陷，则网络失调而导致免疫功能障碍或免疫性疾病。目前研究结果认为，CD^{4+}/CD^{8+} 的比值可灵敏反映机体免疫状况，在免疫反应中起关键性调节作用，正常比值为 1.5～2.0。

NK 细胞是淋巴细胞中的第三类细胞，是一群不依赖于抗原刺激和致敏，也不需要抗体参与就能杀伤靶细胞的淋巴细胞，能够自发溶解多种肿瘤细胞和被病毒感染的细胞，其细胞表达 CD16 和 CD56。NK 细胞是机体免疫防御的第一道防线，它的数量和活性的改变在一定程度上反映机体免疫系统功能的改变，所以在研究机体免疫功能时，检测 NK 细胞的改变往往是一个很重要的指标。

B 淋巴细胞数量在一定程度上反映机体细胞免疫、体液免疫力的强弱，数量多免疫力强，反之亦然。

女足运动员不同时期外周淋巴细胞亚群的变化与分布。结果显示：

（1）训练没有对 CD^{4+} 细胞比例和 CD^{8+} 细胞比例产生明显的影响，而比赛使 CD^{4+} 细胞比例和 CD^{8+} 细胞比例显著下降。

（2）CD^{4+}/CD^{8+} 比值在整个观察期内没有显著性变化，但始终低于正常参考值。训练和比赛没有使女足运动员已失衡的免疫状态进一步加重，她们的易感性始终较高。

（3）训练后 NK 细胞功能处于下降状态，而比赛后显著回升。

（4）在整个观察期内，B 淋巴细胞变化程度微弱，但方向明确，为持续性增加。

3. 免疫抑制因子

机体在应激刺激下可产生免疫抑制因子。由应激产生的免疫抑制因子与机体的抵抗力有平行关系，血清中这种抑制因子的产生可作为一个窗口反映机体抵抗力的变化。免疫抑制的直接证据之一就是检测出血清中存在免疫抑制因子。现已证实，大运动量训练的运动员血清中产生免疫抑制因子，而且该因子与运动员的不良情绪状态有关。现代竞技体育要求运动员不断地向自身的生理极限挑战，他们不仅有巨大的体力负荷，而且承受着潜在的精神压力，生理应激和心理应激的双重压力必然会对机体的免疫机能产生不利影响，它们共同诱发了机体产生免疫抑制因子，构成运动员免疫抑制现象的物质基础。

北京女足运动员在九运会预赛前的封闭训练前后及比赛后血清中均出现免疫抑制因子，在训练后含量达到最高。进一步的分析也表明了免疫抑制因子的含量与运动员的抑郁心境有关：运动员越抑郁，其血清中免疫抑制因子的含量越多。

（五）膝关节等动肌力

等动测力时由于运动阻力随关节活动而不断自动调节变化，因此能准确地测出相关肌群在整个活动范围内的肌肉力量，其运动速度相对稳定，不会产生爆发式速度，且在整个运动过程中的任何一点都能产生最大力量。膝关节力量大小及灵活性对足球运动员运动水平起到举足轻重的作用，测定膝关节等速肌力可为教练员合理制定力量训练、损伤后的康复训练计划提出建议、提供依据。膝关节等动肌力的测定在专门的仪器上进行。有关指标的意义及其应用。

足球运动员常见两侧同名肌肉力量不均衡，且实际训练中，大腿前群肌练习较多（深蹲杠铃、负重伸膝），对大腿后群肌发展不够，造成股四头肌发达而腘绳肌力量不足，前后肌群力量不平衡，H/Q 值均偏低。因此，在发展伸膝肌群力量的同时，更要注重屈膝肌群力量的练习。

（六）尿蛋白

人在安静时尿中蛋白质含量甚微，为阴性。运动能使尿中蛋白质含量增加，当身体机能状态不同，运动负荷不同时，运动后尿中蛋白质的含量不同。因而，可根据运动后尿蛋白的排泄量来评定运动员身体机能状况、运动强度和运动量，或运动员对负荷的适应情况。比赛时出现尿蛋白的阳性率和排泄量与比赛时运动强度大、情绪激动、内分泌因素等影响有关。对女足运动员赛后尿蛋白的测定发现，随着比赛的进行，赛后尿蛋白阳性率和含量均呈逐场下降趋势；每次测试尿蛋白阳性者体现出明显的个体差异性。

在实际运用中，通常在运动后约 15 分钟取尿，观察运动后的变化。由于尿蛋白一般在运动后 4 小时消失，所以运动后 4 小时或次日晨取尿，可以观察恢复的状况。在评定运动负荷时，如果运动强度越大，尿蛋白生成量越多。在评定机能状态时，如果机能状态好时，完成相同负荷运动量或比赛，尿蛋白相对恒定；机能状态不好时，尿蛋白明显增多。在训练水平提高后，完成相同负荷运动量或比赛，尿蛋白减少；如果恢复时间延长说明机能水平下降。在评定恢复状态时，如果运动后 4 小时或次日晨恢复到正常值，说明机能恢复；如果次日晨仍处于较高水平，说明机能未恢复。

三、注意事项

（一）全面、系统、综合评定

足球运动员身体机能的评定，应全面、系统、综合评定，影响运动员身体机能的因素是多方面的，单一的机能评定指标对运动员机能状态评定时往往有一定的局限性，从而会存在一些误差和限制。评定过程应是一个多指标、多层次、多因素的整体综合评定，这样可以起到客观、全面的作用，从而对足球运动员机能评定更加科学，有效地掌握和指导足球运动训练及提高训练效果。

（二）结合足球运动项目特点评定

足球运动系非周期性同场对抗性集体项

目，其具有比赛场地大、人数多、竞争激烈、对抗性强、技战术变化复杂、运动持续时间长、强度高、能量消耗大、心理素质要求高等特点。此项目的比赛周期是根据其参加的赛制来决定，有赛会制，需在集中的一段时间内连续比赛，还有职业联赛，需每周两赛或一赛，时间持续数月，由此，足球运动员的机能评定要根据其阶段的需求来考虑，这样更有针对性，使评定更加科学、合理、有效。

（三）区别性别、年龄特征评定

足球运动项目分男女，其年龄跨度大，女子、男子训练和比赛有性别特征和年龄特征，不同的性别和不同年龄阶段的训练手段和要求不同，所以对机能评定的方法、评价要有针对性的侧重，使其结果具有年龄、性别特征。

主讲人：孙文新

第十六章 中国国家队机能状况 和比赛跑动能力的评价

2003 年两届国家队基本状况和体成分比较

队别	身高（cm）	体重（kg）	BMI 体重指标	体脂%
03～4 国家队	180.7	76.6	23.42	12.74
03～12 国家队	181.3	75.3	22.94	12.31
日本职业队	173.4	67.3±6.1	22.4±1.5	8.6±2.6

一、我国国家男子足球队运动员有氧耐力现状

表1　2003 年4 月国家队有氧能力结果统计表

	最大摄氧量 ml/kg·min	最大通气量 l/min	最大心率 n/min	氧脉搏	呼吸商	血乳酸（安静时）	mmol/l 运动后4 分
平均数	59.00	150.95	190.42	23.70	1.20	1.61	10.98
标准差	3.89	15.55	5.78	2.38	0.04	0.32	2.13

表2　2003 年12 月国家队有氧能力结果统计表

	最大摄氧量 ml/kg·min	最大通气量 l/min	最大心率 n/min	氧脉搏	呼吸商	血乳酸（安静时）	mmol/l 运动后4 分
平均数	64.95	154.51	190.36	25.79	1.14	1.63	9.86
标准差	4.32	14.52	5.78	2.38	0.03	0.24	1.87

表3　2003 年度两次测试比较

	最大摄氧量 ml/kg·min	最大心率 n/min	氧脉搏	mmol/l 运动后4 分
4 月	59±3.89	190.42±5.78	23.7±2.38	10.98±2.13
12 月	64.95±4.32	190.36±5.78	25.79±2.38	9.83±1.87

1. 参加两次测试队员的数据比较

姓　名	测试时间	最大 L/min	摄氧量 ml/kg·min	最大通气量 L/min	心率max b·/min 恢复3′	
肇俊哲	2003-12-12	5.069	70.4	161.4	184	111
	2003-4-11	4.708	66.7	144.5	187	
徐云龙	2003-12-12	5.066	63.1	144.6	190	136
	2003-4-11	4.711	58.9	146.9	188	
李　毅	2003-12-12	4.714	58.1	143.3	196	112
	2003-4-11	4.376	54.5	142.5	196	

姓　名	测试时间	最大 L/min	摄氧量 ml/kg·min	最大通气量 L/min	心率max b·/min 恢复3'	
杨　璞	2003 - 12 - 12	4.804	63	153.4	181	120
	2003 - 4 - 11	4.266	58.4	139.2	182	
杜　萍	2003 - 12 - 12	4.176	60.6	125.8	196	127
	2003 - 4 - 11	3.673	55.2	134	203	
肖战波	2003 - 12 - 12	4.6	62.1	139.9	196	130
	2003 - 4 - 11	4.081	57.5	137.3	189	

6 名两次参加测试运动员提高的幅度：

绝对值4.30 —— 4.74L/min

相对值58.53 —— 62.88Ml/kg·min

表4　我国2003届国家队与国外球队最大摄氧量的对比分析表

对象	最大摄氧量 ml/kg·min	研究者	时间
瑞典国家队 （N = 11）	61	Astrand&Rodall	1986
澳大利亚国家队	61	Withers et al.	1977
德国国家队 （N = 17）	62 ± 4.5	Novacki et al.	1988
意大利职业运动员	64.1 ± 7.2	Eaina et al.	1988
荷兰甲级俱乐部	68 ± 5	Verstappen&Bovens	1989
葡萄牙甲级队 （N = 19）	59.6 ± 7.7	Puga et al.	1993
丹麦国家队	53	Rang sho	1992
巴西国家队	60	Gomes	1994
2003 中国国家队	59 ± 3.89	刘丹	2003.4
2003.12 中国国家队	64.95 ± 4.32	刘丹	2003.12

根据目前所收集的新旧国外研究报告得知：优秀足球队选手最大吸氧量的平均值在55 ~68 mL/kg.min 之间。同这些数据相比较，当今我国国家队优秀足球选手的最大吸氧量达到一定水平。因此2003届国家队队员的最大摄氧能力基本上能满足足球比赛的有氧要求。

2. 近几届国家队有氧耐力的变化趋势

表5　1990 至 2003 届国家队运动员最大摄氧量测试指标统计分析表

	90 届 国家队	92 届 国家队	93 届 国家队	96 届 国家队	97 届 国家队	03 - 4 届 国家队	03 - 12 届 国家队
最大摄 氧量 （ml/ kg·min）	51.3 ± 5.16	55.08 ± 6.48	53.08 ± 6.8	59.66 ± 3.53	59.92 ± 4.8	59 ± 3.89	64.95 ± 4.32
最大心 率 （n/min）	180.4 ± 6.03	181.21 ± 8.82	179.36 ± 8.5	189.6 ± 6.14	188.47 ± 7.05	190.32 ± 5.78	190.36 ± 5.78

	90 届国家队	92 届国家队	93 届国家队	96 届国家队	97 届国家队	03 – 4 届国家队	03 – 12 届国家队
氧脉搏	18.7 ± 2.16	21.1 ± 2.59	23.7 ± 2.39	23.38 ± 2.5	22.1 ± 1.85	23.7 ± 2.38	25.79 ± 2.38
运动后 4 血乳酸 mmol/l	9.2 ± 1.81	8 ± 1.68	8.11 ± 1.34	8.42 ± 1.19	8.81 ± 1.87	10.84 ± 2.1	9.83 ± 1.87

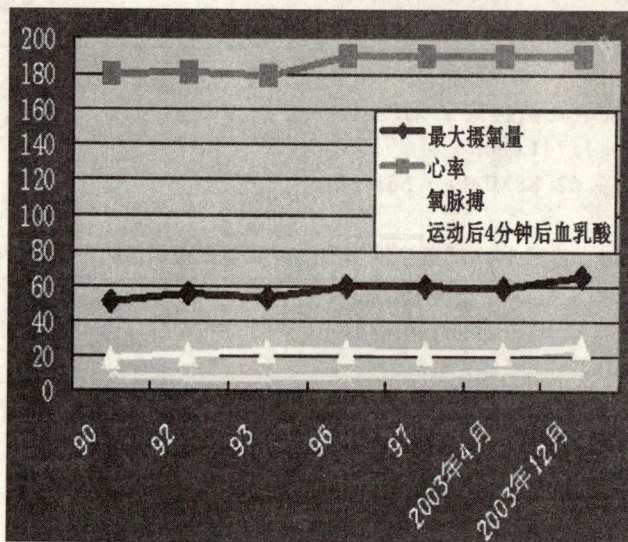

1990 至 2003 届国家队最大摄氧量等测试指标曲线图

二、对我国国家队足球运动员的无氧耐力现状评价及无氧能力对比

队别	2″峰值 W	30″均值 W	下降率%	血乳酸值 mmol/l
93 国家队	746.4	646.3	31.08	8.75
03 – 4 国家队	926.8	660.8	50.31	10.79
03 – 12 国家队	896.5	656.7	48.03	12.21

表 6 历届国家队无氧能力测试结果统计表

	1996 届国家队	1997 届国家队	2003~4 届国家队	2003~12 届国家队
最大心率	178.63 ± 1.19	177.57 ± 12.53	179.43 ± 3.32	190.36 ± 5.78
最大血乳酸 mmol/l	11.6 ± 1.35	11.5 ± 1.27	12.1 ± 1.54	9.83 ± 1.87

表 7 两届国家队通气无氧阈测试指标比较

	无氧阈 L/min	无氧阈摄氧量 ml/kg·min	最大摄氧量%	无氧阈心率 b/min
4 月	3.61 ± 0.45	46.16 ± 5.78	81.94 ± 2.79	165.4 ± 5.04
12 月	3.87 ± 0.27	51.41 ± 3.55	79.19 ± 2.09	168 ± 6.71

三、我国运动员无氧能力的主要差距

1. 2 秒峰值功率反映力量和爆发力水平，较以往国家队虽然有了提高，但与国外运动员仍有差距。

2. 30 秒均值功率反映速度耐力，2003 届国家队速度耐力与以往没有提高。

3. 下降率也反映速度耐力水平，保持乳酸堆积后的运动速度至关重要，我国运动员速度耐力下降太快。

4. 足球比赛中的跑动规律研究。

四、职业足球比赛运动员的活动方式

		前锋	前卫	后卫
跑动距离		8950/320	10387/513	7318/394
有球跑动		478/39	160/15	24/13
无球跑动	强度 1 （<2m/s）	2661/161	1685/152	3049/144
	强度 2 （2m/s～4m/s）	4221/234	6663/262	3467/182
	强度 3 （>5m/s）	1590/86	1879/84	778/45

跑动形式	距离	前锋	前卫	后卫
无球	1～15	394/49	307/39	189/28
	16～30	512/23	329/17	161/8
	31～50	344/9	823/21	147/4
	51～100	340/5	420/7	281/5
有球	1～15	35/5	75/7	—
	16～30	121/6	39/2	—
	31～50	35/1	—	—
	51～100	60/1	—	—

五、足球跑动特点

1. 每场比赛跑动 1 万米左右，大约进行 500 次跑动，平均每次跑动 20 米。

2. 活动方式以有氧供能中速跑为主，伴有一定间歇，低于每秒 5 米速度的跑动距离约 3500 米，跑的次数约 200 次，平均每次跑动 15 米。

3. 每秒 5 米以上（强度 3）的跑动大约为 1500～2000 米，主要是 1～30 米的加速跑动，冲刺能力，这一强度对比赛结果具有决定意义。

4. 不能忽视对抗中的静止性力量消耗，体力的消耗不仅仅是跑动能力。

5. 通过近十年的体能测试，促进了我国足球运动员体能的发展。但 1996 年以后体能发展的速度缓慢现象应引起重视。体能测试的结构有待改善，坚持抓好体能训练，特别是抓好全年体能训练，仍是一项艰巨的任务。

差距

我国 2003 国家男子足球队的氧脉搏平均值为 23.7 毫升/次和 25.79 毫升/次，与德国联赛球队 27.9 毫升/次相比，仍有一定的差距。这提示我们中国队的机能差距主要表现在极限运动时的有氧供能能力，也就是说差距在血乳酸堆积后利用氧的能力。

足球运动员无氧工作能力是指在比赛中通过无氧代谢途径提供能量进行运动的能力。它是由两部分组成，即由 ATP－CP 分解供能（非乳酸供能）和糖无氧酵解供能（乳酸能）。ATP－CP 是无氧功率的物质基础。强度 4 短时间、高速度的跑动能力取决于 ATP－CP 供能的能力；乳酸能则是强度 3 的物质基础。

表8 对1993至2003届国家队乳酸阈测试结果统计分析表

	93届国家队	96届国家队	97届国家队	03-4届 国家队	03-12 届国家队
摄氧量 （ml/kg·min）	46.44±5.64	47.6±2.2	46.32±2.47	46.16±5.28	51.41±3.55
最大摄氧量 （%）	75.56±3.62	70.31±4.04	69.76±4.01	81.94±2.79	79.19±2.09
乳酸阈心率	164.58±8.88	164.63±7.75	166.76±7.11	165.4±5.04	168±6.71

六、国家队跑动能力分析

跑动距离：国内外运动员快速跑能力距离对比：

国家及地区		移动距离
荷兰 职业 球员	后卫	8400米
	前卫	10900米
	前锋	9800米
荷兰 职业 球员	后卫	9000米
	前卫	12100米
	前锋	10400米
丹麦职业球员		10000米
南美职业球员		7480~9796米
澳大利亚		11500米
中国国家队运动员		9306.35米

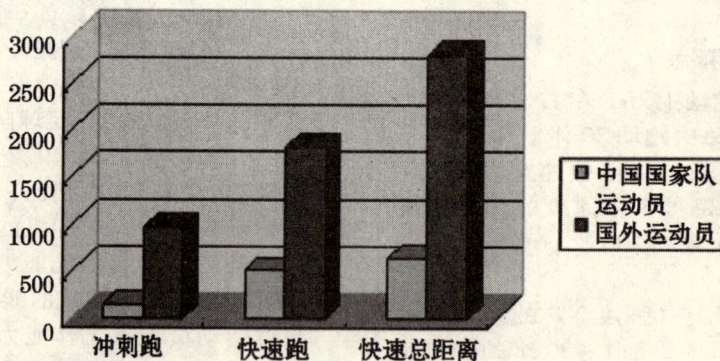

国内外足球运动员快速度跑动距离占总跑动距离比例：

七、对中国国家队体能状况的综合评价

与历届国家队机能测试的情况相比较，10年来，我国国家队的体能状况有了较快提高，主要反映在有氧能力、无氧能力、无氧阈和血乳酸等指标上。这也从一个侧面反映十年甲A联赛的成功和中国足协强调体能政策的成功.

就机能状况而言，与文献报道的国外优秀职业队和国家队有氧能力相比较，我国国家队最大吸氧量有了提高。这揭示我们：作为反映有氧能力的耐力素质指标，不应成为提高我国

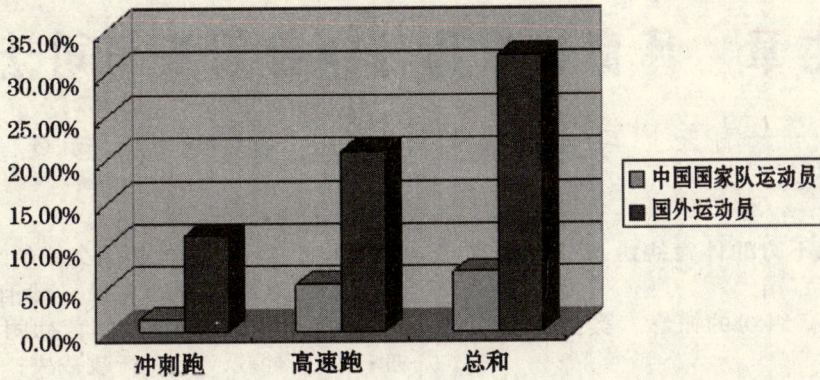

足球水平的主要心理障碍。

　　强度 3 的跑动能力，即每秒 5 米以上的跑动距离和次数，对足球比赛结果具有重要的决定性意义。但是，从乳酸阈和现场统计数字等指标的分析中可以看到，我国优秀运动员在乳酸堆积后的往返跑能力与世界优秀水平差距仍然较大。

　　国家队运动员比赛符合实战的技战术能力的差距可能比体能更大。由于技战术的差距，比赛中的体能消耗很大。因此，要想完成任务，必须具备超强的体能储备，用体力弥补技术意识的不足。

　　足球运动员的体能不仅表现在跑动能力上，对抗中的静止用力、原地攻防的转身、推拉、起跳等动作都需要力量。力量素质的不足，尤其是上肢的对抗用力对体力的消耗不能低估。

主讲人：刘丹

第十七章 体育组织内部纠纷解决与司法介入

——有关"司法介入体育纠纷"若干问题的综述

一、从层出不穷的体育纠纷及其解决和此起彼伏的体育官司

（一）体育纠纷的概念、类型和解决途径

"纠纷"的含义究竟是什么？这在法学领域内还未形成统一的认识和概念。在法学领域内，冲突、争执、争议、纠纷等词语被频繁使用，甚至经常被交互替代使用。体育纠纷指发生在从事体育活动的主体之间的，因利益分配、权利和义务争议而引起的一种紧张的社会关系。

体育纠纷伴随着体育活动同时产生，是当今世界各国较常见的社会现象之一。

随着体育活动的迅速发展，人们因体育行为而建立起来的体育社会关系越来越复杂化了。与体育有关的规则早已跨越了竞技场的围栏，其内容涉及到因体育活动而发生的多种社会关系。特别在现代社会，在这些体育规则的背后，充满了利益的属性。各类体育活动主体对利益的追逐和控制，势必会产生层出不穷的体育纠纷。

体育纠纷具有与其他类型的一般纠纷（如政治纠纷、种族纠纷等）某些一致的特点，即纠纷主体的特定性、纠纷主体利益的对抗性、纠纷过程的动态性等。

此外，体育纠纷具有技术性、专业性、文化寄生性、公开性等个性特点。

体育纠纷根据不同的分类标准，有不同的类型。

按体育纠纷的性质不同，可将体育纠纷分为体育民事纠纷和体育行政纠纷；

按照体育的分类不同，可将体育纠纷分为社会体育纠纷、学校体育纠纷和竞技体育纠纷；

按照体育组织内外的不同，可分为体育组织内部的纠纷和体育组织外纠纷。

现代体育的范围很广，体育社会关系也比较复杂，使得体育纠纷的性质趋向多元，体育纠纷在形式上更是呈现多样化，甚至会出现体育领域与其他领域交错的纠纷。

解决体育纠纷的途径一般有：（1）和解；（2）调解；（3）体育社团组织内部处理；（4）仲裁；（5）行政裁决；（6）诉讼等六种方式。

（二）什么是体育官司

通过诉讼的途径解决体育纠纷，于是就出现了此起彼伏的体育官司。

美国盐湖城申办冬奥丑闻、陆俊名誉权案、无锡日报诉中国足协案……上个世纪90年代以来，体育官司的大量发生和升级，围绕体育运动发生的法律纠纷此起彼伏，成为人们议论颇多的一个话题。

从国际范围看，雷诺兹事件似乎是一个导火索。美国田径选手雷诺兹因未通过国际田联的兴奋剂检查，被禁止参加1992年的巴塞罗那奥运会，他以药检不真实为由向美国地方法院提起诉讼，要求国际田联赔偿其经济损失。从此国际体坛诉讼不断，体育官司接二连三，法院成为体育纠纷的裁判者。如果说一开始国际奥委会和各大体育组织对此还感到惊愕和不适应的话，那么到后来，因盐湖城申办丑闻一案，国际奥委会和当时的萨马兰奇本人也成了司法机关的直接调查对象，恐怕更为人们始料不及。

与此同时，体育官司也开始在我国出现。1992年，围绕首次在北京举办的一场国际职业拳击赛，中国的星华公司远渡重洋，在美国西雅图地区法院起诉美方经纪人，并大获全胜；1994年，上海长宁区法院受理了我国首例因运动员转队问题而导致的赞助单位诉运动员违约案；还有后来因赞助体育而"理科虫草王诉中华鳖精"案；陆俊诉媒体名誉侵权案；中国奥委会诉某企业非法使用"五环"标志侵权案；2002年发生的震惊全国的"吉利案"与"亚泰案"；2003年的龚建平受贿案等等。

（三）为什么会出现此起彼伏的体育官司

五花八门的纠纷虽统称体育官司，在法

律上却往往分属民事、经济、行政纠纷等不同范畴。对这些纠纷，很难从一个固定的角度分析和归纳。但是，这些纠纷的发生，往往有着相同的深层背景和环境。

1. 现代职业体育高度发展，体育运动水平迅速提高，比赛竞争越来越激烈和残酷，发生纠纷的频率增大。

2. 市场经济条件下，体育和经济互相驱动，关系越来越密切，对当事人来说，体育比赛之争的背后是经济利益之争。

3. 经济体制和体育管理体制改革过程中，旧体制逐渐瓦解，新体制尚未形成，转型期造成体制和制度上的漏洞也导致纠纷增多；现有法律和体育组织的管理制度不够完备。

4. 体育运动参加者的权利意识和法制观念大大增强；对利益的强烈关注使当事人追求最趋合理的裁判结果，当在原有的体育组织框架内不能获得满意的答案时，当事人便希望在更广阔的法律背景下解决问题。

（四）体育官司的增多是好事还是坏事

有人认为：是坏事，说明体育领域问题多多，体育界腐败、黑暗等。

有人认为：体育官司增多并不是坏事，它在一定程度上给体育管理体系带来的震动，是体育改革和发展过程中不可避免的现象。

体育作为一种传统的文化活动，不能脱离我国经济和法律生活的大环境。体育官司从一个侧面反映了中国体育改革进程，是中国体育发展和进步的表现。从另一个角度说，它对加快我国体育改革的步伐，提高体育管理者的现代意识和依法行政、依法治体的水平，具有积极的推动作用。

对于体育官司反映出的现有法律制度、管理体制、观念等方面的矛盾，有关专家和业内人士已积极行动起来，探索适应当前形势、符合中国国情的体育管理模式和法律。

在通过诉讼途径解决体育纠纷的实践中，最引人关注的莫过于"司法能否介入体育社团组织内部纠纷解决"的争议问题。

二、有关司法能否介入体育组织内部纠纷的争议

（一）有关司法介入体育行会内部纠纷解决的国内外案例

案例1：

1927年1月2日，元旦后的第一天，数万球迷在荷兰鹿特丹体育场观看一场新年足球赛。比赛正在紧张激烈的进行———一件意想不到的事情发生了，主队的进攻队员进攻到客队禁区附近，客队防守队员在无法阻挡对方进攻的情况下，只能采取犯规策略，在其进攻队员身后猛地一推，进攻队员飞身倒地，鼻子摔伤，血流满面，球迷们都在等待裁判的判罚……突然，一名全副武装的警察冲进场内，逮走了该名犯规队员。

原来，该警察是第一次在球场值勤，他看到这一犯规行为，认定是法律上的伤害行为，应当追究其法律责任。犯规队员被带到警察局，录完口供后，被允许再次返回球场，但是比赛却也无法进行了，客队俱乐部经理拒绝让其球队继续比赛。荷兰足协在紧急磋商后，亦决定放弃这场比赛，并向荷兰司法部长提出抗议。抗议信中写到："我们认为，警察在球场上的唯一职责是维护比赛秩序，保障比赛的正常进行，至于对犯规行为的处罚，只能由比赛裁判来实施。在比赛中，运动员们均接受裁判的至高无上的权力。而来自球场外的干涉，尤其是警察的介入，将使正常的体育比赛无法继续。因此我们恳请部长大人，向您下属的警察部门澄清：今后不得干涉体育比赛，不得动摇裁判的权威。"

在这封抗议信中，荷兰足协还表示了对行政部门及法院系统干涉体育比赛事项的担忧。这种害怕法律介入体育领域的想法，并非只有荷兰足协才有，在国际体育界，这似乎是一种极为普遍的忧虑。

案例2：

1973年，高级赛车联合会制定了世界摩托车锦标赛的参赛规则，其中有一项要求参赛车手与参赛车队的国籍必须相同。在该规则通过的同一年，即有赛车手对此提出异议，一名叫科奇的荷兰赛车手向欧洲共同体法院提起诉讼，控告国际赛车联合会的该项参赛条件违反《欧洲经济共同体条约》的有关规定。根据《欧洲经济共同体条约》第2、7、48以及59条，特别是第48条，禁止对成员国境内的雇员进行国别歧视。欧洲共同体法院最终的判决认为，禁止国别歧视的规定对欧共体内的任何雇用人员均适用，体育运动员亦不例外，但是如果有特殊的规则或惯例，例如本案中所涉及的车手国籍必须与车队国籍一致的原则，不具有营利目的（non-economic），就不违反禁止歧视的规则。

时隔 17 年，在 1990 年，又发生了一起类似的案件，比利时车手柯里恩及其所属的荷兰积架车队又因国际赛车联合会的上述规则，诉诸荷兰鹿特丹地方法院，案件并且还上诉到了荷兰海牙上诉法院。诉讼中有一些法官表示支持原告的诉讼请求，但是后来原告撤回了诉讼，并且没有参加当年度的世界锦标赛，来自国际赛车联合会的压力，迫使原告撤诉，国际赛车联合会警告柯里恩和积架车队，有可能永远取消他们今后参加任何比赛的资格。

事实上，在 1973 年的案件后，国际赛车联合会曾经讨论过是否通过一个新的规则，禁止车手、车队及其他当事人就赛车比赛中的纠纷，向法院提起民事诉讼。这样的规则在其它体育联合会的章程中亦可见到。例如，国际足球联合会章程的第 48 条（现在的第 57 条）与第 22 条，就明确规定，禁止就比赛中产生的纠纷提起民事诉讼。这些规则是体育界排斥司法介入的集中体现。当然，这些规则都限制在体育比赛本身，而其它与体育比赛有关的事项，如赛场的租借、体育器械的购买等等，则排除在规则的适用范围之外。但是随着体育事业的飞速发展，以及体育作为一个产业部门的逐渐壮大，要严格区分"比赛本身"与"和比赛有关的事项"，恐怕不太容易，而法律作为人类日常生活的基本行为准则，何以不能进入体育领域？

利用司法途径解决纠纷（access to justice），是每一个人的基本权利，这种权利在很多国家的宪法（例如荷兰宪法第 17 条）以及国际人权公约（例如《欧洲人权公约》第 6 条）中均有明确规定。另一方面，体育联合会这一民间组织的规则是否能够剥夺法院根据国家法律享有的司法裁判权？

案例 3：

本案涉及德国职业足球队的运动衫上印的广告问题。

在职业足球联赛中，在球员的球衣上做广告是非常普遍的，赞助商们要求俱乐部在球员的球衣上印上自己的企业名称或是商标，例如我们经常可以在球员的球衣上看到"欧宝"（Opel）、"夏普"（Sharp）等字样，这些都是赞助商的广告。球员广告的收入由球队所有，往往是一支球队主要的广告收入来

源，当然在特别的情况下，特定的球员个人也可能获得广告收入分成。

根据德国足协（Deutscher – Fassball – Bund，简称 DFB）的有关规则，在球员球衣上做广告，必须事先取得德国足协的同意。

在本案中，赞助商为一家名为伦敦橡胶公司（London Rubber Company GmbH），其以生产避孕套闻名于世，该公司生产的避孕套以及有关避孕套的广告在德国非常普及，被赞助的球队为德国 FC 洪堡 08 球队（FC Homburb 08），两家签订了赞助广告合同，FC 洪堡 08 球队的队员将在 1987 至 1988 年的赛季中，身着印有"伦敦"字样的球衣参加所有的常规赛、冠军杯赛及其他友谊赛。

根据上述德国足协的有关规定，FC 洪堡 08 俱乐部将此赞助广告合同呈交德国足协请求批准。但是德国足协拒绝批准该合同，在其书面的答复意见书中，德国足协表示，在球衣上为避孕套做广告，违背了"体育运动基本的伦理与道德准则"（principles of ethics and morals prevailing in sports）。

俱乐部对此决定不服，根据德国足协有关规则规定的内部纠纷救济机制程序，向足协内部的仲裁机构提起了仲裁程序，试图获得对该赞助广告合同的重新批准，但俱乐部败诉了。在德国足协的内部仲裁程序中，德国足协提出了一个变通的解决方案，即在球衣上加上"预防艾滋病"字样的公益宣传，就可以在球衣上使用该避孕套商标字样。但这一提议遭到赞助商伦敦公司的反对，因而俱乐部没有同意该提议。随后俱乐部向德国法院寻求司法救济，申请法院颁布一个临时禁令，许可其在即将开赛的赛季比赛中使用印有该避孕套商标广告的球衣。

德国法兰克福地区法院第 13 民事分庭（Landyericht Frankfurt，13th Civil Chamber）受理了此案，但法庭拒绝了当事人的请求，裁定德国足协所作裁决的理由并不违反德国法律，亦不违反德国足协的章程规定，该裁决并未显失公平，也不是武断的。法院认可德国足协的观点，即在球员球衣上为避孕套商标做广告，将违背体育运动的基本伦理与道德准则，如果一定要这样做，会使球员们的私生活，以及个人的生活方式，成为商业广告的牺牲品。并且在法院看来，该避孕套广告仅仅使用避孕套的商标，不仅无法使公

众联想到预防艾滋病，反而相反，似乎是在鼓励公开的、自由的性行为。

FC 洪堡 08 俱乐部不服，继续上诉，二审法院法兰克福特地区法院推翻了一审判决，判决俱乐部胜诉。二审法院认为，即使"伦敦"字样使大多数人联想到避孕套，这样的广告也不违反所谓的"体育运动基本的伦理与道德准则"。法院认为大众体育运动项目象足球，其所坚持的伦理与道德标准应当与整个社会所坚持的普遍的伦理道德标准一致，而社会道德伦理标准并非是一成不变的，而应随着时代的变化而不断发展。法院认为，在现今时代，绝大多数的德国民众已经接受了避孕套的观念，并接受避孕套的使用，法院注意到象德国卫生部、各地方有关政府机构、医疗卫生机构等等都在公开场合倡导使用避孕套，并且不仅仅是为了预防艾滋病。法院强调，在今天，大众的性观念已经发生了改变，法院不支持德国足协的理由。

案例 4：

博斯曼（Bosman）是一名比利时足球运动员，1990 年，在他与比利时列日队的服役合同届满之际，博斯曼提出下一赛季转会到法国的敦刻尔克队踢球。比利时列日足球俱乐部根据当时欧洲足球界的转会制度惯例——合同到期后球员转会至另一俱乐部，该俱乐部必须向球员原所属俱乐部支付一笔费用——要求索取一笔转会费，否则就不允许博斯曼转会。后来由于列日俱乐部未能得到这笔费用，博斯曼转会未果，博斯曼遂将列日队俱乐部、比利时足协和欧洲足联一并告上了比利时法庭。其理由是，根据 1957 年创建欧洲经济共同体的《罗马条约》第 48 条之规定（经 1992 年建立欧洲联盟的《马斯特里赫特条约》及 1997 年的《阿姆斯特丹条约》修订后的条文为第 39 条），任何一个成员国的劳动者都有权在欧盟各成员国之间自由流动，平等就业。

比利时法院受理了此案。根据欧盟实践，成员国法院可以向欧洲法院请求咨询，要求欧洲法院就欧盟条约及法令的解释问题发表初步裁决。比利时法院因而向欧洲法院请求初步裁决，欧洲法院于 1995 年 12 月 15 日做出裁决，认定俱乐部在与球员合同到期后要求转会费的行为确实违反了《罗马条约》第 48 条规定的"劳动者自由流动的权利"（a

worker's right of free movement）。

博斯曼案件具有里程碑式的意义，它结束了欧盟足球界（乃至整个体育界）游离于欧盟法律调控范围之外的局面，标志着欧盟足球法制化进程的加速。另一方面，博斯曼在欧洲法院的胜利，亦打开了一个潘多拉魔盒——很多传统的足球游戏规则，如转会制度、俱乐部合并规则、球票销售体系、电视转播权制度等等，都将面临司法审查的挑战，事实之一就是潮水般的投诉与诉讼涌到了欧盟委员会与欧洲法院面前。仅欧盟委员会在 1999 年调查处理的涉及反不正当竞争的足球案件就有 50 多起，内容从俱乐部主场的跨国迁移问题到 1998 年世界杯球票销售问题，不一而足。而足球界人士则开始担心，体育自治从此将受到威胁，传统的足球行业管理机制行将崩溃，国际足联（FIFA）亦开始关注欧盟的动向，他们要求足球行业取得欧盟竞争法的豁免，保持其自治地位。

案例 5：

2001 年 10 月 16 日，中国足协公布了对甲 B 四川绵阳、成都五牛、长春亚泰、江苏舜天和浙江绿城俱乐部足球队涉嫌打假球的"14 号处理决定"，对几家俱乐部进行了严厉的处罚。亚泰足球俱乐部于 2001 年 10 月 19 日和 11 月 10 日，两次向中国足协提出申诉状，但中国足协未答复，亚泰足球俱乐部遂于 2002 年 1 月 7 日，以中国足协为被告，向北京市第二中级人民法院提起行政诉讼。

2001 年 10 月 16 日同一天，中国足协就广州吉利队在与上海中远汇丽队的比赛最后阶段的违规行为公布其处罚决定。被处罚的俱乐部纷纷叫冤，其中广州吉利宣布退出中国足球协会，并认为中国足协的处罚是对俱乐部名誉权的侵犯，于 2001 年 12 月 13 日，向广州天河区人民法院提起民事诉讼，起诉中国足协。

这就是震惊全国的"吉利案"与"亚泰案"。2002 年被称之为"中国足坛的诉讼年"。

关于"吉利案"的解决：中国足协委托中国足协常年法律顾问杭泉明和北京大地律师所梁律师担任诉讼代理人，正式向广州天河区法院提出管辖异议：认为：根据最高人民法院关于审理名誉权案件若干问题的解答规定，原告所在地可以受理各种名誉权官司，但原告所在地必须是行为损害实施地，中国足协所作的处罚决定是通过诸多媒体传播到原告所在地，吉利只能在广州起诉媒体侵权，而不能起诉中国足协，如果吉利认为中国足协侵权，应到被告所在地（北京）提起诉讼。《解答》中规定的侵权行为是：当事人在公众场合受到新闻报道、文学作品诽谤，但并没有将处罚决定列到其中，既如此，天河区法院依照什么理由受理名誉权诉讼呢？最高法院已有司法解释，工作中上下级发生的任何纠纷，不适用于名誉权，中国足协和吉利俱乐部在行业上属于上下级，因此，处罚决定不适用于名誉权诉讼，这样，天河区法院不应管辖此案。2002年2月6日，广州市天河区人民法院做出（2001）天法民初字第3830号《民事裁定书》，该裁定书驳回了原告吉利俱乐部的民事起诉。

关于"亚泰案"2002年1月23日，北京市第二中级人民法院做出（2002）二中行审字第37号行政裁定书，以长春亚泰及其教练员、球员对中国足协提起的行政诉讼"不符合《中华人民共和国行政诉讼法》规定的受理条件"为由，裁定不予受理。

上述5个国内外案例，都是有关司法介入解决体育组织内部纠纷的问题。我们看到，外国的案例中法院都受理并介入纠纷的解决。中国两个案例，尽管法院最终都没有审理，但其影响深远。尤其是对"亚泰案"裁定不予受理之后，社会上反响强烈，进而引发了司法能否介入体育组织内部纠纷解决的大讨论。

（二）有关司法介入体育行会内部纠纷解决的争议观点

1. 中国足协的观点：司法裁判权不能介入体育竞赛纠纷

中国足协认为，根据我国有关法律和全国最高人民法院的有关司法解释，以及《国际足联章程》、《亚洲足联章程》和《中国足协章程》的有关规定，此纠纷不属于人民法院受理案件的范围，法院对该案没有管辖权。

中国足协认为，根据《中华人民共和国民事诉讼法》第三条和《中华人民共和国民法通则》第二条规定，中国足球协会是依法负责管理全国足球竞赛活动的全国性单项体育协会，而足球俱乐部是足协管理的职业足球俱乐部，两者并非平等的民事主体，两者之间的关系既不是平等主体之间的财产关系，也不是人身关系，而是管理与被管理的关系。两者之间的纠纷不属于人民法院受理案件的范围。

中国足协认为，它是作为管理全国足球竞赛活动的全国性单项体育协会，依据《中国足球协会章程》和《中国足球协会违规违纪处罚办法》，对违规的足球俱乐部作出处罚，完全是在行使自己的管理权。认为由于在竞技体育活动——全国足球甲B联赛中，俱乐部足球队违反了《中国足球协会章程》和《中国足球协会违规违纪处罚办法》而受到中国足球协会的处罚。按照《中华人民共和国体育法》第33条的"在竞技体育活动中发生纠纷、由体育仲裁机构负责调解、仲裁"的规定，该纠纷应由体育仲裁机构负责调解、仲裁。

中国足协还援引了《国际足联章程》、《亚洲足球联合会章程》和《中国足球协会章程》的有关规定后提出，这三个组织的章程均排除了争议的司法救济权。中国足球协会作为国际足联和亚洲足联的成员，必须严格遵守这些章程，履行其承诺的义务。

中国足协认为，法院受理此案提出了一个严肃的法律问题，即司法裁判权是否可以介入体育竞赛纠纷，取代体育行业的管理权。体育作为人类提高身体素质、增进友谊的传统运动，其规则和裁判准则是全球统一的。基于体育运动本身及其规则的专业要求，其裁决应当具有绝对的专业性和权威性。如果允许司法介入体育竞赛纠纷，势必会打破体育竞赛规则的统一性，损害体育裁判的权威性和公正性，造成体育竞赛的混乱。

2. 法学家观点：亚泰再次上诉，并告足协无法律障碍

亚泰俱乐部向北京市高级人民法院提出上诉，请求撤销北京市第二中级人民法院的裁定，并依法裁定受理本案。

据中国青年报报道，亚泰俱乐部诉中国足协的行政诉讼案，在行政法学界同样引起了热烈讨论。与法院经审查认为此案不符合《行政诉讼法》的受理范围相反，在2002年召开的"行业协会管理权之司法审查研讨会"上，行政法学家对此案进行剖析时一致认为，中国足协成为行政诉讼被告不存在法律上的障碍，该案应属于行政诉讼受案范围。

全国人大内务司法委员会委员、中国法

学会行政法学研究会副会长应松年教授认为，根据《体育法》有关规定，中国足协明显是法律、法规授权的组织。按照《行政诉讼法》规定，法律、法规授权的组织如果在行使公权力过程中有违法行为，应当作为行政诉讼的被告。

应松年说："足协对亚泰俱乐部的处理，包括不能升入甲Ａ、取消注册资格等，实际上是行使公权力的处罚权，因此中国足协可以成为行政诉讼的被告。"

中国足协章程中有关纠纷不经过司法解决的规定，成为足协阻挡司法介入的最大挡箭牌。对此，北京大学法学院湛中乐教授说，足协作为行业协会在符合法律、法规情况下，可以有其自律性规定。但足协对俱乐部及球员、教练的处罚涉及公权力行使，即应纳入司法审查范围。同时，他认为，在国务院没有设立仲裁机构的情况下，足协私自设立诉讼委员会并称争议只能经过其诉讼委员会解决的作法是错误的。

中国社会科学院陈新欣博士指出，目前的足协不是真正意义上的基于平等自愿原则产生的社团法人组织。足协取消亚泰球员、教练员注册资格，剥夺了球员、教练员的劳动权和就业权，作为行业协会不可能有这么大的权力。这种处罚是不平等的公权力关系的体现。

与会专家一致认为，中国足协不是法外桃源，不能成为不受法律监督的组织。足协对俱乐部行使公权力的处罚行为，不能通过民事诉讼，只能通过行政诉讼进行合法性审查，法院应予受理。

随着我们国家行政机关转变职能，越来越多的公权力可能要转移到行业协会手里，那么如何界定这些行业协会的法律性质？行业协会能否把其内部规定，作为阻挡司法介入的挡箭牌？此桩行政案，引发了与会专家更深层次的思考。

中国社会科学院法学研究所国家法室副研究员周汉华博士指出，在此背景下，把行业协会排除在司法审查管辖之外，是历史的倒退。"因为国家法律不能调整某些领域的状况，只是中世纪曾经存在的一种现象。在一个文明法治的社会，不应存在行业协会画地为牢，排斥司法介入的情况存在。"

国家行政学院研究室主任袁曙宏教授则分析说，在一些人的观念中，对于行政诉讼还存在这样那样的顾虑和误区，去年有公司告证监会，有人认为会使中国股市乱了。按照如此逻辑，如果告证监会中国股市就乱了，告公安部门中国治安就乱了，告工商局中国市场经济秩序就乱了，现在告足协又认为中国足球就乱了，那么《行政诉讼法》岂不就要废除？人民法院的行政审判庭岂不就要撤销？"事实上，中国证监会当被告，股市不仅没乱，反而加强了监管，促进了证监会法治意识的提高。因此，行政诉讼能有力地促使有关机构依法行事，增强法律意识。"袁教授强调。

中国政法大学马怀德教授说，《行政诉讼法》开创了监督行政权力的先河，但随之而来的问题是，一些行使公权力及公共管理职能的社会团体、行业协会、事业单位却游离在法律监督之外。因此现在要扩大行政诉讼的范围，打破权利救济的真空，使每一个权益受到公权力侵害的公民、法人和其他组织都有获得救济的途径。这是一个国家法治文明、法制进步的象征。这番话，表达了与会专家的共识。

3. 人大代表联名要求京高院受理亚泰告足协案

黑哨事件令浙江省人大、政协委员提交了关于惩治黑哨和司法介入的提案，长春亚泰足球俱乐部行政起诉中国足协的请求被北京第二中级人民法院驳回后又将起诉书提交到北京市高级人民法院后，此举也得到了人大代表的支持。全国人大常委吴长淑等十二名全国人大代表联名上书全国人大常委会要求北京市高级人民法院受理长春亚泰足球俱乐部对中国足协提起的行政诉讼。

意见书全文如下——

全国人民代表大会常务委员会：

长春亚泰足球俱乐部及其教练员、球员，因不服中国足球协会 2001 年 10 月 16 日作出的足纪字（2001）14 号《关于对四川绵阳、成都五牛、长春亚泰、江苏舜天和浙江绿城俱乐部足球队处理的决定》（简称"14 号处理决定"）中涉及对亚泰足球俱乐部及其教练和球员的处罚，已于 2002 年 1 月 7 日向北京市第二中级人民法院正式提起了两起行政诉讼。

我们认为，根据我国《体育法》第 31

条关于："全国单项体育竞赛由该项运动的全国性协会负责管理"的规定，中国足协是法律授权的管理全国足球竞赛的组织。根据我国《行政诉讼法》第25条第4款"由法律、法规授权的组织所作的具体行政行为，该组织是被告"的规定，以及根据《最高人民法院关于执行＜中华人民共和国行政诉讼法＞若干问题的解释》第20条第3款关于"法律、法规或者规章授权行使行政职权的行政机关内设机构、派出机构或者其他组织，超出法定授权范围实施行政行为，当事人不服提起诉讼的，应当以实施行为的机构或者组织为被告"的规定，中国足协可以作为行政诉讼的被告。

关于我国《体育法》第33条规定，"在竞技体育活动中发生纠纷，由体育仲裁机构负责调解、仲裁。体育仲裁机构的设立和仲裁范围由国务院另行规定。"这一规定是说竞技体育活动中的纠纷由调解和仲裁解决，并未说体育管理的纠纷由仲裁解决，由于本案纠纷属于行政纠纷而不属于竞技体育纠纷，因此不属该规定中应仲裁解决的范围。

需要指出的是国际足联章程并未规定绝对排斥司法介入足协纠纷，中国足协章程关于纠纷不经过司法解决的规定，不应包括对行政管理权不服而产生的纠纷经司法解决。

一国法律及其司法的统一和尊严，是国家主权的象征，按照现代法治原则，不允许任何公民和组织有凌驾于法律之上和超越于法律之外的特权。中国足协作为中国法律授权的管理足球竞赛的组织，毫无疑问应遵守中国法律，接受中国司法管辖。而且国际足联《章程》和中国足协《章程》均属于民间行会的规章，不属于我国人大批准和通过的国际公约和法律。如果两者发生冲突时，只能以我国法律为准。

我们认为，这是人治与法制的较量。中国足协无视法律，不允许其会员、俱乐部向人民法院提起诉讼的做法是没有任何法律依据的。诉权是公民的基本权利，任何组织、任何人都不能剥夺。按照法律规定，长春亚泰足球俱乐部及其教练员和球员完全有权提起行政诉讼，中国足协的行为更应受到司法审查，人民法院完全应当受理此案，否则，法律将受到挑战。

请求全国人大常务委员会，对此事进行监督，并责成相关的人民法院排除干扰，尽快受理此案，以切实维护由全国人大制定和颁布的法律尊严不受践踏。

请将我们的意见转给最高人民法院及北京市高级人民法院。

该意见书于2002年1月29日上午送交到了全国人大常委会。

4.《中国青年报》发表文章：给中国足协"普法"

2002年1月9日杨亮庆在《中国青年报》撰文——给中国足协"普法"。文章指出："黑哨事件"发展至今，已经引起了舆论的广泛关注。然而，中国足球协会有关人士在各种场合的表态，依然体现出对法律的无知与不屑，笔者主要归纳为以下三点：

(1)"体育运动不受司法干预"

在事件发生初期，中国足协负责官员多次强调体育活动中的不正之风、腐败行为只能通过体育行业协会内部的规章制度来解决。他们针对广州吉利足球俱乐部提起的名誉侵权诉讼，向广州市天河区人民法院提出管辖权异议，认为司法裁判权不能介入体育竞赛纠纷。

中国足协援引《中华人民共和国体育法》第49条的规定："在竞技体育中从事弄虚作假等违反纪律和体育规则的行为，由体育社会团体按照章程规定给予处罚；对国家工作人员中的直接责任人员，依法给予行政处分"，认为足协和俱乐部之间是管理和被管理的关系，排斥民事司法行为介入的可能。足协一位官员还声称，司法不干预体育运动是世界各国的惯例。

据笔者了解，国际足联确实订有体育纠纷优先适用内部章程的规定，但这并未排除司法机关对体育纠纷的最终审查。事实上是，欧美各国使用行业会内部章程处理的体育纠纷，并没有达到需要司法调整的程度。而近在眼前的例子是，前两年东南亚某国法院出重拳惩处了操纵球市的赌博集团，成为司法干预体育事件的典范。

同样，在中华人民共和国的同一片蓝天下，我们也不容许出现任何一个游离于法律之外的"真空"。

(2)"必要时提请司法介入"

当事情发展到中国足协感到无法控制的局面时，足协副主席阎世铎在杭州的记者会上表示："必要时将提请司法介入。"这个说法带给人们一种误解，似乎法院受理足球案件以中国足协的申请为前置程序。而事实上，司法介入不需要任何形式的"提请"。

"司法介入"作为一个严格的法律术语，是指司法机关（在我国一般为检察院和法院）认为某一领域出现了违法或犯罪现象，介入该领域进行侦讯、调查并作出判决而实施的国家司法活动。只要有违法现象的存在，检察机关即可依职权立案展开侦查，其行动不受来自任何方面的制约。所以不存在只有足协在"认为必要的时候"提出请求，司法机关才可以介入的问题。即使足协不提出请求，司法机关只要有确凿证据证明违法犯罪事实存在，同样可以行使宪法赋予的刑事追诉权，启动公诉程序。

除了足协之外，凡掌握证据的俱乐部、裁判或其他知情人都可以向检察机关提供证据，提请司法机关立案侦查。浙江绿城和广东吉利足球俱乐部举行的新闻发布会，可以视为是向检察机关的公开举报。

（3）对举报者"宽大处理"

1月6日下午，浙江省体育局局长陈培德在杭州向媒体透露了一个重要信息：对于主动公开披露"黑哨"现象并积极与足协配合进行调查的浙江绿城足球俱乐部和广州吉利足球俱乐部，中国足协将"宽大处理"。

陈培德明确表示这一说法代表了阎世铎本人的意见。阎世铎在与他进行的会谈中谈到，绿城和吉利这样的俱乐部在站出来揭自己的同时也揭发别人，这不仅需要勇气，而且需要付出自我牺牲的代价，这种精神令人钦佩。足协的态度很明确，在这场反黑斗争中，绿城和吉利立了功，立功就应该受保护，足协将从轻处理。

由此不难推出一个合理的假设，如果所有卷入黑钱交易的俱乐部和裁判全都主动配合足协的调查，足协是否可能将此事"内部消化"呢？笔者对此深感忧虑。而"黑哨事件"一旦上升到了司法层面，中国足协就已经丧失了驾驭纠纷的能力和最终裁决的权力，至于对什么人作出什么处理，这主要取决于司法机关的终审判决，足协承担的只是配合司法机关举证的义务。

坦白从宽是我国的一项基本刑事政策，它取决于被告人配合司法机关调查工作的态度，足协作为一个社会团体，没有权力代替司法机关作出这样的承诺，这种"宽大处理"的表态显然也没有任何法律意义。笔者真不知足协将对举报者"宽大"到什么样的程度。

中国足协擅长扮演行政管理者的角色，以至于足协负责人能欣然接受"中国足球掌门人"的头衔，并说出"中国足球是一个大家庭，大家要珍惜这个来之不易的大好局面"的家长式话语。可中国足协还应该知道，在法律面前，中国足协和各俱乐部都是平等的民事主体，都同样要接受法律的监督，而不是说在这个"家庭"里，只有"家长"管理"家庭成员"，成员就放弃了利益诉求。

三、有关"司法对体育行会内部纠纷干预"的研究

湖南湘潭大学法学院副教授、中国国际私法学会理事郭树理博士，2003年在《北京市政法管理干部学院学报》第3期上发表论文《论司法对体育行会内部纠纷的干预》，指出：足球俱乐部不服从中国足协的纪律处罚，应当可以提起行政诉讼。从司法干预与体育行业自治的关系来看，以诉讼来解决体育行会的内部纠纷，并不会影响体育行会的行业自治。但司法干预应当受到以下原则的限制：技术事项例外原则、用尽内部救济原则与仲裁协议效力优先原则。这篇科学论文阐述了以下三个方面的内容：

（一）足协处罚行为的行政诉讼可诉性

在"吉利案"中，一审法院认定原被告之间是一种行业管理关系，不是民事关系；而亚泰案中，一审法院拒绝进行司法干预，似乎原被告之间不存在行政或准行政管理关系，那么，中国足协在对俱乐部进行管理时，两者之间既不是私法关系，又不是公法关系，那究竟是一种什么关系呢？

我们认为，在两起案件中，足协与原告之间都是一种管理与被管理的行业管理关系，具有行政案件的性质。而吉利案件中，一审法院驳回原告提起的名誉权侵权的民事诉讼，是正确的，而亚泰案件中，一审法院驳回原告提起的不服处罚决定的行政诉讼，是错误的。无论是从法理还是现行的法律规定来看，足协的处罚行为都应当具有行政诉讼的可诉性。

中国足协在对足球行业进行非自律性行

业管理的时候，行使的是一种公权，而非私权。足协作为法律法规授权的组织和社团法人，兼具法律法规授予的管理权和按照行业规章的自律管理权两类管理权。两类管理权有所区别：作为行业协会，其自律管理权是依据章程规定对足球竞技活动进行管理，包括对竞赛规则、裁判及其规则，以及竞赛本身的管理等。这种管理多是一种专业技术性强的管理，主要依据自律性的竞赛规则实施；而作为法律法规授权的组织，其享有法律法规授予的管理权是依据法律法规的规定行使的，包括对整个行业的组织和宏观管理、对相对人的注册管理、对相对人的赛场外处罚等。这种管理涉及相对人法定的人身权和财产权，尤其是涉及注册许可、劳动就业、经济处罚等的管理权，是一种法定的公权力。这两种管理权产生纠纷的解决方式有所不同，前者是按照行业协会章程规定，由行业协会自行解决；后者则只能按照法律的规定，通过司法机关依据法定的行政诉讼程序解决。

"亚泰案"中，"14号处理决定"是中国足协实施公权力的结果，此项权力来自《体育法》，而非足协《章程》。中国足球协会在《体育法》的授权下对足球俱乐部做出了"处理决定"，这是一种依据法律法规的授权实施的管理行为，因此符合《行政诉讼法》的规定，即法律、法规授权的组织如果在行使公权力的过程当中有违法行为，应当作为行政诉讼的被告。

2002年中国足坛还有一起重大的诉讼案件——黑哨龚建平受贿案，国际级足球裁判龚建平因为在裁判工作中收受贿赂，于2002年12月19日，被北京市宣武区人民检察院以"公司企业人员受贿罪"提起公诉，但2003年1月29日北京宣武区人民法院一审判决其"受贿罪"，2003年3月28日，二审法院北京市第一中级人民法院维持了这一判决。

在龚建平案件中，法院事实上将足球裁判视为从事公务活动的国家工作人员或"准国家工作人员"（"公司企业人员受贿罪"的主体是非国家工作人员的公司企业人员）。因此，这一判决解决了一个长期困扰的问题——中国足协是不是行政机关或受其委托的部门。龚建平受雇于中国足协，中国足协委托其为足球联赛服务，而龚建平最后被判处"受贿罪"，这就等于在法律上给中国足协定位，即中国足协在进行足球行业的非自律性行业管理活动中，就是准行政机关或受其委托行使权力的部门。

国外的司法实践也表明，足协之类的体育行会组织具有行政诉讼被告的资格。

在英美法系国家，判断某一组织的某个行为是否属于行政诉讼的受案范围，并不是由该组织的主体性质来决定的，而是由该行为所依据的权力性质来决定的。即不论该组织是什么性质的组织，只要该行为表明它行使的是公共权力，是对公共性事务的管理，那么就应受行政法的规范，应纳入司法审查的范围。体育行业组织是对体育行业公共事务进行管理的主体之一，因此，它的大部分行为是行使公共管理权的行为。从英美法系国家的行政法判例中可以看出，体育行业组织的公共管理行为是可以纳入行政法的调整范围的，这种行为也必须满足行政法的要求，如应遵循正当程序，应接受司法审查，等等。

在区分公法和私法的大陆法系国家，由于存在行政法院与普通法院的区别，因而首先必须对案件的性质加以区分，判断是否属于行政案件，从而决定由行政法院，还是普通法院来受理。在一般情况下，大陆法系国家根据一个组织是否具有行政主体地位或资格来判断其行为是否行政行为，是否受行政法调整。因此，要判断行业组织在行政法中的地位，只要从它是否具有行政主体资格着手即可。而根据大陆法系国家的行政法规定，行业组织是公法人的一种，其行为也是一种公法行为，因而由这些行为引起的纠纷由行政法院受理。

因此，不论在英美法系国家还是大陆法系国家，体育行业组织成为行政诉讼的被告都不存在理论上的障碍。我国《最高人民法院关于执行＜中华人民共和国行政诉讼法＞若干问题的解释》第1条规定："公民、法人或其他组织对具有国家行政职权的机关和组织及其工作人员的行政行为不服，依法提起行政诉讼的，属于人民法院行政诉讼的受案范围。"可以看出，行政诉讼审查的对象不仅仅限于"行政机关和行政机关的工作人员的具体行政行为"，而是被扩展到了"具有国家行政职权的机关和组织及其工作人员的行政行为"。

这意味着我国确定司法审查范围的标准不再是传统的"主体要素＋权力要素"（行政机关及行政机关工作人员＋行使行政职权的行为），而是以"权力要素"（具有国家行政职权并行使职权）为标准，即只要是行使行政职权的行为，不管其行为主体是否是国家行政机关，都可以纳入行政诉讼的受案范围。因此，《若干解释》第1条的规定将具有国家行政职权的组织的行政行为纳入了行政诉讼的受案范围，无疑在事实上扩大了可诉行政行为主体的范围，也就是说可诉行政行为的主体不仅仅包括行政主体（行政机关和法律、法规授权的组织），而且包括大量的具有国家行政职权但不具有公法人资格的非政府组织和机构。

因此，对于可诉行政行为主体来说，重要的不在于其组织形式是国家机关还是其他非政府组织和自律性组织，而在于其是否具有国家行政或准行政管理职权，在于其是否可以以自己名义独立行使国家行政管理职权或准行政管理职权，并承担相应的法律责任。由于足协一类的体育行会具有这方面的体育公共管理职能，应当可以成为行政诉讼的被告。

（二）体育行会纠纷处理权与"特别权力关系理论"的发展

体育刑事纠纷，如龚建平受贿案件，由于构成刑事犯罪，只能通过刑事司法诉讼机制解决。国家司法机构对于体育刑事案件具有排他的管辖权，体育行会内部的纠纷处理机构以及体育行会外部的体育仲裁机构都不能对体育刑事纠纷进行处理，这一点比较容易理解。但对于其他的非刑事方面的体育纠纷，在存在体育行会的内部处理机制的情况下，为何还需要国家司法机构提供司法救济？这是否会造成司法干预对体育行业自治的侵蚀？

对这一问题的解释，可以运用"特别权力关系"理论来进行说明。

根据传统的法学理论，体育行会内部纠纷处理权之类的权力，属于体育行会的"特别权力"，它的产生是基于体育行会的成员对体育行会有关权力的特别承认，体育行会与体育行会成员之间存在一种"特别权力关系"。在早期的法律实践中，对体育行会之类的社会公共团体行使特别权力（例如行业内部纠纷处理），国家司法权是不能进行审查的，当时法律实践遵循的是严格保障社会公共团体行业自治，这是资本主义发展初期严格保护契约自由的体现，因为绝大多数的行业组织都是通过成员之间的协议而成立的。

但是，随着时代的发展，为了满足现代社会生活的需要，大量的非政府公共组织纷纷涌现，在这些组织活动的领域，原有的以国家强制力为后盾的权力撤退了，国家放松或是放弃了对这些领域的直接控制，但这些领域内仍然存在着激烈的利益冲突，需要后继的社会权力对有关利益关系进行分配和裁决。因此，行业组织内部的纠纷处理机制应运而生。

随之而来的问题是，如何对行业组织基于"特别权力关系"而行使的行业内部纠纷处理权进行有效的救济，特别是在行业组织的裁决损害了成员利益的时候，根据现代法治国家遵循的"有损害即有救济"的原则，这种对成员利益影响极大的"特别权力"，显然不应当逃逸出司法权力的管辖。

随着资本主义对契约自由原则的修正，各国法律实践都开始肯定行业组织特别权力行为的可诉性。在大陆法系国家，如德国，运用公权力做出的行为都被认为是行政行为或准行政行为，必须受到行政法院的司法审查，行业协会的特别权力就是一种公权力。法国亦倾向于将非政府公共组织视为公务法人，使其成为行政主体的一种，从而受到行政法的调整与司法审查。在普通法系的美国，学者们亦注意到，非政府公共组织的决策过程往往不透明，更容易逃脱司法的管辖，并且内部的救济渠道也不太畅通，因而有学者建议，将美国《联邦行政程序法》也同样适用于这些具有公共管理职能的团体和组织，使其做出的行为能够符合必要的程序要求，进而接受司法审查。

由此看来，将体育行会之类的非政府公共组织的职权行为纳入司法审查的范围，不仅有理论上的依据，也有其他国家的司法实践可资借鉴。这是符合当代法治发展潮流的。

（三）司法介入体育行会内部纠纷的限度与限制原则

在肯定体育行会特别权力行为的可诉性之余，亦不应当忽视此类行为的自身特点。在德国早期的行政法学理论中之所以会产生"特别权力关系理论"，正是由于这些行为与行政机关做出的行政行为相比较，行为的主体享有更多的特权，行为的相对人局限在特定的范围内。虽然目前"特别权力关系理论"已经被实践修正了，这些行为越来越多地纳入了司法审查的范围，但对这些行为的审查还是不能与对行政行为的司法审查相提并论。司法权在介入此类行为时，应当更加谨慎，受到更多的限制，主要原因有：

第一，体育行会之类的非政府公共组织是公民自治、行业自治的产物，大多依法成立，制定有完备的章程与规则，并按照章程规则行事，只有愿意接受行会章程的当事人才能加入行会，因此，体育行会行使特别权力，须有当事人事先的同意。

第二，为了方便行业内部行动，充分实现体育行会之类的自治组织的管理职能与目的，客观上也要求这些组织具有较大的内部裁决权。

第三，由于体育行会之类的组织做出的行为针对的行为当事人仅仅限于行业成员，范围有限，一般不会造成广泛的社会影响，因此，严格地以对行政机关的要求来约束它们无疑是不现实的，也不利于体育行会职能的正常发挥。

第四，体育行会之类的自治组织，具有较高的职业性与技术性，与行政机关的一般公权力相比，行会组织行使的是特别权力，这种权力的特性是由行业领域内行为的职业性与技术性决定的。例如，在足球比赛中，裁判员的当场裁判与比赛结果都具有不可逆转性，这既是体育比赛的一贯做法，也是由体育比赛自身的性质决定的。试想，如果对裁判员的判罚与比赛结果稍感到不满，就可以向法院提出诉讼，比赛成绩将长期难以确定，职业联赛之类的比赛也就根本无法进行。因此，这种结果的不可逆转性形成了足球界必须接受比赛过程中可能发生的错误，并且不可事后更改的通行做法。在此种情形下，司法介入一般是被严格排斥的。

体育行会之类的自治组织由于其种种特殊性，司法权力在介入这些行业的内部纠纷时，必须根据一个相对行政机关的行政行为进行审查更为宽松的标准慎重行事。一方面要坚持司法机关有权介入体育行会的内部纠纷，有权对体育行会的内部裁决进行司法审查；另一方面，司法机关在行使介入权的时候，应当有一定的限制原则。

本文认为司法机关在对体育行会的内部处罚措施进行司法审查时，应当受到如下三项原则的限制：技术事项例外原则、用尽内部救济原则、仲裁协议效力优先原则。

（1）技术事项例外原则

由于体育运动具有一定的技术性，而司法机关一般不具有这方面的专业知识。在体育运动项目进行过程中发生的技术性纠纷，例如球员对裁判出示红牌的处罚不服，法院不能受理，除非裁判有受贿等违法事情。事实上，即使是专门的体育仲裁机构，例如国际奥委会体育仲裁院（Court of Arbitration for Sport，简称 CAS，于 1984 年在瑞士洛桑成立，1994 年从国际奥委会直属领导下独立出来，现在已经成为解决国际体育纠纷，尤其是国际重大赛事，如奥运会期间发生的体育纠纷的重要机构），对此类技术事项的纠纷亦不会受理。这是为了维护各体育行会在这些问题上的自治，保证各体育项目下竞赛技术规则的统一。

技术性事项与非技术性事项的区分，主要是看其是否涉及该体育运动项目的竞赛技术规则，涉及竞赛规则的，是技术性事项，否则就不是。当然在实践中，技术性事项与非技术性事项的区分，有时可能不容易分辨清楚，在这种情形下，可以由法院来对此进行审查，法院认定为非技术性事项纠纷，则可以受理，如果是技术性纠纷，则不应当受理。

（2）用尽体育行业内部救济的原则

这是程序上的一个限制，当事人不服体育行会的处罚裁决，在向法院起诉之前，应当首先用尽体育行业内部的救济措施。事实上即使是非体育领域的行政诉讼案件，法院一般也会要求当事人首先用尽行政内部救济措施（例如行政申诉、行政复议等），才能向法院起诉。之所以设立用尽内部救济原则，主要目的是节约司法资源，避免一些由内部机制就可以解决的当事人的权利救济问题，进入司法程序，浪费国家宝贵的司法资源；另一方面，用尽内部救济原则在某一方面，也是对被诉一方当事人的管理权限（行政管理权限、行业管理权限）与管理秩序（行政管理秩序、行业管理秩序）的一种维护。

当然，用尽体育行业内部救济的原则亦

有限制，那就是在情况紧急的时候，如果法院不受理案件，可能会使当事人的权利遭受不可挽救的损失，在这种情形下，法院可以不受该原则的限制，受理当事人提起的诉讼。

（3）仲裁协议效力优先原则

体育纠纷的当事人可以在纠纷发生前后通过订立仲裁条款或仲裁协议，将纠纷提交仲裁机构仲裁，从而排除法院的管辖。《中华人民共和国体育法》第33条规定："在竞技体育活动中发生纠纷，由体育仲裁机构负责调解、仲裁。"《中华人民共和国仲裁法》第5条规定："当事人达成仲裁协议，一方向人民法院起诉的，人民法院不予受理，但仲裁协议无效的除外。"根据我国目前的实践来看，真正独立与中立的体育仲裁机构尚未建立。而中国足协在几起案件中抗辩法院管辖权时所提到的"仲裁"，实际上是足协内部的"仲裁"机制，并不具有真正的仲裁机制所要求的中立原则，尤其是在足协为当事人一方的时候。

那么在我国建立起独立、中立的体育仲裁机构之后，当事人约定由其仲裁纠纷的，或者体育行会的章程或规则规定有关纠纷由中国体育仲裁机构管辖的，法院对此纠纷不应当受理。但是如果仲裁协议的有效性问题发生争议，法院可以对仲裁协议的有效性问题进行审理，《中华人民共和国仲裁法》第20条规定："当事人对仲裁协议的效力有异议的，可以请求仲裁委员会做出决定或者请求人民法院做出裁定。一方请求仲裁委员会做出决定，另一方请求人民法院作出裁定的，由人民法院裁定。"在确定其有效后，应当驳回起诉，由体育仲裁机构受理，如果仲裁协议无效，法院可以就案件的实质问题进行审理。

四、体育行会内部纪律处罚与纠纷处理机制的完善

郭树理博士在另一篇论文《纪律处罚与纠纷处理机制的完善——以中国足球协会为例》中指出：目前出现的诉讼热问题，原因之一在于体育行会内部的纪律处罚与纠纷处理机制存在较大的缺陷，以中国足协为例，足协内部的纪律处罚与纠纷处理制度在权限分配、审级设置、人员组成、听证程序、裁决效力等方面存在问题。为有效地预防体育纠纷，保障当事人的体育权利，必须健全体育行会内部的纪律处罚与纠纷处理机制。

（一）现行中国足协内部纪律处罚与纠纷救济机制存在的问题

尽管"吉利案"与"亚泰案"两案最终都被法院驳回，但给中国足球界乃至体育界带来了极大的冲击，引发了司法能否介入体育行业内部纠纷救济问题的大讨论。同时，对足协内部的纪律处罚与纠纷处理机制的有关问题亦引起了人们广泛的关注。

目前中国足协的内部纠纷处理机制（包括纪律处罚制度）主要规定在《中国足球协会章程》"第六章纪律和诉讼委员会"、"第九章罚则"、"第十五章争议处理"，以及《中国足协违规违纪处罚办法》、《中国足球协会纪律委员会工作条例》、《中国足球协会诉讼委员会工作条例》等行业规章中。正是由于这些行业规则本身存在的一些问题，导致在实践中引发了许多问题，例如俱乐部、球员不服中国足协纪律处罚，诉诸法院的事件层出不穷。

该研究认为：现行中国足协内部纪律处罚与纠纷救济机制主要存在着以下三方面的问题：

1. 行使处罚权与纠纷处理权的机构过多，权限划分不明确

根据上述几个中国足协的行业规则，中国足协目前可以行使纪律处罚权与纠纷处理权的内部机构有：中国足协常务委员会，根据《中国足球协会章程》第58条的规定，其可以行使暂停会员资格的处罚权，根据第52条的规定可以最终裁决有关的纠纷；中国足协联赛委员会，根据《中国足球协会章程》第56条的规定，可以执行罚款的权力，可以处理异议或抗议；中国足协纪律委员会，根据《中国足球协会章程》第51条以及《中国足协违规违纪处罚办法》、《中国足球协会纪律委员会工作条例》的规定，可以行使纪律处罚权；中国足协诉讼委员会，根据《中国足协章程》第52条以及《中国足协违规违纪处罚办法》、《中国足球协会诉讼委员会工作条例》的规定，有权受理不服足协纪律委员会的处罚决定的申诉，可以直接受理足协成员之间以及它们与足协之间的有关争议；中国足协裁判委员会，根据《中国足协章程》第44条的规定，可以监督管理处罚裁判员。

由于众多足协内部机构都拥有纪律处罚权与纠纷处理权，在实践中发生争议时，往往容易产生职权交叉，含混不清的情况，而当事人不服处理决定的，往往投诉无门。

2. 处罚与纠纷处理程序问题上存在诸多缺陷

（1）审级设置

目前中国足协内部的纪律处罚程序与纠纷处罚程序的审级设置不太明确，当事人可以上诉或申诉的次数也不太清楚。根据《中国足球协会诉讼委员会工作条例》的规定，对中国足协纪律委员会以及其他委员会的处罚决定不服的，当事人可以向诉讼委员会申诉，但是《中国足球协会纪律委员会工作条例》第16条的规定，有些纪律委员会的处罚决定当事人是不能申诉的，因此，相对这些处罚决定的人而言，只有一次处理的机会，没有申诉的权利。对于那些诉讼委员会可以受理的申诉，《中国足球协会诉讼委员会工作条例》第3条规定，一般由其作出最终裁决，因此，对此类处罚的处理程序是两个审级。但该条例第3条与第21条又规定"重大或特殊的案件由中国足协常务委员会决定处理"，因此，这又是三个审级的规定，并且"重大或特殊"到底由诉讼委员会自由裁量还是由常务委员会裁量，也不清楚。

此外，对于普通纠纷（主要是注册、转会、参赛资格、雇佣合同等等方面的纠纷），《中国足球协会诉讼委员会工作条例》第4条规定，由诉讼委员会裁决，根据《中国足协章程》第87条的规定，诉讼委员会的裁决一般是最终裁决，有一些又可以向足协常务委员会申诉，因此，在普通纠纷处理程序上，分别有一个审级程序与两个审级程序的不同设置。

总之，在中国足协内部的纪律处罚程序与纠纷处理程序中，有一个审级的设置，也有两个审级的设置，还有三个审级的设置，这在实践中可能会造成混乱局面，并且对当事人而言，审级利益的保障不一致，违反了"规则面前人人平等"的公正原则。

（2）纪律处罚机构与纠纷处理机构的人员组成

首先是中国足协纪律委员会与诉讼委员会人员由谁产生的问题。根据《中国足球协会章程》第36条的规定，中国足协主席会议（由足协主席、专职副主席、秘书长、司库组成）有权确定中国足协纪律委员会与诉讼委员会的负责人与成员；而根据《中国足球协会纪律委员会工作条例》第5条的规定，纪律委员会的全部人员（包括主任、副主任、委员），应当由足协常务委员会确定；根据《中国足球协会诉讼委员会工作条例》第20条的规定，诉讼委员会的全部人员亦应当全部由足协常务委员会确定。并且目前的《中国足球协会纪律委员会工作条例》与《中国足球协会诉讼委员会工作条例》都是由中国足协常务委员会修订的。到底纪律委员会与诉讼委员会的成员组成应当由谁确定？根据足协章程第35条与36条，足协主席会议与常务委员会的组成人员不同（常务委员会由足协主席、专职副主席、副主席、秘书长、司库组成），性质、职权也不相同（常务委员会是足协的权力机构中国足协全国代表大会的常设机构；而主席会议是足协的执行机构），并非"一套人马，两块牌子"。一方面，足协章程是足协的"基本法"，两个条例是"普通法"，根据"基本法优先于普通法"的原则，应当是章程规定效力高，似乎应由足协主席会议确定两委员会的人员；另一方面，足协章程是1996年通过的，两个条例是2000年通过的，根据"后法优于前法"的原则，条例的效力似乎应当优先；此外，章程是规范一般事务的"一般法"，两个条例是规范特殊事务的"特别法"，根据"特别法优于一般法"的原则，两个条例的效力也应当优先，即由足协常务委员会来确定纪律与诉讼委员会的组成人员。实践中，两委员会的人员组成到底是由谁确定的，我们并不清楚。

其次，纪律委员会与诉讼委员会组成人员的任职条件是什么，通过什么程序任命，人数有多少，具体名单是怎样的等等这些问题，在足协章程与两个条例中都没有规定。在实践中，两个委员会的成员实际上就是足协的内部官员，并没有足协外部的人员参加，因此，让人对《中国足协违规违纪处罚办法》第3条标示的对违规违纪行为的处罚遵循"独立原则"表示怀疑。

再次，实践中纪律委员会与诉讼委员会的组成人员有没有重叠？如有重叠，肯定是违背程序正义原则的。

最后，纪律委员会与诉讼委员会的组成人员如果与案件具有厉害关系，应不应该回避？《中国足球协会纪律委员会工作条例》第 14 条仅仅规定，纪律委员会在审理违规违纪事件时，"可以适用回避制度"，既然是"可以"而不是"应当"，所以该条款的规定在实践中有可能形同虚设，而《中国足球协会诉讼委员会工作条例》则对回避问题根本没有规定。这些都是程序设置上的瑕疵。

（3）听证程序

《中国足球协会纪律委员会工作条例》第 14 条规定，纪律委员会在审理违规违纪事件时，"可以适用听证制度"，既然是"可以"而不是"应当"，所以该条规定在实践中亦有可能形同虚设，在前一章讨论的中国足协处罚甲 B 足球俱乐部的案件中，中国足协处罚决定的作出没有经过听证程序，后来的减轻处罚决定的通过亦没有经过听证程序，基本上是暗箱操作，当事人无法进行陈述与抗辩，程序权利受到了侵犯。不能不让人对《中国足协违规违纪处罚办法》第 3 条标示的，对违规违纪行为的处罚遵循"公开原则"表示怀疑。

3. 自我设定内部程序的最高效力存在问题

《中国足球协会章程》第 87 条规定："一、中国足球协会各会员协会、会员俱乐部及其成员，应保证不得将他们与中国足球协会、其它会员协会、会员俱乐部及其成员的争议提交法院，而只能向中国足球协会诉讼委员会提出申诉。二、诉讼委员会在《诉讼委员会工作条例》规定的范围内，作出的最终决定，对各方均具有约束力。三、诉讼委员会作出的上述范围外的裁决，可以向中国足球协会常务委员会申诉，常委会的裁决是最终裁决。"因此，中国足协目前的实践是将内部纠纷处理机构作出的裁决作为最终裁决，并且排除法院的司法审查。根据我们在前面章节的分析，象此类的条款，各国都不承认其可以排除法院的司法审查，而最多只能视为是对当事人向法院起诉前必须用尽体育行会内部救济措施的规定。

中国足协章程的此项规定来源于国际足球联合会（FIFA）章程的相关规定，但《国际足联章程》第十三章第 63 条的规定是这样的："国家足球协会、俱乐部或俱乐部会员不得将与国际足联或其他协会、俱乐部或俱乐部会员间的争议诉诸法庭。应将争议提交经各方同意指定的仲裁机构。即使有关国家的法律允许俱乐部或俱乐部会员将体育组织的决议诉诸民事法庭，俱乐部或俱乐部会员也不得如此行事，除非在其国家足球协会的职权范围内已无通过体育方法解决的可能。国家足球协会应尽一切可能保证其俱乐部和俱乐部会员遵守本规定并明确无视本规定所产生的后果。"由此可见，国际足联的章程只是规定了当事人在向法院起诉前，体育行会内部救济措施前置的程序，并没有完全排除司法介入解决体育纠纷的可能性。

由法院作为社会纠纷的最终处理机构，是现代法治国家的普遍做法，一般情况下，只有合法有效的仲裁条款可以排除法院的司法管辖权。而中国足协内部的纪律处罚与纠纷处理程序并不是一种中立的仲裁机制，不能排除法院的司法管辖权。

（二）完善足协内部纪律处罚与纠纷救济机制的设想

1. 健全审级设置

研究认为，中国足协的内部纪律处罚制度与纠纷处理的审级程序应当统一。首先，纪律处罚程序设置为三个审级。所有的纪律处罚决定，都应当统一由足协纪律委员会作出；由足协诉讼委员会进行复议；足协常务委员会在足协章程规定的范围内（对可以审查的处罚决定应当由足协章程进行列举式规定，而不能是概括式规定），可以对其进行审查。其次，纠纷处理程序设置为两个审级，首先所有的非纪律处罚纠纷由足协诉讼委员会负责处理，再由足协常务委员会进行复议。

足协诉讼委员会在处理纠纷或是复议处罚决定时，应当对事实与法律问题、程序与实体问题同时进行审查，而中国足协常务委员会作为最后的上诉机构，在进行审查时，应当只审查程序问题与法律问题，不审查事实与实体问题。

上述程序中，足协常务委员会所作决定均为足协内部的最终决定，但当事人之间订立有仲裁条款的，可就此决定向体育仲裁机构申请仲裁。1995 年 8 月 29 日第八届全国人民代表大会常务委员会第十五次会议通过的《中华人民共和国体育法》第 33 条规定："在竞技体育活动中发生纠纷，由体育仲裁机构负责调解、仲裁。体育仲裁机构的设立办法和仲裁范围由国务院另行规定。"如果我国存在《体育法》规定的体育仲裁机构,那么2002年中国足球界的纠纷问题,都可能通过体育仲裁得以解决,但问题是,象这样的体育仲裁机构,在我国并未建立起来。这使得《中华人民共和国体育法》以及有关体育法规关于体育仲裁制度的规定落了空。关于中国的体育仲裁机构的建构问题,笔者将另有文章论述。

2.健全处罚与纠纷处理程序

(1)足协诉讼委员会的改革

首先在名称上,"诉讼委员会"的称谓必须作出改变,因为处理诉讼的权力专属于国家司法机关,足协这样一个体育行会是不能具有诉讼管辖权的,有学者甚至认为,中国足协自行设立"诉讼机构",是对国家司法权力的篡夺,是违反国家法律的,这样一个名称容易引起误解,建议改为"中国足球协会纠纷处理委员会"这一名称。

其次在人员组成上,可以将该机构改造成一个准体育仲裁机构,即,中国足协常务委员会提供一份该机构成员的名单,在发生足球行业纠纷时,由当事人选择其中两人,再由该两人选择第三人共同组成纠纷处理小组,裁决纠纷。当然,该机构的人员组成应当有一部分来自于足协外部,例如法律界人士;并且该委员会的人员不能与足协纪律委员会的人员有重叠。这样一来,该委员会裁决的公正性可以得到加强,大多数的纠纷都可以在该委员会的处理阶段就成功化解。

(2)健全听证、回避、辩护制度

无论是纪律委员会的处罚程序,还是"诉讼委员会"的纠纷处理程序,都应当设立听证制度。前面章节谈到,体育行会的纪律处罚,在某种意义上具有"行政处罚"的性质,因此,必须遵守我国行政处罚法关于听证制度的规定。《中华人民共和国行政处罚法》第42条规定:"行政机关作出责令停产停业、吊销许可证或者执照、较大数额罚款等行政处罚决定之前,应当告知当事人有要求举行听证的权利;当事人要求听证的,行政机关应当举行听证。当事人不承担行政机关组织听证的费用。"虽然中国足协已于2002年开始建立听证会制度,这是一大进步。关于中国足协新建立的听证会制度,中

国足协负责人向媒体介绍说:"建立听证会制度是职业联赛诉讼制度的补充。如果有的俱乐部或运动员、教练员在联赛中受到纪律处罚,并对裁判工作评议委员会评议结果持有异议,可向中国足协提出举行听证会,听证会的裁决与中国足协诉讼委员会的裁决具有同等效力,为最终裁决。"但中国足协规定的听证会制度是在俱乐部、运动员、教练员已经受到处罚,即处罚决定作出后,对评议结果有异议才可提出举行。如果足协作出的处罚类似上述《行政处罚法》第42条规定的范围,足协的听证会制度也应当允许当事人在处罚决定作出之前提出,而不是之后,否则不能达到公平公正的目的。

同样,足协按照章程规定实施处罚时,也应当比照《行政处罚法》第31条、第32条、第41条的规定,在做出处罚决定之前,不能剥夺当事人应享有的知情权、陈述权和申辩权。此外,足协内部的程序制度还应当明确当事人具有申请回避、聘请律师进行辩护的权利。

3.规范内部处理程序的效力

足协内部处理的纪律处罚与纠纷事宜,不应当绝对排除法院的司法监督。可以这样进行规定:足协行业内部纠纷(包括纪律处罚纠纷)应当首先在足协内部机制中解决,内部机制无法解决的,当事人可以向人民法院起诉,但是约定采用仲裁方式解决的除外。

五、足球运动与欧盟法律

(一)由"博斯曼案件"提出的体育法律实践问题

博斯曼(Bosman)是一名比利时足球运动员,1990年,在他与比利时列日队的服役合同届满之际,博斯曼提出下一赛季转会到法国的敦刻尔克队踢球。比利时列日足球俱乐部根据当时欧洲足球界的转会制度惯例——合同到期后球员转会至另一俱乐部,该俱乐部必须向球员原所属俱乐部支付一笔费用——要求索取一笔转会费,否则就不允许博斯曼转会。后来由于列日俱乐部未能得到这笔费用,博斯曼转会未果,博斯曼遂将列日队俱乐部、比利时足协和欧洲足联一并告上了比利时法庭。其理由是,根据1957年创建欧洲经济共同体的《罗马条约》第48条之规定(经1992年建立欧洲联盟的《马斯特里赫特条约》及1997年的《阿姆斯特丹

条约》修订后的条文为第 39 条），任何一个成员国的劳动者都有权在欧盟各成员国之间自由流动，平等就业。

比利时法院受理了此案。根据欧盟实践，成员国法院可以向欧洲法院请求咨询，要求欧洲法院就欧盟条约及法令的解释问题发表初步裁决。比利时法院因而向欧洲法院请求初步裁决，欧洲法院于 1995 年 12 月 15 日做出裁决，认定俱乐部在与球员合同到期后要求转会费的行为确实违反了《罗马条约》第 48 条规定的"劳动者自由流动的权利"（a worker's right of free movement）。

博斯曼案件具有里程碑式的意义，它结束了欧盟足球界（乃至整个体育界）游离于欧盟法律调控范围之外的局面，标志着欧盟足球法制化进程的加速。另一方面，博斯曼在欧洲法院的胜利，亦打开了一个潘多拉魔盒——很多传统的足球游戏规则，如转会制度、俱乐部合并规则、球票销售体系、电视转播权制度等等，都将面临司法审查的挑战，事实之一就是潮水般的投诉与诉讼涌到了欧盟委员会与欧洲法院面前。仅欧盟委员会在 1999 年调查处理的涉及反不正当竞争的足球案件就有 50 多起，内容从俱乐部主场的跨国迁移问题到 1998 年世界杯球票销售问题，不一而足。而足球界人士则开始担心，体育自治从此将受到威胁，传统的足球行业管理机制行将崩溃，国际足联（FIFA）亦开始关注欧盟的动向，他们要求足球行业取得欧盟竞争法的豁免，保持其自治地位。

在 1997 年 10 月签订《阿姆斯特丹条约》时，各欧盟成员国共同通过了一份《关于体育运动的声明》，以下称《阿姆斯特丹声明》，该声明虽然只有简明的三点内容，但其明确了"对体育的特殊性应给予特殊关照"，意在避免将欧盟法律自动适用到足球等体育商业领域，其要求欧盟委员会谨慎行事，要求"欧盟各机构从现在起，讨论涉及体育的重大问题时，应同各体育协会磋商"。

在上述框架性规则之下，欧盟委员会目前正在起草规范足球运动乃至整个体育领域的具体规则。1999 年在希腊奥林匹克举行的欧盟体育大会上，制定了以下 4 条关于指导体育法律实践的基本原则。

1. 运动员和俱乐部在欧盟各国间自由流动与开业的基本权利不应受到限制。唯一例外的情形是，当预期的体育运动目标（Sporting Objective）无法实现时，可以对该自由进行限制。

2. 国籍是体育竞赛运动中的关键因素之一，因此各体育协会、联合会具有合法的利益对其进行保护。《阿姆斯特丹声明》亦强调了"体育对塑造身份的重要社会意义"。尽管基于国籍的差别待遇确实违反了欧盟基本条约中"自由流动"的规定，但体育运动中有些基于国籍因素的区别对待还是可以接受的，是合法的。

3. 欧盟竞争法应适用于职业足球领域，但由于体育运动本身具有特殊性质，因而不能将其视为与其他普通商业行业一样的行业。因此足球行业机构有权采取一些可能限制商业竞争机会的措施，但是他们这样做的时候，必须有正当的体育运动方面的理由，例如为了保障体育比赛对手之间的相对公平。

4. 体育联合会，例如欧洲足联是垄断机构，因而具有《罗马条约》第 86 条所描述的"市场支配地位"。如果他们滥用这种优势，将遭受欧盟竞争法的制裁。但是足球联合会与其他的普通商业行会不同，他们的特殊地位在《阿姆斯特丹声明》中是受到保障的。因此如果他们有些行为虽然损害了有关当事人的经济利益，但只要其目的是为了更好的开展运动，则该行为应当区别对待。

（二）博斯曼案件之后的转会问题

博斯曼案件仍然留下了很多悬而未决的问题。

第一个问题是，如果转会不是象该案一样发生在两个不同国家的俱乐部球队之间，而是发生在同一个国家的两个俱乐部球队之间，原俱乐部要求支付转会费的行为合不合法？

有一种观点认为，欧盟法仅仅调整涉及不同成员国之间的关系，象这种纯国内法上的问题，欧盟法是无能为力的，只能适用各国的国内法，而有的国家的国内法，如英国法律，并不认为这类索取转会费的要求是限制竞争的行为，因而是合法的。但是隶属于欧盟成员国的外籍球员与国内球员在这两个案件中——基本案情完全一样——为何命运截然不同？外籍球员在此种情形下是否享有比国内球员更多的权利？而这种给予外籍球员更多权利的做法是否会扰乱欧洲正常的球员转会市场？而这种不同的权利也是以国籍为基础的，这是否与欧洲法院在博斯曼案件中所宣示的禁止以国籍为基础对欧盟公民进行就业歧视的原则自相矛盾？正是出于这些考虑，英国足协立即修改了其转会规则，规定在合同届满后，无论球员向本国或是国外（指欧盟成员国家）其他俱乐部转会，原俱乐部均不得要求支付转会费，其他欧盟国家国内足协亦修改了相关的规则。

第二个问题是，若转会确实是发生在两个欧盟成员国不同俱乐部之间，但是要求转会的球员是非欧盟公民，原俱乐部要求支付转会费是否合法？

实践中发生过此类案件。1997 年克罗地亚籍球星戈兰·弗劳维奇从意大利的帕多瓦俱乐部转会至西班牙的瓦伦西亚俱乐部，帕多瓦俱乐部要求支付三百三十万英镑的转会费——尽管戈兰·弗劳维奇与俱乐部之间的合同已经到期。如果戈兰·弗劳维奇是欧盟任一成员国的公民，根据博斯曼案中所确定的先例原则，其可以拒绝转会费要求而自由转会，但问题是他是非欧盟成员国公民。国际足联支持帕多瓦俱乐部，要求瓦伦西亚俱乐部支付这笔费用，瓦伦西亚不服，并向欧盟委员会投诉。瓦伦西亚很清楚，根据《罗马条约》第 48 条，其将无法胜诉，因为该条仅适用于欧盟成员国公民，但根据《罗马条约》的第 55 条，则其有可能胜诉，因为国际足联的此项决定有可能构成第 55 条所描述的"限制竞争行为"。在另一起案件中，要求转会的球员是欧盟成员国公民，但其要求转会到的俱乐部国籍问题有疑问，也引发转会费是否合法的问题。具体案情是，一名英国籍球员约翰·科林斯要求从苏格兰的格拉斯哥凯尔特人俱乐部转会到摩洛哥的一家俱乐部，合同已到期但原俱乐部要求支付转会费，摩洛哥虽然不是欧盟成员国，但是摩洛哥俱乐部却是受法国足协管理的，其是否是欧盟成员国的俱乐部，能否适用博斯曼规则？

博斯曼案件遗留的第三个问题是，在合同期届满之前，球员提出转会，原俱乐部能否要求支付补偿费用？这一支付补偿费用的要求是否与博斯曼案中的情形一样，限制了球员的自由流动？合同尚未届满，球员提出转会请求，是否违反其最初缔结合同时立下的承诺，因而应当给予俱乐部补偿？

目前欧盟各国国内法均不禁止劳动者调换工作岗位，因而球员的自由转会的权利应予保障，但他们原来所属的俱乐部亦有权要求补偿，然而接下来的问题还是有待法律进一步明确，即球员在有约在身尚未届满的情况下是否有权又与另一俱乐部签约？如果他们这样做，第一家俱乐部能否禁止该球员在第二家俱乐部的任何（或是部分）比赛，第一家俱乐部能否要求支付转会费或类似的赔偿？

在博斯曼案件的审理过程中，欧洲法院考察了禁止要求支付转会费的两种例外情形，第一种情形是转会费为补偿原俱乐部为培养该球员支付的日常训练费以及其它特殊培养费用（如生活费、文化学习教育费等），第二种情形是为了防止足球比赛中双方力量悬殊，对较弱的或较穷的俱乐部实施的保护措施。然而在最终的裁决意见中，欧洲法院认为此类法律运动目标均可通过其他方式达到，而勿需采用支付转会费这一方式。

总之，从目前欧洲法院与欧盟委员会的态度来看，似乎是认定在欧盟范围内的球员自由流动应受到保护，在合同履行期届满后转会要求支付转会费是限制竞争行为。这样一来，国际足联与欧洲足联的有关球员转会的规则都将受到考验，而整个国际球员转会制度都必须重新构建。然而，博斯曼案件审理完毕后，欧洲足联与国际足联不甘示弱，他们想通过对球员转会规则进行小的修改来应付博斯曼规则，而欧盟委员会则要求完全取消转会费制度，并且准备起诉欧洲足联与国际足联，双方各执一词，欧盟足球法制进程陷入僵局。

经过几年的艰苦谈判后，在 2001 年 3 月5 日，欧盟委员会终于首肯了国际足联和欧洲足联几经修改的球员转会方案，欧盟委员会表示将终止对国际足联的起诉。经欧盟委员会同意的国际足联和欧洲足联修改后的球员转会方案的基本内容有：建立对小俱乐部训练年轻球员的补偿机制，同时对各俱乐部的收入进行重新调整分配，分配对象包括参与训练和教育球员的业余俱乐部。对 18 岁以下的球员的国际间转会要设立一定条件，派足球专家建立一套制度，以保证这些年轻球员在进行训练的同时能接受学校教育。在每个赛季设定一个转会期，在赛季中期也有一个短期的转会时间。限制每名球员每赛季只能转会一次。合同最短为一年，最长为五年。28岁以下的球员的合同将有三年保护期，28岁以上的球员为两年。建立相关制裁机构，以保证体育竞赛的正常进行。单方面违约只允许在赛季结束时进行。如果合同是被单方面破坏，无论是球员或者是俱乐部，都将支付一定的费用作为经济赔偿。在合同保护期内单方面违约，球员、俱乐部或者是经纪人都将受到处罚，其中处罚按严重程度来分担一定的比例。建立一个代表俱乐部和球员利益的仲裁机构，其主席为独立人士。仲裁机构是一个自发性非官办机构，但不排除向国际性的法院如欧洲法院寻求合作的可能性。

但是足球运动员们认为这是一个倒退，国际职业球员工会组织（FIFPro）表示，这些转会规定对于球员的人身限制过于严格，甚至有悖于1995年欧洲法院博斯曼法案的裁决，因为欧洲法院在该案中的裁决认定，合同期满的球员可以自由转会，不用交纳转会费。因而国际职业球员工会组织很有可能以违反欧盟人员物资自由流动法律为依据起诉欧盟委员会和国际足联达成的协议。因此，我们可以想象，有关转会费问题的争论还将继续。

（三）队员与球队的国籍问题

与球员们自由转会问题相对应的是俱乐部在欧盟境内自由开业，不受国籍歧视的问题，根据《罗马条约》第52条，欧盟各国应逐步取消对成员国国民在另一成员国领土内开业自由的限制。这一自由也给欧洲足球行业管理机构带来了麻烦。职业足球运动一般都是由各国足协进行组织管理，或者至少是接受各国国家足协的管辖权。各俱乐部球队参加欧洲的几大赛事（如欧洲冠军杯与欧洲联盟杯）的资格是首先必须在其各自所属的国家足协组织的全国联赛中取得好的名次，因此国籍问题在欧洲的足球赛事中至关重要，并且象各国的国家队球员还只能从具有其国籍的或者是具有某种国籍联系（如血统或者永久居留权）的球员中选拔。所有这些足球运动中国籍的要求，均与欧盟基本条约中坚持的消除基于国别原因的歧视的宗旨相违背。博斯曼案件遗留下来的问题之一就是，各国足协对其下属俱乐部球队所作的外籍球员人

数的限制是否违反了欧盟有关禁止国别歧视的法律。

《罗马条约》第52条能否适用于足球俱乐部？1997年，一家比利时小型俱乐部皇家穆斯克龙队取得了参加欧洲联盟杯比赛的资格。但是由于他们在比利时的主场只能容纳4500名观众，因而在和塞浦路斯利马索尔队的比赛时，他们把主场迁到了邻近的法国城市里尔，那里的体育场可以容纳21000名观众。该俱乐部的跨国迁移没有遭到欧洲足联的反对，因为根据《罗马条约》第52条，该俱乐部享有在其他成员国内自由开业的权利。问题是在接下来的一场比赛中，该比利时俱乐部足球队将迎战法国梅斯俱乐部队，该俱乐部又一次请求欧洲足联同意其变换主场，并表示自这次变换后，今后将一直以法国里尔的球场作为主场。欧洲足联这一次拒绝同意，理由是如果这样的话，法国梅斯俱乐部队将获得不正当的优势，其将在一场并非客场的"客场"参加比赛。从该案例可以看出，经济利益方面的考虑——比利时俱乐部想获得更多的门票收入分成，被出于体育运动方面利益的考虑——以防止其它参赛俱乐部球队感觉法国梅斯俱乐部队获得了不正当的优势所取代了。而在前一场比赛中，由于不存在这一体育运动方面利益的考虑，欧洲足联同意跨国搬迁主场的请求。

与上一问题相关的是，欧洲足联是否能禁止俱乐部整体搬迁到另一欧盟成员国国内？这也涉及到欧盟法律。有两家俱乐部——英格兰的温布尔登和苏格兰的克莱德本，想整体搬迁至爱尔兰的首都都柏林，因为都柏林是整个欧洲最大的一个没有职业足球队的城市。爱尔兰足协拒绝了他们的搬迁请求。这就引发了两个相关的法律问题。第一，每一个欧盟成员国国家足协是否拥有对其境内足球事项的排他管辖权，并且可以拒绝外国俱乐部入驻？第二，各国国家足协能否通过制定比赛地点的规则，变相地禁止其下属俱乐部搬迁到另一个国家？对第一个问题的回答似乎是否定的。爱尔兰足协的反对主要是出于经济利益的考虑，他们认为温布尔登入驻都柏林将吸引更多的球迷观看温布尔登球队的比赛，从而影响爱尔兰其他球队的票房，但是由于这一理由仅仅是出于经济方面的考虑，因而爱尔兰足协的这一措施可能构成欧

盟竞争法所禁止的限制竞争行为。爱尔兰足协的行动得到了欧洲足联与国际足联的支持，他们通过行使自己手中的权力命令英格兰足协对温布尔登俱乐部进行惩罚，如果其执意要求搬迁的话。但欧洲足联与国际足联的这一威胁，亦可能违反欧盟竞争法，因为其构成了《罗马条约》第 86 条所定义的"国际联合抵制行为"（international boycott）。

另一方面，英格兰足协能否制定政策，要求其下属的俱乐部球队的所有或部分比赛在英格兰本土进行，以此种方式来限制其俱乐部搬迁到国外？这似乎违反了《罗马条约》第 52 条的"开业自由"的规定。但如果以保护消费者利益这一理由为此作辩护，在法律上还是站得住脚的，因为整个欧盟竞争法的最终目的是保护消费者权益，温布尔登俱乐部从英格兰搬迁到爱尔兰，将会损害其球迷的利益，因为绝大部分温布尔登球迷的住所都在伦敦，这些球迷（即消费者）将为了到爱尔兰去支持他们的球队而不得不支付更多的费用，所以从保护自由这一角度考虑，爱尔兰不能禁止温布尔登俱乐部迁入，而从保护消费者权益这一角度考虑，英格兰足协可以禁止温布尔登俱乐部迁出。

另外一个案例涉及公平竞争的问题。德利格是一名职业柔道选手，根据国际柔道联合会的有关规则，德利格所属的国家柔道队，只能有三名选手参加诸如奥运会之类的国际性比赛，德利格对此规则不服，向法院起诉，认为这种选拔机制不是以选手的成绩为标准，而是以选手的国籍为标准，他认为应当打破国别界限，每个选手以个人身份参加真正公平的选拔比赛。欧洲法院在该案中的态度是，国际柔道联合会的选拔机制是为了保障体育运动利益，这涉及到公共利益的问题，如果不采用这样一种机制，那么所有以国家为代表队进行的国际体育比赛都无法开展了，如果完全以选手个人身份进行选拔，很可能导致在某一项运动上实力较弱的国家在重大国际比赛中没有选手参赛，而这是不符合奥林匹克运动的广泛代表性原则的。因此在体育运动中，象此类以国籍为标准所作的一些区别对待，欧洲法院不认为是歧视，或是限制了竞争。事实上早在 1976 年的一起案件中，欧洲法院就已经判决，以具有选拔国家的国籍作为国家队选手的基本选拔条件，不违反

欧共体的法律，否则"国家队"这一国际比赛的基本单位的身份将遭到人们的质疑。例如，欧洲杯赛与欧洲冠军杯赛和欧洲联盟杯赛就不同，后两者是欧洲各俱乐部球队之间的比赛，前者是欧洲各国家队之间的比赛，如果欧洲冠军杯赛与联盟杯赛对参赛球员的国籍问题加以限制，肯定是违反欧盟法律的，但欧洲杯赛所作的有关参赛队员国籍方面的规定是不违反欧盟法律的。

（四）关联俱乐部球队之间的比赛问题

各国竞争法均要求主管部门对关联企业之间（如母公司与子公司，总公司与分公司）的交易行为进行严格的审查，以防止它们利用关联关系垄断市场，限制公平竞争，欧盟竞争法亦不例外。但是在足球比赛中，如果两支具有关联关系的俱乐部球队遭遇，是否会构成竞争法上的"关联交易"行为？ENIC 公司是一家在伦敦股票交易所上市的大公司，拥有三家欧洲足球俱乐部的控股权，其中有两支俱乐部球队（雅典 AEK 竞技队与捷克布拉格斯拉维亚队）取得了 1998 至 1999 年欧洲联盟杯赛的参赛资格。欧洲足联宣布由于两支球队所在俱乐部同属一个业主，因此不能在一起比赛，准备取消其中一支球队的参赛资格。ENIC 公司不服，认为欧洲足联的举措是限制公平竞争，违反欧盟法律，而欧洲足联则认为，如果让两支相关联的球队同时参加比赛，它们有可能舞弊，操纵比赛结果，从而破坏体育比赛的公平竞争规则。双方相持不下，后来将争议提交国际体育仲裁院（the Court of Arbitration for Sports）仲裁裁决，体育仲裁院认为欧洲足联的举措是武断的，尽管出于体育运动利益的考虑（如在本案中为避免打假球、消极比赛），对竞争进行某种限制，不违反《罗马条约》第 85 条，但这些限制必须是"必要的、恰当的"，本案中，欧洲足联事实上可以采取其他解决措施，例如通过赛程安排避免让两支球队直接交锋，而不是直接取消某一支球队的比赛资格。

（五）电视转播权的问题

足球比赛电视转播权目前已成为一件炙手可热的稀缺商品，电视转播权转让所获得的收入是当今足球运动的主要资金来源之一，电视转播权的转让和分享是当今整个欧洲足坛的主要经济支柱。

根据大部分国家的国内法规定，转播一场比赛的权利应当由主场球队俱乐部所拥有，理由主要是因为主场球队俱乐部一般都拥有比赛场地的所有权或是使用权，并且能够控制进场的球迷人数，这一场地的所有权或使用权使得主场球队俱乐部有权允许或者禁止某一电视台在球场内安装转播设备，从而主场球队俱乐部在进行比赛时可以将转播权出售给电视公司。然而在欧洲，几乎所有职业联赛的转播权都是统一集中转让的，即联赛的组织者（各国足协及欧洲足联）垄断了一切比赛的转播权出让，每一职业俱乐部在加入联赛之际，都会被要求签订将其所有比赛的转播权交由联赛组织者统一出售的协议。之所以签订这一协议，是为了保障各俱乐部之间比赛转播权收入分配的公平，保障一些小的俱乐部的生存和发展，如果完全开放转播权市场，有可能导致一些著名俱乐部由于其拥有众多球迷从而可以得到高额的转播权转让费，而一些小俱乐部由于观看其球队比赛的球迷不多，转播权转让费过低，而导致俱乐部经济来源不足，走向破产。但是集体统一销售行为肯定是一种限制竞争的行为，多数情况下，转播的比赛的场次受到了限制，每一俱乐部亦不能在公开市场上自行销售其产品（转播权），因此每一场比赛的转播费并不是自然的市场价格，这就不可避免地会损害消费者的权益。正是基于这些考虑，欧盟委员会开始着手审查足球转播权集体统一销售行为是否违反欧盟竞争法。

欧盟委员会审查了英国天空卫星广播公司（British Sky Broadcasting，简称 BskyB）与欧洲足联之间关于 1989 年至 1993 年间转让欧洲三大杯赛电视独家转播权的合同，并认为由于 BskyB 是第一次进入转播权市场，需要一项长期合同来保证其经济利益，因此，该项交易不违反欧盟竞争法，另外由于这一独占许可合同转让权的内容是足球比赛，根据欧洲法院的有关判例，对表演权的独占许可并不当然地违反《罗马条约》第 85 条。此外欧盟委员会还考察了该合同的期限问题，根据欧盟竞争法实践，任何独占协议的期限不得超过一年，但该合同有四年期限，BskyB 的抗辩理由是，他们是第一次进入足球市场，因而需求较长的时间来站稳脚跟。1999 年欧盟委员会下属的垄断与合并委员会作出裁决，尽管 BskyB 的独占转播行为不构成限制竞争行为，但是其具有转播权市场的优势地位，如果其再签订此类长期的独占合同，将受到欧盟竞争法的处罚。

（六）结　论

从上述的内容可以看出，欧盟法律尤其是竞争法已经对足球运动产生了重大影响，欧盟足球法制正在形成，事实上还有很多足球法律问题本文没有涉及到。例如，1998 年在法国世界杯期间，法国组委会预留了 60% 的门票给法国观众，这一歧视其他国家观众的做法，遭到了欧盟委员会的处罚。因此在 2000 年欧洲杯比赛期间，主办国比利时与荷兰组委会制定了一套完善的球票销售机制，使欧洲任何国家的球迷均能自由购买，而没有给主办国公民以任何优惠。

足球运动的商业化运作已经使人们认识到，象其他国际商业交易一样，足球市场亦应受到有关法律的调控，这是博斯曼案件给我们的最大启示。然而足球运动作为人类社会文化的产物，又是一种特殊的商品，因此一方面欧盟足球运动必须接受欧盟法律的指引，另一方面欧盟委员会必须注意到足球市场的特殊规律。

主讲人：阎旭峰

第十八章　现代管理理念

足球的经营和管理规律与其他行业并无质的不同，不同的是在于在足球领域中的一切都来得更加迅速、更加直接、更加富有戏剧性。教练员必须在千变万化的复杂局面中当机立断地做出决定，并立刻面对这一决定所产生的后果——或名垂后世，或遗恨百年，或名利双收，或遭人唾骂。而球员更经常处在一种既要遵守纪律又要创造思维，既要服从集体又要张扬个性，既要尊重规律又要标新立异的矛盾之中。就是在这样的复杂环境中，职业足球的经理人（相当于我们国家的职业队主教练，但权利更大）和球员们如鱼得水，本能地实践着现代商业管理的许多法则。

向足球学管理。

《财富》杂志曾把美国最佳棒球队之一的扬基队的教练乔·托尔称为"身穿棒球服的韦尔奇"。足球教练一词在英国英语中正是 Manager，希望这种巧合能有助于更多地揭示成功管理一支足球队和一家企业之间的关联。

一、现代管理理念

（一）什么是管理

著名管理大师彼得·德鲁克（Prter F Drucker）说："在人类历史上，几乎没有一种制度能象管理那样迅速兴起并产生巨大影响。在不到一百五十年的时间里，管理已改变了世界上所有发达国家的社会与经济结构。"

（二）管理的作用

二战后，一项研究表明，技术不比美国的落后，英国生产率低下的主要原因是组织管理水平落后于美国；而美国经济发展速度比英国快，关键是他们有着较高的管理水平。

日本，从 1945 年到 1960 年仅用短短的 15 年时间，工业产值跃居世界资本主义国家第二位，不能不令人刮目相看。其原因，世界经济学家众说不一，而日本人自己认为是他们有一个特殊的管理系统起了创造性的作用。

美国的邓恩和布兹特里斯信用分析公司的研究表明，在所有的破产公司中有 90% 是由于管理不善所致。

因此，我们得出结论：管理出效益，管理出效果，管理促发展；管理就是在特定的环境下，对组织所拥有的资源进行有效的计划、组织、领导和控制，以便达成既定的组织目标的过程。先进的管理能够弥补落后的技术，先进的技术不能弥补落后的管理。运动队的管理也是同样的道理

（三）你在管理运动队中曾面对怎样的挑战

运动队管理中的三角制约：

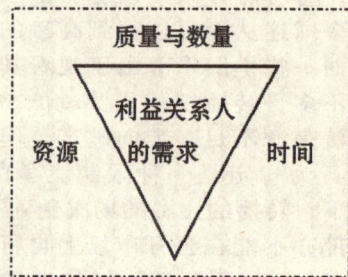

关键角色：

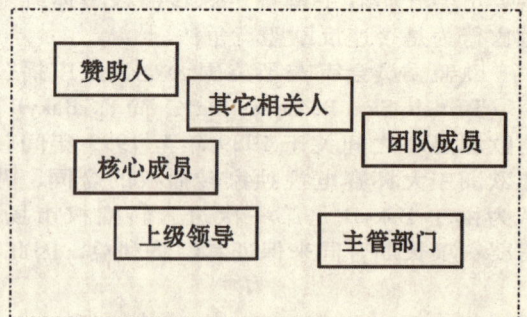

管理的实质：

管理就是在特定的环境条件下，将组织的资源价值最大化的活动过程。

二、管理学的特点

（一）管理学是一门综合性科学

管理学的主要目的是指导实践活动。

以运动队为例，管理者要处理有关问题，

要了解或熟悉训练学、统计学、政治学、经济学、心理学、人类学、社会学、生理学、伦理学等学科的一些知识和方法。

管理活动的复杂性、多样性决定了管理学内容的综合性。

（二）管理学既是科学也是艺术

科学特点：客观性、实践性、理论系统性、真理性、发展性。

显然，管理学是一种反映了客观规律的综合的知识体系。也要利用严格的方法来收集数据，并对数据进行分类和测量，建立一些假设，然后利用这些假设来探索未知的东西，所以是一门科学。

艺术的含义是指能够熟练地运用知识，并且通过巧妙的技能来达到某种效果。有效的管理活动正式如此。真正掌握了管理学知识的人，应该能够熟练地把这些知识应用于实践，并能根据自己的体会不断创新。

管理也是艺术。

§比如美国的汽车工业，在 20 世纪出现三个管理大师，他们同一个国家，同一个行业，有着不同的管理风格和做法；

§福特：20 世纪初提倡流水线分工论的权威，将一辆汽车的生产过程分成 8772 个工序；

§斯隆：他的管理风格是在用人上；

§艾科卡：特点是能够在管理战略上适应环境的变化，调整经营方向、经营手段、使组织在逆境中发展。

（三）管理学是一门不精确的学科

在给定条件下能够得到确定结果的学科称之为精确的学科。数学是精确学科，而管理则不同，在投入资源完全相同情况下，产出可能完全不同。因为影响管理效果的因素太多，许多因素完全无法预知，如国家的方针、政策和法令、自然环境的变化、其他竞争对手的经营决策等，同时，人的思想、感情、个性、作风、士气以及人际关系、领导方式、组织文化等也是模糊量。

三、如何学习管理学

管理学是整合管理知识的一种学问。把管理知识实用且有条理地组织起来，有利于管理实践的应用，也有利于管理知识的学习。

（一）准确深刻地理解基本概念、基本理论

误区：认为管理学容易学，书上的内容，一看就懂。

管理学内容都是高度精练、高度抽象的，很多概念、理论的背后，都有丰富的背景和含义。

要学好，不仅知道 what，还要知道 why，how.

（二）理论联系实际

一是联系自己的实践经验，每个人在实际工作中都会亲身经历或目睹各种各样的人或事，在学习理论时，联想一下自己的经历、体会。二是借助案例，每个人的实践经验总是有限的，要联系自己没经历过的实践，就只有靠间接经验了。

（三）掌握系统思维方式

特点：目的性、整体性、相互关联性、环境适应性、多级递阶性。

分析原则：外部环境与内部条件相结合；当前利益与长远利益相结合；整体效益与局部效益相结合；定性分析与定量分析相结合。

四、利益相关者

企业为什么会存在？取胜的关键是什么？

贯穿 21 世纪整个新时代的经营企业的启示是，我们必须获得人们的承诺和忠诚。企业保持与投资者、员工、顾客、管理者和其他利益相关者的关系，利害攸关。利益相关者们因他们前所未有的杠杆作用，已经变成了巨人。

用心经营企业意味着，企业要做正确的事情和进行适当的管理，而管理不仅仅要做基本的工作，而且还要顾及所有那些相互间有作用或者与企业有一定关系的人们的最大利益。我们把这些人称之为"利益相关者"。

实现利益相关者的需求是企业最重要的。

大家要认真思考的命题：利用利益相关者方法的公司不仅仅通过使利益相关者满意而使世界变得更美好，而且这些公司还获得了来自长期的和持久的财务成功方面的回报。

"利益相关者的权利"的时代已经到来。它应该成为企业核心的战略，来促进产品的革新和系统的提升，以及实现我们的财务目标来支持现在的和将来的经营计划。

以利益相关者为中心来经营一个企业并不难，但要实现这样的原则却是很难的。然而，其可能产生的结果却值得我们这样去做。

顾客革命

一场重视利益相关者作用的革命已经开

始了。这种观念象征着由迈克尔·哈默所指出的一种显著的趋势。哈默认为，世界经济具有划时代的意义的变化是权利已经由卖方转移到了买方手中。

价　值

价值是功能与费用之比。可以用公式表示：$V = F/C$，式中，V 是价值（Value），F 是功能（Function），C 是费用或称成本（Cost）。

俱乐部价值就是俱乐部所具有的功能与获得该功能的全部费用之比。只有通过市场，这个价值才能得到检验和实现。

功能定义为：某一事物具有的满足使用者需求的功效能力。

成本是指为获得对象的功能而须支付的费用，又称为取得功能的成本。

价值链

价值链（Value Chain）是指企业创造有价值的产品或劳务提供给顾客的一系列"创造价值"的作业。企业就是为了最终满足顾客需要而完成一系列作业的实体。

价值链就是从供应商开始、直到顾客价值实现的一系列价值增值活动和相应的流程。

竞争不是发生在企业与企业之间，准确地讲是发生在企业各自的价值链之间，只有对价值链的各个环节实行有效管理的企业，才有可能真正获得市场上的竞争优势。

职业体育俱乐部管理。

五、怎样沟通

（一）沟通到底是什么

运动队里通常发生以下问题：我想了未必全说，我说了你未必全听，你听了未必全懂，你懂了未必全信，你信了未必全做，你做了也未必全好，所以沟通过程中会有许多"打岔"的因素，产生了沟而不通，行而不果的问题。

（二）沟通可分为三个层次

上对下；

下对上；

平行沟通。

（三）不同层次的沟通有不同的要领。

层次一，上对下的沟通要领：

1. 多说小话，少说大话。亲切感、打动人心。

2. 不急着说话，先听听队员的意见。能够养成队员主动开口的习惯，对上下沟通十分有利。

3. 不说长短，否则大家会怀疑你，在背后议论你。

4. 不要厉声指责，以免伤了和气。

5. 广开言路，采纳意见。不要死不认错，若上司敢于向下属认错，更能得到下属的信任。

层次二，下对上的沟通要领：

1. 上司若听不进去，再说也无益，所以下属要设法让上司想听，而且听的时候要有效。

2. 有相反意见，勿当面顶撞。只要不说话，显得沉思，上司就会看出来，叫我们说。

3. 有不同意见，要先说好，再表达自己的意思，提供参考。

4. 意见相同，要热烈反应，加以支持。

5. 有他人在场，要顾虑上司的面子，让上司放心我们不会伤害他，才能赢得他的信任。

层次三，平行沟通的要领：

1. 大家一般高，所以要从自己做起。尊重对方，对方才会同样地回报，彼此尊重，才能沟通。

2. 本位主义太浓，会造成障碍，应该设身处地，站在对方的立场考虑。

3. 基于互惠互利的原则，增加大家的责任感。

4. 用诚意来促进了解，平常多建立关系，不要临渴掘井，很难收效。

5. 可以圆通，却不能圆滑，如果让人觉得缺乏诚意，就很难达到沟通的效果。

注意：

沟通的理论是一般性的，现实环境则往往是特殊性的，人往往受其习惯所左右。

良好的沟通必须以情为先，大家情绪平稳，当然乐于倾听，让对方言默自如，不觉压力，才更容易获得更多信息。

（四）为何沟而不通

上司常犯的六弊：

1. 总认为自己官大学问大，样样都要胜过下属；

2. 听见批评的话，就很不高兴，却很高兴发现别人的错误；

3. 显得能言善道，有时是强词夺理；

4. 惟恐下属不知自己如此聪明，经常炫耀一番；

5. 常摆出一副威严的姿态，与部属拉开距离，使部属畏惧而不感进言；

6. 自以为是，一味执着于自己的成见。

部属常见的三弊：

1. 存心讨好，报喜不报忧；

2. 见风转舵，投其所好，以至于对错不分，是非不明；

3. 胆怯怕事，多一事不如少一事。

（五）倾听力测试

请把下面 15 个题目回答两遍。第一遍，对每个问题回答是或否，并填在其后恰当的空格中。请根据你在最近的会议或聚会上的表现真实填写。第二遍，如果你对自己的回答感到满意，则在第三栏中填"＋"号；如果你希望改变你的回答，则填"－"号。

1. 我常常试图同时听几个人的交谈。

2. 我喜欢别人只给我提供事实，让我自己做出解释。

3. 我有时假装认真在听别人说话。

4. 我认为自己是非语言方面沟通的好手。

5. 我常常在别人说话之前就知道他要说什么。

6. 如果我不感兴趣和别人交谈，我常常通过注意力不集中的方式结束谈话。

7. 我常常用点头、皱眉等方式让说话人了解我对他所说内容的感觉。

8. 常常别人刚说完，我就紧接着谈自己的看法。

9. 别人说话的同时，我也在评价他的内容。

10. 别人说话的同时，我常常在思考接下来我要说的内容。

11. 说话人的谈话风格常常影响到我对内容的倾听。

12. 为了弄清对方所说的内容，我常常采取提问的办法，而不是进行猜测。

13. 为了理解对方的观点，我总会很下工夫。

14. 我常常听到自己所希望听到的内容，而不是别人表达的内容。

15、当我和别人意见不一致时，大多数人认为我理解了他们的观点和想法。

（六）一对一的沟通

§ 想谈，缺乏时间；

§ 制定一个管理面谈计划给下属提供发展和反馈的机会，是使管理有效的重要机制；

§ 每月一次或每两周一次，同下属个别谈心，工作效率会大大增加。

面谈制度的步骤：

第一、先要开一个角色协商会，明确指出这个制度的期望、责任、评价的标准等。主要目的是明确双方彼此对对方的要求是什么。

第二，排出与下属一对一面谈的计划。

经常性的、单独的。

集中谈以下问题：

§ 管理和组织问题；

§ 互相交流信息；

§ 问题；

§ 进步的障碍；

§ 管理技巧的培训；

§ 个人的需要；

§ 工作表现的反馈；

§ 个人关心的事或问题。

小　结

§ 这种谈话会提出一些要在下次谈话前实现的行为，有些是下属需要做的，有的则是管理者需要做的。

§ 强调：1. 双方都要准备；2. 这是管理者和下属都要投入的发展和进步的会议。

§ 下次谈话时，要检查一下前次谈话要做的事情，这就鼓励了不断进步。

§ 优点：提高了运动队的效率；加强了个人的责任感；改善了交流的进行。

（七）案例讨论：骂的文化

有这样一个运动队，"骂"似乎成了这里管理的"代名词"。"骂"是悬挂于管理者头上的利剑。这个随时可能砸到运动员头上的利剑，使他们提心吊胆，他们只好不断的训练。但另一方面，由于"骂"只来自教练和领队，当他们都不在时，队员们便散漫了、偷懒了甚至藏在某处睡觉、喝酒、砍大山。

"骂"已成为这里特殊的"组织文化"。训练进度慢，骂；成绩下降，骂；纪律有问题，骂；这里的一切，似乎只能以骂来解决。

问题讨论：

§ 这个案例违反了支持性沟通的什么原则？

§ 你赞成骂的文化吗？为什么？

§ 试探讨这样的沟通对运动队组织文化造成怎样的影响？领队和教练接下去该怎样做？

六、激 励

激励是管理中一个重要环节，一个组织业绩出现问题的背后经常是一个缺乏高激励的工作环境。

（一）动机问题还是能力问题

绩效表现＝能力×动机；

能力＝天赋×训练×资源；

动机＝意愿×承诺。

对于表现差劲的员工，我们首先要问：是能力不足，还是激励不足？

（二）人性理论

探讨人性的理论主要有麦格雷戈的 X 理论和 Y 理论、提出的四种人性假设。

X 理论——人之初，性本恶。

（1）一般人都生性懒惰，尽可能地逃避工作；

（2）一般人都缺乏雄心、壮志，不愿承担责任，宁愿被人领导；

（3）一般人都天生以自我为中心，对组织需要漠不关心；

（4）一般人都天生反对变革，安于现状；

（5）一般人都不怎么机灵，缺乏理智，易于受到欺骗和煽动。

基于 X 理论对人的认识，持这种观点的领导者认为，在领导工作中必须对运动员采用强制、惩罚、解雇等手段来迫使他们工作，对运动员应当严格监督和控制，在领导行为上应当实行高度控制和集中管理，在领导模式上采取集权的领导方式。

Y 理论——人之初，性本善。

（1）人们并非天生就厌恶工作，人们在工作中体力和脑力的消耗，就像游戏和休息一样自然，工作对于人来说是一种满足；

（2）在适当的条件下，人们不但接受，而且能主动的承担责任；

（3）如果提供适当的机会，人们就能将个人目标和组织目标统一起来。个人自我实现的要求和组织目标的要求之间并不是对立的、矛盾的；

（4）人们并非天生就对组织的要求采取消极和抵制的态度，人们愿意、也能够通过自我管理和自我控制来完成自己认同的组织目标；

（5）大多数人都具有较高的解决组织问题的想象力和创造性，但在现代工业社会条件下，人们的智慧潜力只得到了部分发挥。

基于 Y 理论对人的认识，领导者应该对职工采取民主型和放任自由型的领导方式，在领导行为上必须遵循以人为中心的、宽容的、放权的领导原则，使下属目标和组织目标很好地结合起来，为人的智慧和能力的发挥创造有利的条件。

麦格雷戈认为，不幸的是大多数管理者偏向同意 X 理论的假设。

（三）有关人类特性的四种假设

美国心理学家和行为科学家沙因对前人和自己的各种假设加以归纳分类，认为共有四类：

第一、理性经济人假设

1. 人是由经济诱因来引发工作动机的，其目的在于获得最大的经济利益。

2. 经济诱因在组织的控制之下，因此，人们在组织的操纵、激励和控制之下被动地从事工作。

3. 人以一种合乎理性的精打细算的方式行事。

4. 人的情感是非理性的，会影响人对经济利益的合理追求，组织必须设法控制个人的感情。

第二、社会人假设

由梅奥通过霍桑实验提出来的。他认为，人是"社会人"，影响人生产积极性的因素，除了物质金钱外，还有社会和心理的因素，包括人们对归属、交往和友谊的追求。作为管理者不能只把目光局限在完成任务上，而应当对下属关心、体贴和尊重。这是对人性认识的一大进步。

第三，自我实现人假设

第四，复杂人假设

一些管理学家指出，人的内心世界是复杂多变的，要因人而异，简单地把人性划归一种类型是不现实的。美国两位心理学家又提出了"复杂人"的假设，即所谓的"超 Y 理论"或权变理论。人既不是纯粹的经济人，也不是纯粹的社会人或自我实现人。

（1）不同的人有不同的需要结构；

（2）人的很多需要不是生来就有的，而是在后天的环境影响下形成的；

（3）人对不同的组织或组织的不同部门会有不同的需要；

（4）一个人在组织中是否得到满足、肯

于奉献，关键在于该组织的状况是否同他的需要结构一致；

（5）由于每个人的需要和能力各不相同，因而他们对一定的管理方式就会产生不同的反应。

（四）　激励的两大因素

赫兹伯格的双因素理论

§使员工满意的因素和不满意的因素并不相同；

§前者大多属于内在的因素：如成就、被赏识、工作本身、责任、升迁、成长等，被称为激励因素；

§后者大多属于外在的，如组织的政策、行政管理、待遇、人际关系、安全感、工作环境等，被称为保健因素。

赫氏认为，一个员工没有不满足感时，不代表他有满足感，他没有不满足感，是因为保健因素良好，而真正的满足感则来于激励因素。

"满意"的对立是"没有满意"；"不满意"的对立面是"没有不满意"。

注意：奖励与惩罚的行为表现。

第一种，没有反应；不鼓励某种行为因而故意没有看见，这就导致该行为被间接地鼓励着。没有反应本身可能就是奖励。

第二种，消极反应；对业绩佳的人不作表扬和鼓励。吝啬于表扬，要求下属的业绩能更进一步突破，这样会激怒他们的下属，觉得不近人情。

第三种，积极的反应。

奖惩效应游戏

积极反应与消极反应：

§挑选两名志愿者，接受班级的反应，然后让他们离开教室；

§教师放置物品；

§强化程序：消极反应，即当他远离物品时给予嘘声和喝倒彩；积极反应，即当他靠近物品时给予欢呼和鼓掌；

§第三名学生记录花费时间；

§第一名自愿者进来，教师告诉他开始寻找物品，班里的同学会帮助他；

§第二名自愿者进来，教师告诉他开始寻找物品，班里的同学会帮助他。

§总结：

各用了多少时间？

两名自愿者的行为有什么不同？

七、冲　突

冲突的概念：

§抵触、矛盾——《新华字典》，商务印书馆

§冲突既是组织中产生矛盾

冲突是把双刃剑

§很多管理学者认为，组织中的冲突既是不可避免的，同时也是具有价值的；

§这个立足点在于冲突的矛盾心理状态附带着竞争的价值，有助于维持甚至发展组织的活跃性。

个人应付冲突的惯用招

§竞争行为策略（competing）；

§妥协行为策略（accomodating）；

§回避行为策略（avoiding）；

§折中行为策略（compromising）；

§双赢行为策略（collaborating）。

应对策略：

§竞争：自我肯定但不合作；

§协作：自我肯定且合作；

§回避：自我肯定且不合作；

§迁就：不自我肯定但合作；

§折衷：合作性与自我肯定性均处于中等程度。

八、领导理念及管理创新

（一）　管理的使命

§配合巨变的要求，巩固运动队的能力，发挥团队的整体优势；

§整合运动队的实力，完成被分配的任务；

§用创新的精神，有效运用科技的力量，不断创造出好的成绩、产品和服务，保障可持续的成长，与各个利益相关者共享成果。

（二）　市场开放化及国际化带来的挑战

§更多的竞争；

§更多元化，有创意，有经济效益的产品和服务；

§更高的质量要求；

§成本控制更严峻；

§更多更好和更快的顾客沟通和服务。

（三）　管理创新

管理创新是指引入新的管理思想、方法、手段、组织方式而实现的。是指创造一种新型的、有更高效率的资源整合的模式，既可以是有效整合资源以达到组织目标的全过程管理，也可以是某个具体方面的细节管理。

包括以下几方面：

1. 提出一种新的运行思路并加以有效实施。

2. 创设一种新的组织机构，并使之有效运转。

3. 发明或引进一项新的技术，并使之付诸实践。

4. 创立或引进一项新的制度。

5. 设计一种新的管理方式。

所以，管理创新包括了思路创新、组织创新、制度创新、技术创新、管理方式创新等，这些之间又是紧密联系的。

管理体制改革、企业重组（BPR）是管理创新的具体体现，也是目前管理理论的核心内容。

（四）管理文化和概念的更新

管理是什么？

"理"好物质、资讯（知识、科技）和资本的沟通（三通）。

整"理"和调配人力资源，使"三通"顺畅，达到企业的策略目标。

§人不想被"管"，要能发挥能力，要受重视，要追求存在的价值；

§旧——是命令、鞭策、权威、服从；

§新——是启发、鼓励、整合、激发潜能、挑战极限；

§是领导和培育有效率、有理性和有人性的领导；

§是培养和领导一支有目标、有活力、有创意、有效率和负责的团队。

解放管理概念的十个要决

§把质量适当的工作交给合适的人；

§建立清晰目标，提供及时的帮助和协调；

§鼓励不同及创新的建议及自我挑战；

§避免重复架构；

§注重多项沟通，增加透明度，组织减少神秘感；

§发挥团队精神和效益；

§培养人才、吸收新鲜血液；

§用最好、最快的工序达成既定目标程序；

§省去没有"生产力/增值"的程序；

§用标准化和自动化提高效率。

更新"管理"领导层的文化

§要了解环境和市场趋势；

§要掌握内外优势和弱点，量力而为；

§要抓住机会，冒可承担的风险；

§要提供远见、目标、推动共识；

§要人尽其才，"物"畅其流；

§要掌握科技和资讯的运用，提高团队的科技水平；

§要协调，解难，磋商，有透明度，赢取爱戴和信任；

§要发挥时间的价值，有迫切感；

§要有弹性的策略，鼓励和追求改变；

§要有追求成功的意志和决心；

§要建立团队，提高生产力；

§要分享成果；

§要严格自我要求，身先士卒，以身作则。

新时代的管理者和管理科学

在知识经济和科学变革的高潮中，二十一世纪向我们走来。

今天的建设和管理工作，要求我们的管理者更具战略眼光，具有更全面的知识，掌握更切合实际的方法，总之，具有更高的素质。

新时代的管理者的素质

新观念：

§信息观念——科学决策靠信息；

§环境观念——眼睛向内和向外兼顾；

§风险观念——承认和主动迎击不确定性；

§创新观念——注重开发和研究；

§协作观念——尊重人才，以人为本；

§法制观念——知法守法，依法办事。

新手段：

§建立稳定可靠的信息收集和处理系统；

§为决策建立辅助和支持体系；

§注意利用信息产业和信息服务业；

§充分利用现代信息技术。

新能力：

§战略管理的能力；

§风险管理的能力；

§信息管理和利用的能力；

§人力资源管理的能力。

关注的重点：

1. 人——观念转变、激励机制、资源调配；

2. 企业文化——市场竞争意识、团队精神；

3. 改革——不符合市场经济要求的管理模式；

4. 效益——实现项目的目标效益；

5. 协调——部门间的矛盾，定期工作会议。

创建团队精神：

目标一致、运作规范；

搭配得当、人尽其长；

责权明确、纪律严明；

信任合作、交流顺畅；

领导支持、及时得力；

追求卓越、活力久长。

主讲人：萧淑红

第十九章 足球高原训练

一、足球运动高原训练的特点

（一）足球运动员竞技能力特点

足球运动系非周期性同场对抗性项目，正式足球比赛时间为90分钟，有些比赛规程规定需打加时赛30分钟及罚点球决定胜负。一场高水平的比赛，运动员的跑动距离男子达6000～12000米以上，女子达5000～8000米以上，要做上百个对抗和非对抗、有球和无球的动作，当今足球运动员在比赛中的活动距离、快冲次数呈上升趋势，而且与比赛水平呈正比。身体能量消耗2000卡左右，体重下降3～5公斤。2002年世界杯的高水平队伍表现尤为突出，其奔跑能力、快冲次数及其活动距离已成为衡量球队水平高低和球员专项体能的一个重要指标。足球运动员高原训练必定成为现代科学训练的必不可少的手段之一。

（二）足球运动员供能特点

现代足球运动要求足球运动员拥有全面良好的素质，需具备长时间间歇运动能力；高强度运动能力；反复短距离冲刺跑能力；多次数大力量的踢球、起跳、射门等能力。这些能力和其相关因素全面、协调发展，构成足球运动员运动能力基础。对足球运动供能特点的研究来看，其供能形式却不可一概而论，并非仅是以运动时间判断定为那种供能形式。

由于足球运动除了运动时间之外，还包含着很多繁杂的运动形式，说明足球运动员对供能的需求是多方面的，因此，ATP－CP磷酸原系统供能；糖酵解系统供能；有氧供能几乎都是足球运动员所不可缺少的能力。在整个供能系统中，足球运动员对各个供能能力的渴求程度又是有所不同的。其中，无氧供能能力的需求度高，但有氧供能也不能忽视，有氧供能是足球运动员供能系统的必要组成部分，也是无氧能力发展的强有力基础。因为高度的有氧能力既有助于更有效地进行氧化过程，最快地消除无氧过程中削弱无氧能力而积累的乳酸，而且还能最有效的提高肌肉中糖元的储藏量，而肌糖元储藏量

又与无氧能力有关。足球运动是以速度为主，兼有速度耐力和耐力性的运动项目。在90分钟的比赛时间内，心肺功能已充分动员，当激烈运动的时间所需能量超过有氧代谢在单位时间内所提供的能量时，ATP和CP大量分解，仅仅部分能量靠糖酵解；但在间歇时间内，被分解的ATP和CP有可能重新合成，糖酵解产生的乳酸也逐渐消除。所以，足球比赛时也没有血乳酸的大量堆积，说明运动过程中能量代谢基本上是非乳酸系统供能。因此，有氧供能和无氧供能是交替进行的，是现代高速激烈的足球比赛的主要供能形式，高原训练正好是提高此能力的科学有效的训练手段。

二、足球运动高原训练对运动员的影响

（一）足球运动高原训练对运动员机体的影响特点

高原自然环境的特点是低压、低氧、寒冷、风沙大、日照时间长、日夜温差大、太阳辐射量及宇宙辐射量高等。高原随着大气压及其氧分压降低而出现了低氧环境。一般每升高1000米，空气中氧含量约降低10%，如1000米高度的氧含量为89%，2000米为81%，3000米为73%。以昆明（海拔1890米）为例，当高度接近2000米时，空气氧含量下降约20%，血氧由于运动员身体摄氧能力的调节作用只下降了3%左右，但到3000米高度上血氧下降得就比较明显著了。根据高原实测运动员最大摄氧量表明，高度越高运动员摄氧量下降得越多，到3100米高度时，最大摄氧量下降为56%，可见超过3000米的高度对运动员机能影响较大，足球运动员是不宜在这种高度上进行高原训练的。基于上述因素，高原对足球运动员的生理、心理以至于运动能力产生的影响很大，也基于此高原特点，对利用高原训练提高足球运动员体能能力是一种科学有效的手段。

1. 限制足球运动员有氧能力

足球运动员到高原训练时，高原氧分压的下降使肺泡气与血液中氧的压力梯度缩小，血氧降低，供给肌肉的氧减少，在大负荷运

动训练时难以支持长时间有氧工作。在 1500 米高度以上，每增高 100 米，最大摄氧量要下降 1%。在高原初期甚至中期有氧能力经常有一段时间的下降。所以历年来全国各足球队到高原训练（大多是云南昆明）时，初期的训练变化最大，难以控制，其控制的效果对中后期的高原训练影响极大，甚至说起着决定性作用。

2. 影响恢复过程

在高原训练的整个过程中，足球运动员体内的适应性变化会加大消耗，如呼吸肌的活动增大加剧了氧耗。由缺氧引起的耐力下降，以及肺对氧的扩散能力、内分泌过程的改变、血乳酸的堆积，使各种运动训练负荷后的身体恢复更慢、周期加长、难度加大，直接影响运动训练质量与效果。使足球训练负荷的安排更难以掌握，增加训练控制难度。

3. 空气阻力减小

足球运动员进入高原后，高原环境空气密度减小，形成风阻力降低，足球训练和比赛时，短距离冲刺成绩可提高，但同时由于空气阻力减小，球速加快，使足球运动员对球的飞行感觉与平原有所不同。产生轻、快、飘的感觉，对球难以控制，影响技战术水平的发挥，所以足球运动在高原训练、比赛的适应就显得尤为重要，从两方面讲：其一，在平原训练的足球队到高原训练和比赛，一定要进行特别的适应性训练，即在平原要有针对性训练，又要尽早进住高原进行适应性训练，这样才能保证训练与比赛的顺利进行；其二，在高原比赛，长住高原的队和早进高原的队，要充分利用高原特点及已适应高原环境的优势，抓住客队不适应的状况，利用优势战胜对手。

（二）代偿性适应改变特点

足球高原训练时运动员机体要产生一系列的适应代偿的改变，机体的这种动员是为了对付双重缺氧的需要，也是利用高原训练效果的体现，这些效果体现在平原是难以达到，其主要表现为以下几个方面：

1. 呼吸系统

平原足球运动员到高原后，最初感受到的就是呼吸频率加快，胸闷气急，运动时通气量增加得更多。云南体科所调查平原运动员到昆明的前几天，运动时的通气量较在平原同等负荷时增加 23% 或更多。肺通气量加大可提高肺内的血氧饱和度，但血中二氧化碳大量排出，使 pH 值升高，导致呼吸性碱中毒的倾向。最大摄氧量是衡量呼吸功能和有氧能力的重要指标，在高原的初、中期最大摄氧量会有所下降，但在后期或回到平原后能恢复甚至提高。傅远扬（1989 年）在昆明对 28 名青年足球运动员训练 44 天后的对比发现，最大摄氧量、氧脉搏在高原训练后均得到提高，与之有关的 12 分钟跑成绩也明显提高（A 组 14 人由平均 2634 米提高到 3041 米，B 组 14 人由平均 2504 米提高到 2910 米，A、B 两组均提高了 400 多米）。

2. 心血管系统

足球运动员初到高原，出现心率加快、收缩压轻度升高等现象。国外学者赛姆（1972 年）在海拔 2370 米对 8 名足球运动员经右心导管测定肺动脉压，发现静息时比平原增高 18%，亚极量运动时增高 30%。肺动脉压增高是因血氧饱和度下降导致肺血管强烈收缩引起的，可导致右心室负担过重。国内学者王树云（1992 年）对 10 名中长跑运动员在高原训练两个月后拍胸片与高原训练前相比，心脏面积、肺动脉段凸出度、右心室的径线等都增大，是一种代偿反应；下山后半月再查，各径线开始回缩，属可逆性反应。王蕾（1991 年）在海埂基地对 52 名男子足球运动员进行心功能测试指出，通过一个月的高原集训，安静状态下的收缩压下降，心率减慢，每搏量、每分输出量、心脏指数、心搏指数均有提高，意味着心贮备能力提高，对发展足球运动员的有氧工作能力效果明显。

3. 血液成分

运动员到高原后血红蛋白和红细胞含量增加，这与海拔高度有关。海拔高时，运动员的血红蛋白和红细胞增加得多，血红蛋白值可增至 16 克% 左右。血红蛋白也与身体消耗有关，如运动量偏大则会低于在平原的含量。但是从高原回到平原后，绝大多数运动员都会超出高原训练前的含量，甚至能达到 17～18 克%，2～3 周后又逐渐下降。以国家女子足球队 1991 年昆明训练为例，18 名运动员在上高原前血红蛋白平均值为 11.94 克%，在高原第 7 天为 14.85 克%，第 12 天为 15.56 克%，第 18 天为 16.05 克%，第 23 天为 16.16 克%。血红蛋白含量的增加会提高血液载氧能力，进而提高机体的有氧能力。

高原缺氧还有促使体内EPO（红细胞生成素）增长的作用。罗伯特（1992年）称，EPO可以增加原始的红细胞，并提高其发育速率，提早释放进入血循环。由此可见高原缺氧对EPO的积极效应。但不足的是返回平原后脱离了缺氧环境，EPO下降得比较快。

4. 骨骼肌系统

足球运动员高原训练时肌肉负荷加重，肌乳酸增高，肌肉耐力与全身耐力一样也呈现下降。在高原用CT、钳式皮脂厚度计测定体重下降者，一半是体脂丢失，一半是肌肉组织减轻。肌肉适应的积极效应有：毛细血管数增加，肌红蛋白的浓度增高，肌肉氧化酶（拘橼酸酶）活性增高，肌肉缓冲能力增高（即对抗体内酸碱度不平衡的能力增加）。

5. 血、尿生化方面

（1）血乳酸

足球运动员在高原训练时，对速度耐力性运动的糖酵解无氧代谢能力有着重要影响。训练时在相同亚极量负荷下，足球运动员在高原初期血乳酸值比平原时几乎高一倍，这也是高原持续高强度训练难以耐受的原因之一。足球运动员个体的最高血乳酸值仅见于高原训练时，由此可见，在高原训练可以得到平原所达不到的强度。

1994年，测量甲A51名足球运动员12分钟跑后的血乳酸值为10.7±1.53mmol/L，此值偏高，意味着在跑程中至少在后半段体内无氧代谢供能已处于较高的水平。血乳酸的偏高会对肌肉的收缩速度起抑制作用，这也是高原12分钟跑的难点之一。对此，测试前，包括在高原初期和上高原前，打下耐力基础，使其具有良好的有氧代谢能力，则可使无氧代谢供能的高峰及其伴有的高血乳酸推迟出现，发挥出较好的奔跑能力。随着足球运动员对高原的适应，血乳酸将逐周下降，乳酸速度曲线呈右移，这是有氧能力提高的表现。如果乳酸不降或曲线左移，则意味着机能不佳，应对训练负荷作调整。足球运动员高原训练后的乳酸水平比高原训练前要低，乳酸速度曲线也呈右移。

（2）血尿素

足球运动员高原训练过程中，运动员训练超过30分钟的剧烈运动后，蛋白质的分解会大大增加，从而造成血尿素的明显增加。运动员机能下降时血尿素也发生同样变化。

运动值高、次晨恢复值低时，提示机能状态良好；运动值高、恢复值亦高时，提示运动负荷状态较差；如恢复值连续出现明显升高时，运动负荷状态更差，多伴有明显疲劳感，应调整运动量。

（3）血睾酮

高原训练比平原训练对足球运动员垂体——性腺轴系统要产生更明显的影响。高原训练时足球运动员血睾酮的水平是否上升与训练的负荷合理安排有密切关系，如训练负荷合适则血睾酮上升，会加强肌蛋白合成，使肌纤维横截面积增加，对力量素质有积极意义。如负荷安排不当，运动员血睾酮水平也会下降。足球运动员在高原训练前，应测试血睾酮，高原训练初期、中期、后期均应测试该指标，可科学地控制高原训练效果，使高原训练效果得以保证。国家男女足球队及高水平的足球队在高原训练时，血睾酮是不可缺少的指标。

（4）尿蛋白

尿蛋白值与足球运动训练负荷强度具有显著的正相关关系。该指标在控制高原训练的负荷上反应敏感，在足球运动员高原训练时，特别是适应期后，进行大负荷训练，更应重视次晨恢复期的尿蛋白值，如运动后尿蛋白值高，但在次晨呈阴性或很低，则表示机能情况好，若次晨仍偏高，则不佳，持续偏高，应注意调整运动训练负荷，避免造成高原训练失败。

（5）尿潜血

足球运动员在高原训练过程中尿潜血阳性的发生率并不高，一旦出现应视为训练的严重反应，应予重视。特别是连续出现次晨也未消失的，则运动负荷要作调整。这是高原训练不适应和训练负荷控制不合理的表现。

（6）体重、体脂

高原训练中足球运动员体重丢失是常见的。进入高原训练后3~4周时体重可下降1~2公斤，最多时可降5公斤左右。高原训练时体重一般多为前期下降，后期回升。回到平原后几天内体重就可恢复至高原前的水平。测体重时要同时测体脂，如体脂下降得多，则意味着肌肉组织下降得少。反之，则肌肉组织下降得多，应采取对策，如加强营养，增加力量训练或适当减少运动量，因为肌肉的质量（包括重量）与力量素质是密切相关的。

三、足球运动高原训练的实施

（一）足球运动高原训练实施的规律特点

1. 时间短、强度大

足球高原训练在时间的安排上较短（冬训除外），一般只安排 4 ~ 6 周训练时间，由于受高原环境特点的影响而训练负荷量与强度相对偏大。从足球运动员的高原训练自身感受来说比在平原实际训练负荷要高一个等级。如在高原进行中等强度的训练，在运动员自我感受上相当于平原的中上负荷强度，部分训练手段的负荷强度在 95% 以上或接近最高负荷强度，这对足球运动员承受高原训练负荷是有较大难度的。所以在安排高原训练的训练周期、训练时间、负荷量和负荷强度时，一定要结合高原的特点，合理地安排训练。

2. 赛前负荷控制难

足球高原训练通常安排在有针对性的各种重要比赛和大赛前的一个训练阶段，或是将要到高原地区比赛进行适应性高原训练，或是为提高有氧能力而上高原进行高原训练，大多为训练周期的最后一个高峰期。由于在赛前最后阶段安排高原训练，再加上高原特点的影响，该阶段的训练负荷难于控制并有很大的风险性，在考虑足球高原训练时，应进行试验性训练，积累一定的经验并充分掌握实施，方可取得良好效果。特别是重大比赛前的高原训练，一定要慎重。

3. 承上启下、平高连贯

实施足球高原训练的过程中，在训练计划制定时要有系统性、整体性，高原训练应是整个训练计划的一部分，特别是进入高原训练之前的平原训练，在训练负荷量和负荷强度方面，要有针对性，量和强度要大，使运动员机体有充分准备，训练内容要考虑到承上启下，与比赛前训练有密切关系。这样才能保证高原训练的适应期缩短，早日进入大负荷训练期，取得良好的高原训练效果。

（二）足球高原训练的适应过程

1. 适应时间

足球进行高原训练时，运动员一般到高原后的第一周为适应阶段（实践证明一周最佳，国家男女足球队及国内大多数甲 A 甲 B 足球队伍均如此安排），有的队伍及运动员已多次去高原，特别是去昆明高原训练，适应期可缩短到 4 ~ 6 天，在此适应期间运动员产生运动能力下降、易疲劳、睡眠不好、训练时呼吸急、口干、胸闷、头晕等不适应症状。所以说必须安排一周适应性训练来保证以后的训练效果。

2. 训练负荷安排

足球运动员在高原训练适应期中，训练量宜减少 10% ~ 20%，强度以低、中为主。国家男女足球队及甲 A、甲 B、优秀女子足球队在昆明高原训练时，常安排越野跑、长跑（慢跑）、爬山、游戏等有氧代谢为主的训练，对提高运动员的心肺功能和高原的适应效果较好。经常去高原训练的国家男女足球队及甲 A、甲 B、优秀女子足球队的运动员，通过几天的适应性训练即可投入正常训练中，进而进入计划中的大运动量训练。第二周的训练负荷量和强度可逐渐达到在平原地区的训练水平。高强度的大负荷训练则安排在第三、四、五周进行。

（三）足球运动员高原训练的种类

1. 足球运动员赛前高原训练

（1）平原比赛到高原训练

进行高原训练的各类足球队，其目的是迎接即将到来的重大比赛，运动员在将完成任务的过程中，预计耐力水平方面可能存在一定的困难，需要在 4 ~ 6 周内得到加强来保证任务的顺利完成，该比赛地点设在平原，此时需通过高原训练的手段，达到提高足球运动员有氧代谢能力，高原训练的结束日距比赛约为 3 ~ 4 周。

（2）高原比赛到高原训练

运动员长年在平原训练与生活，由于所要参加的比赛是在高海拔的高原地区进行，为了准备比赛而到高原进行适应训练，此种状况一般是提前进驻高原进行高原训练，也有多次赛前进行实验性高原训练，获得相应的经验，更好的控制高原比赛，其效果都是为了比赛时有一个良好的高原适应，中国国家足球队曾经多次在昆明比赛，队伍提前进驻昆明进行适应性训练，比赛获得了良好效果。

2. 足球运动员提高运动能力的高原训练（非赛前高原训练）

（1）提高有氧代谢能力的高原训练

为提高足球运动员的竞技运动能力，特别是提高有氧代谢能力，应用现代科学训练手段，专门到高原利用高原环境特点进行的训练。这种高原训练的安排并不一定是在比赛前，而是按照训练计划、训练目的来实施的，此方法一年或一个训练周期内，可一次或数次安排，目的就是运用高原训练手段达到提高足球运动员有氧耐力水平。

（2）在高原地区的冬、春季集训

世界许多国家和地区都有相应的足球训练基地，有些足球训练基地是在高海拔地区。我国的昆明、西宁、兰州等都有高原训练基地，特别是纬度位置不高、海拔高度适宜、气候温和、尤其是冬季和春季气候温暖地区的高原训练基地，不但是进行高原训练的良好基地，同时也是寒冷地区足球队进行冬春季训练的基地，我国的昆明地区每年都吸引着许多运动队来此冬训、春训，而且决大多数是足球队，这样就形成了在高原地区的冬、春季高原训练集训。

3. 足球运动员赛后高原训练

足球队完成了一定的训练和比赛后，下段比赛紧接其后，为了防止赛后足球运动员运动水平的陡然下降，以良好的状态迎接下一段比赛，有目的的组织进行相应的高原训练，这就是足球运动员的赛后高原训练。我国除了在高原地区的足球队外，有意识的组织赛后高原训练的队伍很少见。中国国家足球队打世界杯预赛时运用过在高原训练到平原比赛，然后在回高原训练，如此往返多次，使队伍保持了良好的状态。

（四）高原地区足球运动员的高原训练

1. 世居运动员的训练

由于世界上有许多国家地理位置处于高原地区或其部分地区位于高原，这些地区所属的足球俱乐部主场及训练基地常年在高原，足球运动员的来源大部分是祖祖辈辈世居高原的本地人，如我国的青海、西藏、云南等地世居的高原足球运动员，他们常年训练、生活在高原，以完全适应高原环境，所以高原世居的足球运动员在高原训练应和平原运动员在平原训练时的训练负荷一样，没有高原适应的问题，除非更换更高的高度，才可按高原训练来考虑，但其适应期会更短。由于高原世居的足球运动员常年在高原训练，他们在有氧耐力水平上比平原足球运动员具备一定的优势，由他们组成的足球队在体能方面具有长处。另外，在世居高原的足球运

动员中，细分还有不同，其一，世代均为高原人的足球运动员；其二，祖籍为平原人，后随祖、父辈移居高原的足球运动员；其三，出生于平原，但其从小生长在高原的足球运动员。这三类足球运动员在我国高原地区的足球队中都存在，如云南、青海、甘肃、西藏等地的足球队均有。他们的训练完全可与高原世居的足球运动员一样。

2. 所属高原地区的运动员训练

近年来足球职业化的进一步完善，各地区足球俱乐部的增多，转会制度实施，各足球俱乐部足球运动员的来源也是四面八方，高原地区的足球俱乐部也不例外，甚至整个球队的运动员均来自平原，他们常年训练、生活、主场比赛都在高原，全年大部分时间都在高原，对他们的训练控制就有了一定的难度，对于这种情况在训练安排上，首先要考虑具体情况具体对待，对不同训练水平、不同适应水平的运动员要区别对待，按照高原训练的规律，尽量调整到全队在一个训练水平上，这样才能保证正常的训练。

（五）足球运动运用高原训练实施的安排

1. 足球高原训练的适宜高度

有关资料表明，足球高原训练在1000～2700米的高度训练都有效果。实际上大多数足球高原训练的高度都在1500～2500米，我国的青海西宁、甘肃兰州、云南昆明等都在此范围内，目前国内外研究认为，在2000米左右的中等高度上训练效果较好，3000米以上的高度训练则有不利影响，但并不排斥在3000米左右高度上作短暂停留，适宜的高度应具备两个条件，即此高度能对机体产生深刻的缺氧刺激，同时又能承受比较大的训练量和强度。

2. 足球高原训练的时间安排

足球运动员从平原到高原训练的时间最少要3周，时间如果再短，除了最初几天要适应外，实际可练的时间就太少了，一般可安排3～4周或3～6周。目前国内外为期两个月以上的高原训练已多不采用了。因为高原上体力消耗大，时间过长不容易恢复，此外，还有心理负担和经济因素。如到昆明训练，首先要着眼的是在高原，要按高原训练的特点安排训练计划，不能把它作一般的冬训来对待，因为冬训可以长达2～3个月，而高原训练却不宜太长。高原训练需要有比较

合理的作息时间，每日训练的次数可比平原多，可将平原两堂课的内容在高原分成三堂课。有些高强度的训练手段的间歇时间也可偏长一些。

3. 足球高原训练的强度安排

在足球高原训练中负荷强度最难掌握，从训练角度讲负荷强度是非常重要的因素。足球高原训练负荷强度的安排首先要考虑到负荷强度应根据该队运动员训练水平的高低和比赛要求来定，如二三十米的短冲要达到什么平均速度，较长距离的跑要达到什么速度。其二高原训练的负荷强度要和下山后的负荷强度衔接起来，足球高原训练中后期的负荷强度可接近或部分达到平原的负荷强度。其三足球项目有体能训练和技、战术训练，要把两种训练很好地结合起来以达到既有一定的负荷强度，又避免过于集中的单调训练，高原训练要与整个训练计划相结合。

4. 足球高原训练至比赛的时间间隔

足球高原训练后什么时候下山出现最佳竞技状态，这段时间多长为好，对此有许多不同见解，这与高原训练的海拔高度、训练时间和负荷强度都有关系。足球运动员的兴奋周期一般长度是 24 天到 28 天左右，这是人体生物钟决定的，只可调整无法更改。但从高原训练到平原之后，调整时间更须加强。下高原后的培育阶段需很好的重视，特别是竞技状态调整，对足球运动员来说，体能状态和竞技状态是他们取得好成绩的重要因素，只有将这两种状态的高峰曲线调整到同一时期，而且这一时期正是比赛时期，才有可能创造佳绩。当然还有精神状态也就是兴奋状态调整等多种因素，但最关键和基础的是前两种。简单地说，足球运动员在比赛时可能迎来了自己的体能状态高峰，却很可能是他们竞技状态的低谷。在技战术已经定型的基础上，竞技状态不佳便不能体现最好的体能状态。从高原回到平原，运动员机体也有一个适应过程。返回平原的最初几天会有倦怠、运动能力下降、动作准确性降低等现象。因此，此阶段要减少运动负荷，而后再逐渐增大负荷的量和强度。研究表明，足球高原训练的效果在下山后第 10～20 天为最佳。运动能力的提高，可保持两个月左右。法国足球队 1984 年参加欧洲锦标赛前，曾在海拔 1850 米基地训练，返回平原 2 周后竞技状态非常好，5 战皆捷，获得冠军。教练伊达尔戈认为"赛前的高原训练使我们获益很大"。

5. 足球高原训练效果的持续时间

足球高原训练后的最佳竞技状态与保持的时间二者是有关系的，高原训练后的效果可以保持一段时间，中间有些起伏，到后来又会降下来，最佳点的持续时间偏短，但保持的时间偏长。保持时间的长短也与运动员的适应水平、高原训练的负荷状况、高原训练的实施情况有关，各方面安排适宜，其高原训练效果维持时间会长，否则就短。有研究资料指出，高原训练的效果可保持 45～50 天。足球是个要求全面的运动项目，技、战术的比重也相当高，通过高原训练后体能上的获益是肯定的，高水平的高原训练就有良好的维持时间。

6. 足球高原训练前后的负荷安排

足球队上高原训练之前，需要在平原有 2～3 周的时间着重于耐力训练以提高有氧训练水平，同时要有一定的负荷强度训练，切忌运动员完全放假休息后无任何高原训练前的准备就直接上高原。这样轻则会导致高原训练的适应期延长，重则可能使高原训练计划及高原训练失败。一般足球队在进入高原训练的初期，即使较低的训练负荷强度，也会出现偏高的血乳酸，以致过于疲劳，不宜恢复，导致难以完成训练量而影响整个进度。足球运动员在进入高原训练之前，有了较好的耐力基础，上高原后有利于将运动负荷量和强负荷度逐步提高。下高原到比赛之前，负荷量要保持适当，下山后前 2～3 天一定要减量、减强度，然后在一周多的时间里把负荷强度逐渐提到最高点，再作一周的赛前调整准备比赛。总之，高原训练后要在耐力提高的基础上，加强专项力量、速度训练，经过专项训练的提高来达到新的竞技状态高峰。

7. 足球反复高原训练的效果

足球高原训练可一年进行几次，中国国家男女足球队多年来在中外教练的指导下，同一年内多次在昆明进行高原训练。每一次高原训练所安排的内容应有所不同，特别是训练负荷的安排，要逐次加码，前次为后次打基础；要逐渐缩短高原训练中的适应期和爬坡期。训练负荷强度要逐渐上升，几个训练参数要提高，如间歇要求缩短，强度要求提高，但是总的负荷也不能太大。总之，一年中进行一次以上的高原训练，那么第二、第三次是逐步升级的，到下一年则又重新开始。

8. 足球高原训练中的辅助训练

足球高原训练中最易丢失的就是强度，往往难以完成高强度的训练，尤其是成段的而不是零碎的高强度。因此，下高原后速度就显得不好。高原训练的主要目的是提高体能，也就是提高人体内血红蛋白的含量及合成能力。成功训练的结果是大大提高了人体的心肺功能，但却不能有效地增强人体肌肉的强度和韧度，对肌肉的爆发力和持久力都没有更多的帮助。也就是说，高原训练之后，如果不有目的地加强力量训练就会造成"心脏虽不再是那颗心脏，胳膊却还是那条胳膊。"更何况，上高原后人体内水分含量的下降还可能造成肌肉力量的减弱急需科学的手段弥补，必须侧重于素质基础训练特别是力量方面的练习。为了弥补这个不足，在高原上应做一些力量性训练，可隔日或每日做，每次在半小时左右，以保持专项肌肉力量。这样可以和下高原后的力量、速度训练衔接起来，发展肌肉的爆发力，较快地恢复和提高速度素质。在影响高原训练的诸因素中，最重要的是前四种，也就是说要在适当的高度上，练适当的时间、练适当的强度和选择好与比赛的适当间隔。其中最难掌握的是适当的强度，即负荷既不可太大，又要足够。要达到这种适当需要艺术加科学。除了教练员的经验、运动员的体验和反应外，还要有科学测试，从中获得信息，及时对训练负荷进行调控。

四、足球高原训练和比赛应注意的事项

（一）足球高原训练的疾病预防

足球高原训练是一种难以控制的训练方法，对运动员身体条件要求高，在进入高原之前，要求运动员具备良好的健康条件。对运动员体内隐伏的病灶，如龋齿、痔疮、扁桃腺炎、鼻窦炎等都是在缺氧加劳累状态下易发的疾患，需要事先治疗，以防患于未然。高原环境日夜温差大，中午热，早晚气温低，在阳光照射处与背阴处温差明显，容易受凉，且易并发呼吸道感染，感染后运动员机体抵抗力下降，适应能力下降。而且寒冷可使机体耗氧量增大 2 ~ 3 倍，这对于缺氧条件下运动训练是不利的，要做好防寒保温。每年昆

明高原训练无论是男女国家队还是其他队伍其发病率都高于平原。运动员的不适感也多于平原。

（二）足球运动员高原训练营养实施

足球运动员在高原缺氧环境下进行高原训练作为一种强化训练手段，更容易把机体推向极限负荷的边缘。从高原训练高心率、高通气量和高乳酸值等检测指标可以看出，在高原做与平原同样的运动负荷，其心率增高 5 ~ 10%，通气量大于平原，血乳酸值明显增高，高原训练中做连续的间歇训练，乳酸值可比平原几乎高一倍。高原训练的负荷非同寻常，运动员常有肌肉酸痛和容易出现血尿等现象出现。足球高原训练对运动员机体所需的营养和热能供给有一定的特殊性，应以碳水化合物和蛋白质为主，含脂肪较多的食物需要消耗更多的氧气才能动员转化为能量，且不易消化吸收。解决好高原训练过程中运动员的营养需求，是保证足球运动员在高原训练中提高运动能力的物质基础。

1. 足球高原训练合理的营养补充

足球高原训练中运动员机体能量代谢的变化在高原训练的安排上应注意，资料反映，营养物质的三大要素碳水化合物、脂肪、蛋白质的热量比应分别为 61%、25%、13%。在高原环境下，运动员机体的消化液（唾液、胃液、肠液）受缺氧的影响分泌得比平原少，分解脂肪产生能量比分解糖类产生能量需要更多的氧气。所以特别要注意在适应初期（7 ~ 10 天）减少饮食中的脂肪和增加糖的摄入，要少吃油腻及油炸食物，肉食可选择牛羊肉、瘦猪肉、鸡、鱼等。每人每天要吃 1 斤蔬菜，1 斤水果，1 斤牛奶。前联邦德国非常强调在高原要多吃蔬菜（洋白菜、萝卜、菜花等）。英国在 1992 年奥运会前规定一日五餐。我男女国家足球队、各甲 A 甲 B 足球队及优秀女子足球队在昆明高原训练及冬训中经常是早、中、晚三餐再加一个副餐——煲汤等，特别利用中国传统中医中药的药膳来进行营养调控取得了良好效果。所以说营养是高原训练成功的重要组成部分。

2. 足球高原训练铁的补充

足球高原训练期间，诸营养因素中特别是铁的储备，对高原训练中运动员运动能力有关键的作用。资料反映，1993 年美国人莱文在高原对 41 名长跑运动员调查发现，其中

12 人（7 女 5 男）的铁储备处于低铁水平，并认为这些到达高原前处于低铁水平的运动员，则不能增加红细胞容积的容量，也不能增加最大摄氧量。因此，在进行高原训练之前必须使体内铁的储备达到正常水平。可以采取口服高剂量的铁剂（每日分次服用，日总剂量为 200～250mg），由于铁剂对胃有些刺激作用，可采用最易耐受的儿科用的液体制剂，这样可使副作用降到最低程度。1994 年舒尔茨用放射免疫法测运动员的血清铁，认为在 2500 米的高原上训练，每天要补充超过 200mg 的铁剂才能使血清铁维持正常水平。中国男子国家足球队 1997 年备战世界杯在昆明进行高原训练时，运动员除了饮食中注意增加含铁食物外，每天给运动员各种矿物质的运动补剂，特别是补铁。保持了运动员在整个高原训练中训练状态良好，运动训练负荷量和负荷强度达到和超过了平原的最高水平，当时在昆明高原训练的甲 A 甲 B 二十几个足球队中，国家队训练负荷量和负荷强度最大，与此同时队员测试血红蛋白平均 15.1，是各队之首。

3. 足球高原训练维生素的补充

足球运动员在高原训练中由于新陈代谢旺盛，所以维生素的消耗量会增大。在高原运动员机体由于红细胞增多，引起血液粘稠度增加，这对血液循环是不利的，是高原训练的负效应之一。贾德克（1988）提出，维生素 E 有降低血小板的聚集作用，可缓解血液粘稠度，以促使更多的游离铁至血中。出现维生素不足会影响到整个机体代谢，使运动能力降低，适应外界环境的能力和对疾病抵抗力减弱等。在高原训练期间补充维生素不仅能提高缺氧耐力增强对高原的适应，而且能改善高级神经活动功能，减轻疲劳和提高运动耐力。运动员在高原除从饮食中摄取维生素外，可每天另补维生素 C100mg，复合维生素 B10mg。俄罗斯雅可夫列夫主张，在高原期间可在医务监督下服用维生素 B_{15}（葡萄糖二甲氨酸酯），既可提高组织的氧化代谢率，又具有解毒作用，从而提高机体在血氧过低情况下的稳定性。一般在赴高原前一周开始服用维生素 B_{15}，每天 150mg，并应在整个高原训练或比赛期间连续服用。中国国家足球队在备战 1996 年、1997 年亚洲杯期间，无论高原训练还是平原训练均服用维生素，使运动员机体保持了良好状态。

4. 足球高原训练水的补充

足球高原训练运动员在高原地区体液的丧失比平原要多。补液的目的是防止血液过于浓缩，因血液浓缩会增高其粘滞度，影响血液流速及增加心脏负担。德国的一份资料表明，在平原每跑 1 小时要补充水分 2 升。1995 年英国人尼莫建议，在高原运动时可选用矿泉水，最好再加入（每升）葡萄糖 3.56 克，氯化钠 0.47 克，氯化钾 0.30 克，构橼酸钠 0.53 克。每天需要饮水 3 升，在进餐时每餐再饮用一般液体半升。这种补液量和方法有其道理，可供足球高原训练参考选用。此外，在进餐时饮用一般液体半升，每日记录尿比重和体重，以此监控补液量是否充足。

5. 足球高原训练营养补剂的补充

随着现代体育科学技术的发展，运动员的营养的重要性被逐步重识，现已有众多的运动营养补剂用于训练和比赛之中，足球高原训练中运动营养补剂的应用也不例外，除去禁用的兴奋剂之外，国内外运动补剂产品很多，但补剂只能起一种微调的作用，还是要寄希望于勤学苦练之中。某些经实验证明对消除疲劳有好处的运动补剂，特别是对足球高原训练有益的可酌情采用。一种在国内外经过实验及筛选的补剂——红景天制剂有很好的效果，红景天是生长在高寒地带的一种药用植物，含有 16 种游离氨基酸，11 种微量元素及维生素 C，具有抗缺氧、抗疲劳、抗寒冷、抗微波辐射的作用，可提高机体的免疫能力和工作效率，延缓机体衰老。俄罗斯的卫生保健部门已批准在航天医学和运动医学领域中应用。中国男女国家足球队在备战大赛中都运用过，并有良好的效果。鉴于红景天有较明显的抗缺氧作用，故可以配制专用的运动保健饮料供高原和平原的耐力运动员饮用。

五、足球高原训练疲劳消除与恢复措施

足球运动员在高原训练期间由于运动训练和高原环境的双重缺氧作用，运动员机体容易产生劳累，特别是通过高水平的大运动负荷训练，把足球运动员机体推向极限负荷的边缘时，更需要采取综合的消除疲劳与恢复措施。在实施高原训练过程中，运动员常出现肌肉酸痛或僵硬现象，足球运动的对抗性强，在肌肉弹性降低的条件下，容易出现

肌肉损伤。对此需采取积极的措施，消除疲劳，加快恢复，保证训练质量。

（一）运用物理疗法恢复

足球高原训练期间，运动员每天训练后要积极进行物理疗法帮助恢复，如用人工按摩、器械按摩、水按摩、加压按摩（有一种为体外反搏法，即用橡皮气袋套在双手双腿上，将袋内充气压迫肌肉使血液向心脏回流，此法可放松肌肉及加速清除肌肉乳酸）、超声按摩等，各种按摩可交叉使用以提高效果。有条件的可应用热疗法，桑拿浴，红外线照射等。还有运用电疗、电磁疗、针灸等，让肌肉被动收缩放松，以达到松弛肌肉目的。

（二）运用药物疗法恢复

足球高原训练过程中，不仅需科学合理地控制运动训练负荷，还需利用现代科学手段及药物疗法促进恢复，但不得使用国际奥委会所列的违禁药物。除使用各类现代科技产品外，特别要考虑中国传统中草药的应用。如：抗缺氧的中草药——红景天；提高免疫能力的冬虫夏草；及各种减缓肌肉紧张度的中药熏洗等，其种类繁多，可选择应用。

（三）科学、合理、有效的训练安排

足球高原训练过程是一个科学的训练过程，在训练负荷的安排上要充分考虑高原训练的规律及特点，在各种训练中要适当延长训练的间歇，以避免疲劳的积累。做好训练课后的整理放松活动。训练结束前以60%的强度进行20分钟的慢跑做为整理活动，这比静坐休息使血乳酸消除得更快。还要注意肌肉的牵拉，对专项训练使用较多的肌群做曲伸或牵拉数分钟，以减缓肌肉的紧张度。总之，在高原大运动量训练中恢复措施很重要。没有很好的恢复就难以保证持续的高质量的训练，也难以达到预期的良好竞技状态。

六、几种新足球高原训练方法简介

传统的足球高原训练一般采用两种办法：一是固定在同一高度上训练几周，即所谓持续的训练；一是多数时间在同一高度上训练，其间穿插短期去更高或较低的高度，即所谓断续的训练。现在又涌现出许多新高原训练方法，使高原训练更加多性化、科学化。

（一）高高交叉

足球高原训练时，一些时候可进行不同海拔高度的高高交叉训练，一个高度适应后即上更高的高度，使运动员根据不同的训练要求来变化海拔高度训练，达到最佳的高原训练效果。高原地区的足球运动员可应用此方法，平原运动员也可在高原适应后，应用此方法。

（二）高低交叉

为使足球运动员在高原训练过程中既要解决训练强度，又要提高有氧能力，可实施高低交叉训练，高原训练以提高运动员有氧水平为主，平原训练以强化负荷强度为主，多次往返训练以达到圆满训练效果。

（三）高住低练

1991年，美国学者莱文独出心裁，倡导一种高住低练法（High Live – Low train hypothesis）。其特点是：让运动员在较高的高度上居住，以充分调动机体适应高地缺氧而挖掘本身的机能潜力；高住低练法是高原训练方法的一个重要创新，对传统的高原训练有扬长避短之设想，可以扬高原训练挖掘潜力之长，又可避免在高原上难提高训练量之短。值得重视和试用。对在平原进行模拟高原训练也有其独特作用，有条件的地方可以先行试验，取得经验后再大范围推广。

（四）低住高练（模拟高原训练）

让运动员在较低的高度上居住，在较高的高度上训练，同时要达到高原训练效果，此方法正好与高住低练相反。在平原地区创造一种模拟高原条件供运动员进行训练，称之为模拟高原训练。所需设施可分为两大类：

1．压力舱式

在一封闭的空间内，用抽气泵来调节居室内的气压及氧分压，使之达到相当于所要求的不同海拔高度（可调节高度从海拔1000~4000米），一般称这种空间为压力舱。压力舱的面积从几十平方米至数百平方米不等，面积小者只能进行运动（跑台或功率自行车），面积大者还可在舱内作为期数周的居住及运动。现国内许多体育科研机构已装有这方面的设备，进行训练实验。

2．面罩式

通过低氧仪调节吸入气的成分，即增加氮气的比例，使受试者吸入低于正常氧分压的低氧混合气体。正常大气中氧含量为20.94%，通过低氧仪，可将氧容积的百分比，调整在20~10%的区域内，作任意选择（19%时，接近于1000米海拔高度，17%略高于2200米高度，16%接近3000米高度，

13%接近于4000米高度）。模拟高原训练的特点是，可以在平原条件下进行，免去了往返高原的费用，较为经济。在成效方面，也是有作用的，但也有人认为不如实地高原训练收效显著。90年代以来，一些没有高原基地的国家热衷于搞模拟高原训练。如芬兰在1993年研制了一种模拟高原屋（altitude house），罗斯科以此作高住低练法；1994年瑞典在Bor lange修建一种类似的低氧建筑；1995年挪威在Trysil建了带训练设施的低压高原屋（hypobaric altitude house）；美国也研制并成批生产了一种供个人居住的（不能在内训练）低压装置（Personal altitude simulation unit），可见模拟高原训练势头正在发展中。

七、足球高原训练的科技保障

足球高原训练对运动员机体负荷大，涉及各种各样的影响因素，为了提高其成功率，许多国家及各级队伍在科学技术保障和研究方面都给予了较大的支持。足球高原训练要讲究科学训练，要增加身体机能测试以监测训练，较简便而有效的指标可选用血乳酸、运动心率、血红蛋白、体重、尿检查（尿蛋白、尿潜血）等。各级队伍都应配备科研教练，使足球高原训练有科技保障，高原训练的不断发展和完善，离不开高科技的支持。从大量高原训练的科研文献中，看到了高原训练与科学研究之间密切联系的过去，也看好它们共同发展的未来。

总之，对待高原训练宜积极、谨慎地进行，对消除疲劳的恢复手段要比平原给予更多的关注，并为之创造条件。以求我国的足球高原训练在现有的基础上，得到进一步发展。

主讲人：孙文新

第二十章 中国青少年男女足球运动 2002～2010 年发展战略的研究

一、中国青少年男女足球的基本现状

(一) 青少年男子足球的基本现状

1. 训练管理体制

目前在青少年足球训练管理方面，主要有以下 4 种体制：

(1) 职业俱乐部（甲级俱乐部）系统的 U－21 岁、U－19 岁和 U－17 岁三级后备梯队和由俱乐部主办的少儿足球学校训练体制。

(2) 省级、解放军和行业体协全运会代表队和市级城运会代表队训练体制。

(3) 各类业余俱乐部青少年训练体制。

(4) 各类足球学校青少年训练体制。

2. 各类队伍状况

(1) 竞技系列队伍：现 26 支甲级俱乐部、解放军、部分省级足球协会、足球重点城市、行业体协 U－21 岁队伍共 42 支，运动员约 959 人；U－19 岁队伍共 40 支，运动员约 928 人；U－17 岁队伍共 47 支，运动员约 1157 人；竞技系列青少年队伍共 129 支，运动员共约 3044 人。

(2) 普及系列队伍：U－18 岁队约 2600 支，队员约 65000 人；U－15 岁队约 3800 支，队员约 95000 人；U－13 岁队约 9300 支，队员约 140000 人；U－11 岁队约 10000 支，队员约 150000 人；U－9 岁队约 11000 支，队员约 160000 人；队伍合计约 36700 支，队员合计约 610000 人。

3. 教练员状况

(1) 竞技系列教练员：U－21 岁队伍教练员共约 112 人；U－19 岁队伍教练员共约 83 人；U－17 岁队伍教练员共约 116 人；竞技系列队伍教练员共约 311 人。

(2) 普及系列教练员：普及系列各年龄组队伍教练员共约 73400 人。

到目前为止，我国经过 C 级培训的教练员共只有 2572 人，绝大部分青少年业余队伍教练员没有经过培训。目前我国青少年队伍教练员的总体水平较低。

4. 训练状况

(1) 竞技系列：U－21 岁和 U－19 岁队伍基本是按职业队的管理方式进行训练，已没有学业的要求。U－17 岁队伍一般是半日上学，半日训练。

(2) 普及系列：各类足球学校队伍多是半日上学，半日训练。各类业余俱乐部和中小学队伍多是课后训练。

5. 竞赛状况

建立了中国青少年足球竞赛体系，该体系包括竞技系列和普及系列两个子体系。

(1) 竞技系列比赛：U－21 岁、U－19 岁和 U－17 岁三个年龄组队伍在每年集训期分别进行联赛选拔赛，三个年龄组各选拔出前 32 名队参加各年龄组分阶段赛会制的联赛；U－21 岁队伍联赛全年分三个阶段进行；U－19 岁和 U－17 岁队伍联赛全年分两个阶段进行。U－21 岁队每年参加正式比赛约 30～34 场左右；U－19 岁和 U－17 岁队每年参加正式比赛约 23～27 场左右。

(2) 普及系列比赛：普及系列进行 U－18 岁、U－15 岁、U－13 岁、U－11 岁和 U－9 岁 5 个年龄组的比赛。U－18 岁和 U－15 岁的比赛为 11 人制；U－13 岁、U－11 岁和 U－9 岁的比赛为 4 人制。U－11 岁和 U－9 岁两个年龄组只举行城市比赛；U－18 岁、U－15 岁和 U－13 岁三个年龄组进行城市预赛、大区复赛和全国总决赛三大阶段的比赛。每年赛季按学年跨年度安排；城市预赛，前一年 9～11 月为第一赛季，第二年 3～6 月为第二赛季；大区复赛第二年 7 月举办；全国总决赛第二年 8 月举办。比赛均在周末和假期进行。

2000～2001 年度各年龄组参赛队数，U－18 岁队约 2600 支，U－15 岁队约 3800 支，U－13 岁队约 9300 支，U－11 岁队约 10000 支，U－9 岁队约 11000 支，队伍合计约 36700 支。

另外还有一些其它赛事。如目前还有"中国足校杯"赛及由不同企业冠名在一定范围内举办的"百事球王争霸"赛、"金弓杯"赛等。现在一些城市还有自己的促进普及青少年足球活动的各种比赛,如上海的"新民晚报杯"赛等。这类比赛一般参加的队数和人数较多。

6. 经费状况

(1)竞技系列:U-21 岁、U-19 岁和 U-17 岁三个年龄组队伍基本由所属单位投资进行训练和参加比赛。近两年中国足协对该三个年龄组队伍的集训年投入近 50 万元;对该三个年龄组队伍的竞赛每年按每个阶段每个赛区每队 2 万元拨款,年投入近 650 万元。

(2)普及系列:各类足球学校和各类业余俱乐部基本是自筹资金,队员一般均是自费训练和参加比赛。1995 年由霍震霆先生资助在全国兴建了 100 个小足球场。1999 年中国足协投资 520 万元,先期在全国 6 个城市与当地政府和足协共同建设了"足球广场"。2000 年中国足协拨款 50 万元支援西部新疆、青海、宁夏、甘肃、西藏、内蒙、贵州、广西等 8 个地区开展青少年足球运动;拨款 100 万元用于北京、上海、天津、重庆、大连、沈阳、延边、青岛、广州、深圳、武汉、西安等 12 个足球重点城市中推荐的共 100 所中小学(60 所小学,40 所中学)开展足球活动。在青少年足球教练员培训方面,近四年共投入 40 多万元。

7. 竞赛、训练体系和管理法规建设状况

按照我国国情,借鉴世界足球强国竞赛、训练体系布局的成功经验,根据世界优秀足球运动员的成长规律和足球训练规律,初步建立了我国一整套从青少年到职业足球的竞赛和训练体系。制定了《全国男子青少年足球竞赛组织管理暂行规定》、《严格按年龄组设置青少年梯队的暂行规定》、《中国足球协会业余足球俱乐部暂行管理办法》、《中国足球协会会员协会管理办法》、《中国足球协会足球学校暂行管理办法》、《中国足球协会注册工作管理暂行规定》、《全国足球重点城市评估暂行办法》、《中国足球协会足球各类人员培训制度》等关于发展青少年足球运动的管理法规性文件,使我国青少年足球运动初步走上了规范化的轨道。

8. 青少年足球训练理论建设状况

借鉴世界足球强国青少年训练的经验,研究制定了我国新的《青少年足球训练

大纲》。编译了《亚足联-中国足协足球教练员培训教学大纲》、《亚洲足球教练员 C 级培训教程》、《亚洲足球教练员 B 级培训教程》、《亚洲足球教练员 A 级培训教程》、《球星技术——青少年足球技术训练与测评标准》(英)、《青少年足球训练》(荷)等。目前在创立和形成我国自己的青少年足球训练理论方面还是一个较薄弱的环节。

(二)青少年女子足球的基本现状

1. 训练管理体制

我国青少年女子足球运动队伍的训练体制基本归纳为以下类型:

(1)省、市运动技术学院(体工大队)管理的专业队体制。

解放军青年队、北京青年队、河北青年队、河南青年队、山东青年队、四川青年队、江苏青年队、大连青年队等队,采用以省、市运动技术学院(体工大队)或由体育运动学校管理的专业队体制。

(2)省、市政府与企业联合的女子足球俱乐部体制。

青岛女子足球队是由青岛市人民政府与澳柯玛联办的澳柯玛女子足球俱乐部体制。

(3)体育运动学校管理的半专业队体制。

上海青年队、广东青年队、辽宁青年队、武汉青年队等队采用由省、市体育运动学校管理的半专业训练体制。

(4)足球学校管理的业余训练体制。

中国足球学校女子足球队、沈阳足球学校、淄博足球学校等队是中国足球改革的新生事物。足球学校的出现对加强女子足球运动员中间环节的培养和扩大女足人口起了积极的作用。

(5)市足球俱乐部与企业联办的业余足球队体制。

大连旅顺锅炉厂青年女子足球队、重庆市丹宁女子足球队是以企业赞助、足球俱乐部管理的业余训练体制。队员来自大连市中、小学校,采用课余时间训练的形式。

(6)业余体育学校管理的训练体制。

深圳青年女子足球队等,采取集中管理,业余训练的方式进行管理和训练。

(7)基层中学训练为主,市、地区体委和足球协会给予指导和扶持的业余训练管理体制。

2. 各类队伍状况

（1）队伍数量：我国女子青少年队伍通过 2001 年各队参加由中国足协组织的各级青少年比赛情况了解到，我国能坚持正常训练比赛的青少年队伍有：北京、上海、江苏、中国足球学校各三支，天津、河北、河南、四川、山东、大连、辽宁、长春、武汉各二支，深圳、广州、重庆、吉林、青岛、湖北、广东、解放军等各一支，共 21 个省市和单位 38 支队伍。由于各支队伍的体制不同，管理渠道不同，训练性质不同，管理和训练存在较大的差异。2002 年，中国足协首次组织了全国女子中学生足球联赛，预赛阶段比赛分别由北京、上海、天津、重庆、广东、河北、河南、山东、四川、辽宁、湖北、吉林（因吉林没有举办，由江苏顶替）十二省市足协（教委）举办，参赛队伍数量达到 136 支，参赛运动员近 3400 人。

（2）年龄结构：

根据 2001 年全国青少年各级比赛参赛队伍的统计：

① 少年联赛：参赛队伍 29 支，运动员 552 人，参赛年龄最小 12 岁，最大 16 岁，平均年龄为 14.2 岁（见表 1）。

② 青年联赛：参赛队伍 16 支，运动员 272 人，参赛年龄最小 13 岁，最大 19 岁，平均年龄为 16.5 岁（见表 2）。

表 1 全国少年女足联赛年龄结构表

年龄总人数	85 年	86 年	87 年	88～89 年
553 人	5.8%	48.8%	26.6%	18.8%

表 2 全国青年女足联赛年龄结构表

年龄总人数	82 年	83～84 年	85～86 年	87～88 年
272 人	12.6%	27.5%	47.3%	12.6%

③ 青年锦标赛：参赛队伍 19 支，运动员 460 人，参赛年龄最小 13 岁，最大 19 岁，平均年龄为 16.6 岁（见表 3）。

表 3 全国青年女足锦标赛年龄结构表

年龄总人数	82 年	83～84 年	85～86 年	87～88 年
460 人	8.91%	20.43%	50.23%	20.43%

④ 全国女子中学生足球联赛决赛：参赛队伍 12 支，运动员 222 人，参赛年龄最小 13 岁，最大 16 岁，平均年龄为 14.2 岁（见表 4）。

表 4 全国女子中学生足球联赛决赛年龄结构表

年龄总人数	85 年	86 年	87 年
222 人	16%	24%	60%

3. 教练员状况

随队参加 2001 年全国女足青少年各级比赛的教练员共有 113 人次，其中女性教练员有 12 人，占教练员总数的 10.6%。

（1）年龄结构：平均年龄 38.4 岁，最大 58 岁，最小 23 岁；

（2）文化程度；

（3）职称和培训；

另外，经过教练员岗位培训和参加教练员培训班的教练员有 48 人，占教练员总数的 42.5%。

4. 训练状况

5. 竞赛状况

6. 经费状况

7. 女子青少年足球竞赛、训练体系和管理法规建设状况

8. 女子青少年足球训练理论建设状况

二、中国青少年男女足球存在的主要问题

（一）男子足球存在的主要问题

1. 管理体制和运行机制尚未适应现代足球职业运动发展规律、青少年人才成长培养规律、优秀运动员成材规律。

2. 青少年足球工作未能引起各级领导的足够重视，从事足球活动的青少年规模基数小，普及程度低，执教青少年各级队伍教练员人数少，水平不高，我国足球青少年的培养尚未形成系统规模效益型发展体系。

3. 青少年训练指导思想不明确，方法、手段滞后，忽视青少年足球运动员的技术、技能、作风、职业道德的培养，优秀运动员比重不高。

4. 竞赛、训练体系仍未摆脱注重比赛结果、注重比赛成绩的片面认识，严重的急功近利思想，导致青少年足球训练早期专业化、成人化，基础薄弱，技术落后。

5. 人才培养目标不明确，九年义务制教育未能落实到实处。

6. 地区发展不平衡，资金短缺，缺乏适合青少年足球训练比赛需要的场地、器材设施。

7. 青少年足球工作开展的渠道不畅通、工作形式单一、缺乏灵活性。

8. 缺乏人才培养输送评估奖罚机制，资源配置不合理。

（二）女子足球存在的主要问题

1. 作为目前在世界女足发展中处于体制优势的中国女子足球事业的发展缺乏强有力的政策扶持；缺乏能够最大限度地调动女足工作的管理者、教练员及运动员积极性的各种机制和制度的建立。

2. 缺乏有力稳定的组织管理保障。

3. 对青少年女子足球后备力量培养重视力度不够。

4. 教练员业务素质和能力较低，敬业精神不高。

5. 训练和竞赛体系不够完善。

6. 经费不足是困扰女足发展的一个重要因素。

7. 缺乏对女足重点发展地区工作的检查、监督和管理。

8. 女足队员出路没有保障也是制约女子足球运动普及和后备力量培养的一个主要原因。

9. 业余训练难以保证训练时间和训练质量。

三、2002～2010 年青少年男女足球发展的指导思想和指导方针

（一）指导思想

以扩大足球人口和提高运动水平为目的，以发现培养足球人才为宗旨，以提高足球整体素质为根本；坚持以训练为中心，坚持理论创新、制度创新、科技创新，坚持"两青齐抓"、"两教并重"的基本方针；充分发挥地方足协的作用，广泛调动社会各方面积极性，建立激励机制，调整训竞体系；加强法规建设，加强足球基础设施建设，加强技术、技能、作风、职业道德培养；促进全国青少年足球运动持续、稳定、健康、协调发展。

（二）指导方针

坚持培养有文化，懂礼貌，会踢球对社会有用的全面发展人才；坚持九年义务制教育，文化学习，课余训练，提高足球青少年运动员的综合素质；坚持"走出去，请进来"，提高足球青少年运动员技术水平；坚持我国足球界优良传统作风，提高足球青少年运动员为国争光的思想水平；依靠科技进步，提高训练质量；拓宽资金来源渠道，调整资源配置，建立引导资金和奖励机制，确立具有中国特色的青少年训竞体系。

四、2002～2010 年我国青少年男女足球发展目标

（一）青少年男子足球发展目标

1. 建立与社会主义市场经济体制相适应的管理体制和运行机制。形成符合中国国情，符合现代足球运动发展规律，符合教育规律，有利于青少年人才培养持续发展的组织体系。

2. 健全各级青少年足球管理工作机构。形成两个层次、三级管理、分级竞赛，以省市为基础、以大区为依托、以全国训练营为中心的青少年人才培养竞训体系。

3. 足球人口有较大发展。青少年运动员注册达到 20000 人，经常参加足球训练的青少年注册达到 80 万人，经常参加足球活动的青少年注册达到 400～800 万人，足球优秀城市的小、中学经常开展足球活动的学校分别达到 50% 和 35%，经过 C 级培训的青少年教练员适应上述需要。

4. 青少年足球训练和竞赛的场地设施有较大的改善。甲级俱乐部青少年队伍具备较高水准的训练场地和设施；全国足球重点城市具有 6～8 块标准的供青少年活动和比赛的足球场。地方会员协会至少有 3～5 块足球场经常向青少年开放。

5. 青少年足球各类人员的培训工作进一步系统化、规范化、制度化。增设 D 级教练员培训班，所有 13 岁以下队（包括普通小学）教练员或教师基本全部经过 D 级培训；所有 19 岁以下队教练员或教师基本全部经过 C 级培训；并全面实行各级教练员的继续培训制度。

6. 青少年足球训练研究和理论建设工作得到明显加强。青少年足球科学选材，青少年足球训练的有效方法和依据，青少年足球伤病的预防，足球活动对青少年生长发育的影响等方面的研究有较大的发展。具有达到世界先进水平的青少年足球训练大纲和训练指导书，使青少年足球训练规律的认识上和训练观念上基本达到世界足球强国的水平，形成我国自己的青少年足球训练理论体系并

在全国得以贯彻。

7. 青少年足球训练水平得到明显提高，基本有较充足的优秀足球竞技后备人才。

8. 加大青少年足球资金投入力度，在现有资金投入的基础上，中国足协每年将以5％的比例递增。

9. 到2010年，使我国青少年足球运动综合实力达到亚洲一流水平。

（二）2010年青少年足球发展的目标体系

（三）青少年女子足球发展目标

1. 建立和完善我国女子足球的整体组织管理体系，与成年队伍衔接合理，体系完善。

2. 按照我国女子足球发展规划要求，在增加女足重点发展地区和单位至16个，奥运重点布局单位扩大至12～14个的同时，相应配套完成青少年女子足球布局。

3. 建立完善的竞技系列和学校系列的竞赛体系，加强梯队建设，大力推动普及工作。各级青少年5系列比赛的队伍扩大到60支，

参加业余训练比赛的大学队伍达到16支以上，中小学队伍达到500支以上，从事女足训练的运动员注册人数超过一万五千人。

4. 建立女足联赛的升降级制度，引入竞争，全力提高青少年女足整体水平，同时继续探索和推进女足市场化的进程，完成与青少年女子足球发展相适应的合理衔接。

5. 以2007年世界杯和2008年奥运会为目标，以2005年全运会及国内各种训练竞赛任务进行选拔和培养，结合2006年亚运会，2005、2007年亚洲杯，2005、2007亚洲U－19，2006世界U－19等国际大赛的锻炼，建立目前国家队以2007世界杯和2008奥运会为冲击任务的目标管理制度。

6. 2007年世界杯和2008年奥运会进入决赛，力争获得金牌。

（四）2010年青少年女子足球发展的目标体系

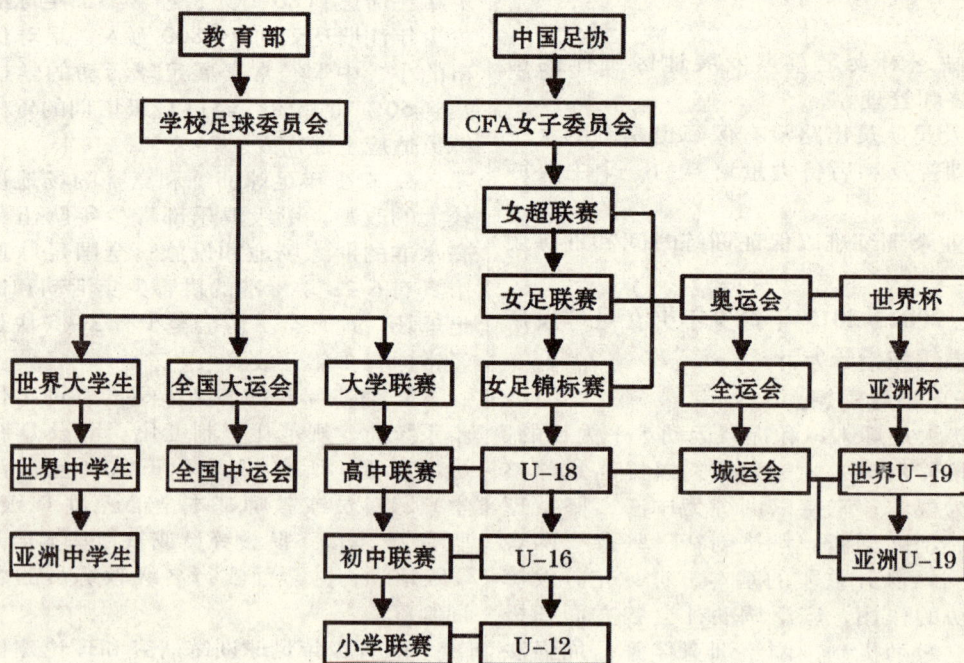

五、2002～2010 年我国青少年男女足球发展目标的主要措施

（一）青少年男子足球发展目标的主要措施

1. 成立各级青少年足球工作机构。

（1）中国足协青少年足球工作委员会；

（2）各级地方青少年足球工作委员会；

（3）实行分级管理，分级竞赛，建立以技术指导与比赛相结合的青少年训练营训竞体制。

2. 加强青少年足球政策、法规的研究建设。

3. 调整现行青少年足球竞赛体系。

4. 健全青少年足球训练体系。

5. 加强青少年注册工作管理。

6. 建立青少年培养输送奖励评估激励机制。

7. 加大对青少年足球竞赛、训练工作和培养的资金投入，建立引导性资金，支持输送有潜质的青少年赴足球先进国家进行学习、训练与比赛。

8. 加大青少年足球运动的科研投入。

9. 提高企业、商家参与青少年足球发展的程度。

10. 评选"足球重点城市"，形成良性竞争机制。

11. 加强注册管理，加大处罚力度，试行运动员准入证制度，严防虚报年龄现象的发生。

12. 规划和加强青少年足球场地设施建设。

13. 抓好青少年重点队伍建设和人才培养工作。

14. 做好青少年足球相关人员的培训工作。

15、继续加强对西部部分地区的援助。

16. 切实加强青少年足球训练研究和理论建设。

17. 加强对会员协会工作的管理。

18. 搞好青少年足球的宣传工作。

（二）青少年女子足球发展目标的主要措施

1. 加强组织保障，完善管理机构和管理体系。

2. 扩大奥运重点布局，增加女足重点地区，继续发挥体制优势。

3. 以世界水平为目标，加大青少年女子足球教练员的培训力度，很抓训练质量。

4. 以各级国家队为龙头，抓好国家队建设。

5. 建立完善的竞技和学校系列的训练竞赛体制。

6. 利用各种资金来源渠道，加大青少年女子足球专款投入。

7. 制定相应奖励办法，完善激励制度。

8. 加强女子足球运动的科研工作，制定《中国女足训练大纲》。

9. 加大对青少年女子足球运动的宣传力度，形成良好社会氛围。

主讲人：孙文新

第二十一章　足球训练理论与实践

赫斯特·克里特（Horst Kriete 德国）

第一节　传　球

一、传球目的

传球是提高控球能力，是足球比赛的基础，足球比赛在某种意义上说就是传球的比赛。最简单的传球是最有效的，要重视传球训练。注意传球后传球的队员要前去接应接球队员，移动过程要有思路，重视这个环节的训练。

传球是控制、调动对手，寻求战机的手段。

控球不是把球停在脚下，而是让球随时处在运动中。

足球的基本技术和技巧——传球、控球、带球、头球、射门。控球和带球是传球的基础，要强调。接应队员的跑动要有角度和纵深，距离要保持好，不能太近。相互间有呼应，要有肢体语言。

二、传球的三种情况

1. 传向站立的队友（这种传球在比赛中没有意义）；

2. 传向跑动中的球员；

3. 传向空当（在比赛中机会很少）。

三、传球举例：2 人传球配合的训练目标

1. 将球准确地传给队友；

2. 传球要有突然性；

3. 要掌握好传球的力量；

4. 采用不同方向的传球；

5. 传球时要运用身体的假动作；

6. 接应队员要有明显的要球愿望；

7. 尽可能快地控好球。

四、传球要求

传球队员：要时刻观察场上情况，队友和对手的位置、区域，传球要突然、准确、力度适当；传完球后要上前去接应。

接应队员：要在跑动中去接球，节奏要有变化，起动要突然，要给传球队员明确的要球暗示和意图。再次传球的决定权往往不取决于持球队员，而主要取决于无球队员跑动中要球的欲望、时机和跑动线路。

第二节　组　队

一、球队结构

认识足球的本质。足球已经成为世界的语言，有其内在的发展规律。

足球是一项统一性和个性化相结合的运动，一场比赛教练员负责指挥，场上队员要相互鼓励，这就是足球。如果只做计划就能取得比赛胜利那么足球就太简单了。

比赛就是训练的一面镜子，只有在平时训练中多强调细节（如何运球、控球等），这样的训练才有意义。

足球比赛最吸引人的地方就是可以以弱胜强。如果教练员执教死板将限制身体素质较好球员的发展。

一旦比赛开始场上的 11 人将决定一切。赛前训练如同做"功课"，要认真完成作业，功课做得好，考试就能取得好成绩。

联合国共有 192 个成员国，国际足联却有 205 个会员。在德国的 21 个区中，每个区每年举办 5 期 B 级教练员培训，每个区有 3－5 名培训员负责区内教练员和青少年教练员培训；全国有 6 期 A 级教练员培训，培训期为半年。德国从 1949 年开始教练员培训，已经有 55 年的培训历史。截至目前共培训了 1000 余名职业级、5000 余名 A 级、5 万余名 B 级教练员，包括青少年球队（10 ~ 20 岁）在内德国共有约 14 万支球队。

二、球队选择

组队不只是 11 人的事情，而是全体与俱乐部签约球员的事情。另外，提前吸收年轻球员入队也是非常必要的（例如德国的拜仁慕尼黑队）。

组队要考虑的重要因素

1. 位　置

例如：组建 25 人的队伍……守门员 3 人，后卫 8 人，前卫 8 人，前锋 6 人。比赛阵型为：

四四二

教练员要清楚每一个签约球员的位置及各方面情况，最好多一些全能型的选手，以便组队。

——3 名守门员；

——8 名后卫；

——8 名中场球员；

——6 名前锋。

2. 球员的技战术成熟，具有观察比赛能力和创造力

德国的每个俱乐部有 2～3 名球探负责寻找有天赋的球员。如在勒沃库森俱乐部的电脑中有 3800 名球员的资料。

优先考虑成熟型的球员组队，年龄适中、体能较好、比赛经验丰富、技术过硬、"多面手"的球员更为成熟。

3. 涉及位置及球队要求的个人能力

如队员的体能，例如 2002 年世界杯的韩国队，在这种赛会制的比赛中，队员能始终保持良好的竞技体能是非常不容易的。"球星"战术已经过时了。

4. 球员个性、角色

——领导能力；

——努力完成任务并积极主动的球员；

——勇敢、自信的球员。

个性化较强且有组织领导能力的优秀球员担任队长是组队的重点，不同位置的队员有其不同的个性特点。

5. 经验丰富，技能表现突出

有着较好比赛表现和经历的球员是组队的关键。

6. 球员年龄

——21 岁以下；

——21～25 岁；

——26～30 岁；

——30 岁以上。

世界杯和欧洲杯球员平均年龄为 27～28 岁。组队的年龄结构既不能过于年轻化，又不能过于大龄化。

德国国家队参加世界杯比赛年龄结构

年龄	1990	1994	1998	2002
25 以下	9	3	3	7
26～30	10	13	9	12
30 以上	3	6	10	4
平均年龄	27.2 岁	28.5	29.8	27.7
参加世界杯场次	7 人/40 场	12 人/87 场	12 人/68 场	16 人/17 场
	前 4 名	前 8 名	前 8 名	亚军

运动员 26、27 岁是足球的黄金年代，提示我们组队的年龄不要大。

7. 球员的病历医疗史

签约球员的身体状况很重要，特别注意有受伤历史的球员，要了解其伤前的比赛背景。

8. 在不同俱乐部的表现及背景

9. 俱乐部的财力，可行的预算

10. 球队需要新面孔，需要渴望比赛的球员

球队是否需要新的面孔，从而实现俱乐部的经济利益。

三、比赛阵容的确定（针对一场比赛）

1. 比赛类型；

2. 主场/客场比赛；

3. 位置；

4. 球队比赛战术；

5. 战术纪律/比赛的效果；

6. 以前的竞技表现；

7. 不同素质球员的良好组合，具有朝气、经验、技能、主动等素质的球员；

8. 球员对俱乐部/球队的责任；

9. 参加训练。

要根据比赛阵形和战术确定队中的主力和替补。

注　解

比赛战术：是根据本方战术确定各位置人数如 4：4：2。

实践课　训练课的过程

第一步：确定任务，向球员明确将要进行训练的各种联系形式的目的、目标。

第二步：球员实施训练，并自己从中寻找解决的方法，增加并积累经验。

第三步：教练观察球员的移动，评价球员完成任务的情况。

第四步：教练与球员讨论观察到的问题。教练既可以向球员提出可以选择的方法并亲自示范，也可以让他们自己示范，然后就正确的移动或行为给予他们建议。

第五步：球员再次练习，体验运用尽可能好的方法。

第三节　教练员的职责

前言： 有过良好足球经历的球员，是当教练员的良好基础，要想当好教练就必须有不懈追求的精神，那并不是一件容易的事情。教练员要做好每一天的工作，要有奉献精神，要富有激情，不断热衷研究比赛，平时要积极鼓励运动员，每天都要思考下一步如何取得成功和胜利。

一、教练员的职责

1. 教练员对俱乐部及主席负责

教练员要为以上对象负责，明确俱乐部的方针政策，在此基础上确定奋斗目标，提出自己的观点和管理措施。

2. 教练员对教练组及工作人员负责

要引导和帮助他们协助自己的工作，并完成自身的本职工作。

3. 教练员对比赛负责

要求队员要按比赛规则去比赛，国际足联对教练员要求：（1）尊重比赛规则及公平竞争的原则；（2）不许服用违禁药物。

4. 教练员对运动员负责

平时要经常教育运动员做人的知识和如何正确地去比赛。

5. 教练员要对公众负责

教练员要对支持俱乐部的球迷负责。

6. 教练员要对新闻媒体负责

教练员必须要与新闻媒体保持良好的关系。

7. 教练员要对球队有关人员的家庭负责

要有责任承担家庭责任的义务。

8. 教练员要对自身负责

教练员要对自己的公众形象负责。

二、教练员的执教原则（西斯菲尔德）

1. 相互尊重，要尊重任何与足球有关的人群；

2. 相信运动员的感受，要尊重运动员的任何心理感受，倾听他们的反馈信息；

3. 保持适当的距离，要处理好教练员与运动员的位置关系；

4. 尊重个体，要尊重每个人的个性；

5. 从错误中要吸取教训，不能在同一问题上犯第二次错误；

6. 保护球星，要保护有发展的年轻球员和已经成名的大牌球员；

7. 诚实守信，不要做虚伪的承诺；

8. 避免妒忌，要虚心地接受胜利者；

9. 选择合适的教练组成员，诚实可信、不要"应声虫"；

10. 体现自身价值，时刻按目标顽强地努力；

11. 处理压力，要让每一个人学会承担压力；

12. 控制情绪，在指挥比赛中要学会控制自己的情绪。

三、执教名言

（一）雅　凯

教练员是足球活动中的关键人物，所有一切有关的足球活动都要依靠教练员来完成，教练员就好像是马路上的十字路口，所有工作都要经过他来完成。教练员要处理好与俱乐部董事、球员、公众及媒体和赞助商的关系。要根据自己的经验和客观情况对足球要有整体的认识和把握。

（二）斯科拉里

做为教练员必须是很自然的成为领导者，愿意接受别人的意见和忠告，也必须是能够承担由于自己做出决定而出现后果的人。

欧洲足联技术主任安蒂洛克斯布什与穆利尼奥专访

1. 什么促使你成为一名教练员的？

最大的激励因素就是足球，而不是教练工作本身。每个喜欢足球的少年都想成为一名球员，我觉得我也是这样，尽管可能不会成为一名高水平球员。那时，我的父亲是一名足球教练，足球是我生活中的很多内容。我在体育大学学习，因此，我的成功是一步一步取得的。你觉得你不会成为一名高水平球员，但你乐于学习足球、体育科学、方法学，并且到了一定年龄，你决定愿以一名教练员身份来从事足球。你放弃了成为球员的欲望，你开始有了想做教练的想法。此时此刻我可以说，我很愿意成为一名足球场上的教练。我喜欢直接和球员接触，喜欢研究方法学、训练形式、如何提高训练的想法、比赛的分析等，不断努力提高球员和球队的水平。在英格兰把你和俱乐部的其他方面事情能够连接的一些工作，如青年培训，以及到国外工作，对我都有吸引力。我热爱这一工作的所有方面，但我达到今天的程度是一步一步取得的。我的教练生涯始于在葡萄牙做U－16队的教练，在完成了我的学业后，我于八十年代后期来到苏格兰和你一起工作，你的训练方法使我用不同的方式来思考训练方法学。你运用的人数较少的分组比赛来发展技术、战术和体能的方法，成为全球认可的训练方法。从英格兰回来后，我觉得我的教练工作方式与以前比有了变化。有了青少年执教经历后，我来到里斯本训练中心给鲍比罗伯逊做助理教练。第一步就是学习，第二步是发展球员能力，第三步是和职业级的著名教练一同工作。我再说一遍，这一过程是一步一步来的。

2. 从葡萄牙来到西班牙对你的执教能力提高有什么影响？

我在巴塞罗那和鲍比一起工作，这也是对我的最大激励——新的国家、新的文化。路易斯温格来后我又面对另一种风格，另一种足球理念。鲍比对我的一切很了解，但我要向路易斯证明我的能力，去适应荷兰足校，适应新的训练方式。阿贾克斯足球学校对我是一种新的挑战。又经过了在巴卡的四年，我三十四岁时回到葡萄牙。可能人们会觉得我年轻，但我已经做好了当主教练的准备——我成长之路很漫长，其间吸收了很多重要的经验。

3. 回到葡萄牙足球俱乐部当主教练的情况怎么样？

由于俱乐部和球队的状况很糟糕，所以我刚来的六个月情况异常艰难。但这段时间有助于理解俱乐部并为下一赛季准备。我更换了球员，并重新组建了球队——这是组建球队的非常重要的时期。接下来的赛季很令人兴奋，因为我们赢得了欧洲联盟杯冠军并在葡萄牙联赛中位列第三。那个赛季为我们参加下一赛季比赛作了准备，因为那个赛季的水平不同于俱乐部冠军赛的水平。球员们信心高涨，跃跃欲试要与曼彻斯特或皇家马德里队一决高低。最后的胜利是一个很大的跨越，但这决不是靠运气取得的。我顺便说一句，虽然我从来都不是那种仅是接受别人正确经验的人，但我的执教理念受到很多人的影响。例如，我现在仍清晰记得我和你在苏格兰一起工作时你采用的一些练习，但从这些练习中我发展了我自己的东西。和鲍比罗伯逊、路易斯温格工作的情形也是这样。即使我为鲍比在世界各地物色球员时也获取了很多新东西。我告诉那些要向我学的年轻人，"不要把我给你们的东西作为绝对真理"。我总是设法学习新东西，而像路易斯这样的人也激励了我。例如我在巴卡的最后一年，我受命带队参加一些友谊赛或杯赛，而路易斯则要监控我处理事情的方式。我做好了带队的准备——我已经贮备了知识，增强了自信。我这是自信而不是自负。我坦荡待人，当我的朋友看到把我归为自负一类人的文章时就会感到可笑——他们知道我不是那样的人。我对我的工作全身心投入，当我说"我觉得我们会赢的"时，我只是像许多教练在赛前想得那样去说。球员们觉得你很有能力并且信任他们，将有助于他们确立良好的态度。

4. 你有时是否会感觉到你在走向成功？

是的。葡萄牙和苏格兰一样。你可以在自己的国家做国王，但别的国家的人不会认可你，同时你的国人也会怀疑你能否会在外国成功。重要的事情是要在欧洲得到认可，对我来说，重要的时刻就是在 2003 年欧洲联盟杯四分之一决赛中战胜 Panathinaikos 俱乐部队。我们已经在主场输了，并且没有一支葡萄牙队在希腊人身上拿到一分。当我们以 2：0 胜利时，我觉得我已经从国内水平上升为欧洲水平了。在决赛中战胜凯尔特队是我执教生涯中的第二大跨越，因为我感觉我在欧洲球队中是个成功者，并且可以开始做更重要的事情了。

5. 你在训练中强调的重点是什么？

每次训练课开始前我都要准备好计划，我尽量不浪费任何时间——我全神贯注于我球队的战术思想上。我把我的战术思想写下来并给俱乐部所有的人看。战术方面是整个训练过程的核心。就像我先前和你说的一样，我认为方法是全球性的。例如，我的体能教练，向我建议训练的时间、距离和区域，和我一起打造球队的战术体系。我要发展球队在比赛中的战术特点：如何逼迫防守、什么时候运用逼迫式防守、攻防转换、控球战术、位置打法等。之后其他方面的问题随之出现——体能和生理方面又成为训练的主要部分。当我们感觉队员需要个别训练时，我们就进行个别训练。我们经常按照球员的体能情况和他们要承受的比赛时间，把球员分成几个组来进行训练。训练的重点总是战术性。

6. 你如何描述自己的执教风格？

我认为这期间有个变化——今天我的执教风格和五年前不同。比赛时，我主要是在上半场对比赛进行分析，因为我要在中场休息时对我的球队进行指导。在高水平比赛进行中和球员沟通很困难，所以我很少大声喊叫，只是做些纪录，但也仅限于上半场。下半场的比赛我回到家再进行分析，中场休息的队会，我会尽量控制我的情绪，做些球队需要的事情——这就是说，我可以很冷静，也可能很激动，因为球队需要从我这得到确切的反应。总是有些情绪因素，同时也有战术的建议。中场休息时总是有些情况要对球队讲，但比赛后一句话也不再说，因为那时队员已经没有任何比赛分析的准备，什么也听不进去了。总之，我的执教风格有灵活的一面，尽管我对训练的要求很高，幸运的是，我所在的训练中心训练时总是有不止一块儿场地，因此，我的训练课常常从一种场景很

快过渡到另一种场景，效率很高，浪费时间很少。在较短的训练时间里我们追求的是质量和高强度。不论是在葡萄牙，还是在英格兰，或是西班牙，只要训练组织得好并很认真，同时让球员知道练习的目的，我所带过的球员都很愿意训练。

7. 获得欧洲足协杯紧接着又获得欧洲俱乐部冠军，你对这些比赛有什么评价？

每一支高水平足球比赛的"淘汰制"因素很特别，每一支球队为比赛做的准备都要考虑到客场比赛的结果。在波尔图队时我尽量让我的球队在客场比赛时保持和主场一样的心态。如果你想赢得一场比赛的最后胜利，就不能只是在主场激情高涨，势在必得；而在客场则以不输球为目标。在欧洲联盟杯比赛中，我们波尔图队在主场和在客场的比赛结果非常相近。当我带领波尔图队准备俱乐部冠军杯时，在赛前我们安排了几场比赛，演练不同的阵型，针对比赛的不同方法。要赢得欧洲俱乐部冠军，你的球队实力不但要很强，有时还要有点儿运气，就像我们波尔图队在最后一分钟的进球战胜了曼彻斯联队（虽然我觉得我们有实力）。继这场比赛的胜利之后，我们乘胜前进，最后赢得了冠军杯，在我的记忆里没有哪支球队在胜利的记录中没有这种运气的时刻———个点球决定胜利等等。在高水平比赛中，小组第一和小组第二的水平差异非常小，另外，加时赛的金球制会扼杀主场球队反败的优势。欧洲俱乐部冠军杯是最高水平的俱乐部比赛——尽管欧洲杯和南美洲杯没有可比性。我要说明的是，由于足球比赛的不同，对我来说，获得欧洲俱乐部杯要远比获得欧洲冠军杯兴奋。与凯尔特队的比赛直到最后一刻都充满了戏剧性——他们甚至在最后时刻把守门员调上来参加角球攻击。但警报解除，随之而来的就是最高的奖品：俱乐部冠军头衔。从个人角度，我们赢得这场比赛很困难，获悉我将要离开这个俱乐部的消息，我内心情感矛盾——我三个月后在这个赛季的欧洲俱乐部冠军杯赛上才见到我的波尔图队球员。

8. 你对 2004 年欧洲杯的印象如何？

我觉得 2004 年欧洲杯赛上的希腊队就像欧洲俱乐部冠军杯赛上的波尔图队一样，因为球队的实力和强烈的获胜欲望至关重要。对希腊队来说，获得自信、目标的实现、信

念和组织等方面的发展过程是一步一步实现的。我的看法和其他人一样，我认为高水平球员的能力接近。像希腊这样的国家，他们以一两个俱乐部的球员为主组建国家队，这应是个优势。在一些大国——资金雄厚的国家——不会出现这种情况，因为球员遍布各个俱乐部。我要说的是，葡萄牙这个国家崇尚组织，球队组织的也很好。2004 年欧洲杯提高了葡萄牙人的想象力。因为我们谈的是国家队，我可以告诉你，有一天我会成为葡萄牙队的主教练，但不是现在。没执教过葡萄牙队之前我不会退休。

9. 您对比赛规则、解释和条款有什么看法？

在切尔西，我常为此事困惑，我们的防守反击常被"技术犯规"阻断，而这些技术犯规又不会得到黄牌，有些队就钻营于此。还有，域位规则的解释很模糊，比赛官员很难做出正确决断。

10. 您选球员时关注的主要素质是什么？

我持综合观点。我对每一个位置球员的人格个性、运动素质、技术技能等方面都有我的看法。当然，如果一个球员缺乏速度能力，那他在今天的高水平足球比赛中就没有机会。你会要一个思维敏捷、同时又能在高速中表现技能的中场球员。同时，在英国足球中，个子不高的中后卫在面对很多队都采用的长传球时会遇到麻烦。

11. 你认为在高水平的足球比赛中战术发展趋势是什么？

攻防转换变得至关重要。当对手组织好了防守形式，那就很难得分。对手丢球的一瞬间就会找到某个位置失守的机会。一样，当我们失球时，我们必须即刻反应。有时在训练中我练习让至少五个球员保持在球的后面，这样的话，一旦我们丢了控球权，我们仍可以保持一个很好的防守阵型。球员必须学会阅读比赛——什么时候逼迫、什么时候回到自己的防守位置。每个人都认为，打法决定很多比赛的胜利，而我认为更多地取决于攻防转换的速度。

12. 在训练中您最关心的是什么？

在训练场上我最苦恼的就是保证训练的持续和流畅以及避免时间的浪费，我考虑最多的是实际训练时间的利用。

13. 事业的成功对您的生活方式和您个人有什么影响？

没有人知道我，然后突然在两个赛季的时间里我名扬天下。当然，你生活在压力中，也生活在大众的关注下。我以及我的家庭生活发生了变化。当然，获取各种需要是工作的一个方面的目的。然而，我从不因为我个人时间的原因而取消一次训练课，这是我的原则。我深深感觉，职业责任总是高于其他的商业需求。对于我来说，足球是我的职业，也是我的激情所在。

欧洲足联技术主任安蒂罗斯克布什对温格的专访

1. 最近您打破了英格兰足球比赛不败场次的最高纪录——这对您意味着什么？

我为此感到很自豪——高水平足球比赛最难的就是连续获胜。我认为这足以表明我们对比赛的精神和态度——足球比赛的乐趣。如果仅仅是期望胜利并像打仗一样对待每周的比赛是不可能达到这种效果的。因此，我很高兴的是我们的球员具有这种对足球的乐趣。你今天上了一个小台阶，明天又上了一个小台阶，过一段时间当你回顾的时候，你会对你的进步和收获感到欣慰。两年前，我曾说过，我要连续一个赛季保持不败——人们说我疯了。但我们永远不知道在我们球队每个人的大脑中埋下的这种信念产生的作用会达到什么程度，心理因素是非常重要的。

2. 在您执教生涯的鼎盛阶段，是什么激励您面对像阿森纳足球俱乐部这样对俱乐部的管理和执教要求极高的挑战？

我觉得是我对足球比赛的热爱，对获胜的喜悦和对失败的懊恼。当你迎来一个新的赛季时，你必须喜欢比赛，并乐于和球员承受某种特定的生活方式，一种承受足球比赛结果的方式。当你还是孩子的时候就运用丰富的经验去比赛，并且当你具有一种情感体验的时候，你渴望不断地回顾。有时你在职业比赛中因结果的不如意而失望，你一定要把这种情感渲染到球员的心里，和球员一起分享对比赛的激情就是激励我的因素。

3. 您观察球员独具慧眼——对年轻球员您最关注的是什么？

动机和智力是两个主要因素，我觉得你需要具有最基本的智慧（你知道你为什么错了），以及不断提高的欲望。光具有天赋因素是不够的，因为事业成功的因素取决于你渴望成为你心中偶像的努力程度，以及你是否有极高的智能保证你理解你依靠这种天赋能做什么。如果你观察一下你的周围你就会发现，绝大多数的顶级球员其智商都很高——正由于从事一项职业并非易事，才要求人们必须具备高智商。人们都愿意要那些各种能力都具备的球员。我们阿森纳队的比赛理念建立在技术和移动的基础上——就是说我观察球员的速率及其技术水平。这些因素并不总是体现于爆发力或身体能力，但我们追求非常流畅、速度非常快的比赛，因此，我们需要良好的技术和快速移动的能力。当然，你会强调爆发力和体能表现，而我首要追求的是速率和技能。

4. 自从您做职业教练开始，您是如何改变训练过程的？

训练过程变化很大。我记得曾有过这一时期，训练场上只有一个教练。今天我们都有一个教练组，并且这个教练组也在不断扩大。训练比赛的科学方法发生了很大变化，效果也同样惊人。我认为在今天的足球比赛中如果没有团队与协作，主教练就不可能成功执教。这就是说，教练组不但要有能力，还要团结。只有球队整体拧成一股绳，主教练才能应对各种问题。

5. 你是监督指导训练还是亲自主持训练？

每次训练课我都在场地执教。可能我不会带准备活动，但我会负责中心内容的训练。我是和我的球队一起成长的，在训练场上和我的球队在一起也是我的最大乐趣。我每天的安慰就是我知道我们进行了一次成功的训练课，并且球员们训练愉快——这就是我作为一名教练每天生活的最大享受。

6. 您在融合如此众多的背景不同（如国家、文化、语言等）的球星时遇到过什么困难？

最大的困难就是在团队内的沟通和交流。当你的队员来自十个不同民族时，在更衣室里让他们互相说话非常困难（不谈教养因素）。一个不能在一起交流的团队其工作动力就会很低。我们尽了很大努力让他们说英语，去相互谈话，能达到真正对话——这是一个现时代的难题。以前，由于你的球员来自一个国家，你的球队拥有共同文化；现在，

我们必须要在俱乐部内创造一种文化——来定位我们要成为什么特征的人。我们告诉他们，按照自己希望得到的感受去为人处事。你必须发展一种微型文化并让所有球员认可它。

7. 对你来说为什么坐在凳子上看比赛保持冷静非常重要？

我认为我们所作的是一项工作，而不是像个小丑一样跳来蹦去。我年轻的时候看电视中的我，我就想，我以这种情感方式表现就不会有威信。教练工作的情感性和刺激性很强，有时会使我们失去理智，并且会影响我们对问题的分析，所以我们必须尽最大努力克制情绪。可以说我在这方面处理得很好，因为我在这方面积累了丰富的经验。同时我还要说的是，情绪的克制程度取决于你所承担的压力大小。我时刻提醒自己要保持冷静，甚至我在赛前要检查自己的心态，使自己准备应对特殊局面的发生。

8. 您经常强调您球队的心理优势——这是选择的结果还是训练的结果？

心理优势是一种某些特殊球员具有的心理品质，你的球队需要四到五名具有这种心理优势的球员才是理想的——那些永不放弃的球员以及那些能吸引其他球员跟随他的球员。球员越年轻，他们的心理能力越差，所以球队心理能力的水平取决于那些心理能力很强、富有经验的球员。我们最近放走了一些很有经验的球员，虽然我们球队的心理能力还是很强，我们还需要观察这些年轻球员当局面不利时他们的反应如何。

9. 您如何描述您在更衣室里和在训练场上的执教风格？

我做决定不需考虑很多，我的执教风格基于对人们的尊重，以及对球员的信任——我对人性持乐观态度。我跟球员说，我相信他们有能力为我做好工作。你越消极，你就会越挑剔。你看看那些在管理方面成功的人们，他们往往都是很幸福的——怀有乐观心态是管理成功的重要因素。这是自我实现的期望效应——你信任他，那他就会努力向你证明他的价值。

10. 在您的执教原则中是否有不愿妥协的方面？

有很多。我总是随时保护那些做事认真并有良好态度的球员，但我不会原谅那些对

比赛不负责任的球员，在今天的足球比赛中这样的球员还不少。在当今高水平的职业足球中有两种人：一是渴望胜利，在各方面都想成功；一是靠足球为生，但并不很喜欢足球，并不认真对待足球。对那些不尊重比赛的人我就不妥协。对我来说，如果你不正常训练（精神集中是必需的）或是做事不认真而混事，我就绝不会原谅。我感觉很幸运的是，我有像丹尼斯伯格坎普这样的球员，他已35岁了，九年来一直都是对训练认真投入，从不分心，他为年轻球员做出了光辉榜样。在比赛中尊重的原则很重要——当你必须传球时，你传球。不要让你的个人主义充斥于比赛中——对我来说这些是非常重要的。

11. 您曾在日本、法国和英格兰工作过——主要的区别是什么？

从文化角度讲，有很大的不同。在日本做事要比在法国容易，但也有很多共同之处。一个在日本长大的孩子和法国的孩子一样喜欢足球。对我来说，穿行于世界各地，发现各地人们对足球富有相同的乐趣，感觉是很奇妙的，这也是为什么足球能在世界各地盛行的原因。我努力把年轻人对足球的乐趣在训练中呈现给他们。如果你给这些球员表现自己的机会，像他们在孩儿时一样，他们就会愉快，就乐于投入。在日本，他们喜欢这项运动——他们有追求完美的文化根源。日本人会练习、练习，无止境的追求这一完美的运动。在英格兰和法国，更多地体现为实现和挑战，以及对抗，尽管在法国比在英国更注重技能。

12. 如何改善俱乐部和国家队的关系？

这是一个每年都会出现的问题。在这个问题还没变的很严重之前，足球的有关团体有必要坐下来共同讨论这个问题。如果有一天足球在全世界都得到了尊重和热爱，我们所有人都会很愉快。当今的足球都有一个联合体，但如果在训练营里出现了分裂，将会影响到比赛，在这个问题发生之前需要国际足联和欧洲足联出面干预。我们需要一起坐下来找出俱乐部和国家队面临的问题。比赛过多就会影响比赛的质量，例如，每个国家队在小组赛中比赛场次较多，其水平就受到了影响。有趣的是，即使这样，国家队的比赛仍会吸引众多的电视观众，特别是一些重要的比赛场次。我不想让我们改变这种情形，但我们需要找到一种折衷的方式，既能让国家队的比赛有更大的吸引力，又能使球员有充分的时间休息。

13. 近些年来除了阿森纳，还有哪些球队（俱乐部或国家队）使你印象深刻？为什么？

早年我在英国足球学校的时候，我对曼彻斯特联队印象很深——我很喜欢他们比赛的形式，以及他们的进攻态度。再往前回顾，我喜欢七十年代强盛时期的门星格拉德巴赫队，八十年代强盛时期的 AC 米兰队——尽管我也承认近些年米兰队的比赛也很迷人。如果让我展望这一赛季的话，我觉得巴塞罗那队会更值得欣赏，因为他们的球员比赛质量更高。

14. 如果你能在某些方面改变当今的足球，你希望是哪些方面？

有些教练虽然置身比赛中，却有失职责。我建议足球管理部门有些耐心，不但对运动员，对教练员也要进行监督评价。

15. 在你教练生涯的发展过程中，谁对你的影响最大？

我年轻时有个特点——我总是愿意请教那些有经验的人。我从那些对足球比赛有深刻理解的人那里学到了很多——那些既有智慧又愿帮我的人。从一个球员一下成为一名教练这是不可能的，这需要很长的过渡。当你作为球员比赛时，你所考虑得更多是涉及你的场景，而你作为教练所关注的是每一个人。这需要很长时间来改变心理角色，学习执教所必需的知识。

16. 你如何展望未来十年足球比赛的发展？

当然，比赛节奏会越来越快，技能要求越来越高。实际上我们回过头来看看近十年、二十年的比赛，这些方面已有了长足发展。比赛的进攻性更强，对球员的保护意识也更高，涉及比赛的各方面更加公平。我希望足球组织继续保持一种积极改革的态度，使足球比赛更具吸引力。今天足球的国际化归功于足球组织领导人的正确决策。那些掌管足球决策的人，那些对足球发展有所影响并富有经验的人，都有责任和义务推进足球比赛的发展，使得足球运动在未来十年至二十年里更能展现人的高超技能并富有乐趣。

第四节 运动员的心理准备和训练

一、心理态度的构成

（一）注意集中及准备

1. 球员必须知道如何在恰当的时间获取正确的信息；

2. 球员必须能集中精力，并集中保持于关键环节；

3. 球员必须能够具有长时间保持注意集中的能力；

4. 球员必须避免出现技术失误。

（二）自我控制

1. 球员必须能够克制来自于对手的挑衅行为；

2. 在关键时刻球员必须能够克制自己的行为；

3. 球员要具有在比赛中能随比分变化而调整自己行为的能力；

4. 球员必须具有解决不同问题的心智能力。

（三）自　信

1. 球员应感觉到自己有能力"爬山"；

2. 球员必须头脑清醒；

3. 球员应意识到自己的价值；

4. 球员应有较高的自我评价。

（四）排除压力

1. 球员必须能够适应不同环境；

2. 在关注程度非常高的比赛中球员必须表现出高水平的竞技能力；

3. 球员必须克服恐惧并学会控制自己的情绪。

（五）攻击性

1. 球员在比赛中要能展示技能和强势心态；

2. 球员必须要有强迫自己为球队积极奉献体能的意志；

3. 球员必须表现出竞争精神；

4. 球员要有勇气和胆量。

（六）敢于冒险

1. 球员需要表现出想象力、创造力和自觉性；

2. 球员需要具有解决困难和问题的能力；

3. 球员需要大胆尝试新的东西。

（七）心理耐受力

1. 球员必须要有持续努力、并不断加快努力程度的能力；

2. 球员要坚定、顽强和有毅力；

3. 球员即使在疲劳状态下也要坚持；

4. 球员必须要超越自我。

（八）竞争性

1. 球员需要具有超越自我的能力——一种战斗精神；

2. 球员要有面对对手敢于抢占上风的意志；

3. 球员要有获胜欲望；

4. 球员要乐于比赛。

（九）为球队比赛

1. 球员要抛弃任何个人杂念；

2. 球员要无私表现；

3. 球队整体利益第一；

4. 球员要有相互协作和团结一致的意识；

5. 交流是关键。

（十）提高的欲望

1. 球员要渴望学习；

2. 球员要向自己提出问题；

3. 球员必须致力于自己薄弱环节的提高；

4. 球员永远不能为已取得的成绩满足；

5. 球员必须促使自己向自己的极限努力。

（十一）提高动机和个人能力

1. 球员要有成功和奉献的意志；

2. 球员对比赛要表现出激情；

3. 球员应清楚潜能和现实表现的联系。

乔丹名言：人的心理因素是最难突破的，她是一个成为优秀运动员的心理障碍。

运动员的心理成长有的是依靠自身天分，其他都是要依靠后天的教育和环境培养出的，在此必须要发挥自己的主观能动性，通过训练是可以达到的。

教练员的各个方面都能影响运动员的成长和发展，教练员不能失去运动员对你的尊重。

二、运动员心理训练的必要性

心理健康的基础，一方面通过比赛中的

表现体现，另一方面通过自身的综合精神体现，再有就是自身体能和技术做保证。

三、有些高水平的比赛也能出现愚蠢的错误

身体素质、灵敏、耐力、速度和良好的控球技术是比赛中取胜的重要因素。运动员必须在高水平的比赛中承受巨大的心理压力和抵御紧张情绪。要进行专门的心理准备。

四、心理技能训练的几个重要方面

§制定训练目标；

§表象、想像训练；

§自我暗示；

§放松、弱心理过程；

§努力、强心理过程；

§集中注意力训练；

§比赛策略（及时适时调整计划）。

实践课 中场进攻

练习形式1：两组队员（红队和黄队），每组4名队员在中圈外传球（两个球同时进行）互不对抗，注意拉开空当，积极跑动。

练习形式2：基本形式同练习一，但只用一个球，加防守（消极防守），若干分钟后互换。

练习目标：

1. 不停的跑动、变向，要有节奏的变化，要球的一霎那起动要快；

2. 同伴间交叉跑位，不要局限于固定位置；

3. 大范围穿插跑动，多运用斜线转移；

4. 练习时相互间要大声喊叫、呼应；

5. 根据情况调整练习区域。

练习形式3：在上述区域内红、黄各4名队员进行对抗传球练习。

上述区域有四个小门标志，每队可进攻三个球门，带球或传球通过小门算得一分，一个门不能连续进攻两次。若干分钟后换另一组。

练习目标：

在一定区域内控球，让球员有空当去跑位，边路进攻受阻后可转攻中路。中场人多，要求运球队员随时观察。

练习形式4：扩大区域的对抗练习。形式同练习三，只是四个小门向四个方向扩大区域。

第五节 1 对 1 的训练

1998 年法国世界杯 1 对 1 对抗成功数据

国　家	后场%	中场%	前场%
法国	68	63	62
巴西	48	58	54
尼日利亚	50	56	60
喀麦隆	43	48	55
南非	32	43	31
伊朗	26	44	44

实践课 1 对 1 训练

一、热身：

第一步：慢跑，牵拉。

第二步：2 人传球，变向，运球过人练习，注意抬头观察。

第三步：持球牵拉 2 人侧向转身传球，背向传球，侧支撑（同侧单手、单脚撑地），背躺地团身抬起练习（双脚不动、离地，手不扶头）。跳起头顶球练习：1 人固定站立，双手持球固定于头的前上方，另一人跑动跳起顶球，循环练习。

第四步：运球，集体在一定区域内运球，教练叫停后停下，再去寻找另一个球。

第五步：牵拉，两人 1 对 1 运球对抗（像比赛一样），冲刺跑。

二、1 对 1 射门练习

1. 接球后 1 对 1 运球射门练习

方法：两人对角跑，一方持球队员运球前手扶球门柱，然后运球开始，另一方球员快速上前逼抢，哪一方抢到球就向对方球门进攻，守门员获得球后，同方后卫迅速接球门球开始进攻。

建议：教练应采用各种方式设计练习，使练习具有趣味性、针对性；教练随时给予明确指导。

变化：教练员在中场将球踢向中间，（不同形式的球：高抛球、地滚球、反弹球等），双方球员抢球后运球 1 对 1 射门。

2. 两个 1 对 1 练习

方法：一对球员在一球门附近，另一对在中线后，两对球员互不过线，球门前的队员必须在接球后射门。互射几次后换人练习，下来的队员慢跑。

3. 4 对 8 人（加两名自由人）1 对 1 进攻射门训练（每对一个球）

方法：每对球员一个球进行 1 对 1 运球射门练习，两名自由人可接应任意一对球员的球。

建议：这项练习的体能要求高，持续练习的时间不能太长，要保持较高的强度，守门员的注意力要始终很集中，可能在练习中会有 4 个球同时射过来。

4. 三对 1 对 1 对抗练习（一个球）

方法：进攻队员随时移动准备接应来球，形成 1 对 1 局面（还可设 4 个自由人移动接应，可限制自由人的触球次数），三名球员随时接球，传球无顺序。

组织：每人接 4 次球左右，共 12 次后换人，替换下来的球员做伸拉、慢跑。

第六节　球队的进攻战术

一、进攻阶段

第一、边路发动进攻。

第二、中场发动进攻。

第三、射门得分。

第四、补射、第二次进攻。

二、一对一能力的表现：

1. 后场 1 对 1 成功率 50% 以上——说明防守好，后卫单兵作战能力强；

2. 中场 1 对 1 成功率 50% 以上——说明中场防守抢断能力强，进攻控球能力强；

3. 前场 1 对 1 成功率 50% 以上——说明进攻射门能力强，带球、运球能力强，防守反抢和抢截能力强。

三、射门得分与射门训练的关系

1. 门前射门得分率

背向拿球转身射门成功率：45.9%；

侧向拿球射门成功率：38.9%；

正面拿球射门成功率：15.1%。

2. 得球速度射门得分率

52%——快速拿球射门得分；

25%——慢速拿球射门得分；

25%——原地拿球射门得分。

3. 防守程度影响射门得分率

47.6%——在紧逼的情况下射门成功；

30%——拿球时周围有防守队员但紧逼不够；

20%——拿球后周围没有防守队员。

四、进攻需要注意的方面

1. 在防守过程中要时刻想到进攻；

2. 中场进攻要强调传球的准确性，注意直长传的时机；

3. 边路进攻要强调快速；

4. 在对方危险区域内要控制好球和注意相互的协调配合；

5. 通过训练提高运射能力；

6. 在训练中强调实战环境和实战氛围，制造对抗压力；

7. 快速完成攻防转换：中场由守转攻——反击；后场由守转攻——发动进攻。

五、进攻中重点要考虑的因素

个人战术：有球和无球战术行为；

局部战术：赛前训练配合的熟练程度。

战术分类：个人战术，小组战术，全队战术，特殊战术，比赛战术。

1. 推进式进攻。

2. 防守反击：反击须具备特定条件，即对方压迫在本方半场，对方半场空间很大。

3. 前场的反抢进攻。

第七节 防守反击：球队的一种战术手段

1. 进攻开始

（1）由守转攻

——队中的所有球员要很熟悉自己的职责；

——快速转移推进在比赛中是创造有利空当最有效的方式之一；

——快速反击；

——准确的过顶长传球；

——形成反击情况下在恰当时机跑位要球。

（2）扩大准备进攻区域

——充分利用进攻场地的宽度和深度；

——通过各种传球保持控球权，传球时可选择；

——横传；

——斜线长传；

——向前直传；

——为保持控球权全队应充分利用深度和宽度空间。

（3）控球

——进攻中最重要的原则；

——高水平球队的特征；

——迫使对手不断地重组其防守；

——使球队的配合移动简单化。

一次低质量的传球意味着失去控球权。

——有效训练举例：

在一个限制区域内的 6×6、7×7 训练。

2. 进攻在中场的发展

目标：§ 达到最后进攻区域；

§ 进入防守线的身后。

（1）自由的在较大的深度和宽度范围内跑动

——球员不要站在一条线上；

——在恰当时机进入正确的位置；

——无球队员的跑动决定着进攻的方向；

——无球队员有目的的、无私的跑动来吸引防守队员，为其他球员制造空当；

——为了形成进攻纵深，至少需要三名球员参与进攻。

（2）利用两侧空间

——两侧球员人数在现代比赛中多于传统比赛；

——球员必须具备多种位置职能，应具有良好技能并能参与进攻和防守；

——运球突破；

——套边插上。

传中球要在门前通过，既不能让守门员触到，后卫又不能顾及到。

（3）进攻转移

——球员要有广泛的视野，善于观察；

——变向，转移技能；

——场景，很多对手防守。

（4）中场运球渗透

——所有的同伴都被紧紧盯住；

——通过运球穿越中场。

3. 进攻的结束——射门

——从近距离和远距离射门；

——射门有力；

——自信，在紧逼情况下；

——预测；

——难以预料的射门，寻找守门员的漏洞。

（1）运球射门

——运球，用假动作突破和战胜对手；

——一对一时任何足球比赛中的基本情景。

（2）墙式二过一配合射门

——两脚传切配合，队员传球清楚、准确、突然；

——突然变换速度；

——在真实比赛场景下练习。

（3）传中射门

——制造危险，如果传中目标准确、大力或某种旋转球；

——传中球到远门柱；

——包抄队员不要过早地移动。

（4）过渡——墙式传球

——在比赛中节奏是个重要因素；

——在短传和长传间频繁变化；

——这些传球的目的在于寻求射门机会。

墙式传球

——要有突然变化的节奏；

——墙式传球的第一次要直接传到同伴的脚下（墙）；

——快速插上接墙式传过来的球。

第八节　赛前准备期训练计划的制定

准备期计划制定：

1. 了解俱乐部的目标；

2. 新赛季教练员自己的目标；

3. 财政情况；

4. 一起共事的工作人员；

5. 了解清楚比赛日程；

6. 球队的实力；

7. 集中训练旅行安排——强化团队精神，能集中注意力，食宿规律；

8. 赛季比赛节奏的把握。

训练计划框架：

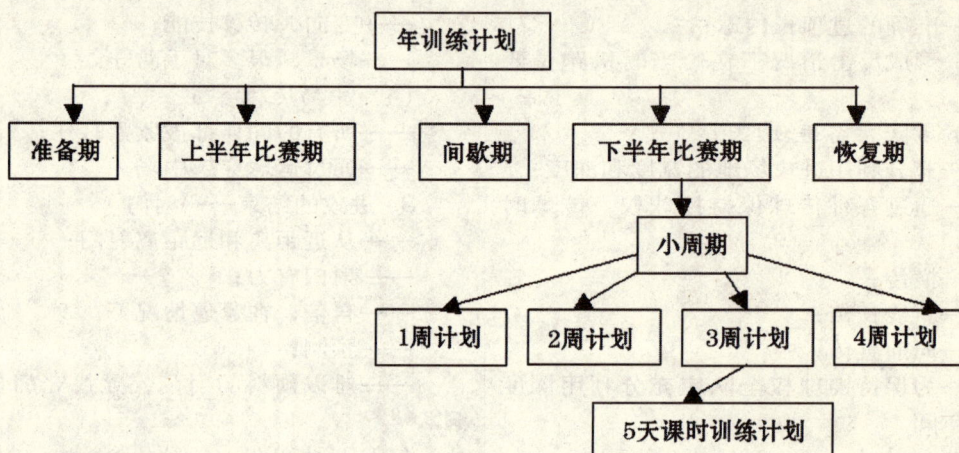

赛前职业队的六周计划安排：期间要打 10~14 场比赛。

第一周	第二周	第三周	第四周	第五周	第六周
基地	外出	基地	基地	外出	基地
内容：体能	内容：体能	内容：实战、技术	内容：实战、技术	内容：战术	内容：调整

训练计划划分：

（一）两周训练：基本体能专项与恢复。

（二）两周训练：体能＋战术＋技术，阵容，阵形。

（三）两周训练：赛前准备＋调整，身体，心理。

准备期——重新开始恢复的过程。

不管球队和队员保持多高的水平，都需要恢复，因为人不可能总保持很高的运动水平，需要休息、恢复后重新训练。

超量恢复的原则：人的训练过程都会先下降后上升，训练课感到很累，恢复后机能就能上来，也叫适应过程的原则。

准备期要提高的方面：

§ 耐力——基本耐力，专项耐力；

§ 速度力量；

§ 1 对 1——全队基础多做；

§ 1 对 1——全队基础多做；

§ 战术；

§ 激励，激发运动员参加训练，实战比赛；

§ 技术。

实践课　进攻——射门

形式：1 对 1，2 对 2，3 对 3，4 对 4。

以上训练对职业队有很大帮助，要求不一样，训练也不一样。

练习一：4MF＋2Steikers VS 1 defensive MF＋4defensive backs＋GK

形式：半场范围区域，一个大门和一个移动门（在中线上）对应，两侧区域设四个小门（一边两个）。

程序：

1. 传球过小门的同时，前锋球员快速通过球门接到球算得一分。

2. 在中路远射入大门算得两分。

3. 通过小门后摆脱、突破射门算得三分。

练习二：反抢进攻练习 4 对 3 + 1 对 1

形式：半场区域，在中圈附近设一个 20 × 20 的区域进行四抢三对抗，前场一名前锋和一名后卫，前锋球员接球后中圈内可有一名同伴球员跟进，形成二对一局面。

程序：区域内的三名球员传、控球，将球运到中线并停住算得一分；期间双方对抗反抢，反抢成功后将球快速传给前锋球员，同时可有一名同伴迅速跟上，形成二对一射门场景。

训练也是一种适应，身体适应这种足球负荷，休息要特别注意，超量恢复要依靠休息，是训练的保证，以上的思想理念就是积极向上。

例：德国的俱乐部要求运动员自律，注意自身的形象，教练员很尊重个人的行为习惯。

德国不提倡赛前吃牛排，职业队员是很重视饮食。

实践课 进攻——防守反击

练习一 6 对 3 + 1 对 1 + GK 进攻射门练习

区域：在一个半场 40 × 40 的区域内进行六对三传接球对抗，另一个半场 1 对 1。

程序：攻方进行传接球，两脚触球，传接球次数达到一定数量后（可根据情况设定次数）快速将球传给前场的前锋，进行反击射门，同时攻方可有两名球员、守方可有一名队员跟进。在球传到前场之前，两方任何队员不得提前过线跟进。

练习二：8 对 8 + GK

区域：沿中线两边各划出 20 米距离连接至两端边线的区域内进行对抗，两个大门。

程序：在区域内进行 8 对 8 对抗，进攻方将球传过限制线的同时，同方的一名球员快速上前接到球后运球射门。守方队员不得跟进。

球员是否清楚训练的主要内容及各项目的是保证训练效果的重要环节，如果教练员在训练中不能给球员讲清楚，球员可能就做不好，应考虑训练的针对性、目的性和集中性。

第九节 周训练计划

训练周期的制定

全年共分成五个大周期，准备期是其中的一个大周期。

准备期：六周，六周共分三个中周期，即：第一个两周（恢复期）；第二个两周（身体素质 + 战术 + 技术）；第三个两周（热身赛 + 专项身体素质）。

小周期：周训练计划。

赛后第一天

1. 全体工作人员会议；

2. 全体工作人员的分工：

助理教练——训练未参加比赛的队员；

队医——治疗受伤队员；

理疗师——康复；

秘书——场地安排、行政事务；

场管员——维护场地及设备；

训练量：大量、次大量、中量、小量。

比赛后训练：战术——无；

技术——30 分钟有球训练；

身体素质——无（队员疲劳）；

其他练习和游戏（1 小时）。

没有参加比赛的队员在助理教练的带领下训练；

3. 队会；

4. 下午放假。

赛后第二天

1. 球员 36 小时基本恢复；

2. 对比赛进行全面分析；

3. 有氧耐力训练 + 补偿性训练 + 配合性训练。

战术训练

技术训练 ——60 分钟 ← 个人技术训练 / 位置技术训练 / 全面技术训练

身体素质训练

赛后第二天

1. 球员身体已经完全恢复；

2. 安排训练两次（大量），时间90分钟；

3. 身体素质训练根据球员在队中和场上的位置作用来定；

4. 助理教练制定训练计划，并执行训练，主教练进行监督与观察；

5. 训练必须要有针对性（比赛）。

赛后第四天

确定比赛阵容的重要一天。

1. 确定阵形，圈定阵容名单；

2. 战术训练和分工；

3. 技术训练；

4. 身体训练；

5. 比赛阵容以外队员由助理教练训练，准备其他比赛；

6. 关注主力队员。

赛后第五天

重要的是16～17名队员的训练。

1. 60分钟训练——最后25分钟比赛；

2. 训练必须要激发队员的比赛激情；

3. 固定集体战术、组合训练。

赛后第六天

比赛前一天

1. 模拟比赛训练：50%强度——60分钟训练课；

2. 让队员一起或单独进行放松、娱乐活动。

第七天比赛

一周训练安排范例表

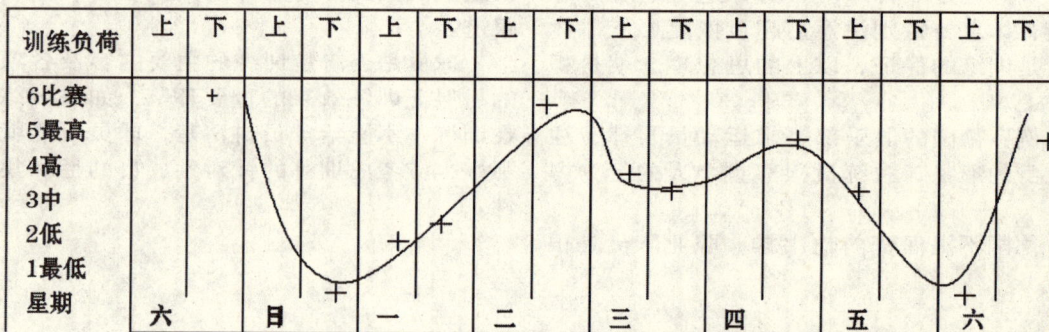

训练负荷	上	下	上	下	上	下	上	下	上	下	上	下	上	下	上	下

（图表略）

6比赛
5最高
4高
3中
2低
1最低
星期
六　日　一　二　三　四　五　六

一周双赛：周六比赛
周日下午训练
周一上午训练
周二休息
周三比赛
周四休息
周五上午训练

实践课　破密集防守

原则：将对方的防守宽度拉开。

方法：主要有运球突破、远射、边路传中、斜线长传至防守者身后等。

练习一：

区域：半场，在大禁区线外15米左右设一限制线，防守者不得越过限制线，在限制线外进攻者可自由传球。

程序：在对方禁区附近有两名前锋、四名后卫和一名防守中场，四名进攻中场在线外自由传球并随时传球给前锋球员；两名前锋积极跑动寻求空当，接球后配合射门。

练习二：利用边路破密集防守。

第十节　关于一节课训练计划的制定

每次训练课计划的内容安排要准备4种练习方法，这4种方法要围绕一个主题，只是从方法上和形式上体现出由简单到复杂、由易到难的变化；每种方法至少要列出五种练习目标。一次训练课要从训练计划、训练内容、训练组织、训练指导四个方面去评价。

训练安排的战术原则：

1. 设置的练习要近似比赛场景和强度。

2. 尽可能地设置能使球员自由发挥的练习，鼓励球员运用其自主能力和想象力。

3. 练习要有相应的难度，这种难度是球员经过努力可以达到的。

4. 围绕同一主题设置一系列不同的练习形式，每一练习要比前一练习复杂、困难。

5. 在执教过程中要正确、恰当地运用示范、纠错、提问和讨论等形式。

6. 教给球员尽可能多的战术选择。

举例：定位球（死球状态）的训练方法与原则。

在现代足球比赛中，死球状态被认为是比赛的关键时刻。在 2002 年和 2003 年国际足联举办的许多比赛中（国际足联世界杯，国际足联青年世界锦标赛，以及国际足联 U－17 世界锦标赛），30% 的进球是在死球状态获得的，而在 1998～1999 年的同样比赛中，死球状态的进球比率为 25%。这种百分比的增加毫无疑问是由于在同样境况下反复进行针对性训练获得的。

应该在球员很小年龄就开始进行这种比赛中需要球员特殊能力的专门指导训练，为了提高球员在比赛中运用这些专门技术，在长期训练中应包括专门训练课或个别队员的专门训练课。这些训练课经常安排在集体训练课之外全队进行，还可在每周比赛的前一天进行一次训练。

定位球训练的方法和要点：

——分解技能训练环节反复训练（使得球员罚球和踢出的球的变化成为自动化）；

——逐步增加参与这一行动的进攻球员人数（或是增加罚球队员人数，或是增加进攻包抄人数）；

——逐步增加涉及到的防守队员的人数（从消极防守过渡到积极防守）；

——最后，模拟比赛场景和条件进行实战练习（如在确定的距离安排运用人墙）。

在训练中的自信和精力集中非常重要。

第十一节　比赛观察与分析

比赛观察的条件，首先要观察什么，教练员必须是专家，比赛观察是教练员的事。

1. 比赛整体情况——无球人干什么；

2. 避免根据自己的情绪看比赛；

3. 选个好的位置来观察比赛；

4. 根据现代足球状态发展来观察比赛；

5. 对其它相关的队比赛一定要观察，把注意力集中在为下个赛季挑选新队员做准备。

对观察的比赛后要留档，尤其是运动员的了解。

进攻原则：——破密集防守就是想办法进攻，进攻队员永远是战士，从进攻队员角度应如何提高成功率，教练员必须细心观察、训练、指导促进，帮助队员提高进攻能力。

1. 在对手紧逼的情况下控球并且及时跟进；

2. 当无防守时，运球推进进行进攻；

3. 通过射门、传球、传中等手段并及时跟进；

4. 尽可能控球；

5. 将对手的注意力，吸引到边路创造空当；

6. 设法突破到罚球区。寻找空当进行突破，通过控球进行射门。

球队的比赛阵型。

防守的组织：

守门员的防守。

1. 人盯人防守（一个自由人或清道夫）；

2. 平行站位——平行线防守（一条线3、4 人）；

3. 中场和后场的混合盯人防守；

4. 中场和后场的区域盯人防守；

5. 中场球员的防守行为；

6. 前锋球员的防守行为；

7. 逼迫防守时以球为主的防守；

8. 防守补位（人数）；

9. 特定环节的特殊防守行为；

10. 由进攻转为防守；

11. 观察的其他方面。

进攻的组织：

1. 前锋球员的进攻；

2. 中场球员的进攻；

3. 进攻时核心球员的情况；

4. 进攻的阵型和节奏；

——传球：短传、长传、斜长传、墙式传球；

——运球：运球向对手，控球；

——无球队员的情况；

——渗透和射门；

——一对一进攻；

——进攻节奏的变化；

——意外因素和变化；

——意志力，坚定的信念。

5. 反击情况；

6. 边路进攻；

7. 转移/斜线传球；

8. 特定情境的特殊行为；

9. 由防守转为进攻；

10. 观察的其他方面。

2004 年欧锦赛特点分析

后　卫

1. 防守行为的选择（更加有效）；

现代防守的特点：密集防守，让所有人参与到防守中来，对有球一侧的防守。

2. 各种方向、距离的精准传球；

3. 积极的进攻性防守；

4. 球员的防守能力与意识很强；

5. 头球能力；

6. 后卫强壮的身体；

7. 速度。

中　场

1. 战术的灵活性（中场组织）；

2. 快速的攻防转换的能力；

运球的三种目的：运球过人；控球；通过无人防守的区域；

3. 快速进攻中的创造性传球；

4. 根据场上变化选择进攻方向；

5. 是球队战术和个人能力结合的纽带。

前　锋

1. 具有能在各种情境下进攻的个人能力；

2. 控球能力、假动作摆脱对手的能力；

3. 自信；

4. 准确的传中能力；

5. 各种射门能力；

6. 强烈的射门得分欲望。

五点趋势：

1. 各种位置能力突出的球员；

2. 良好的进攻概念；

3. 球星的能力与作用；

4. 密集的中路防守；

5. 快速、积极、主动的比赛行为。

第十二节　执教与球队管理

一、西斯菲尔德的执教原则

1. 懂得尊重团队所有的人；

2. 相信球员的感觉；

3. 保持距离；

4. 区别对待；

5. 从失误中学习；

6. 保护球星；

7. 不要撒谎，遵守诺言；

8. 不要嫉贤妒能；

9. 显示力量；

10. 挑选优秀助手，忠诚而不唯诺；

11. 化解压力；

12. 观察比赛时要控制情绪。

二、教练员执教指南

1. 不可预测性

球员不应摸清你的执教特点，有时需要你必须去批评球员，有时必须赞扬球员。

2. 公　正

对待任何球星应像其他普通球员一样，你可以很认真，但是你的决定必须易于理解，并能贯彻于每个人。

3. 能　力

能处理好涉及俱乐部或协会的任何有关足球的事务。

4. 经　验

经验若能和能力结合，球员就会信任你。

5. 权　威

教练有权威每个人就会听从他，他很少喊叫，但球员会自动的各尽所能。

6. 心理能力

在一个好的教练指导下每个替补队员都坚信"我的角色很重要"，教练员懂得何时去平息冲突，何时去解决冲突。

7. 好奇心

教练员必须学习有关运动医学、体育科

学、心理学、球队管理、营养等知识，并对这些很了解。

8. 保持平静心态

教练员的行为不能受公众干扰，一名好的教练员内心要能承受每个问题，但不能外在地运用任何个人名义（在俱乐部以外）。

9. 支 持

如果俱乐部主席支持教练员，教练员就会处于很有利的位置，一个教练具备诸如正直、诚实和勤奋等品质就会获得内在力量的支持。

10. 表达清晰

教练员应善于运用球员的语言，但需要清楚表述。

温格专访

"执教像阿森纳这样多语言球队的难题是什么"？

阿瑟尼·温格："语言并不是最主要的问题，回顾我的过去，我记得当我离开摩纳哥去日本执教时，人们对我说，我将成为过去，目前的决定是在退步。可在法国甲级队的十年，我觉得我并没有前进，我需要从新开始。到日本后我很庆幸，因为我在那里获得了很多的精神力量。我体会到选择同事非常重要，我认为找一个当地的助手很重要。可第一天我说要进行一次 seven a–side 训练课时，他们不知道我的意思，更要命的是，翻译对足球是一窍不通。第一个月的十场比赛输了八场，而我也丧失了很多信任，我不得不面对难耐的孤立，唯一的安慰就是努力工作。另外，不理解媒体的评论使我轻松了许多，我并不认为由于缺乏直接沟通工作就很痛苦。"

"当您来到阿森纳后你的经历中哪些方面对你很有帮助"？

"我知道，作为一名教练员将会面对所有不同类型的行为。例如，有时我不得不把球藏起来，因为日本的球员如此渴望训练和学习。我的要求只好屈从于他们的自主积极性，但这是一个错误，他们要求对他们的积极训练进行精细的指导，我低估了这一工作的教育成分。所以，当我来到伦敦，我既没换队员，也没改变球队的风格，我把注意力放在了保持俱乐部的精神、传统和灵魂上，我重点对球队的行为进行规范，开始重建俱乐部的文化氛围。我的做法受到了冷遇和阻

力，例如，他们取笑我的一些伸展练习方法，我感到在这些做法的效果未出现时很难使球员信服。我决定不去迎合英格兰球员而保持我的特点，他们也对我的行为很惊讶。有一次，当我们在上半场 0~1 落后时，我什么也没说。可你要知道，文化差异会导致信任的差异，慢慢的，他们意识到了船该驶向哪里，如何控制。"

"您是如何融合英格兰籍和外籍球员的"？

"我对五名法国球员提出了限制条件，如果两国球员的潜力特征相同，我就使用英国球员。我在寻求训练计划的一致性方面遇到了一些问题。而我的这些思想的透明性也是很重要的，一次比赛后一名法国外援说'我不比其他球员差'，我说，'我的朋友，你是外援，如果你的表现和其他球员一样，我们就不需要你，你在这里就要表现出强于其他人的特点'"。

"您是如何对待富翁球员的"？

"我会忘记他们是富翁，我只把他们当球员对待。造就球员的是他们对足球及其比赛的激情和热爱，如果你只能用金钱去激励他们，你就错了，这和生活的其他方面一样。我不去关注你挣多少钱，我只关注你多优秀、多敬业。我也不得不准备给球员钱，而一旦他们在合同上签了字，我就会忘掉他们的身价。钱本身没有问题，可钱会在环境中制造问题，有时也会使他们的代理哑口无言"。

"在法国、日本和英国工作有什么不同"？

"在日本，最大的问题是教育方面，需要鼓励他们在比赛中积极主动；在欧洲，焦点在竞争性方面，相对国内联赛，法国人更注重在欧锦赛的结果；在英格兰却不同，他们把每次比赛都看得很重要，他们的工作就是每一场比赛都全力以赴。"

"您带领阿森纳队夺得冠军的主要因素是什么"？

"我认为，球队良好的平衡和良好的精神，球队明确的目标和行为准则，以及球员良好的理解力是我们取胜的关键因素。当谈到行为的时候，我的意思不是指纪律，因为在英格兰不存在纪律问题。我试着确立了一些引导我们进行想象并能保持俱乐部传统和个性的指导思想。"

"您的执教理念是什么"？

"让球员表达其自身具有的能力，在集体配合中自由发挥天才能力，在组织和自由之间达到尽可能最佳的平衡。如果你让球员感觉到他们很自主地进行它们的比赛，他们就会准备着为球队而努力。你应使球员确信，良好的组织是自由发挥的基础。总之，我的理念就是相信球员的能力。"

"世界杯留给您的印象是什么"？

"第一是比赛场地的良好组织；第二是所有参赛队，特别是欧洲球队在技术上的全面提高，每场比赛都很吸引人。同时我认为应注意对裁判员的保护，这样可使比赛效果更好，这些方面还有很多工作需要努力。我们得到的另一个启示就是今天竞技体育的绝对普及。"

"对您和您的俱乐部来说青少年球员的培养很重要吗"？

"非常重要。可以这样说，忽视青少年球员的培养就是忽视俱乐部的发展。我经常考虑的一个问题就是，能有良好表现的下一批球员是谁。我很同意英格兰人的说法，即评价一名教练要看他给球队留下了什么，这也恰恰说明了青少年球员培养的重要。阿森纳俱乐部在青少年培养方面投资非常大。"

"您关注足球规则变化和解释的哪些方面"？

"我认为最近足球规则变化的执行效果不错，但所有人将由于规则的变化而产生的问题指向裁判员。所以我要说，我更关心裁判员以及他们从事的难以想象的工作。我个人认为，裁判员的执法情况很好，所以我们必须尽一切努力保证比赛、保护球员，同时为利于裁判执法，努力使事情简单化——不要使其复杂化。"

"您对年轻教练员有什么建议"？

"要充满激情，要对这一运动痴迷，要总是和球员一起态度积极，每天晚上要思考如何提高第二天的训练效果。"

"您有执教的偶像吗"？

"我崇拜很多教练员，如，Rinus Michels, Hennes Weisweiler, Bobby Robson 等，因为我认为，能在教练这个位置工作二十到三十年，还需要很多其他的素质。我们应该敬仰那些把一切奉献给足球事业的教练员，如 Arrigo Sacchi 和 Marcello lippi，但还要把我们的个性融入我们的工作。"

第十三节　比赛日的要求与安排

- 比赛前 75 分到达比赛场地；
- 比赛前 10 分钟回休息室；
- 比赛前 30 分准备活动；
- 守门员先做准备活动——主力守门员的心理不要受到打击，剩下时间换衣服；
- 准备检查装备，教练员简单强调几句，最主要的内容应该在比赛前的最后一次课。

比赛期间与运动员交流。

- 通过手势指挥；
- 运动员受伤时；
- 比教练员指挥可以在半场结束后进行交流。

半场休息说些什么：有时候说的不要太多，关键是从心理上调节，讲的大方些。

优点和弱点：

1. 强调哪些方面需要加强，强调某个人做得更好些；

2. 言语简单，开始讲大局，细化位置，然后到个人，对个人进行必要的鼓励；

3. 战术变化的安排，换人情况；

4. 队长也可讲几句话进行交流。

下半场比赛开始 10 分后替补开始做热身活动随时准备换人，换战术。

领先时考虑换年轻队员可锻炼新人，再有就是出场费问题。

薪水问题：一个是固定的，另一方面是浮动的。

比赛后：

比赛结束就是下一场比赛的开始，注意力应该是改进方面。

不做任何评价，20 分～30 分的放松活动，客场可在休息室里进行，放松后再到游泳池，桑拿做放松。比赛前不要进行桑拿。

询问队员的伤情，对这一点要特别注意，回队放假，放松。

第十四节　比赛阵型与打法

一、训　练

定义：训练是系统的、以目标为方向的，旨在影响个人、小组和整个球队在足球比赛中的竞技能力提高的一系列复杂活动。

训练的系统性鲜明的体现在训练计划中，并可对训练计划中的训练内容、训练方法以及训练目标的实施效果进行评价。

二、战　术

定义：战术是球员个体、小组或整个球队有计划、有目的的选择和运用最有效的手段和可能的活动过程。

总体目标

所有球员运用高超的技能并有效的进攻和防守行为射门得分并阻止对手得分。

上述目标的实现取决于最大程度的保持控球权。一旦失去控球权，球队的所有球员必须防守自己的球门。然而，控球权的保持依赖于球员行为的一致性。

强调阅读比赛的概念也就是丰富球员在有球和无球时如何以恰当的方式去比赛的知识。

球员所表现出的行为方式必须简练：是否简练可以鉴别一个运动员优秀与否。

三、阵　型

定义：阵型是一个战术框架或战术组织，特定的时刻每个球员在阵型中都拥有自己的位置、比赛的活动区域和职责。

阵型及其运用

阵型仅仅构成了球员在场上的基本结构。任何阵型都可考虑使用。

球员在场上的基本阵型取决于球员的能力特点，阵型只是一个开始的或最初的位置形式。

球员在阵型中应有位置变化的自由以便能发展他们所有的比赛潜能。

说明：球员的能力特点决定一种阵型，但阵型却不能造就球员。

基本要求

比赛阵型不应使球员陷于僵化的框架。

不顾及比赛位置时每个球员应能在比赛中积极投入。

阵型应使每个球员在本队拥有控球权时能实施战术进攻，而在对手进攻时又能有效防守。

球队的战术——根据场上实际情况可能的条件，有计划、有目标的恰当进行的个人、小组的行动。

战　术

一般战术，特殊战术特定比赛。

个人战术，根据对手的实际情况及能力。

小组战术。

全队战术，环境。

第十五节　不同风格的打法

影响打法的五个因素：

1. 技术，技巧；
2. 战术；
3. 控制球；
4. 比赛速度——速率；
5. 配合等。

影响打法的环境：

1. 受气候的影响；
2. 受一个国家的足球文化的影响；
3. 气候较热的国家运动员，灵敏、协调、柔韧较好；
4. 不同的国家有不同的认识，但目的是一个——进球；
5. 把很多因素都放在一起的打法是混合性的。

不同打法的因素：

1）速度；
2）进攻路线，射门；
3）控制方式的选择，传球、次数、时间；
4）以个人为主，还是以全队为主；
5）强调主动进攻还是被动进攻。

选择适合球队有效的打法：

1. 打法必须适合球队；
2. 决定打法的因素是什么；
3. 选择不同打法的战术要求是什么。

德国足球打法风格

世界高水平发展趋势　　　　　　　　德国足球力量型打法

德国足球观

1. 以进攻为主，通过各种战术，配合突破对方密集防守。
2. 通过中场进攻组织并相应变化，结合快速，灵活的战术推进。——客观事实
3. 在进攻技术方面，强调快速进攻及逐步推进。相互结合，变化结合。——变化
4. 防守积极主动，阵形变化灵活。
5. 以竞争为目标，同时公平竞赛。

训练计划　　　　　　　　　　　　　　比赛

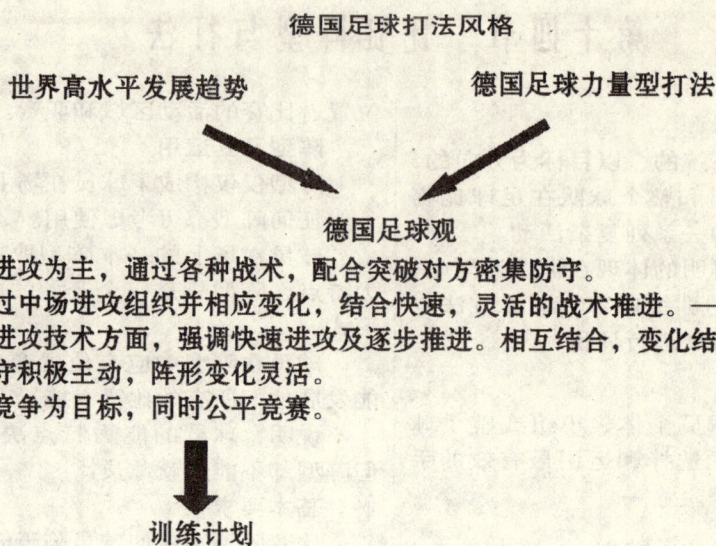

第十六节　俱乐部的管理

1. 俱乐部政策的制定者、决定者——俱乐部行政官员；

2. 俱乐部日常行政管理人员——确保俱乐部各职能部门正常运行；

3. 俱乐部专业技术人员——有关足球训练和比赛的人员；

4. 俱乐部医务人员——医生，理疗师等；

5. 俱乐部辅助人员——其他工作的必需人员。

球队的管理

高水平的球队，更需要管理工作。

管理工作有五个方面：

1. 推进工作的发展——明确任务，各自负责，设定目标，准备期的工作；

2. 组织工作；

3. 计划工作；

4. 鼓励工作——主教练工作和激励队员工作；

5. 控制工作。

亚洲足球存在的一些问题：

1. "挂名"或"徒有虚名"的领队，常常是一些没有管理和训练经历的商人、政治家或是退役的运动员。

2. 由于受挂名领队的重要身份、地位、年龄或资历的影响，教练员不得不在本该是技术专家说了算的，起作用的方面去同领队商量。

3. 领队经常摆架子说大话，摆出一副权威的样子，而自己并没有上岗资格证书，使教练员屈首次要位置。

4. 场外领队的重要身份影响到场内的比赛，使许多人对挂名领队给与不适应的过分的尊重。

5. 领导者能力和身份不符合。

第十七节　主题：录像分析——守门员

守门员的四大技术：

1. 基本技术；

2. 意识；

3. 传接球配合技术；

4. 比赛中的位置技术。

守门员在发球时要知道向哪传和怎么传，

训练是比赛的一面镜子，训练内容一定要符合比赛的实际情况。

作为守门员动作要快、脑子要快、反应也要快

作为守门员要随时有思想准备，要有敢拼的精神，要有速度、个性。

守门员训练有四分之三的时间与队员进行训练，守门员是一个特殊的位置，训练一定要尽全力，坚定信心。守门员非常想跟队员进行训练，联赛开始前作为教练员一定要确定好 1 号门、2 号门，如果在比赛中犯了错误，不要马上将他换下，要给他信心和决心。安排守门员上场不要平均主义。守门员的培训从 8 岁开始，一直到 34 岁都不算老，平时训练要注意培养守门员的心理。

第十八节　观看意大利的赛前训练

萨基的赛前训练要求：

每一个练习都要紧逼对手，在此情况下进行突破，特别是一些无球的跑动。进攻时注意后插上、交叉换位、无球跑动突破、摆脱，防守与进攻并存。

防守时注意：

1. 压力、紧逼；

2. 双重盯人（1 抢 1 保护）；

3. 把握灵活性；

4. 注意斜线防守站位；

5. 区域盯人结合人盯人。

防守队形："L"

四后卫和四前卫的防守时，不要换位，要注意随球的整体移动，对位逼抢。

第十九节　自由人的作用和三后卫防守

一、自由人的防守原则

1. 自由人要站在平行线；

2. 自由人防守注意整条线；

3. 自由人的训练基础：1 对 1；

4. 自由人要进行指挥；

5. 队员间要相互鼓励；

6. 自由人要长期训练。

二、自由人的选材

1. 技术水平；

2. 战术意识；

3. 速度；

4. 个性。

三、三后卫防守

任务是阻止对手进球，密集防守，确定阵形一定要先看队员情况。有什么样的队员打什么样的阵形，安排阵形要适应队员。三后卫的防守要平行站位。

韩国队因为希丁克的执教先确定阵形，这是个特殊的例子，希丁克强调进攻是最好的防守，阵型"三四三"。

第二十节　防守应重点考虑的因素

一、防守应包括

个人　集体

哪里失去控球权。

防守对手如何去抢截，抢断——如何从新抢断球。

战术的安排——战术打法的方针。

二、我方失去控球权的主要原因

1. 传球或传中被对方断掉；

2. 被对手抢去或从脚下丢掉；

3. 争抢时在空中丢球；

4. 传球失误或传中球出界；

5. 控球不好导致对手将球拿走；

6. 射门、救球、动作失误漏球，球反弹

回来；

7. 在有压力情况下的解围。

三、当失去控球权时

1. 回防；

2. 紧逼；

3. 盯人（可能是混合盯人）；

4. 保护队友的空当；

5. 回防到自己的位置。

（1）什么时候开始防守：失去球权时马上防守，防守是集体移动到适当的位置。

（2）在哪里开始防守：根据实际情况立即或稍迟；全队防守策略——中线、中前场三分之一场边沿附近等。

（3）怎样开始防守：

A. 以多防少时应紧逼，人多更容易放松；

B. 球被断掉对方发起反击以少防多时，采用延缓对手进攻，抢断球；

C. 迫使对方进入密集防区（我方强区）；

D. 根据全队防守战术进行区域盯人、混合或人盯人；

E. 造越位。

（4）防守应包括的内容：

A. 不给对手空间、时间配合和传、接球的机会和行动；

B. 全队防守指施加压力，移动到球后方盯人保护、回收到重要的防守区域形成密集防守。

全队防守如何演练：

1. 要有防守的预见性和灵活性；

2. 要有一定的创造性；

3. 防守的欲望；

4. 全队思想和行动要一致；

5. 战术演练要在平时训练中不断的练习和提高；

6. 根据不同位置和职责进行训练。

第二十一节　如何观察和阅读比赛

克鲁依夫：如果你的队员不能从各方面理解比赛又从何谈起全面型打法，你必须不但从你的位置阅读一场比赛的各种情景，而且必须从队友和全队的角度来理解和看待一场比赛，包括所有同队队友的传球，对方的传球以及场上的各种变化。

一、定　义

认识、理解和懂得足球比赛中各种情况下的技术、战术、战略、身体和心理诸方面的意义作用。

二、观察理解比赛的方法

观察比赛可以像阅读图书那样分步分时的进行，三个时刻观察理解比赛；一我方进攻时；二对方进攻时；三无球时。

三、观察比赛的对比

1. 比赛目的；

2. 比赛结果；

3. 什么样的比赛；

4. 每个队员的任务；

5. 天气；

6. 场地；

7. 设施；

8. 裁判员；

9. 观众。

四、在哪里什么时候观察比赛

1. 比赛前；

2. 比赛后；

3. 电视；

4. 比赛中。

格言：

有的球队是为了控制球比赛，有的队是为了比赛结果。　　——霍利尔

我明白我花了那么多精力去观察球员在整个赛季中的争胜表现，这么多年来，我在训练场上做的每一件事，正如我的灵感随着日常的工作逐步建立起来的。

观察一场比赛的艺术是最重要的一部分。

　　——弗格森

第二十二节　战术的发展趋势

1. 基本的进攻阵型是有效和具有吸引力的。

2. 以速度为对象的足球，在场上的每一个位置强调速度。

3. 在场上的队员能适应不同环境下的不同战术打法。

4. 在对手紧逼、且空间狭小和快速的情况下，出色完成技术。

5. 以球为目标，积极进行防守创造紧密防守阵型。

6. 组织进攻自信，战术使用灵活。

7. 良好的战术纪律、始终发挥团队精神，是球队成功的重要因素。

8. 战术是在个人表现、突然快速和另对手防不胜防的条件下完成的。

9. 战术是在整体打法和个人突出表现相结合下完成的。

10. 进球更多来自于定位球战术。

第二十三节　职业球员的管理

一、职业足球的职业精神

作为足球运动员要想成为"浪尖"，就必须搏击"浪尖"的高水平。

二、球员与教练之间的关系

教练员作为球队的主体，教练员与球员之间是建立在相互良好沟通和尊重的基础上。

三、三种不同类型的球员

1. 球星（与众不同，球队的需要）；

2. 名人（哗众取宠，容易制造麻烦）；

3. 职业球员（以球队为中心）。

好的球队需要球星和职业球员，有时为了球队利益也需要利用名人效益。

四、如何管理和对待职业球员：

1. 优秀品质——为必要高运动表现

2. 设定目标——自觉训练

3. 准备——比赛后即比赛前

4. 必胜信心

名人格言：

球员需要有人来指导，教练员就是专家的角色，队员是不断的求知者，教练必须不断地给他们足球新的知识。　——霍利尔

作为教练必须在场上和球员保持紧密地联系，我每天训练前都尽可能利用最少45'的时间到场和球员讲解和研究他们的问题和解决问题的办法。　——霍利尔

第二十四节　随球移动防守

§1 对1 的防守是很重要，一个队的1对1 不行就谈不上随球移动；

§2 对2 是小组防守也很重要；

§3 对3 整个防线要随球移动是一个很自然的动态，不但要强调防守，更要强调进攻；

§防守一方要随着进攻方的行动进行应对。

§从另一个角度要根据球的位置是否是延缓，还是紧逼。紧逼得球后发动进攻形成

射门的完成。

随球移动——要根据移动的位置来选择自己的位置。

当对手拿球后防守人要做什么——所以要做随球移动的训练，需要观察来定下自己或全队的行动。

§压迫，紧逼——就是打乱对手的安排，同时全队随球移动；

§有压力——有球侧多一人，没有球的一侧少一个人；

§紧逼——当防守方比对手人多时开始紧逼；

§压力——在局部形成人多时开始紧逼；

§紧逼分三种——前场、中场、后场。

随球移动与压迫、紧逼的联系

§随球移动的防守是能够相互紧密也就是相互间的距离；

§职业球队要通过一步步的训练学会及运用；

§密集防守就是要考虑种种安排、距离、补位、盯人；

§前锋的防守要注意观察球；

§要强度的紧逼不可能在 90 分钟全用，但是必须是随球移动，中等强度的紧逼给对手造成压力；

§什么时间和情况不紧逼：球已出界，某队员受伤；

§随球移动的目的——在中场以多防少时，这种防守在中路是最多。要多练此项。阻击传中球时要形成紧逼，注意力在中路；

§不是对持球人，对有可能接球人都要实施紧逼。实施紧逼，压迫的时间、地点，要有指挥人；

§对四个后卫的位置较为合理，在人多防人少时让对手把球回传，或踢向界外，就是不让对手转身，回传后防守人要重新组织防守阵形；

§弱点：就是对手要长传来破坏你的紧逼，这时有一个防守人后退些来保护，必须让对手把球传到身后的空当；

§随球移动——混合盯人是比较提倡的；

§对于紧逼区域人多，另外区域人少，但是人多的区域是最危险的；

§破坏此方法是运球突破，快速打法。

第二十五节　职业运动员的职业表现评价标准

一、职业行为

1. 他是怎样准备比赛；
2. 他是如何准备训练；
3. 他是否表现为职业运动员；
4. 他是否按照集体的需要注意饮食。

二、战术意识及其行为

1. 他在全队当中的作用如何；
2. 他如何完成教练员的希望值。

三、效力的曲线

全年比赛的稳定性如何———踢多少场比赛，能看出能力。竞技技术水平是否能提高。

四、队员水平是否能发挥到个人最佳

五、全队的体育价值观

1. 他是否将个人的技术和战术行为与全队的技、战术融合并发挥；
2. 对比赛是否具有良好的比赛的认识；
3. 是否能为全队带来积极的影响及刺激。

六、自我承诺——如何利用比赛规则

七、个人的魅力

1. 队友对他是否尊重；
2. 观众对他的印象。

八、自我形象的树立

1. 他在公众场合"卖弄自己"；
2. 他是否能树立起一个职业运动员的形象；
3. 他是否能够吸引球迷来支持他和他的俱乐部。

九、吸引年轻运动员

第二十六节　团队精神及机能

大团队中有小团队的自然因素，团队不只是一个人

团队 ──→ ⬭

§为下一个目标，比赛的级别、关系，学会观察大团队下的几个小团队的每个队员；

§有时进行五对二训练自由组合就能看出来，你可以编组，团队是互动，不是静止；

§对团队中队员的看法，不能有负面的

小团队；

§所有的事件发生是在团队———负面的团队，正面的团队总会有影响；

§不利于团队的行动要少做，话要少说；

§足球队是一个特殊的并有一定限制的集体，这种关系更加深厚，广泛的关系，相互之间的关系相互理解；各种不同的团队有不同的目的；

§团队是感情的联系，相互支持，同时是意志的；

§球队的种类：国家队、职业队、青年队、少年队；

§球队内部有 2、3 个小团体，组织能力强、在队里有一定的影响力；

§内部条件：就是队伍的凝聚力；

§外部条件：告诉家长不要打扰孩子的比赛；

§国内队伍：外援与内援的关系；

§当赢球时派系区分不明确，但失败时派系就会出现；

§要想使球队始终有凝聚力，就必须不断地赢球，教练员要不断的观察球员的心理因素；

§有可能出现的负面影响，新人与原队人员的矛盾，队员个性，外界对球员的影响；

§教练员要一视同仁，让队员感觉到：要尊重每一人的工作和劳动；

§集体的胜利：队员的能力和动机；有时会取决于队员的感情因素；作为一支足球队必须要促进一个集体的发展；

§球星最重要的是促进集体的好感（用钱买不到）；

§一个球队的价值，不是每个个体的相加，而是所有人表现的整体（红花还需绿叶配）。

§伟大的人是实在的工作人，而不是靠嘴讲出来；

§团队是靠实在的人，尊重他人，不是光说不练的。

第二十七节　竞技状态的起伏与变化

一、定　义

竞技状态是指个人最佳的运动水平或说是运动员的技术、战术、身体和精神方面的全部潜力。

二、如何保持状态

通过运动场上可以观察其竞技状态，竞技水平是否始终保持在一个水平上。

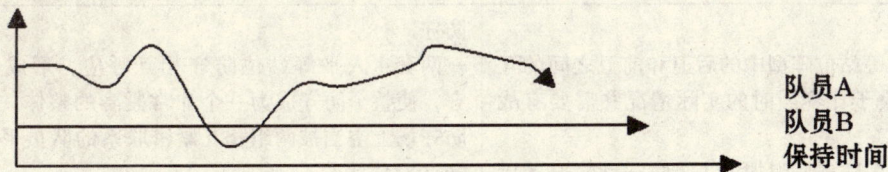

队员A
队员B
保持时间

三、竞技水平下降的原因

（一）外部因素

产生压力的来源（教练、媒体、同事、家庭、疾病等），有人面对压力退缩。有人面对压力奋进。这种压力在队员身上表现明显，有的面对压力训练质量下降，有的始终保持高昂的斗志。

（二）竞技水平下降的表现与原因

1. 面对压力训练不投入；

2. 比赛质量差；

3. 过度消极；

4. 家庭引起的压力；

5. 失去自信，比赛中不能得分；

6. 伤病；

7. 生活方式：性生活过度；应酬太多；

8. 饮食；

9. 团队精神；

10. 金钱；

11. 犯罪集团。

（二）放松万法

1. 遵循训练原则；

2. 完善的恢复手段；

3. 适当的外交活动；

4. 充足的睡眠；

5. 赛前一天的性生活。

国际足联；罗森博格——球员就是 VIP，但他们在比赛中很没有安全感，因为受伤、比赛状态差等这些压力使队员信心不足。还有就是转会带来的压力。

通过竞技机能的起伏与变化来观察和体会它的产生有许多原因，通过教练，实际去调整，对人来讲通过一切方法解决是不太轻率的事，全面观察有些问题处理很简单有的是身心问题不好解决，原因是球队外部的因素，有些人是想自己比别人强，通过一切手段来恢复运动员的自信心。

战术训练指引

1. 安排模拟比赛实际及比赛强度的练习；

2. 如有可能，尽可能在训练末尾安排一些无限制的练习来鼓励队员提高练习的积极性；

3. 练习的安排要有一定的难度便于促进运动员的发展，但不是有难以完成的难度；

4. 在同系列练习的安排时，应注意采用同样的思路安排，每个练习之间难度逐渐递增；

5. 在练习的学习阶段，要与示范、纠正、提问、讨论相结合进行；

6. 尽可能多和广地向队员传授战术内容。

职业足球发展的主要趋势

1. 基本进攻阵型有效而具有吸引力；

2. 以快速足球为主，各位置队员均强调快速并贯穿整场比赛；

3. 全队所有队员均应具备在任何比赛情况下适应各种战术能力；

4. 在对方紧逼、狭小空当和高速情况下仍然表现出良好的技术能力；

5. 以球为中心，通过积极主动，随球移动的防守形成紧密的防守阵型；

6. 进攻组织沉稳自信，技术运用合理、灵活；

7. 意志力、团队精神和战术戒备越来越成为成功的关键；

8. 进攻由个人快速突破与多变、灵活的战术配合相结合；

9. 优秀、突出的个人能力与统一的全队相结合；

10. 角球、任意球进球越来越多。

3 后卫与 4 后卫防守对比

3 后卫平等站位防守阵型	4 后卫平站位防守
防守 —3 后卫平等站位阵型中的后卫和前卫之间的互动主要取决于比赛当时的实际情况并需要有战术素养。 —优点：3 个防守后卫加上 2 个防守型前卫（后腰）在中央能形成紧密的防守队型； —缺点：3 个防守后卫无法覆盖整个防守区域，因此边前卫必须回收防守以便减少边路的空当——形成 5 后卫平行站位。	防守 —两套 4 人平等站位防守相互呼应，形成锁链式防守，使整个防守成为一个非常紧凑的整体。通过此种防守场上空当被两组相互紧密联系的队员平均覆盖防守（对称状态）。 §这种对称防守很容易形成以球为中心，以多防少的局面，从而利于重新获得球权。
进攻 —可以与前卫队员之间形成三角配合 —进攻拉开时有 3 人处于球后方。丢球后此 3 人可以确保对门前中路空当的防守。	进攻 —这种人员的平均有利于有效地形成由守转攻； §进攻拉开时场上只有两人处于球的后方（边后卫参与进攻）； §优点：可以有更多的队员参与进攻的组织； §缺点：一旦失去球权只有 2 名队员在本方球门前防守，此时防守型前卫（后腰）还必须回防保护、支援这 2 名后卫。

决定一名足球运动员是否具有天赋的标准

§ 协调性；

§ 比赛中表现出来的敬业精神；

§ 学校教育／职业教育；

§ 自信；

§ 训练刻苦程度；

§ 是否容易受伤；

§ 比赛中一般比赛行为；

§ 运动员的个性及特殊品质；

§ 心理稳定性；

§ 勇于承担责任；

§ 生活方式。

PERIODIZATION 训练周期的划分

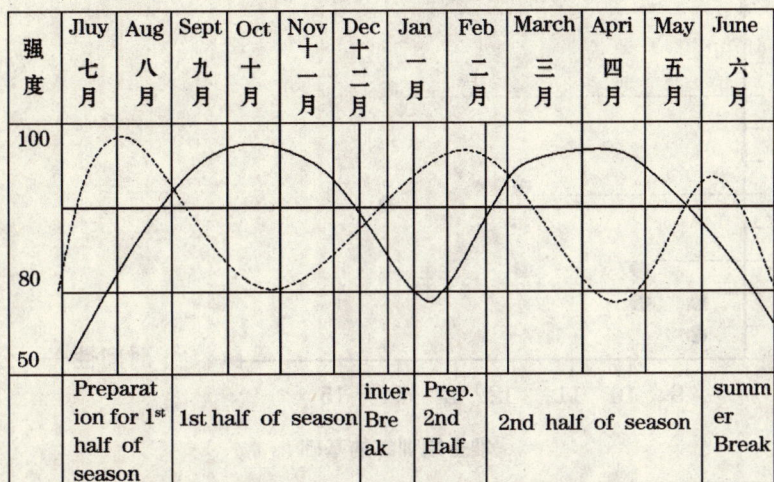

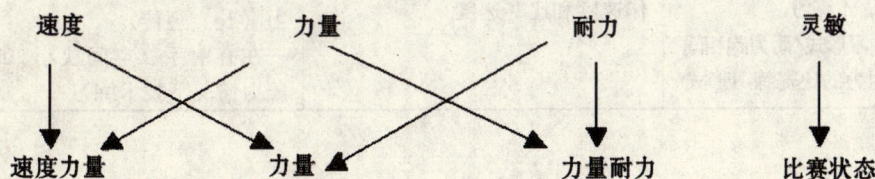

准备期　　上半个赛季　　冬休期　准备期　下半个赛季　夏休期—

－ － － － ＝ Extent of training sessions ＝ 训练内容曲线

—— ＝ Intensity of training sessions 训练强度曲线

第二十八节　足球运动员的身体训练

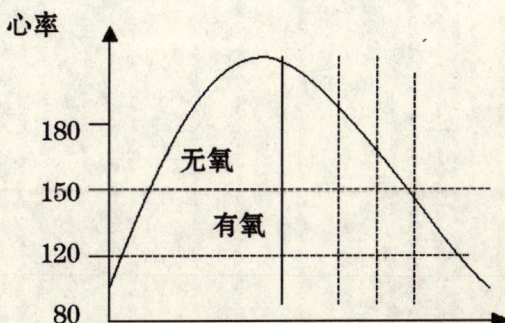

- 力量训练——就是要负重；
- 柔韧性训练——发展技术是足球的基本；
- 基本力量——足球的综合表现；
- 速度力量——爆发力（速度与力量相结合）；
- 爆发力——身体从静止到运动中。
- 阻力——球场上，自身，场地，配合等。

心率与负荷有氧和无氧交叉表：

四种训练方法

1. 持续训练法————耐力训练，有氧训练，在整个赛季要保持所有的训练；
2. 间歇训练法————小强度训练，大强度训练；
3. 力量耐力————小强度间歇训练，大强度间歇训练；
4. 重复训练法。
   § 速度力量训练————强度间歇训练法；
   § 重复训练法。

足球速度和其它锻炼不一样的血乳酸值

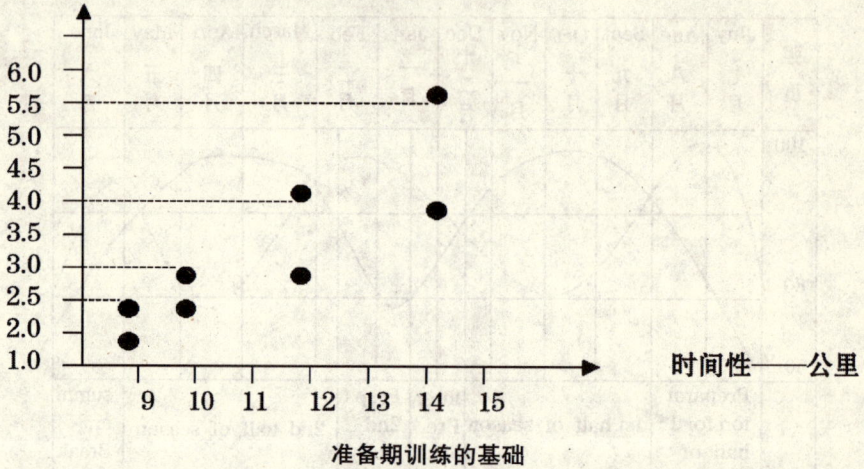

时间性——公里

准备期训练的基础

基础耐力	速度/力量	1 对 1
基本耐力 —越野耐力跑练习 —足球场耐力跑练习 —耐力循环练习 专项耐力 —结合球的循环练习 —各种比赛练习形式/耐力跑相间 —各种结合耐力的比赛练习形式	—协调性跑练习 —协调性和力量 —混合练习：速度及速度力量（爆发力） —足球专项速度练习 —各种比赛练习形式：有球动作速度和比赛速度	—运控球射门练习 —控制球练习 —1 防 1 练习 —摆脱对方防守（1 对 1） 技术练习 —结合一定技战目的进行传接球练习（长、短传） —在有对手、空间狭小、时间紧等压力情况下技术练习

续表

基础耐力	速度/力量	1 对 1
战术	刺激、调节	热身和放松
—控制球练习 —随球移动防守 —进攻中前锋射门练习 —边路进攻练习 —定位球练习 —小组及全队战术基本配合训练 —战术变化练习 —全队整体战术打法发展练习	—两球门比赛练习 —参加比赛 —射门练习 —射门比赛及游戏 —小型比赛练习：网式足球、"捉人"游戏	—拉伸练习 —无球协调性练习 —设定一定条件的比赛 —个人技术练习 —小组战术中技术的应用
	练习赛	
	—给所有队员提供上场比赛的机会 —树立自信心 —和不同水平层次的队伍进行比赛 —进行战术打法演练 —评价队员的能力水平	

职业队训练负荷分布图

DIAGRAM:The TRAININGLOAD

For a PROFESSIONAL TEAM-as a model

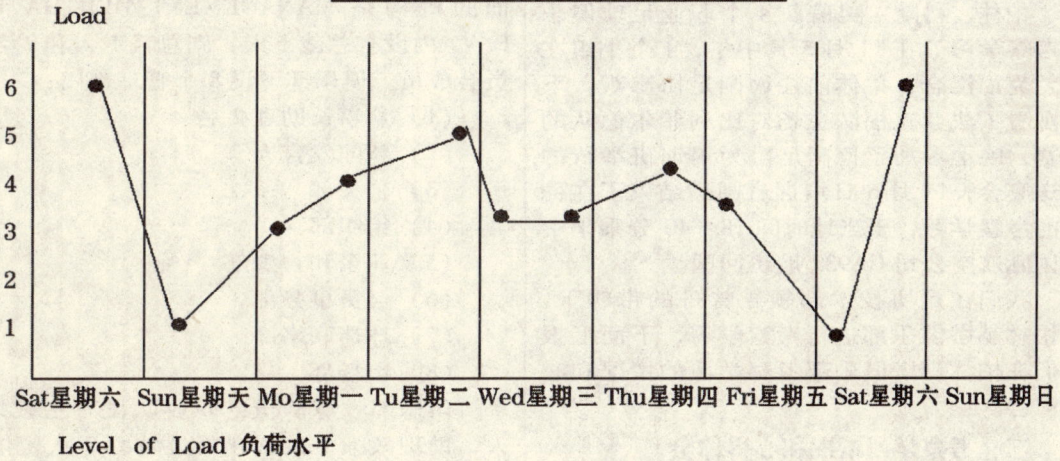

Sat星期六　Sun星期天　Mo星期一　Tu星期二　Wed星期三　Thu星期四　Fri星期五　Sat星期六　Sun星期日

Level of Load 负荷水平

6match 比赛水平　5match 非常高　4high 高　3medium 中　2 low 低　1very low 非常低

第二十二章　赴德国职业足球俱乐部考察学习报告

柏林赫塔俱乐部考察报告
（戚务生、姜传武、李虎恩、周穗安）

一、考察学习概况

2004－2005 年亚足联／中国足协职业级教练员培训班第三阶段的学习安排，是考察足球先进国家的职业足球俱乐部。根据这一安排，我们培训班的学员在中国足协的组织下，于 2005 年 10 月 25 日至 11 月 6 日去德国，对职业足球俱乐部进行考察学习。这次在德国考察学习，我们 13 名学员被分成 4 个小组，从 10 月 25 日至 11 月 4 日分别在汉堡、柏林、科隆、美茵茨 4 个职业足球俱乐部考察学习。在 11 月 5 日中午，4 个小组在法兰克福汇合，集体前往德国足协参观，下午观看了法兰克福队主场对比利菲尔德队的比赛，晚上参加了德国足协为培训班举行的欢送宴会，11 月 6 日培训班圆满结束了在德国的考察学习，于当地时间 18：40 分乘坐中国国际航空公司 CA932 航班回国。

我们在足协技术部领导曾丹的带领下，在柏林赫塔俱乐部进行考察学习，下面汇报我们在柏林赫塔俱乐部考察学习的情况和心得体会。

二、考察学习情况和心得体会

（一）考察柏林赫塔俱乐部

柏林赫塔俱乐部全称 HERTHA BSC KG mbH aA，地址是 Hanns－Braun－Strabe，Friesenhaus 214053 Berlin，网址是 www.herthabsc.de（有英语、土耳其语和中文三种语言）。俱乐部成立于 1892 年 7 月 25 日，在 2002 年 3 月 23 日在 CHARLOTTEN-BURG 地方法庭正式注册为有限责任公司。俱乐部的标志性颜色是蓝色和白色。截止至 2005 年 7 月，有 12400 会员。赞助商是 AR-COR，装备由 NIKE 提供，其他重要的合作伙伴有奔驰、可口可乐、柏林航空公司等。

柏林赫塔俱乐部的组织架构是：最高领导层为 MANAGEMENT HERTHA BSC KG MBH AA，董事长（CHAIRMAN）是 DIETER HOENEB，负责运动方面的事务，策略以及公共关系方面的事务。财政董事（FINANCE DIRECTOR）是 LNGO SCHILLER，负责资金、市场、组织、体育场和俱乐部。在 MANAGEMENT HERTHA BSC KG MBH AA 下面的机构是 MANAGEMENT HERTHA BSC E.V. 内设有总裁 1 人，副总裁 1 人和 2 名委员会成员。俱乐部下设 8 个管理部门：

（1）董事长助理 2 名
（2）新闻发言人
（3）公关部
（4）组织部
（5）业余和青少部
（6）会员事务部
（7）球迷联络部
（8）市场部

俱乐部教练队伍：职业队设有主教练 1 人，助理教练 1 人，守门员教练 2 人，体能教练 1 人。U23 队主教练 1 人，助理教练 1 人。医疗方面有：医生 1 名，理疗师 3 人和 1 名管理员。其中职业队参加德甲联赛，U23 队参加德丙联赛（梯队教练略）。

柏林赫塔俱乐部除了有完善的管理架构和管理机制，还有令人羡慕的硬件设施、设备。我们看到柏林俱乐部基地内拥有 8 块训练场，其中 2 块是人造草场，一块带看台的场地是作为 U23 队参加丙级联赛的主场比赛场。2 块场地作为职业队的专用训练场，场边还有供守门员训练，小型对抗训练，足网球训练、头球训练，体能训练的专门功能训练场。在 8 块训练场中，其中一块人造草，职业队训练的一块天然草场安装有地热装置，使得训练不受雨天、寒冷天气的影响。俱乐部有一排呈 U 型的 4 层楼房，内设球迷用品商店、各部门办公室、新闻发布厅、职业队和青年队球员宿舍、餐厅、健身房、会议室、更衣室、治疗室、电脑室、游乐室，在更衣室内有水疗浴缸、桑浴室、按摩理疗床等恢复设备。另外，基地内还有一处会所，可用做接待，我们小组就住在会所内。柏林队的主场叫奥林匹克运动场，是一座拥有 47,000 个座位的气势磅礴的体育场，就坐落在俱乐部基地的旁边，它的跑道也刷成了蓝色，与俱乐部的主颜色一致。

（二）观察俱乐部职业队及青少年队训练

我们在柏林俱乐部两周时间，第一周是在当地时间 10 月 25 日（星期二晚）约 21：00 抵达柏林，入住赫塔俱乐部。从星期三开始观察这一周的训练。柏林赫塔队这一周是一周双赛，星期三晚我们观看了柏林赫塔队一场德国杯的比赛，对手是门兴格拉德巴赫，3：0 柏林队获胜。比赛当日上下午都没有安排训练。星期四是赛后的第一天，安排一次训练，在上午 10：00。内容是主力组慢跑 15 分钟后做伸展、牵拉；替补组做 1 对 1，2 对 2，4 对 4 的对抗训练。星期五是赛后第二天，也是星期六比赛的赛前一天，训练安排在中午 13：30 分，内容：25 分钟的准备活动，20 分钟的（无对抗）传中包抄训练。下午乘飞机去斯图加特准备客场比赛。星期六下午 15：30 分在客场对斯图加特队。由于柏林赫塔队去较远的斯图加特作客比赛，我们没能跟随观看。培训班安排我们去较近的汉堡（距柏林 90 分钟火车车程）观看星期六汉堡队主场对沙尔克 04 队比赛（1：0 汉堡队胜）。并观看了汉堡队赛后第二天（赛后第一天＜星期日＞汉堡队安排休息）的训练。训练安排在 15：30 分，内容是主力组在室内做恢复训练，替补组在场地做对抗、体能训练。观看完汉堡队训练，我们即赶回柏林。

柏林队由于上一周双赛，考虑到球员较疲劳，故在星期六下午作客斯图加特的比赛（3：3 踢平）后安排了星期日（原安排了恢复训练，后取消）、星期一休息两天，这一周的训练从星期二开始，安排如下：

日 期	时 间	内 容
星期一		休息
星期二	10：00	大强度训练：（1）3 队轮换，小场地 6 对 6 攻 4 小球门（30 分钟）
		（2）跳跃冲刺跑（10 分钟）
	15：00	大强度训练：3 队轮换，大场地 6 对 6 攻 1 大球门（30 分钟）
星期三	10：00	恢复训练（1）足网球（20 分钟）（2）位置技术（20 分钟）
星期四	10：00	大强度训练（1）1 对 1 攻 1 大球门（20 分钟）
		（2）3 对 2 攻 1 大球门（10 分钟）
		（3）1/2 场 9 对 9 攻 2 大球门（15 分钟）
星期五	16：00	恢复训练：传中包抄（20 分钟）
星期六	15：30	主场对凯泽斯劳滕队比赛
星期日	11：00	恢复训练（分主力和替补 2 个组）

注：以上列出的是训练的主要部分，不包括准备活动和整理。

从以上安排我们可以看到，从训练负荷看，安排了星期二、星期四两次大强度的训练，即一周双峰。在大强度训练课中，以个人、小组、整体的对抗和体能训练（星期二上午的跳跃、冲刺）为内容。在对抗训练中，通过一些条件的限制，又渗入了战术打法的内容和达到了战术演练的目的。如星期二上午的小场地 6 对 6 攻 4 小球的和星期四的 9 对 9 攻 2 球门强化了边路进攻和转移；星期二下午大场地 6 对 6 攻 1 球门的项目，一方在前场 30 码攻入球为成功，失球后要立即转入防守，强化了前场的进攻配合和失球后的前场反抢。另一方在后场 30 码守大球门，抢到球后将球攻过中场线为成功，强化的是后场的防守配合、快速的由守转攻，和在后场被对方紧逼，反抢下的倒球配合。而6 人的站位均按 4-2 阵型站位，结合了柏林赫塔队的 4-4-2 阵型。这些训练项目的设计，巧妙地将技术、战术、阵型打法、体能结合在一起，可谓匠心独运，令我们回味无穷。星期三、星期五安排了两次小量的恢复训练，均安排了非对抗项目，可能出于避免受伤的考虑。而球员训练精神投入方面，我们看到不论是大强度的对抗训练，或是小强度的非对抗训练，球员们都是非常认真，我们国内球员与之相比，有很大的差距。

除了观看柏林赫塔俱乐部一队的训练，我们还看了该俱乐部 U23、U19、U17 队的训练。其中看到了一个据说是德国足协近期向各俱乐部推广的 6 项测试，测试后将成绩汇总到德国足协建立数据库。6 个测试项目如下：

（1）速度（20 米跑）；

（2）球感（颠球跑：20 米内触球 5 次计算速度）；

（3）灵敏（绕杆跑）；

（4）运球技术（绕杆带球跑）；

（5）传接球（在 7.5 米间距内 6 次传接踢在木板上的回弹球，计时）；

（6）射门（在大禁区线上左右脚各射门 4 次，远近角各射 2 次）。

（三）观看比赛

此次我们在德国期间，观看了三场比赛，一场德国杯赛（柏林赫塔主场 3：0 胜门兴格拉德巴赫）。两场联赛（汉堡主场 1：0 胜沙尔克 04、法兰克福 3：0 胜比利菲尔德）。

在所看到的三场比赛中，基本上都保持了德国足球攻防快速、逼抢凶狠的传统风格，但在阵型上各个队都从过去踢 352 阵型改为踢 442 阵型。所看到的三场比赛六个参赛队都是踢 442 阵型，但在后腰的设置上，有设双后腰，也有设前后腰。在二名前锋的搭配上，有一高一快（高居中，快居边）、二高（沙尔克 04）、二快搭一高前腰（法兰克福）。在三种前锋的搭配中，二高搭配打高空球，显得不如一高一快或二快加一高，注重边路突破、中路包抄更有威胁。如沙尔克 04 队 9 号、22 号二个高中锋站在中路，位置

重叠，二人风格雷同没有互补，给汉堡队的后防制造不了很大的威胁。而汉堡队前场的一高中锋 10 号配合灵、快（前锋 25 号、前腰 15 号）不断从二肋突破传中，加上二名边后卫 3 号、7 号后的助攻，从边路突破传中，在沙尔克 04 队门前制造了许多险情。

所看到的三场比赛，汉堡与法兰克福主场爆满，赫塔主场因太大而没有开放上层看台，也有近 4 万人，热烈的球场气氛极大地刺激了球员的斗志，与中国赛场日渐空荡的看台形成鲜明的对比。比赛后主队球员、主教练很投入地与球迷互动，这是争取球迷，感染球迷的一个有力举措，值得中国球队学习。赛后就在场地上做恢复慢跑，也是没有哪个中国球队做到的。

访问教练员、官员。

在赴德国考察学习前，我们制定了关于职业队和青少年足球发展建设的访问提纲。根据访问提纲，我们于 11 月 2 日下午 14：30 分在俱乐部 3 楼会议室访问了柏林赫塔俱乐部职业队助理教练 ANDREAS THOM 和青少年负责人 FRANK VOGEL，并在访问后参观了职业队的住地、更衣室和健身房。

（四）访问教练员，官员

1. ANDREAS THOM 回答我们的问题

（1）关于柏林队教练组的结构

主教练 1 人，助理教练 1 人，守门员教练 2 人，体能教练 1 人，医师 1 人，按摩师 3 人，领队 1 人（此人可坐休息室，但不能坐替补席）。俱乐部为球队配有本职的管理员负责球队的装备、器材等后勤管理。队里没有专门的心理医生，但个别队员有自己的私人心理医生。收集情报的工作，由属于俱乐部编制的 1~2 人负责，也有一些特约的球探，负责收集球探所在地的队伍的情报。

（2）教练员的进修

每年都有一、二天的继续培训。教练员的合同一般由经纪人负责与俱乐部洽谈，球员的转会是一项重要的决定，一般会由几个不同层次的部门共同讨论决定，并不由某个人说了算。

（3）队伍的构成

柏林赫塔队有 28 名球员，其中有 3 名守门员。队员年龄由 18 岁~34 岁，平均年龄 25 岁，是德甲中平均年龄较小的。本国球员与外国球员各 14 人，球队重视球员全面的品

质要求和团队合作精神。

（4）训练计划

① 准备期

一般有 5 周，作为准备前期，2 周以体能训练为主，一天 3 练，早操 8：00 点开始 35 分钟森林跑，然后早餐。上午 10：15 分 60 分钟有球技术训练，下午 16：00 点 90 分钟技战术训练。准备中期 2 周，以技战术、热身赛为主，一天 2 练或 1 练，准备后期一周围绕第一场联赛安排训练，调整好状态，确定战术打法和各种定位球、角球战术。

② 比赛期

A. 一周一赛的周计划

日期	时间	内容
星期六		比赛
星期日	10：00	训练（分主力替补 2 个组）
星期一		休息或治疗
星期二	10：00	训练（大强度、有战术要求）
	15：00	训练（大强度、有战术要求）
星期三	10：00	训练（恢复、个人技术）
	15：00	训练（仅年轻队员）
星期四	15：00	训练（大强度、有战术要求）
星期五	10：00	训练（恢复、角球、定位球）

注：若客场比赛，星期五上午训练，下午出发。不再适应场地，在星期六早餐后集体散步、准备会，下午或晚上比赛。

B. 一周双赛的周计划

日期	时间	内容
星期六		比赛
星期日	10：00	训练（赛后恢复）
星期一	15：00	训练
星期二	10：00	训练
星期三	10：00	训练（轻松 30 分钟）
	19：30	比赛
星期四	10：00	训练（赛后恢复）
星期五	10：00	训练（赛前准备）

注：一周双赛当周无安排一个整天休息，如果连续一周双赛，三周后安排二天休息。若参加联盟杯、冠军杯，星期四晚客场比赛，会在星期三上午出发，中午到达，下午训练。星期四晚上比赛完后当晚返回柏林。

③ 冬歇期的安排

冬歇期一般有 2 周。在 2 周时间内，有一个 10 天的个人训练，执行教练制定统一的计划。因为在冬歇期，每个人有个人不同的安排，有的去度假，也有留在俱乐部疗伤的。

④ 其他

A. 联赛期的力量训练

在准备期会有统一的力量训练，在比赛期则根据个人的情况进行个别力量训练。另要注意在比赛期过多的力量训练，需要时间恢复，会影响技战术训练。

B. 联赛期的饮食、营养、药物补充

由体能教练和医生负责安排，具体的在更衣室可以看到。

C. 针对对手的训练如何安排？

只会研究对手的特点、角球、定位球的战术，不会作针对对手的训练，因为在短短几天时间练不出针对对方的东西，对手的情况也在不断变化中。关键是练好自己的东西，把自己的特点打出来。

D. 比赛准备会

一般只能由队内人员参加，一个内容是激励、鼓励球员，增强队员自信心，如告诉队员这场获胜是容易的。另一内容是技战术方面，如个人、小组、整体怎样准备，角球、定位球怎样组织攻防。

E. 恢复训练

恢复训练有时在比赛后在场地上就进行了，主要是慢跑（我们在汉堡看到汉堡队1：0取胜沙尔克04队的比赛后，就在球场上进行主力队员慢跑，替补队员做变速跑、加速跑）。赛后第二天上午也安排恢复训练，在更衣室内有水疗、水按摩、桑拿等恢复设备。

F. 替补队员和伤员的训练

替补队员一般在赛后第二天的训练都是大强度训练，由助理教练带。伤员的训练则由体能教练负责。（柏林队的体能教练CARSTEN是一身高1.90米的原排球运动员，他在场地上也很热情地向我们介绍伤员的训练）。

2. 关于柏林赫塔俱乐部青少年足球的发展建设，由 Frank Voged 向我们作介绍

（1）组织机构

柏林赫塔俱乐部青少年足球的发展建设，由业余青少年部负责，负责人就是 Frank Voged。

（2）梯队年龄结构

柏林赫塔俱乐部青少年梯队设置有 U23、U19、U18、U17（以上队伍每队22人）、U16、U15、U14、U13（以上队伍每队20人）、U12、U11、U10、U9、U8、U7（以上队伍每队18人）。

3. 教练员的配备和任教资格

各年龄梯队每队配有两名教练，有一名专职守门员教练负责制 U23～U14 年龄段队伍的守门员训练。职业队的守门员教练每周有一次下梯队辅导守门员训练。

U14 以上队伍的主教练都拥有 A 级或以上教练证书。

4. 选材机构、评估办法、标准

选材由俱乐部梯队的青少年教练负责，选材的渠道包括：

（1）俱乐部举办名为"复活节搜寻日子"的选材活动。

（2）从一个叫"民族银行杯"的俱乐部

和学校代表队参加的柏林青少年联赛选拔队员。

（3）与一些小俱乐部建立伙伴关系，向他们传授训练经验和提供资助，由他们提供队员。

（4）俱乐部的球探不断外出看比赛，在各个足球场寻找有天赋的球员。

在选拔年轻球员时，最关注的是球员的可塑性，同时既注重他们的表现、又注重他们的性格。

5. 关于训练大纲

有总的训练计划，但每个教练也有自己的训练思想，自己的一套训练方法，在训练上不会强求一致，但要遵循一些大的训练原则，如小时候以练技术为主，长大后再加入体能训练。

6. 文化教育

16 岁签约后许多球员就不再上学，16 岁以前都是一边读书一边训练。

7. 医疗保健

在医疗上如大的受伤，由职业队的医生治疗，小的受伤由各队的保健师负责治疗。生病有医疗保险。

8. 比 赛

俱乐部 U23 队参加丙级联赛（其它年龄段队伍从哪一年龄段开始有全国性的比赛没有听到介绍）。

9. 青少年球员培养形式、培养目标

俱乐部青少年球员的培养形式有走训和住寄宿学校两种形式。俱乐部的青少年培训都不收费，德国足协规定俱乐部在球员 16 岁前不能与球员签合同，故球员在 16 岁前被挖走是很难控制的。俱乐部青少年球员的培养目标是向职业队输送人才，现在的一队，有 10 名球员是俱乐部青训培养出来的，这是一个很了不起的成绩。俱乐部 U23 队的队员若上不了一线，可转会去其它丙、丁级球队，基本都会有球踢。

10. 青少年足球发展专项资金投入及来源

柏林赫塔俱乐部的青少年足球发展专项资金的投入，一年约 450 万欧元，来源于俱乐部拨款，但俱乐部认为这笔钱花得很值，比单纯花钱买球员合算。

11. 青少年训练营

柏林赫塔俱乐部的青少年训练营一般是在假期举办，主要是俱乐部用来挣钱的。参

加训练营的学员都要付钱，俱乐部派出教练负责训练，主要面向足球爱好者，不会出什么人材。俱乐部年轻球员的来源主要还是来源于球探系统。

三、结束语

两周的在德国职业足球俱乐部的考察学习结束了。在这两周的考察学习中，我们看到了许多在第二阶段学习中，克里特讲师给我们传授的足球理论知识，在德国职业足球俱乐部的实际运用，使我们加深了对第二阶段所学的足球理论知识的理性认识。通过对德国职业足球俱乐部的实地考察和对一支德国职业足球队管理、训练、比赛的跟踪观察，使我们开阔了眼界、拓宽了思路。在结束了这个阶段在德国职业足球俱乐部的考察学习以后，我们还要在回国后好好消化这次学习的内容，以及认真思考如何把这次学习到的知识，运用到今后的教学训练中去，不断提高自己的执教水平，不断丰富自己的执教经验。

科隆俱乐部考察报告
（高洪波、马林、王海芳、刘友）

德国科隆足球俱乐部始建于 1946 年，在俱乐部 60 年的发展历程中曾创造过辉煌，夺得过欧洲冠军联赛的冠军、德国甲级联赛冠军，培养出舒马赫、哈斯勒、波伯尔斯基等超级巨星。该俱乐部在德国足坛始终以培养优秀的青少年球员而受关注，但是近几年由于受经济条件的限制，俱乐部不能引进大牌球员，一线队伍的成绩不甚理想。我们小组对此次学习做如下几方面的汇报：

一、俱乐部发展理念

科隆足球俱乐部副经理向我们介绍了俱乐部的一些基本情况，该俱乐部董事会确定了今后四年的发展规划：

（一）加大青少年梯队投入，不断发现和培养新人；

（二）逐年稳步提高一线队伍成绩，最终打入欧洲冠军联赛赛场；

（三）继续加大球迷市场的培育；

（四）寻求更广泛的赞助商合作；

（五）俱乐部相关球迷产品的开发；

（六）球员输出的回笼资金。

由于本赛季一线队大量培养、使用新人，比赛经验的欠缺导致成绩下滑，但是他们也看到俱乐部正在步入良性循环轨道。只要坚持按照董事会的规划一步步走下去，随着年轻队员的不断成熟，必将挑起球队的大梁，球队的成绩也就会回升。从中我们看出俱乐部董事会确立的发展规划是正确的，因为科隆俱乐部在德甲不属于传统的大牌俱乐部，不可能有充裕的资金购买大牌球员，只有通过自身挖掘和培养新人，为他们的成长搭建平台，才能步入良性循环，健康发展，进而立足德甲赛场。

二、职业队

（一）训　练

在两周的实地考察时间里，我们共观摩了科隆一线队伍 7 次训练课，直观地了解了一些德国职业队在比赛期训练课的安排和控制，但是由于该队在联赛中战绩不佳，俱乐部上下承受较大的压力，所以没有安排与主教练的座谈，因而对该队伍训练安排的合理性和最优性问题无法进行更深入的探讨。

我们在讨论中认为，该队主教练的安排符合训练学超量恢复的理论根据，而且整个训练流程控制得很好，对抗性很强，时间短、强度大、效果佳。表一为该队一周的训练安排。

表1　科隆职业队一周训练安排

	星期日	星期一	星期二	星期三	星期四	星期五	星期六
上午	恢复训练45分	休息	综合训练60分	身体训练60分	休息	休息	准备
下午	休息	休息	技战术训练70分	技战术训练70分	休息	一般训练50分	比赛

从该队一周的训练安排我们看出，队伍一周内安排星期一、四两个全天休息，这在我国目前的职业队来说很难实施。通过和该队助理教练了解，这样安排是主教练多年的经验，而且也获得了好的收效。我们也看出德国的职业教练有着宽松的执教环境，他们能够按照自己的执教思想去实施训练，俱乐部不会更多地干预。在训练中我们看到队员的态度非常认真，综合训练更多的采取分站循环方法，身体训练主要是速度力量的间歇性训练，技战术训练主要是 7 对 7，9 对 9，10 对 10 分队比赛形式，但方法，手段，要求则根据课的主题及目的有所区分。

（二）比　赛

科隆队一直打 4－4－2 阵型，由于考虑到拜仁慕尼黑队中路进攻较强的情况，为控制中场，抑制对手的中路威胁，同时加强边路进攻，队伍将比赛阵型改为 3－6－1。但从比赛中我们看到，该队伍队员对这个比赛阵型还理解不够，边路防守经常出现一防二的局面，场面上很被动，进攻投入的兵力也不够，三条线衔接和保持也不好，所以造成场面被动导致最后失利。赛后我们和该队助理教练进行了交流，他认为这只是改造队伍的第一场比赛，虽然暴露出一些问题，但也看到了积极的一面。他们也是面对目前成绩而做出的无奈的变通，他们将继续加强延用 3－6－1 阵型，而且他们教练组有信心走出困境。

我们小组成员在讨论中认为，一支职业队在准备期就应该固定基本阵型和打法，只是根据具体比赛对手不同、队员的竞技状态做出适当的调整；如果在赛季中变化阵型，队伍要是成绩理想也会取得收效，可是一旦连续出现队伍比赛失利，那将是致命的打击，主教练要冒一定的风险，要承担自各方面的压力。

（三）管　理

由于德国职业足球俱乐部普遍采取走训制，我们没有发现更多的内容和问题，但是从训练和比赛中我们看到，德国职业球员是非常敬业的。长期的职业化发展使队员已经养成了良好的职业习惯，良好的足球文化氛围和激烈的竞争使这些职业球员更懂得珍惜自己的运动生命。

我们在讨论中认为，由于国内足球的大环境不好，封闭的训练管理体制，队员的职业自律普遍不高，队员被动地接受管理和教育，效果不会太好。只有真正的走职业化发展之路，形成良好的足球文化氛围，让球员真正懂得，如何敬业，如何面对职业生涯，如何面对激烈竞争的职业足球，如何证明自身的价值的道理，才会发展，才会进步。因此，我们的管理应该符合职业足球发展规律，管理学中有句至理名言：不用管理的管理，才是管理的最高境界。

三、青少年队伍建设

科隆足球俱乐部长期致力于青少年球员的挖掘和培养，这些年取得了突出的成绩。现在德国各级国家队都有来自科隆足球俱乐部输送的球员，他们坚持走培养本地域年轻球员的路子是正确的。我们和该俱乐部主管青少年培养的负责人交流时得知，德国足协规定职业足球俱乐部必须有完整的梯队建设，每个俱乐部必须有 U8－U19 各级年龄组的后备梯队，而且青少年球员不允许转会。德国足协的规定促使各个职业俱乐部必须培养属于自己的青少年球员。现在德国的职业俱乐部都有自己较完善的后备人才梯队，正是这种发展战略和务实的工作作风，才会使优秀人才不断涌现。

（一）科隆足球俱乐部青少年基本培养体系

一名主管经理，一名协调员（球探）；

每支队伍配备两名教练员，一名体能教练，一名韵律体操教练（负责协调、灵敏、柔韧、节奏等专项训练），每队 18 名队员；四所网点学校。

（二）训练理念

1. 以培养队员个人技能为主，通过训练和比赛发现优秀苗子，上调到高一年龄段强化培养。

2. 教练员之间经常交流，对那些优秀苗子给以正确的指导，球探要及时和教练沟通。

3. 区别对待每个球员，对每个球员的培养计划，不是该队主教练自己定，而要和其他教练进行沟通和交流，目的是制定出适合球员发展的训练计划。

4. U17 年龄组的球员，不过早的确定位置，主要以发展个人技能为主。U18 以上的球员训练结构接近成年队，但是要区别对待，而不是统一安排一样的训练内容。如在队员出现疲劳时，不但要加以调整，还要安排具体的、有针对性的训练内容。

（三）比　赛

1. 对青少年球员来讲，比赛是很重要的，德国各个俱乐部梯队之间经常进行比赛。通过比赛发展队员的个人技能和对抗中完成技术的能力，例如对有球一侧的压迫式防守等，让队员学会比赛，提高阅读比赛的能力，熟知最先进的整体打法，自然而然地过渡到高水平的对抗能力。

2. 比赛阵型主要以 4－4－2、4－3－3 为主，不设固定的进攻和防守模式，目的是让队员充分发挥个人能力，理解位置需要。譬如说，两名边路队员轮番、适时插上进攻，通过进攻阵型的演变让队员发展和提高。

3. 不片面的追求比赛成绩，而是关注队员技能、战术意识、身体和心理综合素质的提高。另外，还要观察队员对现代足球的理解和认识、团队精神在比赛场上的体现。

（四）教练员聘任

1. 各年龄段梯队的主教练需要具有 A 级以上教练资格证书；

2. 工作合同因人而异，可长可短；

3. 不设立具体的成绩指标要求，主要是培养出优秀的、有潜质的球员；

4. 教练员之间要交流学习，教练员与球探的交流沟通有助于制定优秀后备人才的具体培训计划；

5. 体现团队精神，真诚合作。

青少年球员的培养是一个长期的系统工程，必须循序渐进，应该科学有效地制定发展目标和计划。俱乐部要加大各方面的投入，但优秀的教练员队伍是根本和保证。

四、俱乐部经营

我们在与科隆俱乐部体育场负责人的谈话交流中得到了一些关于俱乐部运营的信息。科隆足球俱乐部是由几名股东出资成立的，他们主要经营收入来自于以下方面：

1. 德国足协的电视转播收入分成；

2. 赞助商的赞助；

3. 胸前和背后广告、场地广告的收入；

4. 门票收入；

5. 相关球迷和体育产品的开发；

6. 球员转会。

科隆足球俱乐部不属于豪门和大牌俱乐部，他们的经营理念符合俱乐部的发展思路。

通过半个月的学习和调研，我们小组取得了很大的收获，同时也看到了我们与德国先进、成熟的职业化、市场化足球存在的差距。我们在交流与讨论中认识到，作为一名职业教练，应当对现代足球的发展趋势有更清楚、更全面的认识和理解，对职业队各个周期训练负荷的控制，训练计划的安排与实施，竞技状态的调整和队伍的管理等都应科学地掌控。

我们非常感谢中国足协给学员创造的学习机会，希望能有更多的机会去学习，同时把学习的先进知识和理念运用到具体的训练实践中去，为中国足球的发展贡献绵薄之力。

汉堡俱乐部考察报告

（宫磊、余东风、魏福英、吴金贵）

前　言

从 10 月 25 日—11 月 6 日的两周时间里，我们观摩了汉堡一队的训练和三场主场比赛，一场汉堡女足的主场联赛，德国 U20 青年队与拉脱维亚 U20 青年队的友谊赛，还有法兰克福与比利菲尔德的一场德甲联赛。分别采访了球队领队拜斯特先生、主教练多尔先生和其他教练组成员，以及青少部主任斯蒂夫先生和球探组组长等人士。现从以下几方面作一汇报。

一、硬件设施

（一）体育场、训练场

汉堡俱乐部的主场全名是 AOL – AERA 体育场，可以容纳六万名观众，是一座专用的足球场。该体育场设施先进，比赛场地条件世界一流，坐位之间也非常宽敞和舒服。该体育场还附带两块天然草皮训练场，其中一块训练场和比赛场配置了同样的供暖设备，以保证草皮一年四季的质量。俱乐部办公机构和主队训练休息室都设在主体育场内，体育场占地原属汉堡市政府所有，由于汉堡队本赛季开赛以来的成绩明显好于往年，加之球市火爆，每场联赛的上座率都在八成以上，因而市政府只以 1 欧元的象征性价格转让给了汉堡俱乐部。

体育场利用良好的通讯设备，在主队比赛期间及时向观众通报其他场次的比分，包厢也特别舒适。持有特价票和赞助商招待票的贵宾，在比赛期间可以免费用餐。餐厅在比赛结束后还继续营业三小时。我们在观看比赛时，亲身体会了贵宾待遇，感觉到不仅是在观看一场足球比赛，更象是参加盛大宴会，在这样的主场看球就象在自己家里一样，可以想象汉堡俱乐部一切都是为了球迷，才使他们有了如此好的足球氛围和球市，让我们感受到了德国俱乐部足球文化的独特魅力。球迷对比赛有着重要作用，我们看到主场比赛时，汉堡球迷有组织、有秩序地为主队加油助威，这同俱乐部的负责人能够很好地与球迷沟通，和当地的电台、电视台大力支持是分不开的。我们了解到，德甲队伍每年的

门票收入占全年收入的 25%，而电视转播收入占 50% 以上，这也说明了当今电视转播在德甲中的地位。

（二）教练员、运动员和队医的更衣室

教练员休息室分为两部分：①更衣室和卫浴室；②教练员办公室和小会议室。

运动员休息室分为四部分：①便装更衣室；②训练、比赛服装更衣室；③训练和比赛用鞋更换室；④浴室和卫生间、水按摩浴池和桑拿室。另外，还设有增氧装置的桑拿房，可为运动员增加吸氧量。

队医的工作区包括：①诊断室；②按摩和理疗室；③队医更衣室；④队医卫浴室。

（三）健身房

为球员提供先进设备，配备专业人员，也是汉堡俱乐部的工作重点。

健身房内，各种现代化运动器材非常齐全。体能教练设制了每一名队员的体能、力量和竞技状态的数据库，可以让教练和队员随时掌握个人的身体情况。当队员使用某一运动器械时，其专项指标就会从电脑里显示出来。队员根据每个人的体能数据，在体能教练的指导下自觉训练。

据体能教练介绍，切尔西和 AC 米兰等高水平俱乐部也在使用这样的训练设备，全套设备价值 5 万欧元。在参观时，我们正好看到了有的队员在赛后第二天利用器械进行恢复性训练，骑功率车时，体能教练还给队员佩戴了氧气罩，队医负责为队员专门配制氧气液。

二、职业队管理与分工

（一）领队职责

抵达汉堡的第二天（10 月 26 日）上午，由讲师克里特先生安排会晤了汉堡队领队拜斯特先生，我们组在汉堡期间的一切活动都是由克里特和拜斯特共同协商后安排的。领队拜斯特先生主要负责球队和俱乐部关系的协调、俱乐部与赞助商之间的沟通、新闻媒体和球迷的关系、主场比赛的组织、球队外出的联络、青少部和一线队伍的联结，以及俱乐部的日常工作安排。拜斯特先生以前也

是汉堡队的职业球员，对业务十分精通，正因为是内行，我们才能学到许多更专业和直观的内容。

（二）总经理职责

俱乐部总经理除了负责俱乐部的日常运作以外，主要工作之一是每年与球员签订合同。拜斯特先生谈到，每份新合同或合同续约都是由总经理与球员、教练之间共同签署的，主教练并不知道每个队员的合同情况，这样的一种运行模式一方面是为了主教练在处理与队员之间的关系时，可以一视同仁，另一面也有利于俱乐部控制财政。

在转会方面，总经理根据主教练和球队的需要与乙方商榷转会费。主教练有权参与球队的预算开支，但没有决定权。有问题时，教练组及时与俱乐部管理层沟通，领队拜斯特起到桥梁作用。

（三）主教练的职责

主教练主要负责一队的训练和比赛。球员的调整要与俱乐部和球探组协商，此外还要经常与青少年部联系，目的是及时发现人才，为俱乐部培养新人。

（四）教练组的分工

教练组分工明确，主教练全方位地负责球队的训练和比赛，第一助理教练随时紧跟主教练的工作，第二助理教练负责体能训练（也就是体能教练），守门员教练不仅要负责一线队守门员训练工作，在一队没有训练比赛时，还要负责预备队守门员的训练。

三、训练和比赛

我们在到达的第一天就观看了汉堡队主场同勒沃库森队的足协杯赛，赛前还观摩了汉堡队当天训练。汉堡队取得该场比赛的胜利后，主教练多尔在次日上午热情接待了我们的第一次采访。多尔为人诚恳热情，谈起执教理念时他认为，"球队的凝聚力和组织纪律性是关键"。

（一）纪律先行

在赛季准备期制定好队规，队规不是由教练组或俱乐部管理层单方面制定的，而是由教练员和队员共同协商确定的，这样才会有说服力。队规明确规定了运动员的行为规范，比如准时到场参加训练和比赛，爱护俱乐部的财物，客场比赛结束后尽快回到俱乐部，训练器材由队员自己携带等。

多尔先生重视以身作则，他向我们介绍

说：他的教练组同样象一支球队，行动统一，给队员树立模范作用。每次训练都可以看到他以饱满的热情在指挥队员。谈到成功的经验时，他认为教练员应该多用积极性语言去帮助和指挥队员，在训练比赛中多使用队员的语言，这样有助于同队员的沟通。

多尔先生再三强调教练员以身作则的重要性，比如训练和比赛要比队员提前到场，训练安排周密，训练所需器材在训练前应布置好，不要随意改变训练计划。

（二）计划的重要性

多尔也谈到，赛季前要制定出详细的训练计划，并根据赛程表安排球队的日程。每周和每堂训练课都有详细的训练计划，赛前的准备工作进行得也很充分。

（三）训练

在汉堡学习期间，正好赶上汉堡队比赛密度最大的阶段，所以观察到的训练内容相对较少。在两周时间里，汉堡队在 11 月 1 日中午进行了一堂运动量相对大些的训练课，训练时间为 80 分钟，运动负荷和运动量为中等，参加人数是 20 名队员和 2 名守门员。主要进行了接传球练习、对抗结合射门练习、灵敏协调性和短距离的冲刺练习。主教练多尔向我们解释到，该堂训练课主要是恢复和保持竞技状态。因为比赛任务多和密度大，训练量不宜过大。

（四）恢复的重要性

我们看到，训练课和比赛一结束，队员马上进行恢复性训练，赛后第二天要进行主力队员的恢复练习。其中有一个小插曲，在汉堡主场战胜沙尔克 04 队的关键性比赛后，有个别队员因为种种原因，并没有及时在赛后进行放松练习，第二天就被俱乐部通知交罚款。多尔说到这点时也表示，每一个人都要认真遵守球队的纪律。严明的纪律和严格的管理，才使我们真正感觉到汉堡队是一支有凝聚力、战斗力和高水平的职业队。

（五）重视定位球

汉堡队多年以来一直是一支靠整体作战的球队，而不是靠个别球星打天下。定位球战术是汉堡队得分的重要手段和取胜法宝。在与勒沃库森和沙尔克 04 的两场关键性比赛中，汉堡队都是通过任意球配合打进了致胜的入球！

在每场比赛前的训练课，多尔都认真细

致地抓定位球演练，队员们也十分投入。进攻和防守中的任意球、角球战术打法都要求得很细致。教练员首先在战术板上标明场上队员的任务和职责，挂在队员的更衣室里，便于队员们牢记。

（六）个人加练

训练结束后，队员要留下来进行有针对性的个人加练。在完全没有教练要求和监视下进行定位球练习，替补队员和年青队员的赛后和课后自我练习更为普遍。充分体现出高水平职业运动员的高标准要求和敬业精神，比赛成绩也回报了他们平时的努力。

（七）比赛分析

主队专门设置了八个摄像机位，这样可以从不同角度把比赛场面摄制下来，赛后立刻送到技术部门作比赛分析，第二天就可以反馈到教练组。通过电脑分析的数据和场上具体情况的判断，使教练在找队员谈话时更有说服力，这一设备加上全年的使用费需20万欧元。

在教练组工作室里，我们看到了负责比赛分析任务的守门员教练在看上一场比赛的电脑分析。在电脑分析时发现的问题，教练组马上反复观看并进行详细记录。对守门员的训练录像，守门员教练在每堂课后都要进行分析。

（八）构建球队的打法和阵容要根据队员的特点

多尔为球队打造了四四二菱形中场的阵型体系。他说：球队的打法和阵容是根据队员的特点而打造的，当然也要视不同的对手加以适当调整。谈到球队技战术打法时，多尔先生在战术板上为我们详细地介绍个别队员在场上的跑动路线和要求，他充分肯定了队员的个人能力和特点，象荷兰国脚范·德法特、科特迪瓦国脚阿图巴，给予这些能力强的队员更多的表现机会，使他们的作用能确保球队的成绩。多尔承认，有些队员的踢法令观众喜欢，但并不完全适合球队，尤其是出现错误后，他仍然坚持使用这些球员，这是为了在适当时候迎合球迷需要。

（九）如何保持球员良好的竞技状态

在我们观摩学习期间，汉堡队在短短的八天时间里遇到了三场关键性的比赛，全部取得了胜利。其中，在德国足协杯赛事中3：2战胜勒沃库森，德甲联赛中1：0战胜沙尔克04，欧洲联盟杯比赛中2：0战胜挪威的维京队。在我们观摩汉堡队所有的训练、比赛过程中，全体队员始终精神饱满，体力充沛。在大密度的比赛期间，并没有发现抽筋和疲劳现象。

球队的良好成绩和竞技状态是怎样取得的？如何在高密度的比赛期间保持好运动员的体能？主教练多尔说："最主要的是抓好球队的准备期工作，使队员在体能方面有足够的储备，有成熟的技战术打法。更关键是，球队要有凝聚力和严明的纪律性，这样在遇到困难和挫折时 球队才会有坚强的精神力量。"

四、青少年培养

汉堡俱乐部的青少年训练基地离主体育场大约有30分钟的车程，该基地有11块训练场，包括一块有供暖设施的天然草皮场，两块人造草场和小型的足网球场。负责接待我们的是青少部主任斯蒂夫先生，他曾在今年夏天访问过上海申花俱乐部，因此对中国青少年足球的开展和培训模式有一定了解。

（一）组织架构

斯蒂夫先生首先介绍了青少部的管理结构，青少部主任负责全面工作，教练部主任负责管理教练的日常工作，生活部主任负责小球员平时的生活学习，医务负责人手下有三名专职医生。与一线队的沟通则由青少部主任和一队领队拜斯特两人负责。目前共有9名全职教练员和20名半职教练员在青少部工作。

（二）培训方式和梯队设置

斯蒂夫先生说，这里同中国的培训方式不同，青少年并不是集中生活和训练，他们的文化学习被放在首位，小球员们在放学后才来到俱乐部训练和比赛，而且俱乐部还为队员和教练员提供交通设施。如果学习成绩不合格，将会停止其训练和比赛。队员的一切费用全部由俱乐部承担，队员的年龄组从11岁到20岁，每一个年龄组都有两支队伍。

（三）各阶段的培训任务

斯蒂夫先生谈到，11～12岁阶段是培养孩子们的兴趣阶段，训练安排要有趣味性；13～16岁阶段的主要任务是培训他们的技术、技巧能力，并开始掌握比赛战术和理解比赛规则；16～19岁要提高技能和战术能力，增加对抗和竞争意识，逐步形成个人的位置能力，为进入职业队做准备；到 20 岁，俱乐部要求队员出成绩，能够进入职业队。

（四）培训目标

当我们问及俱乐部是否每年会给青少部培训指标时，斯蒂夫先生回答说，"俱乐部上层并没有明确要求，但从 2000 年青少部重新组建以来，他们培养的队员在一队的上场时间明显增多，从第一年的 45 分钟到 2005 年，已经超过了上千分钟。"由此可见，为俱乐部的一队培养和输送高质量后备人才，是青少部的主要任务。

在青少年培养方面，德国足协对乙级以上的职业俱乐部有严格的规定，其中包括俱乐部必须有四块以上的标准足球场，7 支以上不同年龄段的球队。如果某支俱乐部达不到要求，同年将不能登记注册，取消职业联赛参赛资格。

青少部所属设施完备而专业，有办公室、会客厅、会议厅、运动员餐厅、运动员游戏厅等。运动员宿舍主要是为外来的小球员提供的。斯蒂夫先生最后强调，孩子们能得到最好的足球培训是重要的，但文化学习更不能耽误，家庭生活和平时的业余生活对小球员的成长是同样重要的。

（五）怎样为球队选拔新人

俱乐部球探组组长介绍说，汉堡俱乐部有 9 名专职球探，30 名半职球探，专职球探是由俱乐部发工资，半职球探由俱乐部报销他们的工作经费。俱乐部在球探工作方面的经费是 50 万欧元。在德甲俱乐部中，拜仁慕尼黑队在这方面的投入最高，达到了 150 万欧元。发现新人和情报来源，主要靠现场观赛和网上信息。球探组会经常同教练组交换意见，根据球队位置和人员的需要，球探们有目的地去观看比赛和寻找新人。

每个赛季结束前．球探们象教练员一样，要为下赛季做好准备。首先是了解主教练的

设想，了解哪些位置需要人选。一般情况下每个位置需要两个人选，最后的人选不是主教练一个人说了算，而是通过球探组和教练组共同协商确定的。

五、其他观摩活动

通过克里特先生多方面联系，我们在汉堡期间还观摩了汉堡女足的一场甲级联赛，主队以 3：0 战胜了对手，汉堡男足和女足同属一家俱乐部，使用同样的会徽、比赛服和队歌。主场观众有四、五百人，水平近似于我国超级女足。

在 11 月 1 日，我们观看了德国 U20 青年队与拉脱维亚 U20 青年队的比赛，比赛结果德国 U20 青年队 3：0 取胜。汉堡一队主教练多尔先生、助理教练、俱乐部球探组成员和一些其他俱乐部的球探都到现场，看得出德国足球对青少年培养和情报工作非常重视。

六、结束语

访德最后一天，德国足球协会培训部的马库斯先生，代表德国足协在法兰克福接待了我们所有成员，并带我们参观了德国足协总部。双方交流了在德期间学习生活的感受，并为我们提供了观摩法兰克福主场比赛的机会。我们深感这次在德国第三阶段学习的成功，在此要特别感谢中国足球协会、德国足球协会、德国足协培训部马克斯先生、国际足联讲师克里特先生，为我们全体学员提供了难得的学习机会。

通过在德国两周的生活和学习，我们学到了更多的现代高水平俱乐部的管理模式、管理理念，以及先进的执教方法。同时也结识了许多新朋友，为我们今后在事业上的进一步发展打下了良好基础，德方对我们学员的学习态度和相互融洽的协作关系，也给予了高度评价。

美茵茨05俱乐部考察报告
（李飞宇、盖增君、魏世立、朱明亮）

受协会派遣，并作为中国足协第一届职业级教练员培训班第三阶段的既定安排，我们一行四人于 2005 年 10 月 25 日至 11 月 6

日在德甲联赛俱乐部——"美茵茨05"俱乐部进行了为期两周的实地学习与考察。通过这种在一家俱乐部相对稳定、持续一定时间

且深入内部的全方位交流与学习，小组成员均认为此行受益匪浅。

我们小组在此跟踪考察了赛季期的两个比赛周，观看了包括职业队、预备队在内的五场正式比赛，与俱乐部总经理、职业队主教练、守门员教练、身体教练、业余部协调员、预备队主教练和领队、青少部协调员等各方面人员进行了八次正式的座谈与交流，观摩了职业队九次训练课等。借助上述学习活动，小组成员对小俱乐部在德甲联赛的生存与发展之道有了一些基本认识，现从以下几个方面作一汇报。

一、收 获

（一）俱乐部简介

从美茵茨05俱乐部的名字即可知道，该俱乐部成立于1905年，今年适逢俱乐部百年华诞，目前在册的俱乐部会员超过7000人，该俱乐部参加德国职业联赛的时间为15年。经过近十几年的奋斗，终于在德乙联赛2003/2004赛季成功冲上德甲，并在所有人都认为的降级队伍中突出重围，升至德甲第一个赛季第11名。值得一提的是，该俱乐部在2004/2005赛季，以18支俱乐部中最少的预算——2200万欧元，在前11轮零20分钟的德甲联赛中居然排名积分榜首位，也算创造了一个不小的奇迹。

因此，撇开德甲其它大俱乐部的奢华外衣，从"美茵茨05"这样的小俱乐部身上，可以更直接地映射出德国职业联赛俱乐部生存与发展的必要条件，对我国处于职业联赛发展初期的俱乐部来讲，应该是更具借鉴意义。

1. 管 理

该俱乐部是德甲联赛俱乐部中唯一的协会制俱乐部，属于非营利性组织。在与该俱乐部总经理海德尔（Christian Heidel）先生的谈话中得知，俱乐部的董事会共有9人组成，都是由俱乐部的全体会员选举产生的，选举每三年举行一次，但主席的人选18年以来一直都没有改变过，显示出俱乐部会员对董事会工作的信任和肯定。我们还了解到，作为董事会的成员，包括主席在内，他们每年除了交纳50欧元的会费以外，并不向俱乐部提供任何财力支持与赞助。

总经理海德尔先生已经在俱乐部工作了15个年头，是德甲联赛俱乐部现任总经理名单中就任时间排名第二的人员（排名第一的是工作已经22年的拜仁慕尼黑俱乐部总经理赫内斯）。有意思的是，15年来他一直是不领工资的总经理，做这份工作是他的爱好，是出自于内心对足球的热爱并基于大家对自己的信任。直到3个月前，由于作为一位参加德甲联赛的俱乐部总经理事务实在太多，在大家的劝说下，他才辞去当地宝马汽车销售公司总经理的职务，开始从俱乐部领薪水。"美茵茨05"俱乐部现设职业部、业余部、青少部、管理部和市场部，包括职业队的教练员和队员在内，全职工作人员共有95人，其中的俱乐部工作人员为35人。

2. 经 营

在俱乐部的经营方面，反映出务实与理性的工作理念，一切从俱乐部的财务与实际情况出发，牢记自己是一家小俱乐部的现实，凡事量力而出，目的是积小成大，水到渠成。同时，保持财务的收支平衡也是德国足协对每一家想取得职业联赛参赛资格俱乐部所规定的必须的经济条件之一。我们可以观察一下该俱乐部的几个财务数字：

2004/2005赛季的预算是2200万欧元，最后盈利370万欧元。

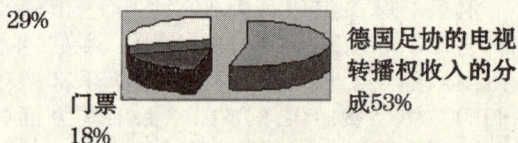

赞助商和广告 29%
门票 18%
德国足协的电视转播权收入的分成 53%

图1　2004/2005赛季收入主要来源

海德尔先生说，俱乐部的主要收入来源是德国足协对电视转播收入的分成，上赛季达到1200万欧元（53%），其他收入主要来自于门票（400万欧元，18%），从赞助商和广告所获得的收入是650万欧元（29%），见图1。（德国足协在职业联赛转播权的收入为3.3亿欧元，80%归德甲联赛队伍，20%分给德乙联赛队伍，而在德甲和德乙所分配的电视转播权收入中，50%由参加各自联赛的18支队伍平均分配，另50%按每轮联赛排名划分，一般在每轮比赛结束后按成绩分配）。

2005/2006赛季的预算为2500万欧元，主要开支渠道为职业队1300万欧元（52%），业余和青少部200万欧元（8%），体育场维修和工作人员工资 500 万欧元（20%），举办节日文化活动和其他事宜为 500 万欧元（20%），见图 2。

节日活动和其它20%

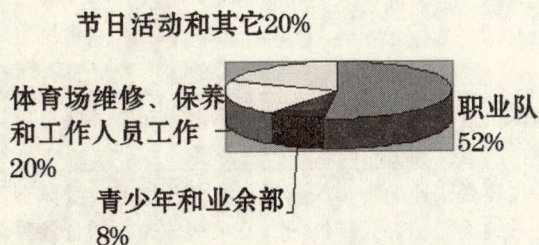

图2 2005/2006 赛季预算主要开支渠道

3. 设 施

（1）体育场

该俱乐部的体育场归其所有，体育场座位 20300 席，建造体育场共花费了 1250 万欧元，其中俱乐部出资 650 万欧元，州政府出资 600 万欧元（美茵茨是莱茵－普法尔茨州的州府）。尽管美茵茨的城市人口只有 18 万，但在主场比赛时场场满员，因为仅赛季套票就销售了 15000 套，剩下来的除了贵宾票和赠票外，能够提供于赛前零售的只有几千张球票，按经理的话讲，这点球票是永远无法满足球迷需要的。

在学习期间，我们在领队的陪同下参观了体育场的内部设施，包括运动员休息室、医疗室、足球鞋专用房、洗衣房、主教练办公室、健身房、新闻发布厅、VIP 接待区、裁判员休息室、兴奋剂检测室、混合采访区等专业服务配套设施，给我们留下的突出感受是质量高、实用而不求奢华，任何一样东西完全是从满足专业需求的角度来设计和配置的。为节省开支能充分利用现有设施，在非比赛日，俱乐部采取"一室多用"的办法。譬如兴奋剂检测室是预备队主教练的办公室，面积小而设施简单的客队休息室在平时则变为了预备队的运动员更衣室。

（2）训练场

除了体育场以外，该俱乐部还有三块标准规格的训练场地和两块小型训练场（沙滩足球和禁区大小的天然草皮训练场）。

一块天然草皮训练场归职业队专用，铺设了与体育场同样的暖气装置，这样即使在冬天也可以满足训练要求。草皮平整如毯，质量与比赛场相同。德国足协规定所有的德甲联赛比赛场地都要安装冬季供暖设施，对于刚刚冲上德甲联赛的俱乐部，可以在第二年完成。

第二块是刚刚投入使用半年的人造草皮场，供预备队和青少年梯队训练，草皮质量非常好，灯光、射门挡网和其他辅助设施也相当完备。

还有一块是专门对付恶劣雨雪天气的沙土场，俱乐部更小年龄组的梯队在此训练。据领队介绍，在本赛季结束后，俱乐部将投资把这块沙土地训练场改建为简易比赛场，铺植草皮、搭建看台，作为预备队和梯队的专用比赛场。

4. 俱乐部文化和成功的秘密

"年轻有活力"是该俱乐部的文化特色之一，无论管理层、主教练、球员都非常的年轻，带我们参观的领队才 23 岁，但已经在美茵茨 05 俱乐部工作了 7 年，主教练克洛普先生（Juergen Kloop）今年 37 岁，目前是德甲最年轻的主教练，他已经为俱乐部效力了 15 年，其中前 10 年为运动员，接下来的 5 年当教练员。当然，使用对足球充满热爱的年轻人和更多的兼职人员，对俱乐部来讲是一举两得，既保证工作质量，又能减少花费。

在谈到小俱乐部的成功秘诀时，总经理说了三点：首先是俱乐部的每一组人员都非常热爱足球、热爱这个俱乐部，大家有强烈的归属感；其次是俱乐部不给主教练施加压力，还给他提供强大的支持，即使是在上赛季连输 7 场的时候也是如此；第三是在运动员转会方面，只从德乙和德丙俱乐部招贤纳士，既可以节省开支，又可以帮助这些极具潜力的球员实现在更高水准的平台展示自己的才能。

（二）职业队

表1　考察阶段训练安排一览

10月26日（周三）－比赛日（足协杯客场6：4点球取胜奥斯纳布吕肯）	参加足协杯赛，比赛当晚三点返回。
10月27日（周四）	下午：昨天比赛主力队员进行慢跑与牵拉练习，非主力和替补队员进行了6组4对4比赛，注意控制组间间歇和积极恢复。
10月28日（周五）	下午：身体训练——主要是快速的脚步、灵敏与协调性练习，身体训练期间辅助三人的各种地面短传、长传练习，要求快球速、结合各种晃动与假动作； 位置技能练习（传中与包抄射门）。
10月29日（周六）	下午：定位球演练（角球和任意球），以9对9加两个守门员的比赛形式，在两个罚球区大小的场地内进行，两个标准球门。攻守转换结合实战，双方注意力高度集中。
10月30日（周日）－比赛日（主场4：1取胜纽伦堡）因电视转播，德甲联赛七场比赛在周六，另两场在周日。	上午：比赛日当天上午的训练属于热身与激励性训练，时间只有45分钟。包括无对手的全队的阵型与位置移动演练；20分钟分队比赛；替补队员进行传中与包抄射门练习。
10月31日（周一）	上午：昨天比赛的主力队员进行慢跑与牵拉，非主力和替补队员进行了6组3对3比赛，注意间歇时间和恢复。
11月1日（周二）	休息日
11月2日（周三）	一天两练 上午：全队在观看上场比赛录像分析后，开车20分钟到城市森林，进行了30分钟有氧跑结合牵拉练习，心率表控制强度； 下午：4组10分钟的11对11比赛，针对本周对手4－2－3－1阵型的战术训练。
11月3日（周四）	下午：附加各种灵敏与协调性练习的射门组合训练。
11月4日（周五）	上午：定位球演练（角球和任意球），以9对9加两个守门员的比赛形式，在两个罚球区大小的场地内进行，两个标准球门。攻守转换结合实战，双方注意力高度集中； 午餐后乘火车前往客场赛地——汉诺威，当晚是队会和对手录像分析。
11月5日（周六）－比赛日（客场2：2平汉诺威96）	上午：考虑到客场不一定能获得理想的训练场地，因此不安排训练，只进行速度较快的散步。 （学习小组结束观摩，赴法兰克福观看德甲联赛）

　　由于美茵茨职业队上周六在客场与柏林赫塔比赛，本周三又赶上周中赛（德国足协杯），所以，我们是从周四（10月27日）开始观摩职业队的训练。

　　1. 考察阶段的训练安排（见表一）

　　2. 一周一赛和一周两赛训练周安排的基本思路

　　对于一周一赛（周六－周六）和在一周两赛的训练周（周六－周三－周六比赛），主教练克洛普先生在与我们的交流过程中介绍了训练安排的基本思路（见表二）。

　　在一周一赛的训练周，赛后的第一天为替补队员的强度训练，接着是休息日。休息日后的前两天为个人技术和个人与小组对抗能力的训练，可以安排一天两次训练，赛前的两天进入针对下一对手的战术准备阶段，赛前一天为定位球战术训练，通常为每天训练一次。但遇到短周期的训练周，比如周日——周六比赛的训练周，又是客场比赛，就需要直接过渡到战术准备阶段。见 11 月 2、3 日的安排。

在一周两赛的训练周（周六——周三——周六比赛），通常为每天训练一次，没有休息日，每堂课的训练负荷为中小强度，以协调性身体训练和技术训练作为主要内容，也可适当增添战术训练，每个比赛日前一天肯定是定位球训练。

表2　每周一赛的周计划安排模式（周六——周六比赛）

周六	比赛
周日	主力进行恢复训练，非主力与替补队员进行比赛负荷训练。
周一	休息
周二	一天两练： 上午进行录像总结，之后进行森林有氧跑与牵拉练习； 下午 1 对 1、2 对 2 的个人对抗练习。
周三	附带各种协调性和灵敏性练习的射门组合； 小组对抗训练，主教练开始研究对手录像（通常是最近三场的比赛录像）。
周四	针对对手的战术准备练习（11 对 11）。
周五	定位球训练，晚上是对手分析（通常利用 10～20 个比赛局面阐明对手弱点）。
周六	比赛 （逢主场比赛，上午进行热身和激励性训练，客场比赛为快速散步）

3. 对职业队训练的总体印象

（1）训练强度大，对抗激烈，一切从实战出战，达到了"真抢、真拼、真练"，可以说是"争分夺秒的抢、你争我夺的拼"；

（2）训练时间短，质量高，通常在 80～90 分钟；

（3）身体训练与技战术训练在细节上要求严；

（4）队员的职业态度和自觉性极强，注意力集中；

（5）注意训练期间的积极恢复与调整，让队员保持高度的兴奋与注意力水平；

（6）对受伤队员的恢复训练非常重视，有身体教练单独带练。

4. 关于赛季前准备期

主教练克洛普先生认为，对一支参加德甲联赛的队伍来讲，联赛开始前安排 6 周左右集训准备期是必要的。美茵茨 05 俱乐部被称为德甲最能跑的队伍，但从赛季期的训练无法找到答案，在与他交流的时候，我们提到了这个问题。经过他的讲解，我们认为度假期的个人训练和准备期的艰苦训练是问题的正确答案。

（1）个人训练

对该俱乐部的职业队员来讲，真正的训练准备期是从上赛季结束后度假期的第十天就开始了，每名队员都按照身体教练制定的个人身体训练计划进行练习，一直持续到队伍集训准备期开始（见表三）。在此计划中，每名队员每日训练的时间、强度、内容都有明确的规定。通过这种度假期训练，在全队准备期开始的时候，每个人的有氧耐力准备阶段已经完成。

（2）准备期周训练模式和热身赛场次

无论度假阶段的个人训练，还是准备期阶段的全队训练，一般采取"两天大强度训练加一天积极恢复、接着三天大强度训练加一天积极恢复"的周训练模式。

准备期内热身赛的场次，通常根据新转入球员的多少来确定。

5. 关于团队建设

对于美茵茨这样一个德甲联赛的新兵，如何增强队员的自信心和团队的凝聚力，是主教练在德甲联赛开始前主要思考的问题，他采取了类似野外生存、拓展训练等突破心理极限的团队活动方式来构筑该队"永不放弃、全力争胜、团结协作"的团队精神。这样才在所有人都不看好保级的情况下，杀出重围，取得了第一个德甲赛季前 11 轮排名第

一、赛季最终排名第 11 位的不俗战绩。

（三）预备队

由于我们刚到那天职业队在客场参加德国足协杯比赛，因此第一天的学习就是从观摩预备队的训练和比赛开始的。在德期间，我们观看了预备队的两场比赛和几次训练课，并与预备队主教练以及主管预备队的业余部协调员进行了较为深入的沟通与交流，对该俱乐部预备队的情况有了比较全面的了解。

1. 人员和组织构成

预备队由俱乐部的业余部进行管理，业余部协调员罗伦茨先生（Manfred Lorenz）属于兼职工作人员，其主要职责是担当职业队与预备队之间的桥梁和沟通作用，为职业队寻找和培养高质量的人才。

业余部由 7 人组成，包括主教练、助理教练和守门员教练各一人，一名领队、一名队医和两名理疗师，这位预备队助理教练同时兼任职业队的技术观察员（观察和分析对手），在俱乐部全职工作的只有主教练和领队。

预备队主教练皮特先生（Peter）是一名刚退役不久的年轻教练，今年 39 岁，哈萨克斯坦籍，有在俄甲和德甲效力 22 年的职业经历，目前具备德国足协 A 级证书。前中青队主教练克劳琛先生在该俱乐部执教时还曾带过他，包括职业队现任主教练也曾是克劳琛的队员。

预备队现有队员 24 人，其中包括两名守门员，多数队员都是学生和学徒。

2. 训 练

由于预备队的绝大多数队员仍在上学和工作，因此实行走训制。训练多数在下班或放学后进行。每周训练 6 次，训练的强度、主要内容、组织方式与职业队是基本吻合的。

通过几次训练课的观察发现，尽管是预备队的训练，但训练的质量和要求反映比赛的实质。完全是比赛程度的对抗，队员的传接球快速而准确，攻守练习时转换迅速，队员参加训练的职业态度和全力投入的程度丝毫不逊色于职业队。主教练说，队员都清楚，即使已经到了预备队，但能否升入一队，完全取决于自身的努力。

经了解，预备队的训练没有长期计划，上周比赛发现的问题，立即在下周的训练中反映出来并加以改进。

3. 比 赛

（1）比赛目的和参赛规定

美茵茨 05 俱乐部的预备队目前参加德国 Oberliga 联赛（相当于德国第四级联赛），主教练讲，俱乐部给的主要任务就是为一队培养和输送人才，比赛成绩只是其次。新加入俱乐部的球员以及受伤后刚完成康复训练过程的球员也可以通过预备队的比赛检验身体状态的恢复情况，比赛规程规定，凡是职业队没进入本周联赛大名单的队员均可以参加预备队的比赛。

为加强本土青少年球员的培养，德国足协颁布和实行了关于预备队比赛的下列规定：

各俱乐部预备队必须由 23 岁以下的队员组成；

以预备队名义参加各级联赛和杯赛时，只能有 3 名超龄队员上场比赛；

参加第四级联赛时，每队必须有四名 21 岁以下队员上场；

丙级联赛以下的比赛不允许外籍球员参赛。

4. 待 遇

预备队队员都与俱乐部签了合同，税前工资大约在 700 欧元至 1800 欧元之间。俱乐部为预备队的联赛设有比赛奖金，胜一场得 150 欧元，平一场 50 欧元，即每一个联赛积分为 50 欧元。无论主力和替补，奖金都采取平均分配的办法。这与我们知道的其它俱乐部有所不同，主教练的解释是为了培养团队精神。

引起我们注意的是，虽然是德甲俱乐部，但球队非常注重勤俭节约，尽管俱乐部为队员提供运动装备，但只有一队可以享受穿新款服装的待遇，其他梯队每年除了比赛服是新款的以外，训练服装都是一队用完留给预备队，然后再给各级青少年队，队队相传。

5. 关于预备队的其他规定

我们了解到，为提倡公平竞赛并防止关联关系，德国足协规定"德甲、德乙联赛俱乐部的预备队不可以升级参加乙级以上联赛，即使是获得丙级联赛第一名也无法升级。"比如拜仁慕尼黑的预备队在上赛季虽然取得了丙级联赛冠军，但根据规程，只能由丙级联赛的第二名队伍升级德乙联赛。

（四）青少年梯队

前文已介绍，美茵茨 05 俱乐部每年在后备人才培养方面的预算都在 200 万欧元，可见其对青少年培养工作的重视，作为一支财力不雄厚的小俱乐部来讲，通过自己的青少年球星生产线培养人才，既可以强化俱乐部的社区化、地域化优势与情结，又可以节省购买球员的大量资金，甚至可以从转出球员方面增加收入。

1. 青少部协调员——热爱足球的"兼职义工"

青少部协调员凯尔斯汀先生（Volker Kersting）同样是在美茵茨 05 俱乐部工作了 15 年之久的兼职人员，其正式工作是在美茵茨的一家报社负责后勤事务。他通常是下班后到俱乐部工作，每天晚上 10 点、11 点下班是家常便饭，周六、周日则都在青少年梯队的比赛场度过。他主要负责青少年梯队的比赛组织，掌管青少部的人事安排，按照德国足协的规定运作青少年训练中心，寻求青少年梯队的赞助商，与俱乐部附近的学校合作联系队员的就学和职业培训等事宜。当我们问他为什么能够不顾家庭、不拿报酬地在俱乐部工作这么长时间，他的回答是"对足球的全身心热爱。"

2. 梯队设置

该俱乐部目前有 12 支各级青少年梯队，年龄组从 U7 到 U19。从 U16 至 U19 年龄组每队有 22 名球员，U15 以下年龄组为每队 20 人。该俱乐部在梯队建设方面超过了德国足协的基本要求。

据凯尔斯汀先生介绍，德国足协为加强本国青少年球员的培养，规定各职业俱乐部必须建立青少年后备人才培训中心，至少设置从 U12 到 U19 年龄组共 7 支青少年队，并且每支队伍中的德国籍球员不少于 12 名。同样按照规定，俱乐部只能招收家庭居住地距离不超过 100 公里的青少年球员，目前所有青少年球员都在家居住，自己搭乘公交车或由父母轮流接送训练。

为确保获得真正的足球天才球员，俱乐部每年要对各年龄组的球员进行两次阶段性评价，目的是不断地淘汰与调整。除了中期评价以外，在小球员升级到下一年龄组时，由下一年龄组的教练对其进行客观的评价，不能达到要求的就要被淘汰。

3. 梯队教练员配备

青少部现在只有一名全职工作人员，其他在该俱乐部工作的教练员都是兼职人员，从明年开始将聘请一位全职工作的技术主任，由其全面负责青少年球员的技术培训事宜，此外，U17、U19 的主教练也将很快由全职工作的教练员来担任。

（1）执教资格与培训要求

对于执教职业联赛俱乐部 U15 岁年龄组以上的教练员，德国足协要求必须持有 A 级证书。该俱乐部要求所有的教练员都要定期参加各类培训班和交流活动，以不断更新和增加新的专业知识。

（2）各年龄组梯队的教练员配置

从 U15 到 U19 年龄组，每队分别有一名主教练和一名助理教练，这四个年龄组共用 1 名守门员教练和 2 名理疗师；对于 U14 以下年龄组，每队分别有一名主教练和一名助理教练，共用 2 名守门员教练和 1 名身体训练教练。

（3）执教青少年梯队年龄组教练员的轮换办法

凯尔斯汀先生告诉我们，对执教 U14 年龄组以上的教练员，基本上固定在该年龄组的队伍上，也就是在队员每年升级上一个年龄组时，教练员不跟随升级。这样做的好处就是该教练对该年龄组球员的培训目标、内容、要求和身心发育特点有非常清楚的认识，可以讲是该年龄组的"青训专家"，无论是在选材还是培养提高方面都更为有利。

在 U13 以下年龄组，采取三年一个循环的轮转方式，U7 到 U9 和 U10 到 U13，也就是一个教练员从 7 岁接手球员，把他带到 9 岁年龄组后，又重新回到 7 岁年龄组。10 岁到 13 岁的培训阶段也是如此。俱乐部认为在球员处于幼儿阶段时，由同一教练在一段相对较长的时间训练，一方面较容易把握球员的专业天赋和发展情况，另一方面也对球员的身心发展和情感有利。据德国足协培训部的马库斯·维德纳（Markus Weidner）先生说，德国的国青、国少队教练组也采取"三年为一段、两个小循环"的轮转办法。从 U15－U17、U18－U20 的轮转执教办法，可以确保对每个年龄组青少年天才球员进行专家式的挑选和教育。

（4）教练员考核

为保证教练员的工作质量，在青少部还有两名类似讲师级的人物在不断地观察、监督和评价各年龄组梯队教练员的工作情况和效果，而这两个人目前也分别是 U17、U13 年龄组的主教练。

4．训练安排

学习小组利用观察职业队和预备队的间歇时间，对该俱乐部青少年的训练进行了观摩，突出的印象是他们的青少年训练符合各年龄段的需求，不是成人化的训练。教练员在训练前的准备工作认真而细致，整个训练过程流畅、有序，安排合理，球员的训练热情也非常高涨，训练质量高、效果好。

由于周六和周日是比赛时间，加上所有的教练员都是兼职工作，因此青少年梯队的训练都安排周一和周五的下午 16 点到晚上 20 点。表三是该俱乐部各年龄组的周训练次数和训练时间。

表三的数据不难看出，该俱乐部青少年球员、特别是较低年龄组的训练时间和次数远远低于我们足球学校和各俱乐部的梯队。如果将我们梯队、足校的小球员与国外小球员对比，最明显的不同就是青少年球员在训练和比赛中所表现出来的足球热情和激情。我们由于过早的实行集中住宿、早期过多的成人化训练、非鼓励性质的打骂教育，没有统一训练大纲，各自为政的"小作坊"——师傅带徒弟式的培养方式，加之过多的训练抹杀了众多足球天才的足球热情。在德国，可能正是这种足球热情和激情，尽管训练次数不多，但却保证了训练质量的提高和不断地进步，当然也有培训内容和教学方式的问题。

表3　各年龄组周训练次数和时数

年龄组	周训练次数	周训练时间（小时）
U7	1	1
U8	1	1.5
U9	1	1.5
U11	1	1.5
U13	2	1.5
U14	3	1.5
U15	3	1.75
U16	3	2
U17	3	1.5（2次）+2（1次）
U19	5	1.5（3次）+2（2次）

5．比　赛

无论哪个年龄组的队伍，无论每周训练几次，但周末的比赛是长期固定的。我们认为这也是为什么国外球员的比赛能力强、赛练结合效果好的原因。每周末的比赛是焦点，也是小球员热盼的时间，比赛中发现的问题又可以及时地在下周及后期的训练中得以体现与改进，这种"比赛——训练——再比赛——再训练"的提高与培养方式，既有利于充分发挥"比赛是训练导师"的作用，也帮助小球员积累了大量的比赛经验。

美茵茨 05 俱乐部的 U19 年龄组参加德甲梯队的青少年联赛，同样实行周末联赛制，考虑到旅途时间和经费问题，全国分为三个大区进行。U17 队伍则在更小的区域内参加分为八个大区进行的周末联赛。

因德国本身也不是特别大，高速公路网又极为发达，所以周末赴客场比赛不是什么难事，该俱乐部的几辆小型巴士，就完全可以满足青少年到异地比赛的要求。

6．收费与待遇

与我国职业俱乐部、足球学校数目不菲的学费不同，美茵茨 05 俱乐部梯队的球员每年只要交 4.5 欧元的会费就行了，然后由俱乐部负责购买相关的保险。

对于 U17、U19 两个年龄组的队员，为防止球员外流，所有的球员都与俱乐部签订了合同，所以俱乐部除了提供免费训练和比赛服装以外，还给每名球员每月发放 150 欧元的交通补助。

对于 U12 到 U16 年龄组的队员，俱乐部提供少量的交通补助，每年象征性交纳 75 欧元的服装费（俱乐部提供的服装价值远远超过此数值），青少部协调员解释说，象征性收费的目的是"让小球员懂得运动服是用钱买来的，要知道珍惜与爱护"。对于那种家境贫寒的天赋球员，俱乐部免除一切费用。

（五）身体训练

美茵茨 05 俱乐部虽然是德甲联赛的一支新军，但在身体训练方面却走在所有队伍的前列。该队被外界评价是德甲最能跑的队伍，这当然与身体教练布森克尔先生的一流工作十分不开的。"能跑"也是弥补该队个人和全队整体技战术能力不足的必须条件。我们小组成员在与职业队布森克尔先生（Axel Busenkell）交流后，都有"相识恨晚"的感受。

1. 身体教练简介

布森克尔先生尽管是兼职工作，但确是德国职业联赛队伍中的第一位专门身体训练教练，除了俱乐部的工作外，他还在美茵茨的一家康复中心就职，专门负责各类职业球员的术后康复训练。他的出色工作，让俱乐部感到非常自豪和特别满意，在他担任身体教练的6年来，只有一名队员严重损伤（十字韧带断裂）。仅此一点，就是一件很了不起的贡献。因为职业足坛有句谚语：受伤的球员是身价最贵的球员。

据布森克尔先生介绍，由于美茵茨俱乐部职业队的主教练和助理教练都是体育专业毕业的大学生，主教练又是运动医学专业，因此在专业方面他们可以在更高的平台上交流，身体训练工作也更容易得到开展。

目前布森克尔先生在俱乐部主要负责的工作是赛季前度假期和准备期的身体训练和受伤队员的个人康复训练。

表4　2004/2005 年赛季后度假期个人身体训练计划示例

2005.05.21，星期六	客场比赛，纽伦堡
2005.05.22，星期日	身体检查，体育场
2005.05.23，星期一	2005.06.05，星期日，休息
2005.06.06，星期一	（小强度）连续训练法，40 分钟跑，心率 135～140
2005.06.07，星期二	（小强度）连续训练法，50 分钟跑，心率 135～140
2005.06.08，星期三	休息
2005.06.09，星期四	（小强度）连续训练法，55 分钟跑，心率 140－145
2005.06.10，星期五	（小强度）连续训练法，55 分钟跑，心率 140－145
2005.06.11，星期六	（小强度）连续训练法，1 小时 15 分钟跑，心率 140－145
2005.06.12，星期日	休息
2005.06.13，星期一	混合式连续训练法， （15 分钟 心率 140－145）＋（25 分钟 心率 145）＋（15 分钟 心率 140）
2005.06.14，星期二	混合式连续训练法， （15 分钟 心率 140－145）＋（25 分钟 心率 145）＋（15 分钟 心率 140）
2005.06.15，星期三	休息
2005.06.16，星期四	小强度间歇训练法 10 分钟慢跑 （3 分钟跑 心率 150）＋（2 分钟跑 心率 140） （3 分钟跑 心率 150）＋（2 分钟跑 心率 140） （3 分钟跑 心率 150）＋（2 分钟跑 心率 140） （3 分钟跑 心率 150）＋（2 分钟跑 心率 140） （3 分钟跑 心率 150）＋（2 分钟跑 心率 140） （3 分钟跑 心率 150）＋（2 分钟跑 心率 140） 15 分钟放松跑
2005.06.17，星期五	（小强度）连续训练法，55 分钟跑，心率 145

2005.06.18，星期六	小强度间歇训练法 10 分钟慢跑 （3 分钟跑 心率 150） ＋ （2 分钟跑 心率 140） （3 分钟跑 心率 150） ＋ （2 分钟跑 心率 140） （3 分钟跑 心率 150） ＋ （2 分钟跑 心率 140） （3 分钟跑 心率 150） ＋ （2 分钟跑 心率 140） （3 分钟跑 心率 150） ＋ （2 分钟跑 心率 140） （3 分钟跑 心率 150） ＋ （2 分钟跑 心率 140） 15 分钟放松跑
2005.06.19，星期日	休息
2005.06.20，星期一	骑自行车　10 分钟热身骑　心率 145 30 分钟快速，不断变换速度！心率最高 160 （但最高心率不要持续 20 秒，要达到！） 15 分钟放松骑 心率 145
2005.06.21，星期二	（小强度）连续训练法，55 分钟跑，心率 145
2005.06.22，星期三	休息
2005.06.23，星期四	准备期训练开始

2. 度假期的训练

"度假期的身体训练是赛季准备期的一部分"，这一理念是我们在身体训练方面的主要收获之一。布森克尔先生在赛季期结束前要为每名球员制定针对性的身体训练计划，主要是有氧耐力、柔韧性和平衡稳定性的训练，通常采取"两天练加一天休息连接三天练加一天休息"的周训练模式（见表四）。六年的实践证明，这是一个效果非常好的方案。这样在准备期开始的时候，每个人都奠定了有相当起点的身体能力基础。不像我们的俱乐部在准备期初期要花一定时间进行基本耐力训练。

3. 赛季前准备期训练

准备期开始前的测试是训练工作的起点与参照，每名队员要进行全面的体检和力量测试，以检查个人训练的情况并确保准备期的训练更具有针对性。这一系列测试都是由这位身体训练教练完成的。

（1）训练内容

布森克尔先生告诉我们，德国职业联赛队伍的准备期一般是六周左右，在第三、第四周的训练负荷是最大的，第五周开始下降。在身体训练方面，以专项耐力、力量、静力性和稳定性体操练习为主要内容，准备期每周的专项身体训练为 2～3 次，包括器械练习和功能性体操练习。他认为，除了基础耐力、专项耐力以外，运动员的专项恢复耐力水平也是非常重要的身体能力，因为谁在比赛中恢复的时间短、恢复的水平高，谁的工作时间和效果更好。

（2）各项身体素质的训练要点

耐力素质：第一、第二周为有氧跑。心率在 140 次/分左右，一周 2～3 次，时间 30～40 分钟；第三、第四周，有一定强度。心率不超过 155 次/分，一周 1～2 次，逐步增加至 70 分钟；第五、第六周，增加专项耐力。

在耐力训练过程中要采用心率表控制跑速，通过队员分组使训练富有个体针对性，还要借助定期测血乳酸、血红蛋白等生理指标进行监测，了解队员恢复情况与能力。

力量素质：一周可安排 1～2 次，主要是小肌肉群的练习，静力量练习，少练大肌肉群力量；注意身体全面力量的发展，上肢、下肢、腰腹，保证肌体的平衡能力，增加身体动作的稳定性。

灵敏素质：进行各种跑、跳、转身、起动及功能性体操的训练，注意利用各种健身和训练器械，特别注意练习要求。

4. 赛季期训练

通过近两周的观察，该队在赛季期没有专门的身体训练课，只是安排一些灵敏性、协调性、柔韧性、平衡练习结合专项技术训练的办法进行身体训练，主教练的观念是：成年球员的速度很难再增长，最好的办法是通过提高身体的灵敏性和柔韧性来提高速度，从而使身体行动变得更快速、更敏捷。

5. 康复训练

在谈到受伤队员的康复训练时，布森克尔先生认为，队医、理疗师和身体教练的配合最为关键，身体教练的任务就是让受伤球员在最短的时间内回到球场上去，而且是100%恢复到受伤前的水平。

6. 身体训练理念的发展

经了解，欧洲及德国职业体育界非常注重运动员身体的柔韧性、平衡能力、关节韧带稳定性、大小肌肉群的平衡发展等相关素质的训练，身体训练中传统的牵拉与伸展练习已得到进一步发展，其中引入了许多东方武术和养生方面的练习方法与观念。

德国国家队的身体教练是一位美国人，这也是由于长期居住在美国的国家队主教练克林斯曼先生对身体训练新观念的接受与认识。美茵茨05俱乐部的这位身体教练与德国国家队的美国籍身体教练在近一年半以来一直保持密切的交流。因此，两人由于理念相同，训练思路与方法也基本一致。

7. 与康复中心密切合作

在交流期间，我们小组还参观了身体教练工作的康复与健身中心，美茵茨05俱乐部与该中心保持了非常密切的合作关系。俱乐部的有些球员在主场赛后已习惯性地到这里进行水疗和其它恢复训练。

该中心尽管是由一幢有110年历史的古建筑改建而成，但中心内部安装了各类专业性、针对性极强的恢复、康复设施，分类有序、规划合理给我们留下了深刻的印象。中心内现有各级年龄和不同项目的职业、业余球员在专业教练的指导下进行康复与身体训练。

8. 德国职业队具备出色体能的原因

美茵茨05俱乐部职业队在赛季期的训练量并不大，训练课也从来没有超过90分钟，一天两练的次数很少，仅凭我们观察的这种训练量，让人很难相信运动员的身体能力能够胜任德甲联赛比赛的体能要求，很难让人相信这种训练负荷就可以打造一支德甲联赛最能跑的队伍。通过观察，并在请教德方教

练员后，我们分析主要原因有以下几点：

准备期良好的身体训练是整个赛季保持良好体能的基础。

德国职业队在赛季期更关注的是训练强度、训练期间和训练后的恢复、包括训练节奏的把握。

完美的医务监督，使运动员的训练、比赛始终保持在一个相当好的竞技状态，对球员的伤病预防起到了重要的作用。

对足球比赛的理念和阅读比赛的能力，使球员善于根据比赛局面进行跑动，跑动的效率高。

（六）守门员培训

众所周知，德国足球有培养世界级门将的传统，八十年代的舒马赫、九十年代的伊尔格纳、科普克（目前是国家队的守门员教练），以及国家队现役守门员也是2002年世界杯最佳守门员卡恩等，这几位守门员分别为德国队获得欧洲杯和世界杯冠军做出了卓越贡献。

1. 守门员教练简介

库内夫先生（Stephan Kuhnerf）是美茵茨05俱乐部职业队的专职守门员教练，在本次学习期间，我们对其进行了一次业务专访。目的只有一个，那就是从他那里找到或发现德国足球守门员培训的秘诀。比主教练大不了几岁的这位守门员教练同样体现了年轻有活力的俱乐部文化特色，有18年的守门员职业参赛经历，目前已在职业队守门员教练的位置上干了7个年头。除了负责职业队的守门员训练外，我们注意到，还给预备队和青少年梯队的守门员提供辅导。

2. 优秀守门员的必备能力

在谈到一位优秀守门员的重要条件时，库内夫先生认为，对比赛局面的理解——阅读比赛的能力和预见性是最为重要的方面，没有这一点，即使有再出色的身体条件也没有意义。此外，位置感、稳定的情绪、比赛经验、一对一的能力、第二反应能力、对付传中球的能力都是非常重要的。

库内夫先生说，守门员是一个非常特殊的位置，既要身手敏捷、也要头脑冷静、不做秀，具备快速的双脚是同样重要的，所以守门员要会踢球，有时"用脚封挡"相对于"倒地扑救"来说更为轻松有效。库内夫先生本人在年少时就一直是场上队员，直到17

少小开始守门员生涯，18 岁那年，在预备队比赛时还作为场上队员参赛。

在询问谁是世界最好的门将时，他并没有首先给出德国国家队守门员卡恩的名字，他认为卡恩的勇气和自我表现历来不错，但与同伴配合防守的意识不足，包括效力于阿森纳俱乐部的德国守门员莱曼也不是他心中的最佳。他认为现效力于西班牙皇家马德里队的年轻门将卡西里亚斯和意大利 AC 米兰队的巴西天才迪达才是目前世界上最好的守门员。因为他们将"速度、反应、灵敏、守门技术和脚下功夫、组织防守的能力、阅读比赛的能力"集于一身。

3. 职业队守门员的赛季期训练

库内夫先生的观点是，应该注意训练负荷的调制与控制，因为要使守门员在比赛中保持高度的注意力，训练要有新鲜感、赛前的训练量不能过大。

4. 青少年守门员的选材和培养

在谈到守门员的选材工作时，基本技术、比赛型心理特征、无所畏惧的勇气和胆量是几个需要首先关注的方面，身高优势不是绝对条件，但一定要有很好的起跳速度和力量。库内夫先生举例说柏林队的守门员才 1.79 米，但没有影响他成为一名出色门将。

尤其是"胆量"，这是不可或缺的条件，因为有许多东西是可以通过训练培养，唯独胆量不行。如果没有胆量，守门员不可能在关键时刻表现出战无不胜的气概。

关于青少年守门员的培养要点，他认为除了发展规范的基本技术外，借助全队合练提高阅读比赛能力、脚下技术、组织和指挥能力是更为关键的工作。

5. 心理素质的重要性

从心理素质和性格特点的角度讲，一流的守门员要意志坚强、充满自信、要有在关键时刻拯救队伍、随时为全队付出一切的信念。即使犯错误后也能很快摆脱困扰、集中精力设法解决问题。

在他看来，"强大的心理素质是德国能培养出一系列世界级门将的秘诀"。

二、感受与建议

（一）培训

1. 职业级培训

德国足协自 1947 年开始在德国科隆体育学院举办第一期职业级教练员（足球教师级）。德国足协规定，具有足球教师级证书的教练员可以承担德国 B 级培训班的授课任务和地区足球协会专职教练员的工作，只有通过职业级培训的教练员才能有资格成为德甲、德乙和德丙联赛队伍的主教练。

在德国五十八年的职业教练员培训历程中，造就了数以千计的高质量教练员，正是这些教师级的教练员在培养着更多数量的各种级别的足球园丁。

美茵茨两周的实地考察和学习，使我们所有的学员对职业级教练的含义有了更深层次的理解，也让学员们对和一名职业教练工作相关的主要领域有了更全面、更深刻的认识。相对于我们现阶段水平尚不太高的职业足球，到欧洲进行一定时间的培训、考察和学习，不仅是对教练员、对足球管理人员也是极好的学习、提高过程。

建议在今后的职业级培训班课程计划中，保持实地学习和考察制度，并应该适当增加时间，可调整为准备期四到六周加赛季期两到三周的办法，撰写考察报告和主题发言的质量是学员是否完成考察任务的主要指标。

2. 其它级别的教练员培训

对各级培训质量的关注以及对相应级别队伍执教资格的严格控制，是德国足协确保各级队伍训练、比赛质量的有效手段。对俱乐部青少年梯队教练的培训等级更是做了明确规定，以保证后备人才的选拔和培养质量（执教 U15 年龄组以上青少年队伍的教练员必须持德国足协 A 级教练员培训合格证书）。此外，还强制性地要求教练员必须通过定期参加各类协会和教练员联盟组织的研讨会、进修班，否则无法继续保留执教资格。

目前我国教练员培训存在的"交钱就可上培训班、上了培训班就能结业、为了培训而培训、培训实质与工作实践脱离"的问题必须坚决予以纠正，必须通过培训过程使真正适合在足球领域工作的人上岗执教。否则的话，教练员培训反而成了误人子弟、耽误足球项目健康发展的罪魁祸首。

教练员的质量决定人才的质量足球比赛的质量。建议从培训组织人员、培训班讲师的筛选与确定、培训计划的设计与执行等主要环节进行认真的把握，以脚踏实地、辛勤工作获得未来高质量人才的回报。

3. 管理人员培训

管理人员在足球项目发展过程中起着非

常重要的作用，已成为不可或缺的部分。陪同我们考察的德国足协国际培训主管马库斯先生，12月份将去南非举办援助性质的足球管理人员培训班，协会管理、联赛管理和大型国际赛事的组织管理是授课的主要内容。国际足联，包括一些足球强国每年都有这类培训计划与援助经费。

建议中国足协申请国际足联和亚足联的支持下，每年定期举办足球高级管理人员培训班，目的是通过提高主要管理者的从业素质和工作质量来加快我国足球事业的发展。

（二）青少年培训

与德国职业俱乐部同年龄组的青少年球员相比，我国中超中甲俱乐部梯队的球员在周训练次数和时间、每年集训时间都远远超过了法国青少年，可为什么人才的数量和质量却无法相比呢？青少年培训的目的是培养人才，如果训练和比赛体系不能体现和服务于这一最终目标，将没有任何实质性意义。

据德方派遣的中国足协技术顾问克里特先生反映，他在中国青少年冬训期间发现一个非常奇怪且相当普遍以致令其无法理解的现象，小球员们对他们所投身的足球项目缺乏德国及欧洲同龄人的热情和激情，而足球恰好是一项非常需要激情和创造性的比赛项目。结合我们的观察并在与国外同行交流后，分析的主要原因包括以下几点：

首先是训练模式，也就是练得过多了。由于我们从小过多的"一天一练、一天两练甚至一天三练"，而且是"成人化"的训练，加之缺少乐趣、打骂严重的棍棒式教育方式扼杀了这些足球天才的足球热情。

其次是比赛模式。在德国及欧洲多数足球高水平国家，无论一周训练一次还是五次，但每周六、周日的联赛是相对稳定的。周末联赛成了每周训练比赛的焦点，球员热盼、家长参与、教练员和球探关注，球员在定期的比赛中享受到了足球的快乐、积累了比赛经验，当然暴露出的问题也成为了下周和将来的训练主题，这才是真正的训练与比赛相结合。而我们的球员经历的是"以训练为主，一年寥寥几次的赛会制比赛为辅"的模式，既不利于激发小球员的训练和比赛热情，为他们创造"身经百战"的机会，让他们在比赛中磨练足球技能，也不利于实现训练主题应满足未来比赛的需求，无法达到在练赛

结合中选人、育人的目的。

第三是对青少年的培养工作缺少统一指导和监督。我们俱乐部的青少年培养基本上是各自为政、师傅带徒弟的作坊式教育，"练什么、怎么练"由师傅一人说了算，也就是想怎么练就怎么练，没有大纲、没有标准，很难保证训练不违背足球规律和符合青少年的身心特点。而在德国，国家足协有统一的培养大纲，各俱乐部教练员的轮转方式确保了每名青少年教练员都是各自年龄组的专家，对该年龄组球员的身体发育情况、选材标准、训练比赛要求一清二楚，因而工作起来得心应手，加之业已成熟的评价和监督机制，从而使球员的培训质量得到基本保证。而我们不仅练无标准，也缺乏有效的评价和监督机制，唯一的衡量指标就是比赛成绩，结果导致"改年龄、以大打小"的情况愈演愈烈，完全迷失了青少年培养的根本目标。

结合目前的国情现状，建议从执教青少年队伍的教练员培训工作入手，在制定统一规范的青少年培训大纲的基础上，改革目前的训练竞赛体系，也就是过早要求青少年放弃正常的文化教育而集中到足校、俱乐部训练比赛的组织培养模式，改为依托我国成熟的中小学教育体系的青少年球员培养战略，在充分体现我国巨大人力资源优势的前提下，建立业余训练加城市周末联赛为主体的培养构架，以关注各年龄段球员的训练和比赛实质内容为根本，发掘和培养真正的足球天才。

为实现这一战略转变，建议在青少年培养方面要密切与教育部门合作，以在建立训练竞赛体系过程中得到教育部门的持续性支持，而中国足协和地方足协要通过以培训教练员、裁判员、竞赛组织管理人员的方式，提高人才的培养质量。

（三）职业联赛

1. 比赛产品的质量是关键

考察期间，德甲联赛的赛场气氛让我们感到震撼，所有成员都置身其中。今年，世界各国包括欧洲其他国家联赛的上座率都有不同程度的下降，为何只有德国的足球场观众场场爆满、球票供不应求，2006年世界杯的主场号召力是一方面，最根本的原因还是联赛本身的质量和吸引力。

我们的中超联赛被外界炒为"假、赌、黑"，随着国民经济的快速发展和改革开放

的进程，消费者连低质量的产品都不愿意接受，何况掺"假"的东西呢？如果再被当作"赌"的工具或是成为"因赌而黑"的牺牲品，球迷怎会愿意购买这样的"伪劣产品"？电视媒体和网络媒体的强大功能，又使广大球迷足不出户即可以欣赏到欧洲各级高水平的足球比赛——"高质量产品"，这一情况又加剧了对球迷市场争夺的残酷和激烈性。

中国最有影响力的中央电视台对中超联赛的不关注应该不仅仅是转播费争议的问题，作为项目的组织管理机构，我们应该从自身产品的质量和服务质量方面去寻找原因并找到解决问题的思路和对策。

据美茵茨05俱乐部的总经理海德尔先生介绍，德国足协每年仅德国职业联赛的转播权收入就有3.3亿欧元，为什么球迷和电视台愿意花钱买票看球、买权利转播球赛，答案只有一个，因为比赛精彩！球员、教练员、裁判员和管理人员这几个主体组成的从业人员为大家奉献了高质量、值得买来看的产品！加之在欣赏比赛产品的过程中所提供的有质量的服务，包括舞台——平整如毯的草皮场、体育场的质量和火爆的赛场气氛、有序而安全的赛场管理、满足各级消费水平的价格（从站席到包厢）、小食品的供应、球迷产品的供应甚至连同卫生间的数量与干净程度等方方面面的细节，都体现着比赛产品的生产者对产品质量和服务质量的意识——实实在在地表达着顾客至上、球迷是上帝的服务宗旨。

2. 与比赛产品质量相关的因素

除了提高比赛本身的欣赏性意义外，在改进产品质量的其他方面，还有许多文章可做，如提高与保持比赛场草皮与训练场草皮的质量（德甲俱乐部的训练场和比赛场草皮一致且都配置地下供暖设备），改善体育场内的服务设施与质量，从赛场安全、小食品与饮料供应、大屏幕的播出质量、卫生间的清洁程度等与球迷直接相关的所谓小事做起，也就是细节决定质量，细节成就质量。

因此，只要所有的足球从业人员真正拥有产品意识、质量意识、服务意识，脚踏实地地完成好管理者的职责和生产者的职责，把握好提高产品质量这个关键，在不久的将来，肯定可以打造出深受广大球迷热爱的中超联赛，加上拥有世界最大市场的优势，获得丰厚的市场回报应该是水到渠成之事。

3. 与合作伙伴和赞助商的关系

德国足球人对赞助商和合作伙伴的态度也值得我们借鉴。在我们考察期间，德甲俱乐部和足协对赞助商、合作伙伴的尊重也是让我们颇有感慨。比如俱乐部在比赛日专设两三个贵宾接待大厅来款待自己的伙伴，也就是让客户在看球前后享受星级饭店的美味佳肴和高质量服务。

我们知道，德国足协与世界上最知名的运动品牌——阿迪达斯的伙伴关系已保持了半个世纪，据德国足协负责培训的官员马库斯先生说，阿迪达斯公司的创始人——阿迪·达斯勒先生，也就是用自己设计的可以更换的"长钉"足球鞋，帮助德国国家队在1954年瑞士世界杯实现"伯尔尼奇迹"的人，正是当时国家队的装备员。为感谢这个亲密伙伴对德国足球的长期支持与巨大贡献，德国足协在总部大厅最显眼的位置专设了阿迪产品的展示台。一方面显示了这个伙伴在德国足协心目中的地位，另一方面也为其提供了最好的推广平台。正是这种远远超过一般赞助涵义的伙伴关系，让耐克公司即使用超过三倍的赞助额也未能取代阿迪达斯对德国足协的赞助地位。

因此，与赞助商和合作伙伴的关系不仅仅是简单的金钱与合同的关系，应该以促进足球发展和商务经营方面的双赢为前提，正如欧足联秘书长奥尔森先生所讲的那样，足球与商务的"美满姻缘"应该是我们追求的理想状态。

（四）竞赛体系改革

超过六百万会员的雄厚基础，使德国足协成为世界上最大的单项协会，德国足协自豪地介绍，德国的足球联赛共有九级，是全世界管理最好的联赛。每周末至少有15万支足球队在德国各级水平的联赛中比赛，这其中包括10万支青少年队。在此次德国学习期间，我们不仅欣赏了德甲、德乙联赛，还观摩了划分为南北两区进行的德国丙级联赛的比赛，以及美茵茨05预备队参加的德国第四级联赛的比赛，纵观各级比赛，无论从赛事组织、队伍参与、宣传推广和观众参与等方面的工作井然有序。也正是底蕴丰厚的联赛体系，培养和造就了这一成功的足球国家。

足球强国的发展历程表明，定期、系统的各级联赛体系是培养足球人口、保持足球队伍和从业人员数量，形成足球文化氛围和发展足球事业的基础。尽管足球运动在我国深受绝大多数老百姓的欢迎，但由于多数省市的足球赛事组织多以每年一到两三次、每次持续十来天的赛会制比赛形式为主，因而无法确保各类足球从业人员和参与者保持在相对稳定并可持续增长的态势。因为只有定期的周末联赛才能使参赛队伍的比赛、定期训练及长期存在成为可能和必要，否则绝大多数队伍和俱乐部还是赛会制比赛前集中、赛后解散的情况。

青少年足球运动的发展也同样受到现行赛制的制约，无论俱乐部、还是中小学校的队伍，因为没有常年坚持的周末联赛，导致比赛数量少、存在队伍少，必然导致参与人员数量少的情况，教练员、球员、裁判员、组织管理人员均缺乏供其磨练与提高的、常年存在的工作平台。足球运动本身的诱人魅力无从发挥，中国巨大的人力资源优势也无法体现。

考虑中国国土面积巨大、人口众多的现状，我们中超联赛的规模完全是欧洲冠军联赛的地域、规模，为避免因过多的长途跋涉所带来的财力、物力和人力消耗，建议改变目前全国规模的联赛主客场赛制，采取效仿欧洲冠军联赛的小循环预选赛结合淘汰赛制的主客场比赛办法，更多地关注和发展省、市、区级冠军周末主客场联赛体制和竞技水平，以此为中国足球未来的"厚积薄发"打造坚实的足球人口与发展基础。该做法的优点表现在以下几个方面：

第一，省市级周末联赛能最大限度地提高足球运动在本地区、本地域的亲和性，使足球真正贴近大众，有利于更充分挖掘和发挥中国巨大的人力资源优势，为中国足球的发展铺垫无可比拟的人才、队伍和组织基础。

第二，足球俱乐部的运营经费和旅途耗费时间将大大减少，有助于他们回归理性经营的渠道。

第三，目前省市级足协和管理机构只是满足于承接大型赛事的现状将得到转变，使他们从组织本地域的周末联赛竞赛体系为起点，充分提高和发挥省市级足协和管理机构在项目发展方面本应实现的效力。

另外，目前稳定的双休日制度、足球运动本身所具备的魅力，广大人民群众对节假日文化休闲和健康生活的追求和向往，加上现已初具规模的中国高速公路、铁路网，这些因素都为周末联赛体系的建立创造了必要条件。

考察学习结束的时候，小组成员从多个角度表达了对考察报告撰写的想法和思路，目的是希望考察报告能为中国足球的近远期发展提供积极的参考和建议，报告在回报学习成果的同时，言词及一些建议和想法难免存在偏颇之处，请各位领导和同事们批评指正。

第二十三章　荷兰专家讲课内容

阿里肖（荷兰）

第一节　良好指导的十步模式

——关于青少年足球的荷兰视角

教练员帮助孩子提高意识！

1. 指导＝教学；

2. 教学＝人们学习方法的知识；

3. 肌肉无法学习；

4. 我们要使足球的教与学简单化；

5. 简单化并不意味着使失去足球的根本。

记住：不要失去足球的真正本色！

人类大脑所扮演的角色——神经系统起到主导的地位：

§肌肉受大脑的支配；

§这一切都与感知和领悟息息相关。

一、关于青少年足球的荷兰视角——荷兰视角的发展

八十年代早期：荷兰足协的青少年足球教育是在瑞纳斯密歇尔斯（Rinus Michels）的领导下发展起来的。它是致力于研究青少年足球教学的最佳方式，以街头足球作为发展的基础，包含了真正足球比赛中的各种能力、技术、战术和身体素质。

2001 年，城市街道变的狭窄，电脑和电视与积极活动的体育运动相互竞争，儿童每周花在足球训练的时间最多 2 个小时和一场比赛。

2001 年，青少年足球运动员花在足球上的时间已大大少于其父辈所花的时间。

二、荷兰青少年足球的基本理念

充分享受足球带来的乐趣

§更多的重复；

§良好的指导。

三、良好指导的十步模式

1. 要以足球学习的过程为主要的出发点。同时要考虑不同年龄段球员的总体目标。

2. 简化足球的教与学。

3. 如同我们所认识的足球那样使足球运动简单化。

4. 指出足球比赛中的四个主要时刻的目标和原则。

5. 解决足球比赛中时间与空间的问题。

6. 阅读比赛！把影响成绩的种种因素考虑在内。

7. 一种描述足球问题的模式，一种分析的方法。

8. 把足球训练的目标公式化。

9. 对训练的理解。

10. 每次训练的要求。

一种合理的，具有逻辑性的方式……是一个必须的学习过程。

（一）良好指导的十步模式之一

要以足球学习的过程为主要出发点。同时要考虑不同年龄段球员的总体目标。

年龄：±6～8 岁；

目标：4 对 4；

足球是圆的……并且相当艰苦的项目；

内容：T. I. C 技术为主的训练活动。

此阶段的训练要以技术为主，意识其次，交流为辅。

年龄：±8～10 岁；

目标：7 对 7；

成年比赛的基础阶段；

内容：T. I. C 技术和意识为主。

此阶段的训练要以技术为主，同时加强意识的培养，交流为辅。

年龄：±10～12 岁；

目标：11 对 11；

成年比赛/技术能力；

内容：T. I. C 技术能力和场上每个位置的职责。

此阶段的训练要以技术和意识为主，加强交流。

年龄：±14～16 岁；

目标：11 对 11；

竞赛性质的成人比赛/局部指导；

内容：T. I. C 以提高比赛效率为主的指导。

此阶段的训练要以技术和意识为主，进一步加强交流。

年龄：16 岁以上；

目标：运动员最理想的成熟期/最高水平的足球；

内容：T. I. C 专门化或者多功能对运动员的影响；

此阶段的训练技术，意识和交流同等重要。

T = 技术　I = 洞察力（意识）　C = 交流。

（二）良好指导的十步模式之二——简化足球的教与学

1. 把 11 人制比赛简化成 7 人制比赛

● 11 人制比赛

22 名队员加 1 名裁判/两个门（7，32 × 2，44 米）。

● 7 人制比赛

把正规比赛场地分为两个场地/28 名队员加 2 名裁判/小球门（5x2 米）

将 11 对 11 简化成 7 对 7

11 vs 11
22 players and 1 referee
goals: 7,32 x 2,44 meters

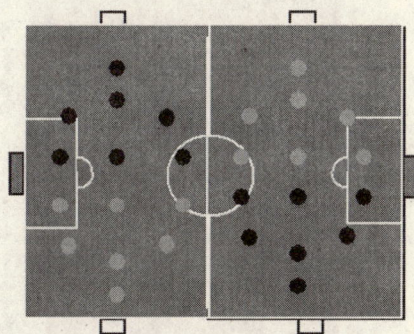

7 vs 7
2 fields in the width of one official field
28 players and 2 referees
smaller goals: 5x2 meters

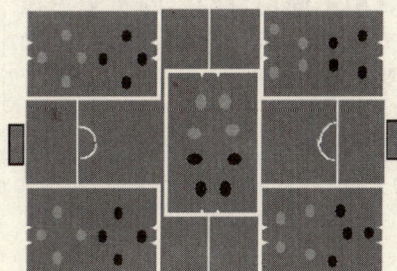

将 7 对 7 简化成 4 对 4

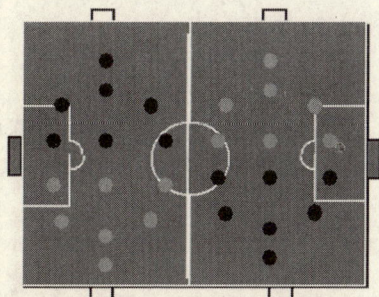

7 vs 7
2 fields in the width of one official field

smaller goals: 5x2 meters

4 vs 4
5 fields in one official field
cones / stakes as a goal of 2-3 meters wide
5 small fields, 40x20 metres

2. 把 7 人制比赛简化成 4 人制比赛

● 7 人制比赛

把正规比赛场地分为两个场地/小球门（5×2 米）。

● 4 人制比赛

在正规的比赛场地内划分成 5 个小场地，用标志物标出 2~3 米宽的球门/5 块小场地 40×20 米。

为何采取 4 对 4 的训练模式？

（1）4 对 4 的训练模式是最简化，同时又包含正式比赛中所涉及到的所有成分：

● 球
● 对手
● 同伴
● 空间
● 压迫
● 规则
● 时间
● 方向

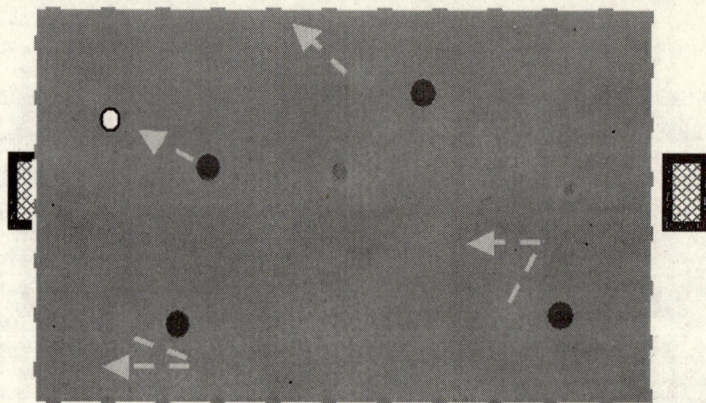

（2）各种技能都能得到发展：

T = 技术的能力，运动的身体特点；

I = 洞察力，意识（观察视野）；

C = 交流。

（3）因为在此项训练中，队员总是会利用场地的纵深、宽度、向后传等特性。你会经常面临比赛中的各种情况。

通过对比赛中不同场景的不断重复，孩子们可以得到充分的认识。这对于做出正确的决策起到重要的作用：

● 控制球
● 球的运行速度
● 传球的方向

● 进攻型传球

（4）4 对 4 的各种不同的变化形式。

不同的组织方式，不同的场地和球门的尺寸，不同的规则以及不同的得分手段要求都可以改变 4 对 4 的特征。

不同的规则限定了不同的要求，这些要求包括：

● 技术能力
● 身体和心理的条件
● 协作与交流

教练员必须了解此项训练的详细特征，这样才能更好地理解和指导。

3. 4 对 4 的基本形式

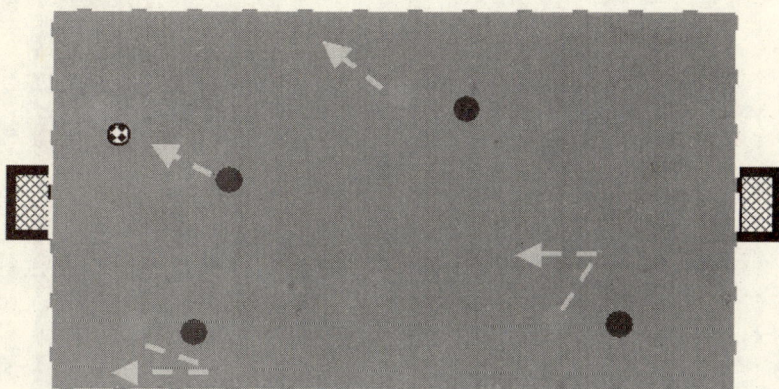

（1）4 对 4 的越线——盘带训练

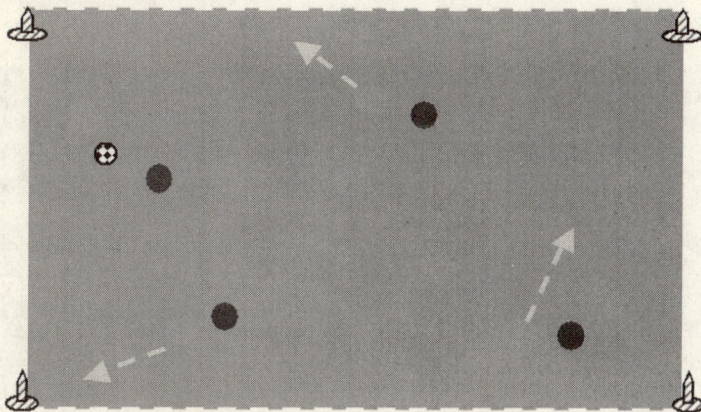

（2）4 对 4 的小球门——传球训练

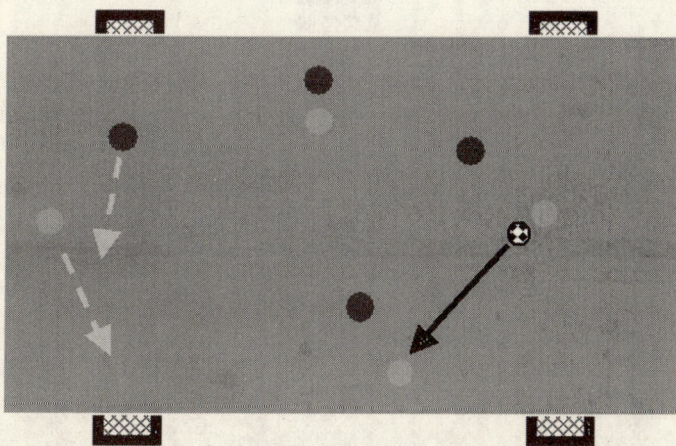

（3）4对4射两个大门的训练（没有守门员）

（4）在长且狭窄的场地进行的4对4训练——反击练习

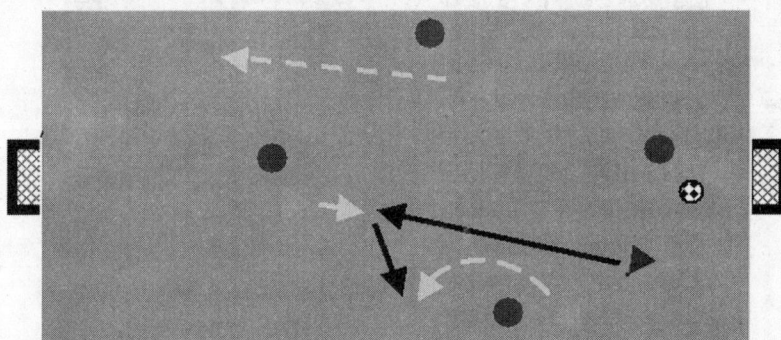

（5）4对4攻打两个有守门员的正规球门——传中和头球练习

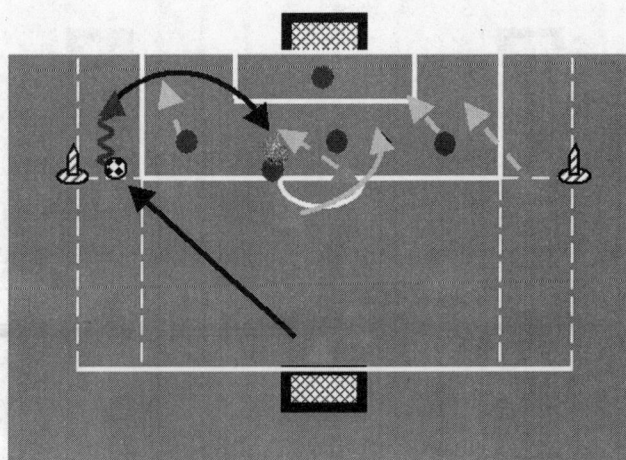

（三）良好指导的十步模式之三

如同我们所认识的足球那样使足球简单化。

（四）良好指导的十步模式之四

指出足球比赛中的四个主要时刻的目标和原则。

（五）良好指导的十步模式之五

解决足球比赛中时间与空间的问题。

（六）良好指导的十步模式之六

阅读比赛！把成绩所带来的种种具有影响的因素考虑在内。

（七）良好指导的十步模式之七

一种描述足球问题的模式，一种分析的方法。

（八）良好指导的十步模式之八

阐明足球训练的目标。

（九）良好指导的十步模式之九

对训练的理解。

（十）良好指导的十步模式之十

每次训练的要求。

第二节　分析比赛的方法

一、比赛分析表格 A

天气条件　场地条件　比赛类型　停赛队员　观众人数

半场比分　受伤队员　全场比分　特别关注　得分纪录

▲ = 分析的球队阵容　○ = 对手

号码　　姓名　　　号码　　姓名

替补队员

Match Analysis Forms　　**A**

Weather conditions:		Condition of the field:
Kind of match:		
Number of spectators:		Suspended players:
Injured players:		Half time score:
Special remarks:		
Scoresheet:		Final score:

σ = team to be analysed	Line up	μ = opponent

Nr.	Name	Nr.	Name

Spare players:

二、比赛分析

- 比赛整体印象
- 上半时
- 下半时

situational sketch of both for mations

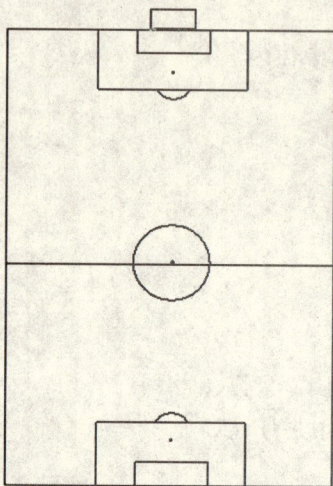

© KNVB Academy 2001

General impression of the match in the first half:

双方阵容的布局图，上半场的整体印象。

1. 上半场对方控球时
- 进攻队员
- 中场队员
- 防守队员
- 团队合作
- 本方由守转攻的变换

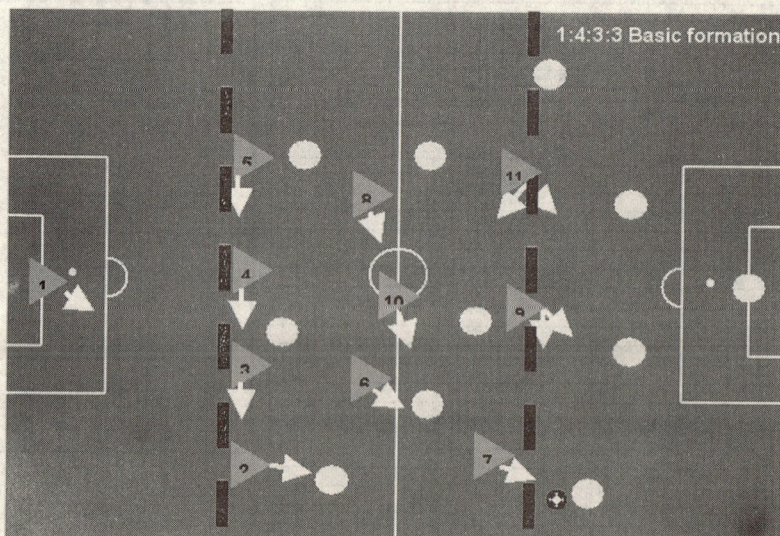

1:4:3:3 Basic formation

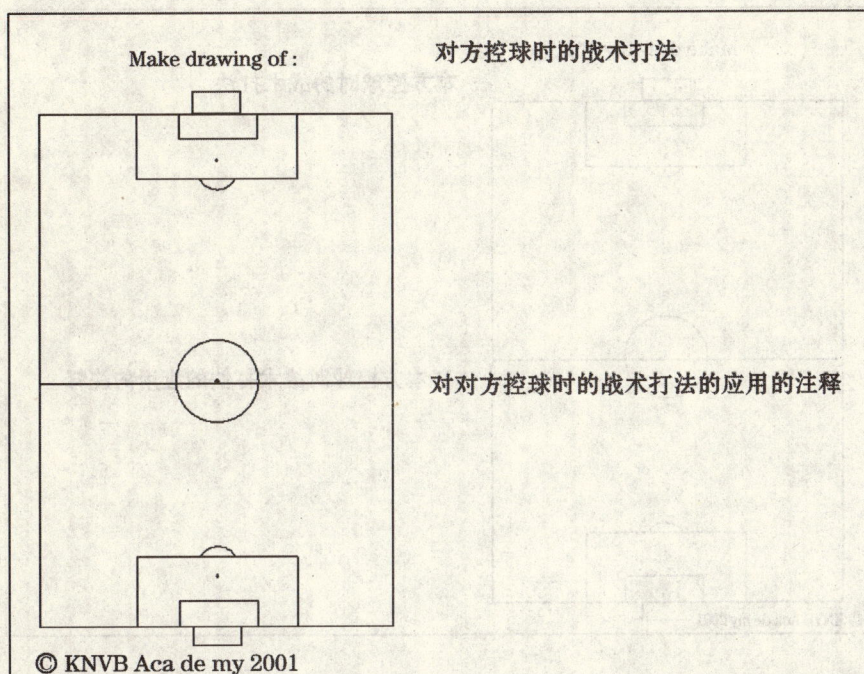

Make drawing of :

对方控球时的战术打法

对对方控球时的战术打法的应用的注释

© KNVB Aca de my 2001

2. 上半场本方控球时
- 防守队员
- 中场队员
- 进攻队员
- 团队合作
- 本方由攻转守时的转换

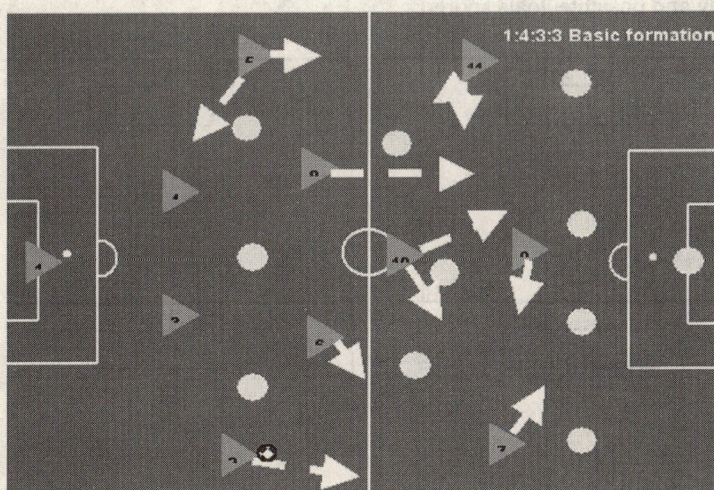

1:4:3:3 Basic formation

3. 下半场对方控球时
4. 下半场本方控球时

Make drawing of :

本方控球时的战术打法

对本方控球时战术打法的应用的注释

© KNVB Aca de my 2001

5. 恢复比赛和得分
- 恢复比赛
- 开球
- 角球
- 任意球
- 界外球
- 得分

Set play and possible goals scored:

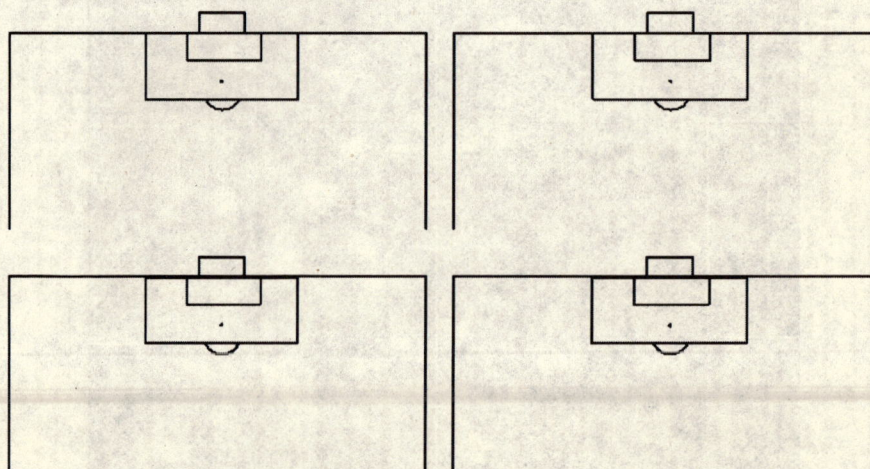

© KNVB Aca de my 2001

6. 定位球和具有威胁的射门的得分
- 关于比赛风格的注释
- 比赛的问题是什么
- 谁是核心球员
- 什么时候（在哪一时刻）
- 在什么场区
- 建议

7. 你所提出的关于比赛和训练的建议（你之前做出过有关的注释）

8. 找出有关足球的问题

（1）为了有效的训练首先要找出有关足球的问题：
- 现有的问题是什么
- 缺乏什么
- 对问题的描述一定要准确

队员必须要有能力认识问题并承担责任。

依据年龄不同会有不同的效果。

（2）寻找问题时的重要因素是：

A. 计划中所存在的问题？

B. 哪些是主要球员？问题存在于哪个位置？

C. 在什么时刻会产生问题？

（3）寻找问题时的重要因素是：

D、在哪个场区会产生问题？

E、什么特定的因素会影响到比赛，队员和环境？

（例如：比赛的重要性，球队在联赛中的排名，天气和场地条件等等）

（4）A 到 E 的事例：

A. 我们几乎没有破门得分的机会；

B. 前锋队员得不到本方后场队员的有力支援；

C. 中场队员与前锋队员之间不够默契，相互之间缺乏了解；

D. 防守型中场队员找不到足够的空间长传；

E. 当其他球队的前锋施加更大的压力时会使问题更加严重。

Preparation of the training of:		Date:
Defining of the problem:		
Objectives for the training:		
Team to be coached:		
Contents of the training session	Organization / situation	T.I.C.- Remarks

第三节　荷兰足球的特点

——"始终结合球进行"（是否控制球权）

一、足球比赛的四个主要时刻

1. 当对方控制球时

§对方的打法如何（阵型、位置、意图、质量）；

§你如何组织（阵型、位置、选择）。

2. 由守转攻（控球权从对方转为本方的时刻）

§对方组织好了吗？（没有空间）；

§对方没有组织好？（哪里是空间）。

3. 当本方控制球时

§阵型；

§位置；

§选择。

4. 由攻转守（控球权从本方转为对方的时刻）

§我们组织好了吗？

§我们没有组织好？

二、当我方控制球权时

1. 配合打法侧重于建立良好的进攻；

2. 通过个人的有效移动制造做动作的空间，重点利用两个边路和罚球区内的位置创造射门机会，并以良好的位置技战术打法支配对方的进攻方法。

三、当对方控制球权时

1. 快速转换；

2. 迅速对球施加压力，尽可能快地阻止对方建立进攻；

3. 不要站和等待，但要远离自己的球门防守（注意：防止不必要的犯规）。

四、位置打法的重要性

通过有效的位置打法控制对手：

1. 制造相互间的空间；

2. 制造纵深；

3. 创造机会；

4. 干扰对方的比赛。

五、重点在于技术性建立整体的打法过程

1. 清晰的组织结构；

2. 整体防守职能作为开始的部分；

3. 在阵形打法中"微调"基本任务；

4. 根据球队的潜力（水平、能力）进行比赛；

5. 特别注意有效的位置打法；

6. 重点在球队建立与纵深打法的组织之间达到正确的平衡；

7. 球队特点的明确打法（影像）；

8. 让个人的长处得到自由发挥。

六、球队作为一个整体——控制球权、建立进攻

1. 场上正确的阵型排列；

2. 从后方就参与进攻的建立，力争寻找未被盯防的队员（注意：不要四名队员成固定的一条线）；

3. 力争向前（纵深打法）；

4. 后卫线必须向前移动；

5. 前卫6号和8号位置：支援作用（进攻时）；

6. 当7号和11号向后传给6号和8号队员时：

§向前传给9号前锋；

§向前传给进攻型前卫10号；

§向另一边拉开（7号或11号），或如果有必要通过突上来的3号或4号队员的接应控制球权。

7. 一个中锋和一个'影子前锋'——进攻型前卫（10号）；

8. 当变换位置时：知道和交换相互的任务；

9. 向中锋传球打法：寻找第三人（10号、影子前锋或前卫6号或8号）。

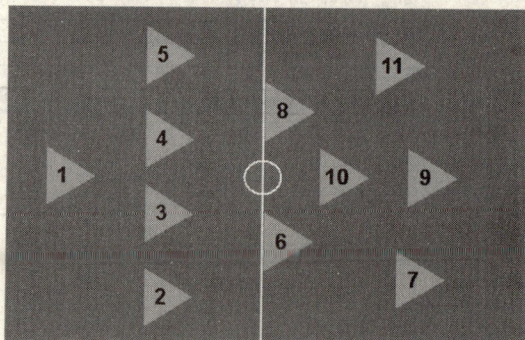

七、边路传中

1. 在球门前占据正确的位置；

2. 前锋（9号）抢前门柱；

3. 进攻型前卫（10 号）抢远门柱；

4. 边锋（11 号或 7 号）在罚球区角；

5. 支援、控制队员（6 号和 8 号）占据对方的中间。

八、每条线的任务

当本方控制球时（建立和进攻）

1. 后卫线

§ 从后方支援；

§ 寻找未被盯防的队员（向中场移动）；

§ 边后卫拉开宽度准备接球；

§ 守门员：发现向纵深传球的时机；

§ 通过位置打法创造纵深和向中场移动（注意：不要为了位置打法而进行位置打法）。

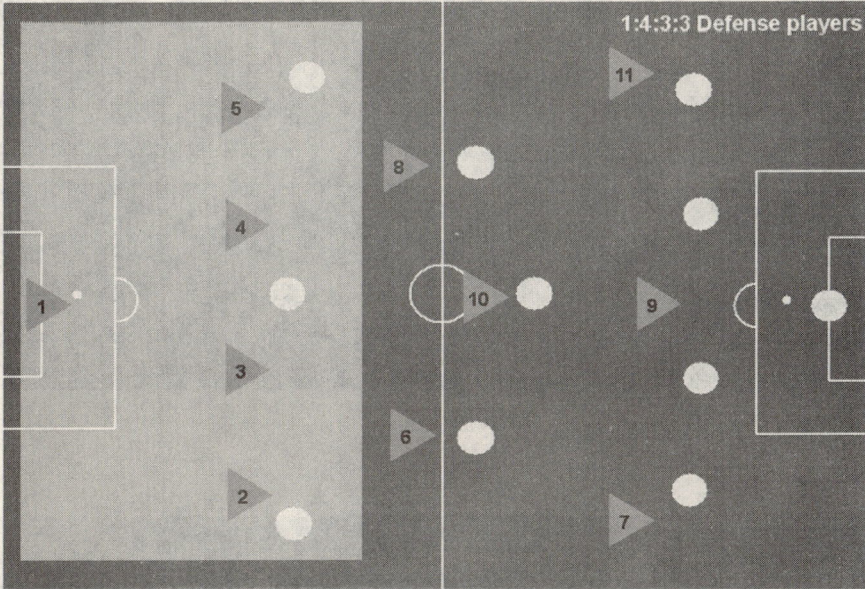

例 1.

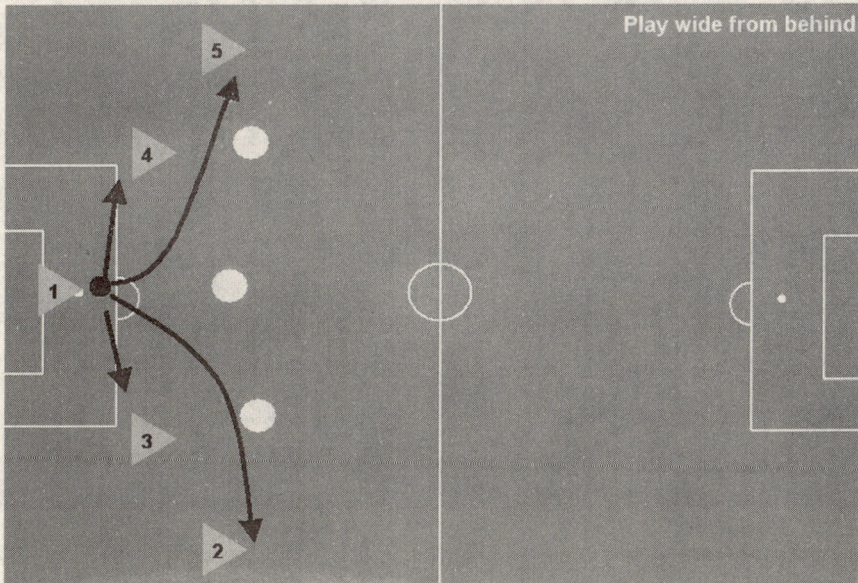

例2.

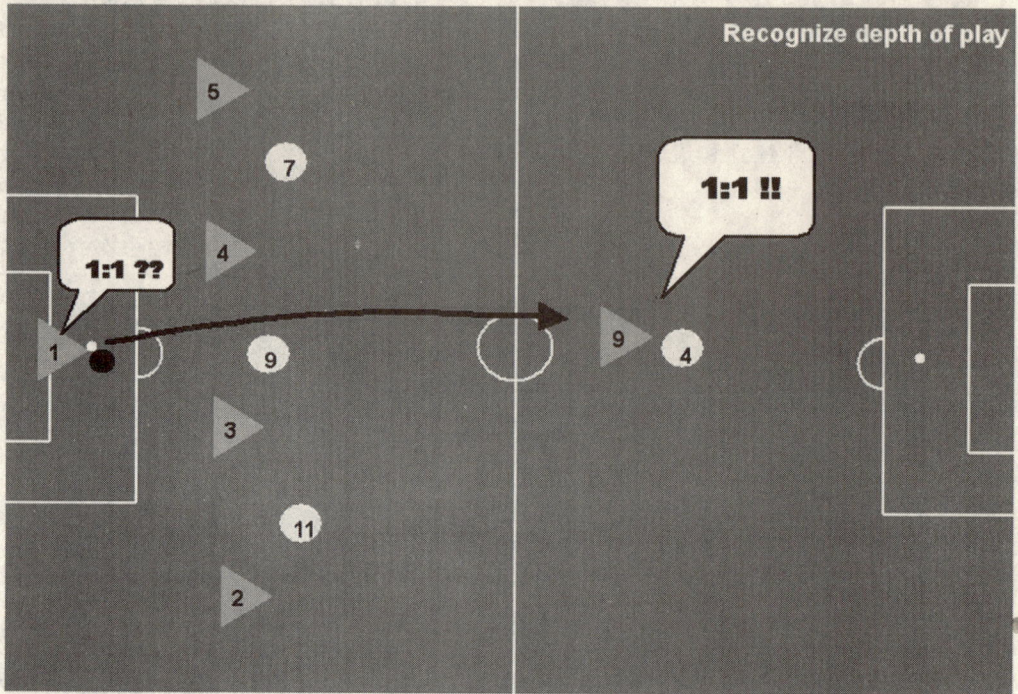

例3.

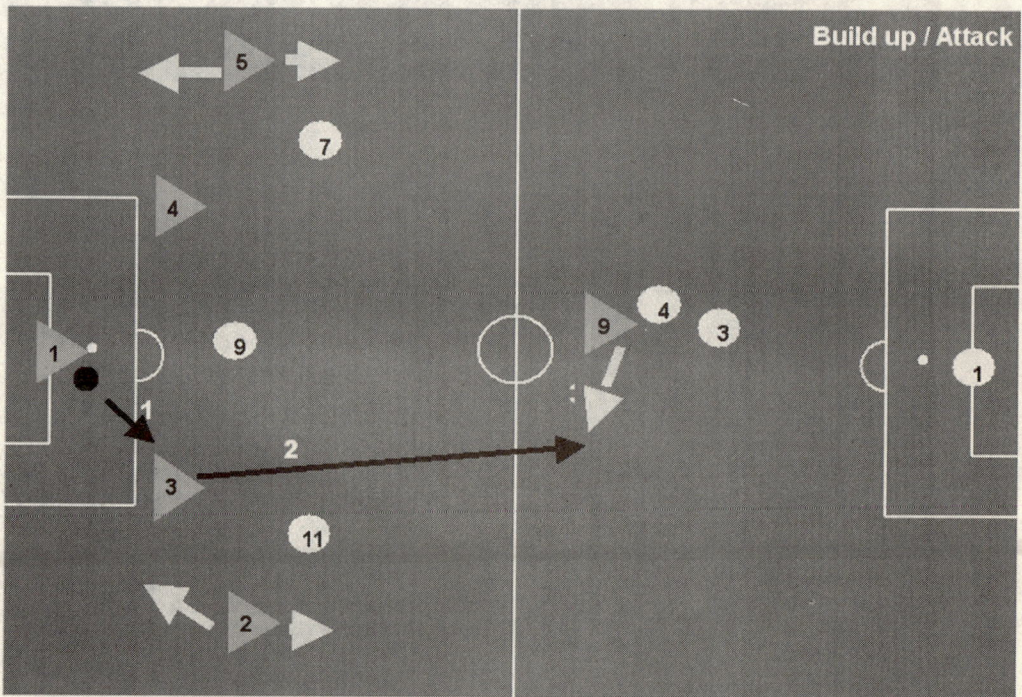

例 4.

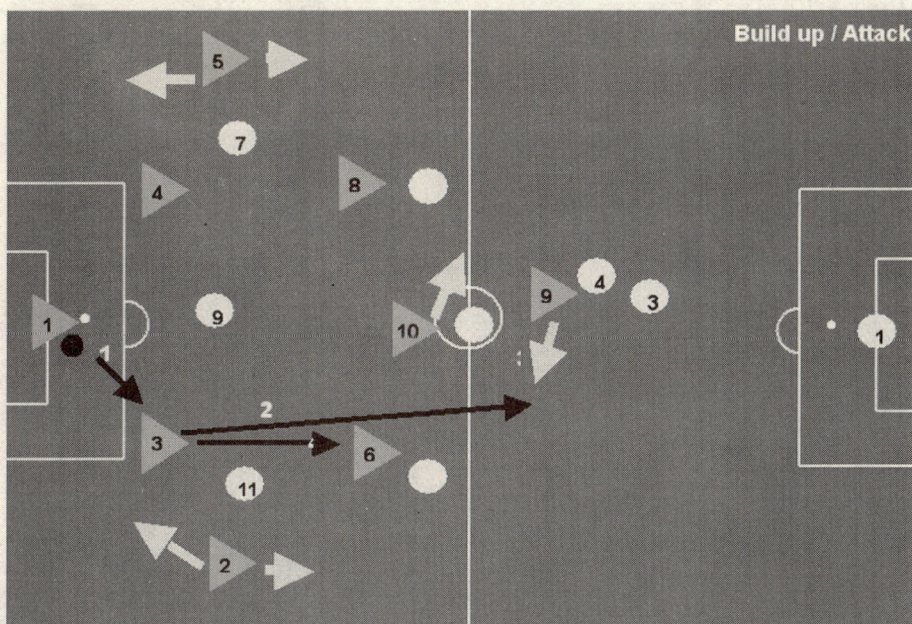

例 5.

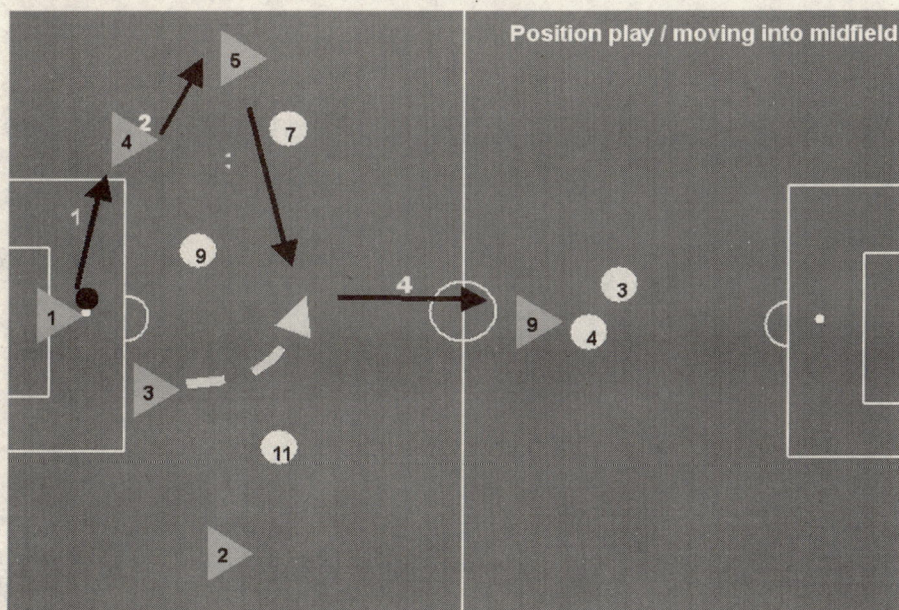

2. 前卫线

§ 场上正确的位置排列；

§ 从后场开始建立：6 号和 8 号收缩位置；

§ 6 号和 8 号在正确的时刻支援或进攻；

§ 当 7 号或 11 号队员回传给 6 号或 8 号时，不要丢掉控球权，利用基本技术接好球而且：

纵深传给前锋、向前传给中（进攻型）前卫、将球转到另一边；

§当边路传中时：

支援、控制前卫队员（6号和8号）站在对方的中间，进攻型前卫（10）到远门柱；

§当交换位置时：知道和交换相互间的任务。

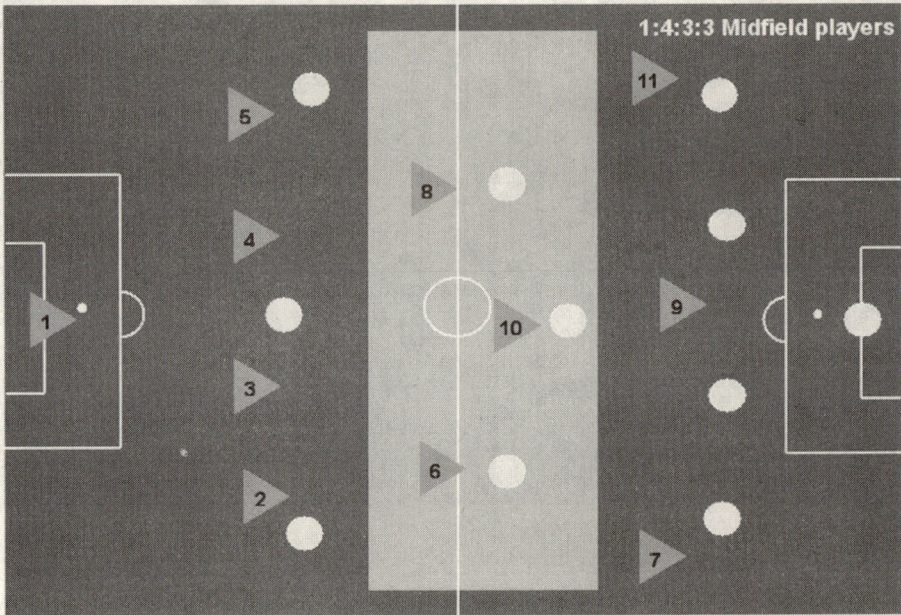

例1.

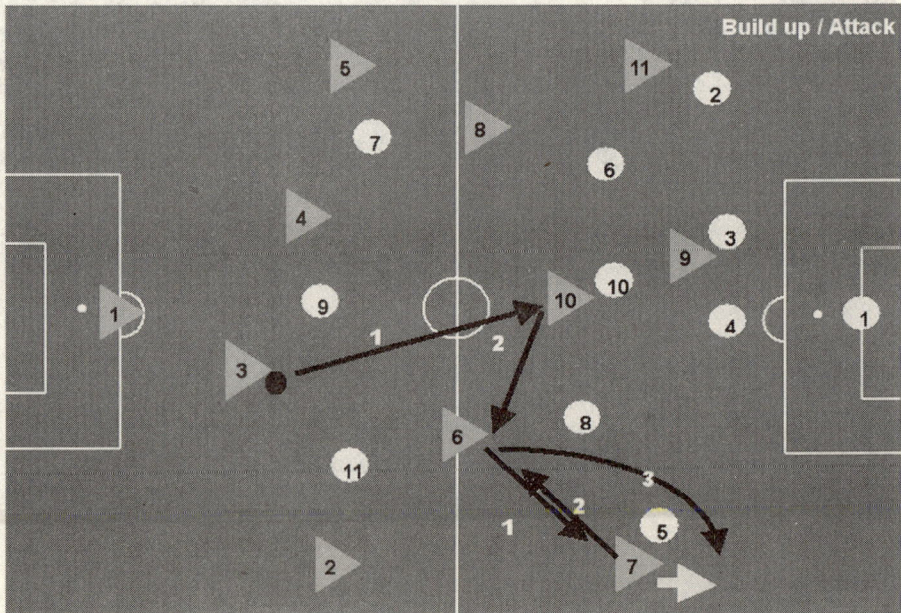

例2.

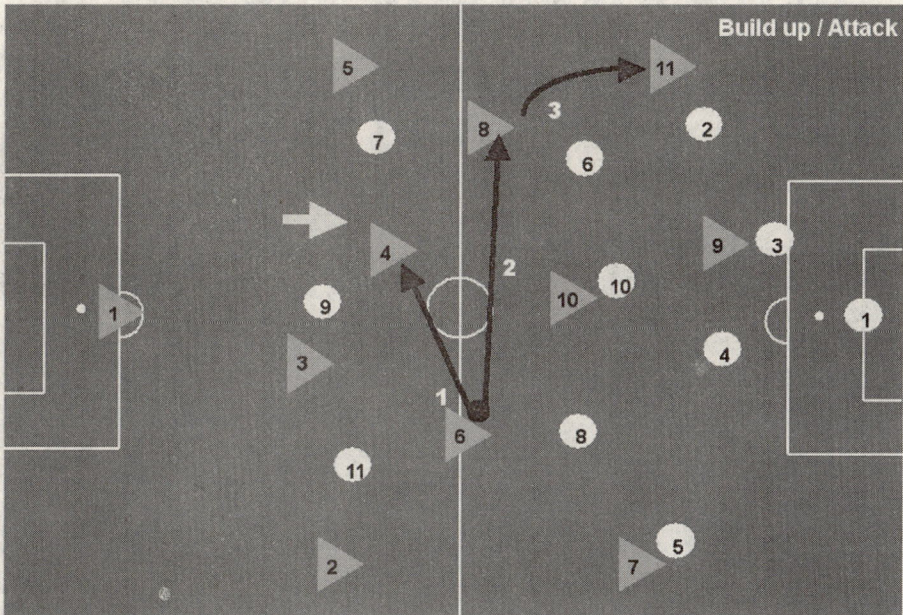

例3.

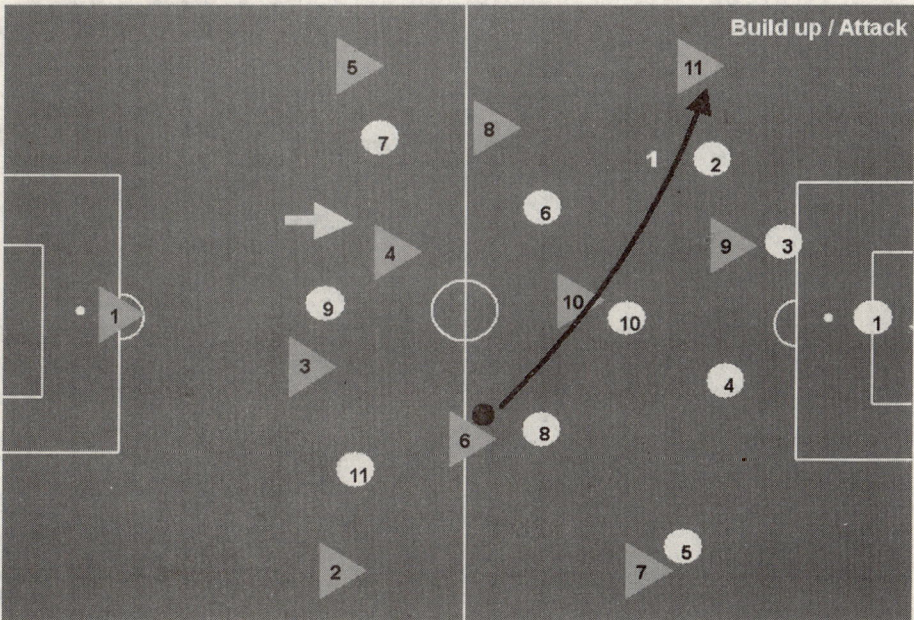

例 4.

例 5.

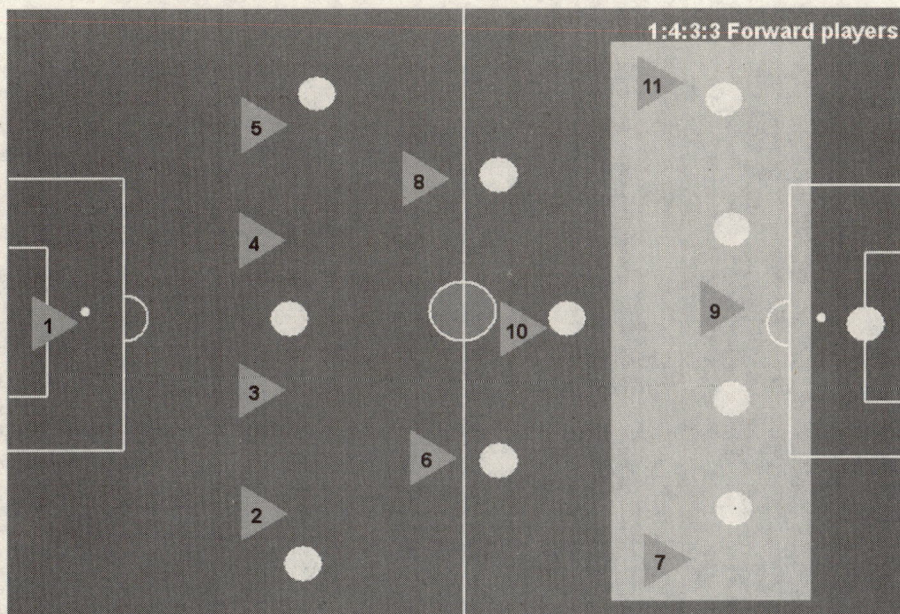

1:4:3:3 Forward players

3. 前锋线

§ 前锋之间协作；

§ 寻找第三人（进攻型前卫／影子前锋／未被盯防的边锋）；

§ 边路传中时：一名队员抢到前门柱（9），另一名队员到远门柱（10）；

§ 相互影响：一名队员奔向球，另一名队员跑向深处（9号和10号协作）；

§ 机会主义：个人移动，射门等。

九、我们如何将它转换到训练之中

例1.

Play 6:6 + 2 wall passers

Main moment: possession of the ball

Purpose of the game: To start up the attack on the half of the opponent

Team function: to build up, to attack, to score

Leading characters: midfielders, attackers

Part of the field: half of the opponent

Objective: To improve the cooperation between midfielders / attackers in the build up/scoring on the half of the opponents.

T - functional technical skills: appropriate speed of the ball, play the ball to the correct leg, receiving the ball in the correct direction, technique of passing short/long, to get past opponents (midfielder)

I - choose the right position, take risks in the attack on the half of the opponent, but try to keep the attack going, change the field quickly (wide and deep), choose between one touch passes and receiving/passing, be responsible for the basic task.

C - cooperation between defenders-midfielders, follow the attack, (eye)contact, ask for the ball at the right moment, fake actions/ runs

Technique

Insight (awareness)

Communication

KNVB

例2.

Play 6:6 + 2 free players +2 Goalkeepers

Main moment: possession of the ball
Purpose of the game: Start up the attack on the half of the opponent
Team function: to build up, to attack, to score
Leading characters: midfielders, attackers
Part of the field: half of the opponent
Objective: To improve the co-operation between midfielders / attackers in the build up/scoring on the half of the opponents.

T - functional technical skills: appropriate speed of the ball, play the ball to the correct leg, receiving the ball in the correct direction, technique of passing short/long, to get past opponents (midfielder)

I - choose the right position, take risks in the attack on the half of the opponent, but try to keep the attack going, change the field quickly (wide and deep), choose between one touch passes and receiving/passing, be responsible for the basic task.

C - cooperation between defenders-midfielders, follow the attack, (eye)contact, ask for the ball at the right moment, fake actions/ runs

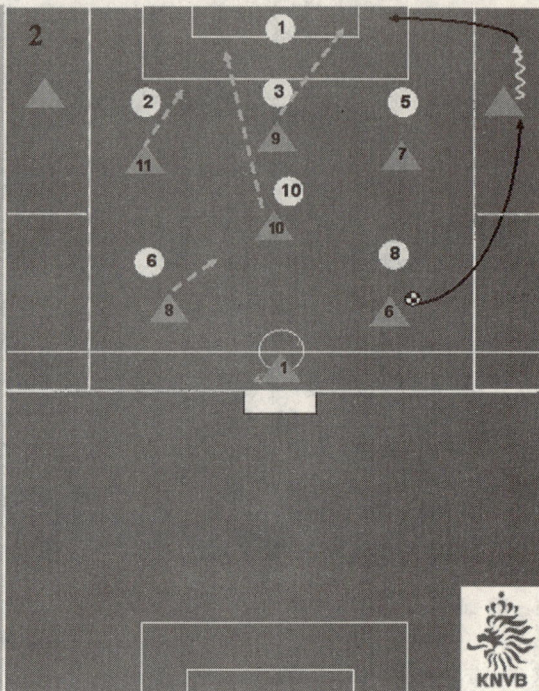

例3.

Play 6:6 + 2 Goalkeepers

Main moment: possession of the ball
Purpose of the game: Start up the attack on the half of the opponent
Team function: to build up, to attack, to score
Leading characters: midfielders, attackers
Part of the field: half of the opponent
Objective: To improve the co-operation between midfielders / attackers in the build up/scoring on the half of the opponents.

T - functional technical skills: appropriate speed of the ball, play the ball to the correct leg, receiving the ball in the correct direction, technique of passing short/long, to get past opponents (midfielder)

I - choose the right position, take risks in the attack on the half of the opponent, but try to keep the attack going, change the field quickly (wide and deep), choose between one touch passes and receiving/passing, be responsible for the basic task.

C - cooperation between defenders-midfielders, follow the attack, (eye)contact, ask for the ball at the right moment, fake actions/ runs

例4.

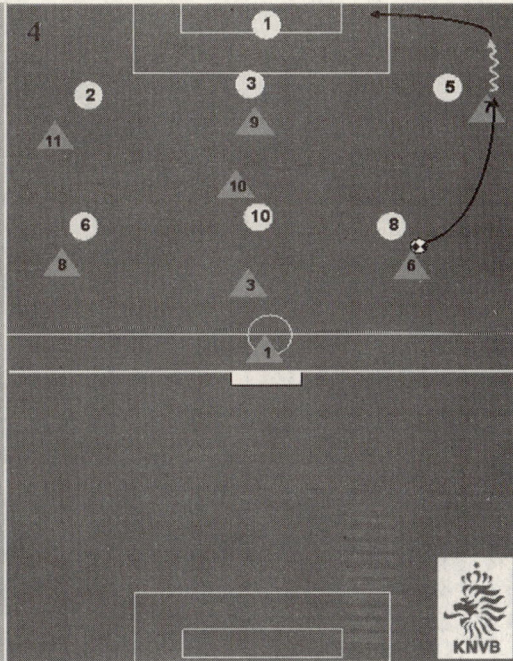

十、当对方控制球权时

当对方控制球权时也是我们组织的开始。

当对方控制球权时的任务（战术性的组织队伍）：

例1.

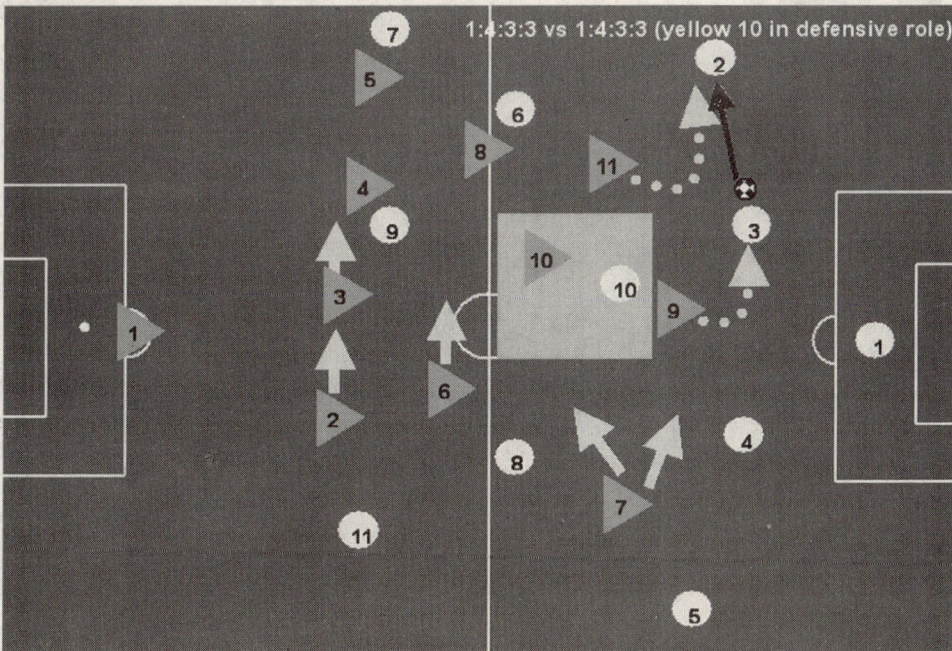

例2.

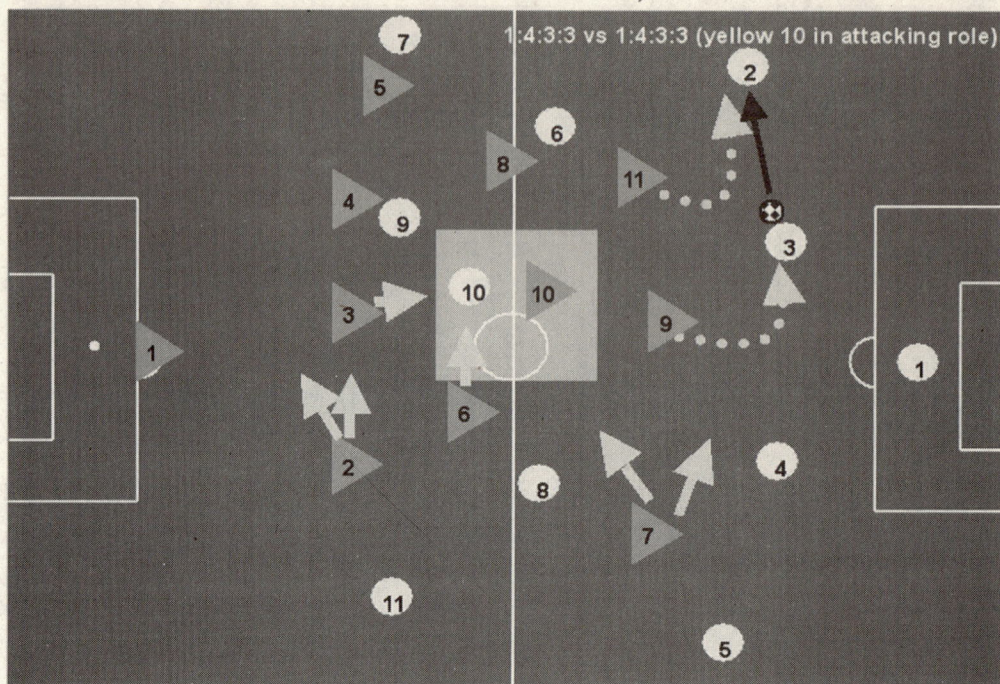

1:4:3:3 vs 1:4:3:3 (yellow 10 in attacking role)

例3.

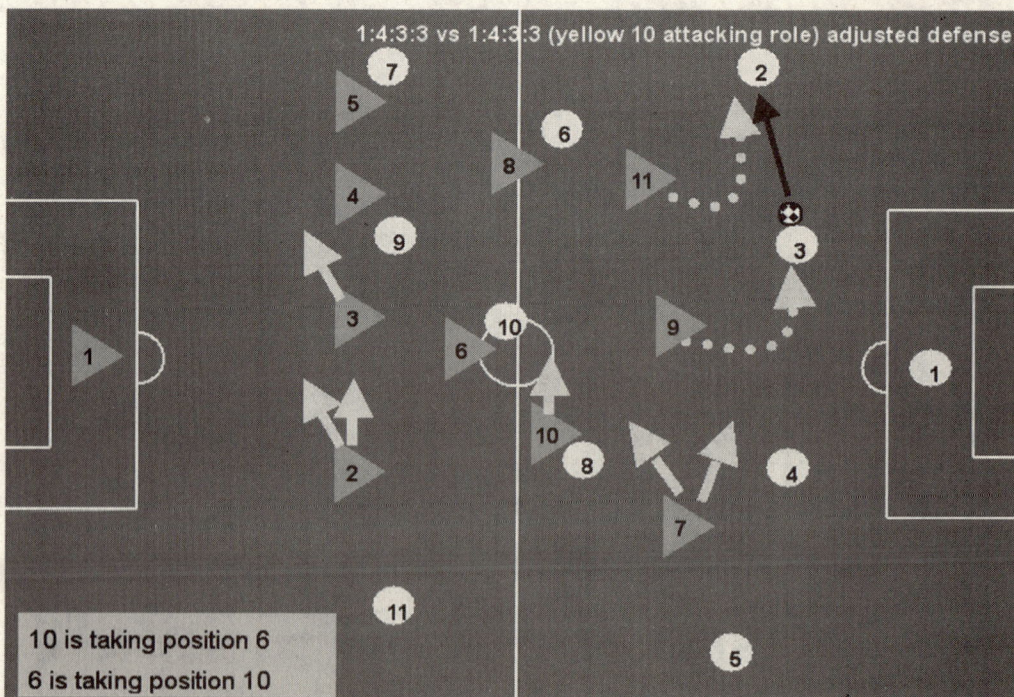

1:4:3:3 vs 1:4:3:3 (yellow 10 attacking role) adjusted defense

10 is taking position 6
6 is taking position 10

例4.

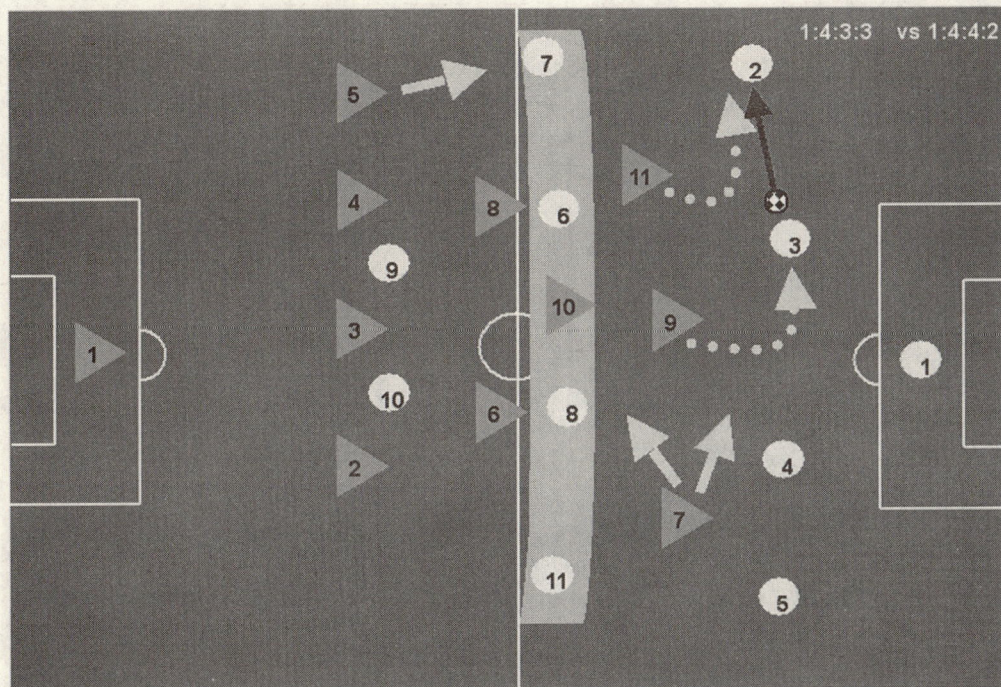

例5.

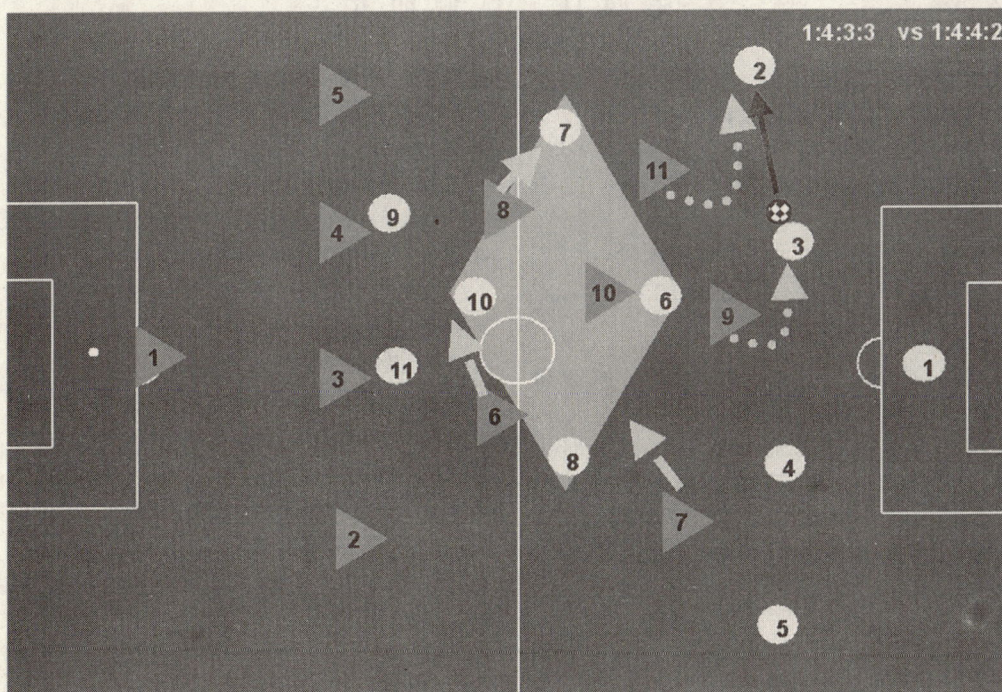

例6.

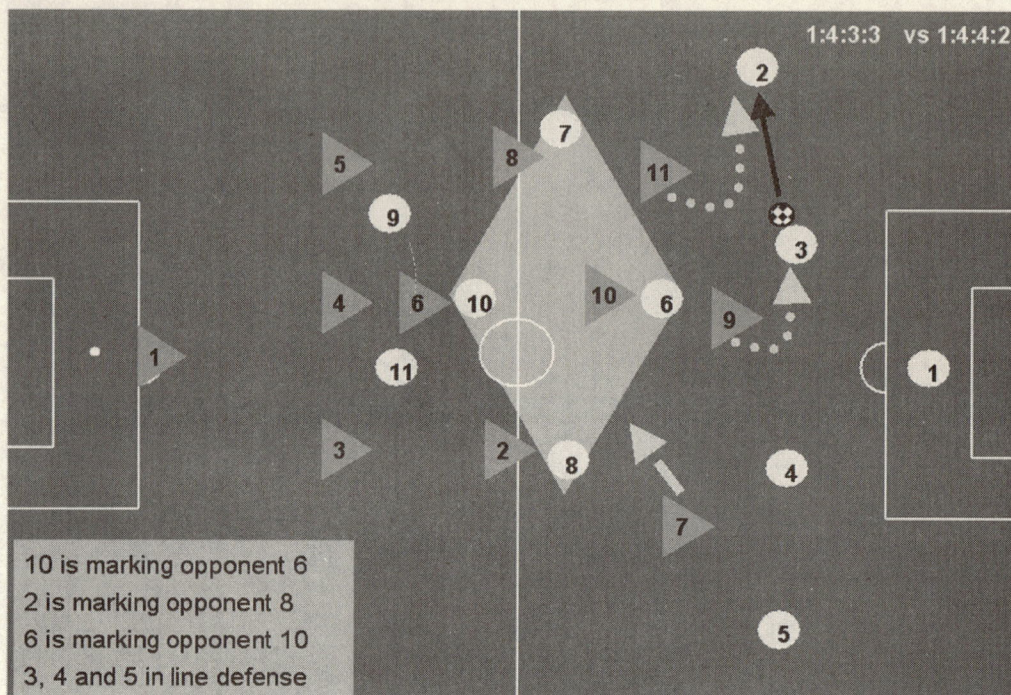

1:4:3:3　　vs 1:4:4:2

10 is marking opponent 6
2 is marking opponent 8
6 is marking opponent 10
3, 4 and 5 in line defense

第四节　区域防守

基本原则：

§ 对持球队员施加压力；

§ 每条线之间保持紧凑；

§ 保护同伴的身后；

§ 指导；

§ 预判；

§ 前锋防守（远离自己的球门）。

一、典型的区域防守

§ 球的位置决定了同伴之间的位置以及同伴与对方队员之间的位置；

§ 没有直接防守对象的队员（在人盯人防守时）要负责进入自己防守区域的进攻队员；

§ 我们的阵型并不是根据对方的阵型一成不变，而是取决于球的位置。

1. 区域防守中队员的位置取决于：球的位置

对球施加压力（1）

§ 压迫的意思就是迫使对方控球的队员出现失误从而失去控球权；

§ 施加压力的位置主要取决于对方的技术和战术能力。

对球施加压力（2）

§ 直接或提早对对方半场的某一局部施加压力，只是对于那些在后场建立进攻或在有限的空间内比赛有问题的对方球队。这些队大多数时间里利用长传球和完美的在后场组织严密的区域防守才能做到。

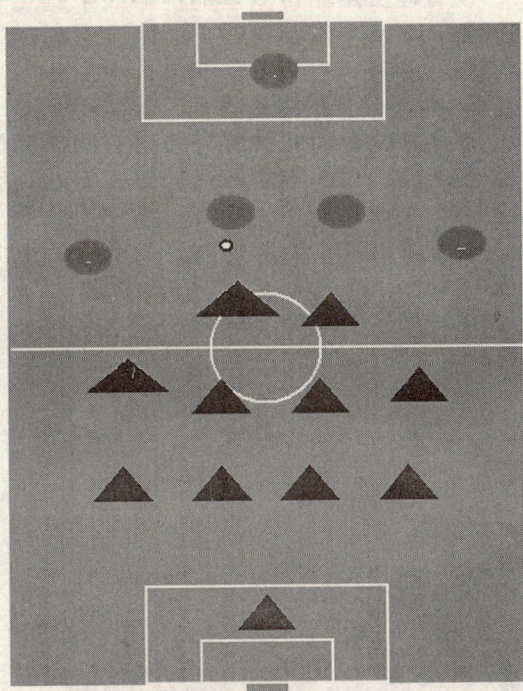

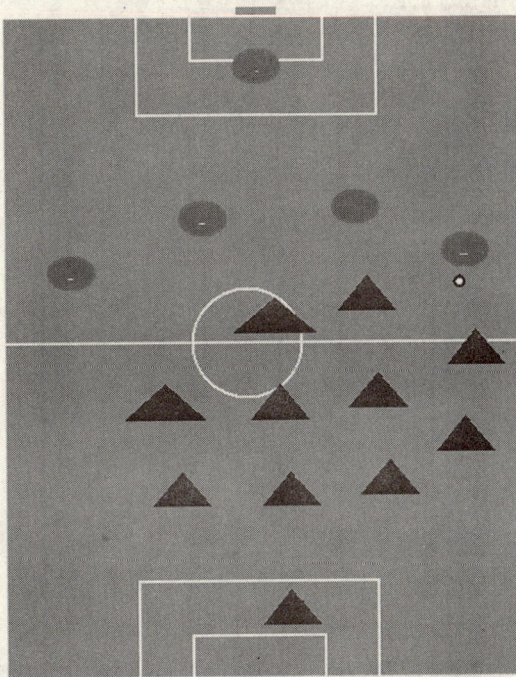

对球施加压力（3）

§对那些技战术能力较强的队员施加早期的压力是具有很大的冒险性的，因为那些队员会利用狭窄的空间来突破区域防守。其另一个威胁就是在前场施加压力时四名后卫的身后必然留下很大的空间。

对球施加压力（4）

§直接的对球施加压力意味着整体防线要前移到中线附近，这时在防守线的身后会出现很大的空当。因此守门员必须能够（同时具备勇气）出击扩大自己的活动范围；

§当今的足球比赛的标准如此之高，许多参加国际联赛的队伍都会在自己的半场开始施加压力，其目的是减少后防线身后的空当。

2．保持各条线的紧凑（1）

如果队伍采取区域防守的战术，那么队员必须选择开始施加压力的准确时机，来迫使对方的传球失误或者错误的跑位。

通过这种方式，抢球的队员或他的同伴就能够重新获得控球权。

恢复控球权只能在三条线相互间保持紧凑，不给对手控球时更多的空间。压迫可在不同的方面进行设置。

保持各条线的紧凑（2）

对于采取区域防守的关键因素是整体随着球的移动而移动时，要保持各条线之间的紧凑。总之："跟着球的移动而移动"。

在练习中，区域防守的意思就是每名队员要通过不断地跑动来保持区域性以及各条线之间的紧凑。

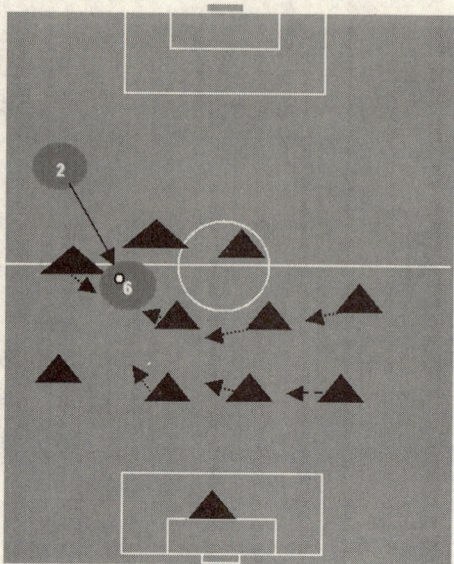

没有球员用站得紧凑的一条线来避免它的任务，显然不得不留在自己的区域来压缩间隔。

3. 保护同伴的身后（1）

§实施抢截的队员的身后要有同伴的保护，各个防线之间不断地移动要遵循这一原则；

§一条最基本的原则就是两个边后卫向中路收缩。

保护同伴的身后（2）

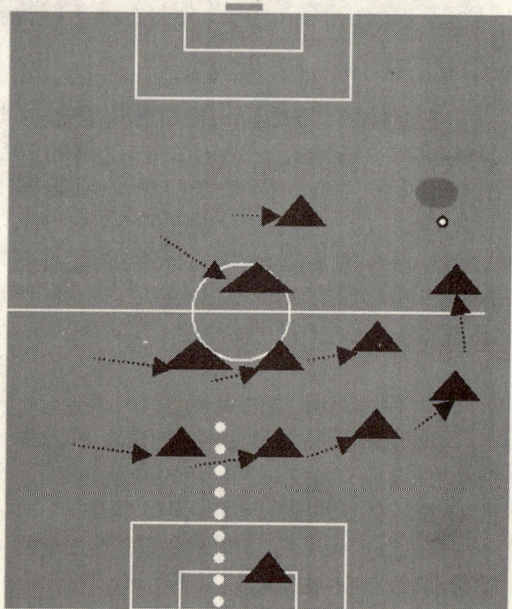

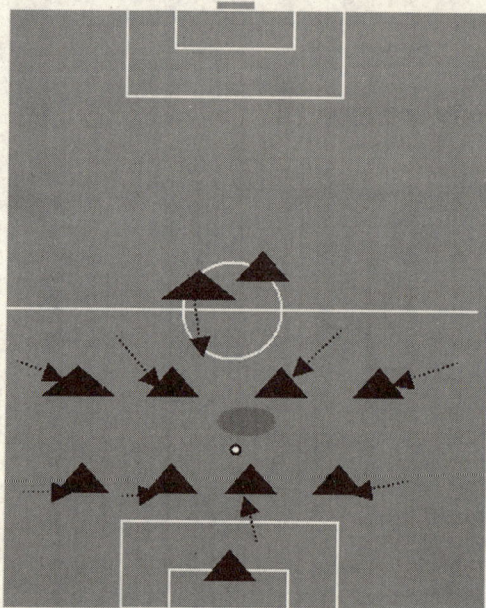

4. 指导（1）

§采取区域防守时，队员要具有更多的自由性（与人盯人的防守相反），实际中队员并不愿意这样做。

§如果对手频繁的换位，那么对于采取区域防守的队伍来说会带来很多的问题。

§为了防止这些问题的出现，在队员之间要进行不断的指导。队员必须承认一点：每名队员要负责防守自己区域内的进攻队员。

指导（2）

例如：2号指导3、6、7号
4号指导3、5、6、8和11号。

§通过指导将进入另一区域的对手进行转换盯人，另一区域的人才能接手和盯防；

§指导必须作到简短、清楚，左边、右边、后边等；

§采取压迫的时机主要是在指导之下完成，这一点非常的重要，如果过早或过晚的开始压迫都意味着时间和能量的浪费。

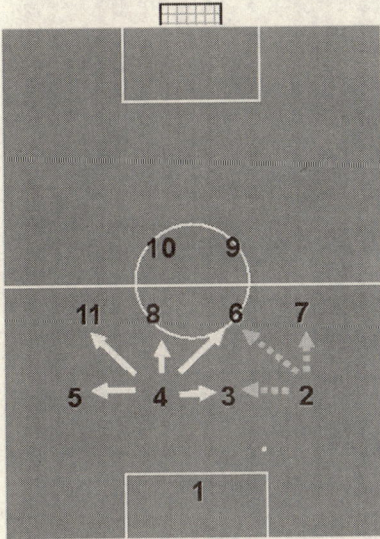

虽然没有直接的盯防对象，但是队员要对区域起到保护的作用，其最重要的一点就是队员要学会判断控球的队员将有可能采取的行动。

在区域防守中为了去阻止传球或从混乱的情况下获得球，这样的预判是需要的。

预判（2）

§所指的"预判"是战术方面的能力，这一点很难学习；

§要特别指出的是：对于采取区域防守的队伍，不能够对长传球做出提前的预判将会是很危险的，因为如果对方得到球面对我们的球门，这种情况将会是非常危险的；

§前卫队员只有做出很好的预判，并适时地通过应变才能在混战中避免这种危险这里也要求："像球的移动一样跑动"。

预判（3）

§阅读周围情况；

§不断地移动跑位；

§抢断对方的传球；

§在混战中重新获得球。

长传球例子（图示）：

当对方3号队员要长传球之前（这是视野观察），你就向后回收跑（制造纵深）

前锋队员的防守——基本原则是远离本方球门的防守；

在本方半场区域防守时，队员往往侧重于预判后方的，而忘掉前方的预判（前锋队员的防守）。

通过反复的训练，教练员能让队员自然掌握这方面的能力，前锋队员能像一个整体，从前场形成封堵的局面。重要的是不要相互超越太多，而是在各自的区域保持适宜的距离。

球队时刻留意对方长传打后卫线身后，特别是守门员要注意保护后卫线向前压上防守时留下的身后空当。

5. 预判（1）

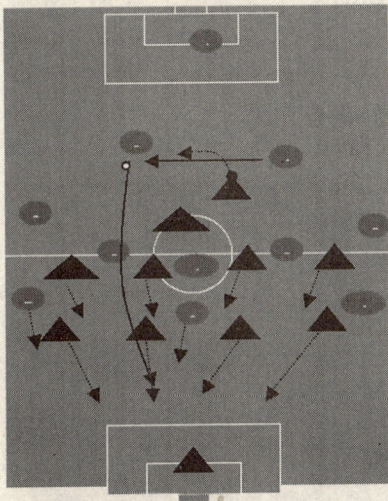

二、区域防守的优点

§ 队员留在自己的本半场；

§ 空间保持狭小；

§ 小的活动空间；

§ 更多的队员在球的周围；

§ 清楚；

§ 能进行很好的训练。

三、区域防守的缺点

§ 各条线距离太远时；

§ 当一侧边路传中时，另一侧留下很大空当；

§ 向中后卫身后纵深传球时；

§ 不好指导、交流。

四、区域防守的训练

指导训练（1）

6：4＋守门员、后卫，6：4＋守门员、前卫。

要考虑的方面：

§ 目标；

§ 时间；

§ 得分；

§ 频率。

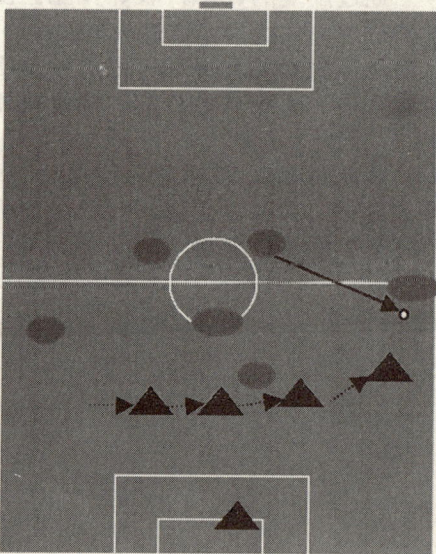
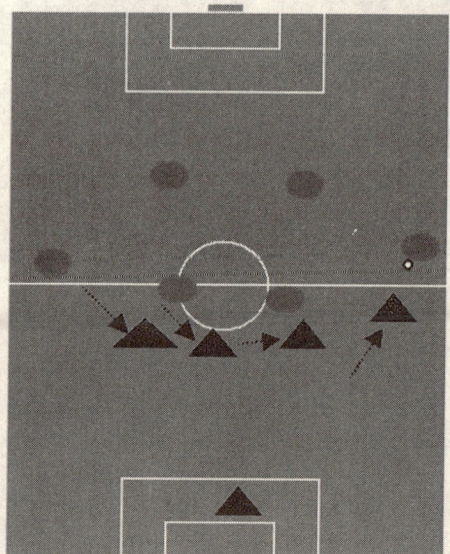

指导训练（2）

10：8＋守门员　11：11

后卫 ＋ 前卫　后卫＋前卫＋前锋

要考虑的方面：

§ 目标；

§ 时间；

§ 得分；

§ 频率。

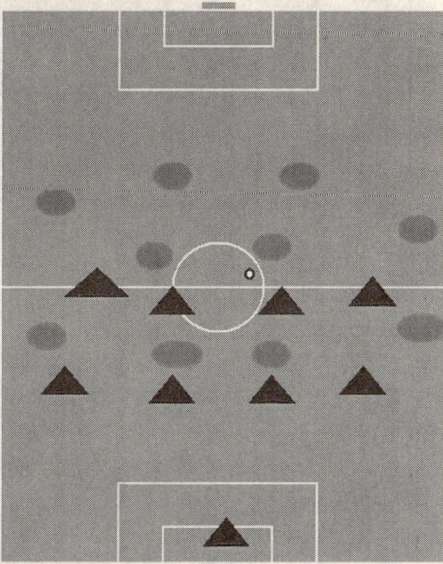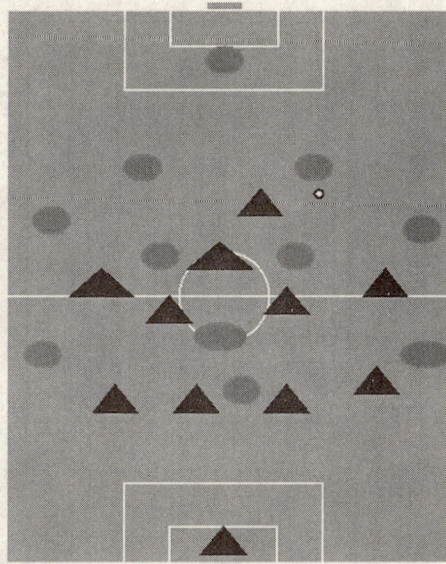

指导训练（3）

6：4＋守门员 对方控制球转为本方控球；

3×5 进攻队员＋3 守门员的比赛形式

（18 名）。

● 5 名进攻队员；

● 进攻队员不要回到自己的本场，但要

在前场始终干扰对方；

● 中锋（9）号同守门员形成 1 对 1；

● 当球出界或越位，教练将球传给中锋（9）号队员继续；

● 得分。

教

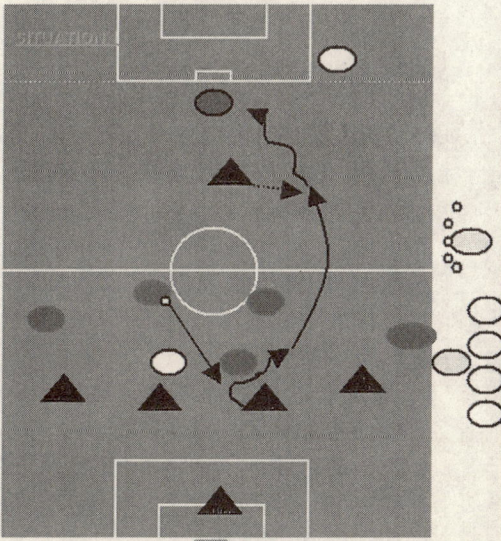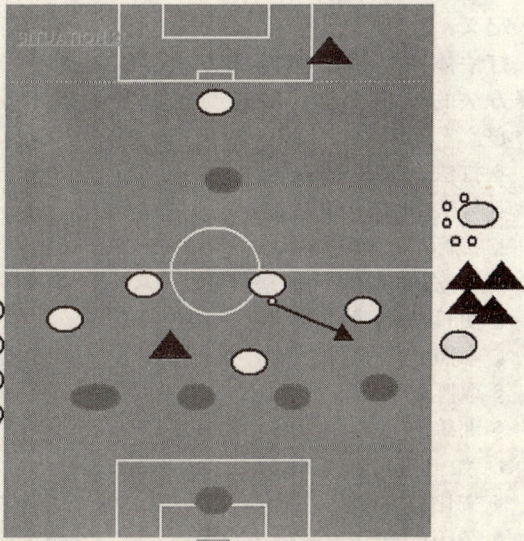

训练例子（1）
重点提高：
- 指导
- 保护
- 预判

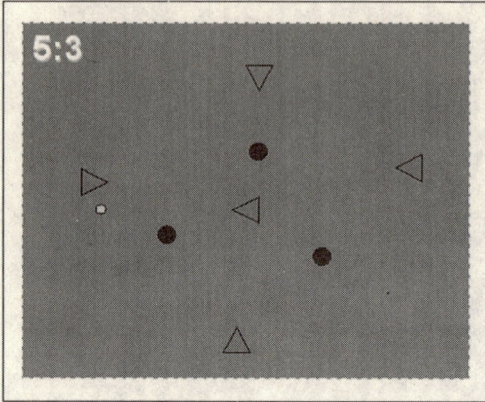

训练例子（2）

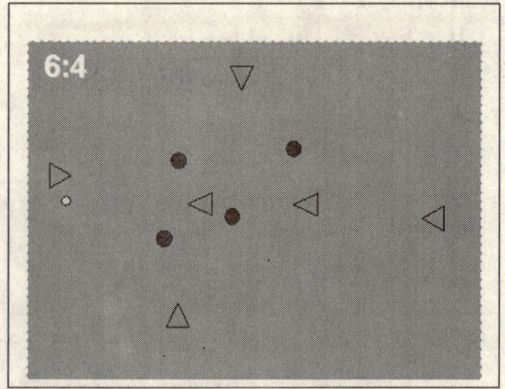

训练例子（3）

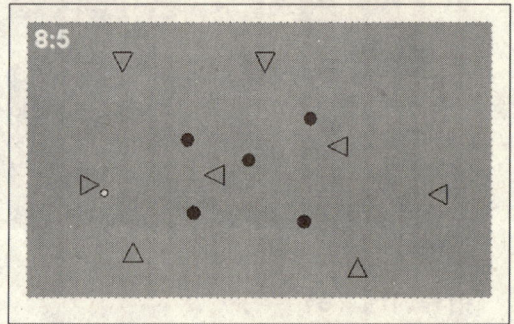

第五节　打法理念

1. 什么是打法体系

定义：

打法体系是指所执行的方式，以及对于比赛方法的认识程度，同时要以比赛的战术为中心。

　§打法的理论体系；

　§打法的实用体系；

　§目标。

2. 打法体系的目标是什么

　§使打法清晰明了；

　§参照；

　§取胜；

　§训练。

3. 如何建立打法体系

　§文化；

　§经历的知识——经验；

　§队员的素质；

　§偶然性。

4. 打法体系总是以某种阵型为基础的

　§4：4：2；

　§4：3：3；

　§5：3：2。

5. 打法体系的依据是什么

　§结构/俱乐部或者教练员的意图；

　§队员的素质；

　§财政；

　§结果/比赛的重要性；

　§打法；

　§比赛中的形势。

6. 最理想的打法体系是什么

　§最理想的体系并不存在；

　§队伍的战术组合非常的重要；

　§基本的体系是什么？

　§基本的任务是什么？

　§在队伍中如何做到均衡？

§防线的作用犹如发动机
§组织或者反击策略；
§个人的能力！
阵型：1：4：3：3；
中场：设置前腰。

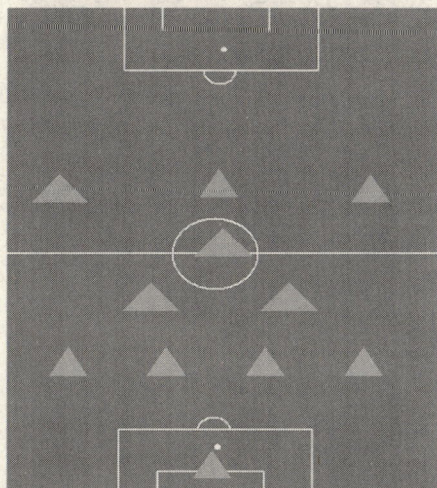

阵型：1：4：3：3；
中场：设置后腰。

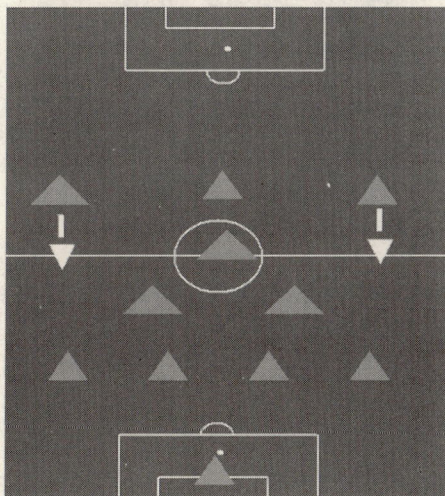

阵型：1：4：3：3；
中场：平行站位。
阵型：1：4：4：2；
两前锋交叉站位。
阵型：1：4：4：2（1：4：4：1：1）；
中场菱形站位。
阵型：1：3：5：2；
中场一名后腰。

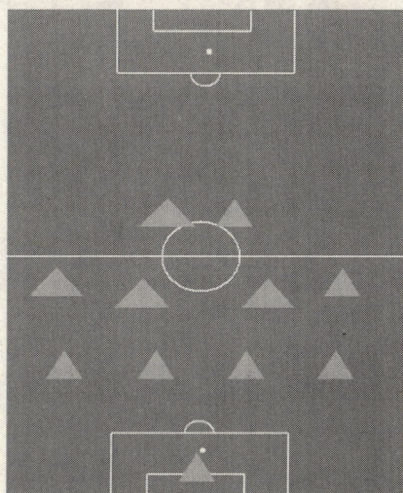

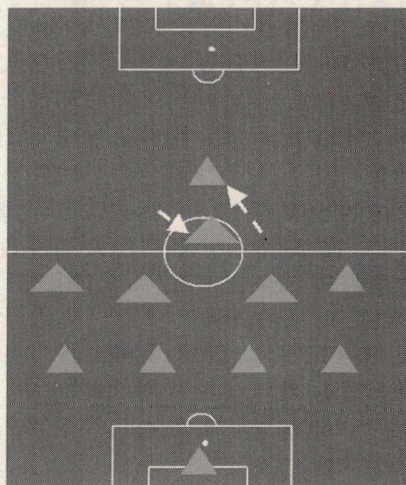

阵型：1：3：5：2；
中场两名后腰。

阵型：1：3：4：3；
阵型：1：5：4：1；
● 1：4：4：2 或 1：4：3：3；
● 整体横向防守；
● 中间两名前卫，其任务主要是协助防守和助攻；
● 两名边前卫（1：4：4：2）或者两名边锋（1：4：3：3）要积极的发动进攻；
● 一名突前的前锋和一名隐藏的前锋，在两个主要时刻的任务。
（1）保持整体（在对方控球时）；
（2）保持整体（在我方控球时）；
（3）当对方控球时每条线的主要任务。
§进攻；
§中场；
§防守。

（4）当我方控球时每条线的主要任务
§锋线；
§中场；
§防线。
（5）位置职责
7. 整体打法（1）
对方控球（防守——破坏）A
§负责自己的位置；
§取决于强大的对手回撤到中圈；
§整体对对方施加压迫；
§前锋主要在中间位置干扰对方的进攻，前锋必须在中路破坏对方的进攻；
§后腰组织和发动中场的防守；
§更适合于在边路发动逼抢（球在反向的边路发展时）。

整体打法（2）

对方控球（防守——破坏）B

§合适的时机：比如在长传球的飞行途中，难以接到的球；

§后卫线和前卫线：彼此相互保护（形成层次）；

阻止对方的前锋进入 16 码区，这就是压迫防守；

§制造越位战术，其结果可以破坏对方的进攻，给球和对方施加压力并且与最后一条防线保持联系；

§边后卫回收：当需要的时候可形成更多的保护，但是当对方的进攻在一侧发展时，另外一侧的防守队员要放弃自己的对象而向中间靠拢，保护中路的防守队员；

§负责自己的区域！

整体打法（3）

我方控制球权（组织——进攻）A

§正确的布局；

§从后场组织进攻，寻找无人盯防的同伴（不是一条线上的 4 名队员）；

§在比赛中发现深度；

§必须要与最后的防守线保持联系；

§边前卫要使进攻拉开宽度，并且转移进攻方向；

§后腰：协助和进攻的任务。

长传球给前锋；

长传球给前卫；

把球分给两个边前卫（或者回传给 3 和 4 号队员）。

整体打法（4）

我方控制球权（组织——进攻）B

§一名前锋顶到最前面，一名隐藏的前锋在他后面；

§当队员之间交换场上的位置时，每人都要知道各个位置的职责并且履行职责；

§把球传给前锋的时候，要发现第三人的接应前腰或者隐藏的前锋；

§在传中球时，两名前锋选择门前正确的位置：（一个前点，一个后点）；

§当 45 度的传中球时，两名前锋要选择门前正确的位置（一个前点，一个后点），前腰的位置在 16 码线附近，边前卫的位置同样在 16 码线附近，同时与后面的同伴保持联系。

每条线的职责：

（1）当对方控制球权时（防守——破坏）

前锋线

§整体回收（回收的距离取决于对方的实力）；

§同伴之间要协调一致；

§最重要的是破坏中路的进攻；

§当我们的边路队员得到球时，能够迅速的占据正确的进攻位置；

§在前卫的指挥下对对方施加压力；

§抢断长传球。

前卫线

§施加压迫；

§6 号或者 8 号队员指挥 7 号或者 11 号队员；

§形成一定层次的保护同伴；

§6 号或者 8 号在合适的时间协助防守；

§当发出信号向边路的对方施加压迫的时候，7 号和 11 号要回收到中场；

§在换位的情况下，队员要履行所在位置的职责。

后卫线

§履行自己的位置职责（控制对方交叉换位的前锋队员）；

§彼此之间形成保护，采取区域压迫（队员之间保持合适的距离）；

§与前卫队员保持一定的距离（两条线的层次明确）；

§防守在前场的地方展开，使对方远离自己的 16 码区；

§越位战术；

§合适的时机铲球、抢球。

（2）我方控球时（组织/进攻）

后卫线

§第一个要确保中后卫在好的位置（step up）；

§确保边后卫站在正确的位置；

§守门员发现深度；

§位置打法的目的是制造深度和保持联系（并不是为了位置的缘故）；

§一名边后卫可以参加组织进攻直到最后的阶段。

前卫线

§正确的场上布局；

§7 号和 11 号拉开进攻的宽度，同时寻找最有利的位置制造边路的空当；

§6 号和 8 号在合适的时机助攻（一个人或者同时）；

§当 7 号和 11 号回传球给 6 号和 8 号时不能丢球，当。

长传球给前锋；

长传球给前腰；

拉开另一侧的空当；

回传给拖后中卫时不能丢球；

§当传中球的时候：一名中间的前卫在 16 码线附近组织，另一名中间的前卫在外围保护；

§在换位的情况下：履行所在的位置职责。

前锋线

§前锋队员之间必须保持默契的协作；

§一人顶到最前面，一人在其身后（支援）；

§相互联系：一名前锋拖后，一名前锋插上；

§注意第三人的插上（前卫、前锋或者边锋）；

§在传中球的时候，一名前锋要近门柱，一名前锋要后门柱；

§机会主义者：个人动作，射门等。

每个位置的场上职责

对方控球时

本方控球时（组织——进攻）

§守门员；

§2 号和 5 号左右边后卫；

§3 号和 4 号左右中卫；

§6 号和 8 号左右中前卫；

§7 号和 11 号左右边前卫；

§10 号前腰；

§9 号前锋。

第六节 压迫式足球

一、采取压迫式打法取决于

1. 主要结构因素

（1）本队的能力；

（2）弱点；

（3）俱乐部/国家的文化；

（4）采取主动。

2. 附加因素

（1）对方的能力；

（2）对方的弱点；

（3）比赛的类型、目的；

（4）比分；

（5）当时的情况（多一人）。

二、进行压迫式打法应该具备哪些素质

（一）当我方控制球权时

1. 技 术

§准确的传球；

§在狭小的空间内，对方防守压力的情况下接球和控球的能力；

§在防守的压力下加快速度的能力；

§在防守的压力下快速的盘带球和带球突破的能力；

§直接传球的能力。

2. 战术意识

§重新得球后快速的转换由守转攻的速

度；

§位置打法；

§保持所占据的位置；

§队员所具备的足球意识以及领导才能；

§交流；

§掌握不同的打法；

§减缓比赛节奏的能力；

§能够用脚踢球的守门员。

（二）当对方控制球权时

1. 技 术

§防守的技术；

§封堵抢截；

§铲球；

§头球。

2. 战术意识

§丢球后快速的由攻转守；

§在正确的时间给对方施加压力。（区域——时间）；

§各条线联系紧密；

§彼此之间形成保护；

§制造越位陷阱（守门员）；

§队员所具备的足球意识以及领导才能；

§交流；

§掌握各种打法；

§如果对方控球，保持队员占据的位置；

§远离自己球门防守的能力。

3. **身体素质**

§恢复的能力；

§身体素质处于最佳状态的队员；

§态度（心理）；

§团队精神；

§自愿到远离自己球门的防守；

§在有球和无球的情况下都具备很强的主动性；

§纪律；

§有能力接触紧密的身体接触，而且有能力铲球；

§注意力。

（三）如何采取压迫式打法

1. 我方控制球权时

§快速传导以及良好的位置打法；

§利用场地的宽度；

§场上队员频繁的交换位置；

§后场的队员向前插上；

§长传球打到前场；

§各层次之间紧密联系；

§提防对方的防守反击。

2. 当对方控制球权时

§丢球后立刻采取压迫式打法；

§让整体回收：迫使对方组织进攻；

§整体后撤回收到中圈与禁区之间；

§在前场，当对方掷界外球时应采取贴身紧逼行动。

3. 攻守转换时

§丢掉控球权；

§重新得到控球权。

第七节　防守反击

一、对方控球时，我方如果准备打反击，需要的条件

§速度；

§空间；

§尽可能多的进攻队员参加反击；

§当对方控球时，控球方的打法；

§本方失去控球权时，迅速由攻转守；

§防止对手打反击；

§迫使对手放慢进攻速度和节奏；

§回撤至本方半场：A. 缩小空间　B. 组织好防守；

§迫使对手采取冒险的战术行动；

§在适当的时刻，采用逼抢以重夺控球权。

二、本方控球时，实施反击的要求

§得球后，迅速由守转攻；

§快速的前传或诱使对方出来；

§后卫线和前卫线的联系。

专项要求

技术方面：

§传球；

§三条线联系的能力；

§个人技能；

§控球能力；

§射门得分能力。

总的要求是在高速中完成技术动作。

战术意识：

§什么时候打反击？

§空间在哪？

§哪些队员向前移动？

身体素质：

§爆发能力；

§爆发力。

心理方面：

§耐心（注意力集中）；

§头脑冷静。

三、为什么要打反击

1. 结构因素

§本队能力，水平；

§本队不足；

§俱乐部——国家的文化背景。

2. 随机因素

§对方队的水平；

§对方队的不足；

§比赛的类型——目标；

§比分；

§场上情况（比对手少一人）；

§定位球之后。

四、对付反击，应该注意

§在本方组织进攻阶段避免丢球；

§本方控球的同时注意自己的防守组织，例如：

§在球后有足够的队员（保护）；
§丢球后由攻转守；

§阻止对手的快速前传；
§施压并控制对手的行动；
§造越位。

第八节　攻守转换打法

一、比赛中的重要时刻
§对方控球；
§由守转攻；
§我方控球；
§由攻转守。

二、比赛中重要时刻的结构
1. 对方掌握控球权（我方组织好了有效的防守）
前锋——前卫——后卫。
2. 由守转攻（对方没有组织好有效的防守）
§我们从场地的哪个区域得到的控球权；
§队员的行为；
§谁是核心队员。
3. 我方掌握控球权（对方组织了有效的防守）
后卫——前卫——前锋。

4. 由攻转守（我方没有组织好有效的防守）
§我方在场地的哪个区域丢掉的控球权；
§队员的行为；
§谁是核心队员。

三、攻守转换瞬间的重要性
由守转攻——由攻转守
在2000年欧洲足球锦标赛中，其中30%的进球都是通过由守转攻而创造的。
由攻转守
§在进攻三区重新获得控球权（对方组织进攻的第一个阶段）；
§在中场重新获得控球权（在中圈附近）；
§在防守三区重新获得控球权（在禁区附近）。

第九节　主要训练单元

一、耐　力
1. 基础耐力
§耐力跑（越野跑）；
§在足球场上耐力跑；
§有指定路线的耐力跑。
2. 专项耐力
§带有专项技术的按指定路线的耐力跑；
§训练形式与耐力跑相互转换；
§耐力的训练形式。

二、1对1
§带球突破和射门（有或没有防守队员参与）；
§1对1时的护球和假动作；
§2对1时摆脱对手；
§1对1时的个人防守战术。

激励——享受比赛
§2门的无特殊规则的比赛；
§足球锦标赛；
§射门练习；
§射门比赛。

三、速　度
§跑动的协调性；
§无球的跑动；
§速度力量的结合；
§足球专项的训练行式：动作速度。

四、个人训练
§位置练习；
§提高主要的个人能力（技术、战术、身体素质）；
§弥补个人缺点；

§提高专项技术训练；
§个人训练量的分配。

五、恢　复
§富有乐趣的专项联系；
§不使用足球的有球比赛；
§恢复跑（越野跑——按指定路线的跑）；
§循环训练：恢复。

六、训练理念
§以球为目标的防守；
§安全的配合打法——进攻的建立；
§向前纵深打法——射门得分；
§边路进攻打法；
§反击打法——破坏性进攻打法；
§不同位置组合的配合打法。

七、准备活动（热身）
一般性练习

§无球协调性练习；
§无球的诱发动机性游戏；
§牵拉／力量／稳定性练习。

专项练习
§个人技术练习；
§小组技战术练习；
§结合球的诱发动机性练习。

比赛战术
§比赛理念的应用与球队的实际情况相结合；
§比赛理念的应用与即将应对的对手情况相结合；
§比赛理念的应用与比赛环境的情况相结合（天气、场地等）。

第十节　阅读比赛的艺术和重要性

运动员，裁判：
§移动中；
§从后向前的移动。
教练，观察员：
§固定的观察点；
§从一侧到另一侧的移动。

一、阅读比赛的方法
§对具体比赛所发生的情况的观察，理解和反应；
为什么——为了提高比赛、指导和观察的能力；
§"我最大的优势就是我阅读比赛的能力。"（米歇尔 普拉蒂尼）；
§"好的教练不是去观看比赛而是去阅读比赛"；
§"在场外谈论公牛和在斗牛场内斗公牛是两回事"（西班牙谚语）。

二、阅读比赛
（一）赛　前
§以前的经验和学习；
§比赛准备。
"我们喜欢分析每一部分的训练内容，这是一份艰巨的工作，它意味着要在电脑前坐上好几个小时"（Pako Ayesteran，利物浦足球俱乐部）。
§研究风格和战术；
§观看重点部分的视频集锦；
§观察训练；
§通过阅读和讨论来搜集信息。

（二）在比赛中
§观察运动员和教练；
§移动；
§速度；
§方向；
§距离；
§角度。
"要用一生的时间去使对足球的指导简单化"（Parreira）。

说明
§你必须所具备的；
§关于比赛的知识；
§对于比赛情况的预判。

运动员的洞察力
1. 运动员需要知道的
§比赛原则（进攻和防守）；
§特定的角色；
§战术信号；

§ 球队的战略；

§ 比赛的目标。

2. 运动员需要

§ 对比赛情况的预判；

§ 分析规则和天气；

§ 合理的行为；

§ 百分百的集中注意力；

§ 评定比赛形势。

"知道该如何去处理不同的情况是很关键的"（Benitez 利物浦足球俱乐部）。

"优秀的运动员能做出那些超乎常人想象的事"（Parreira）。

3. 教练员要去评估的

运动员

§ 态度；

§ 身体素质；

§ 技能的表现；

§ 决策力；

§ 支援能力；

§ 射门／防守。

局部打法；

全队打法；

对手、裁判。

4. 防守队员

§ 分析对方传球意图；

§ 封堵空当；

§ 抢断；

§ 预判对手的意图；

§ 避免不必要的失误而造成失分。

5. 进攻队员

§ 发现机会；

§ 分析对手；

§ 掩饰自己的意图。

6. 阅读比赛的方法

§ 速度和洞察力；

§ 快速的观察和行动。

7. 特定的情况：考虑

§ 排名；

§ 比赛的意义；

§ 公众影响；

§ 天气；

§ 规则／红黄牌；

§ 以往经验。

（三）赛　后

对过去比赛的分析和评估

§ 自我反省；

§ 发生了什么、什么原因造成的？

（四）结　论

§ 阅读比赛 ＝ 洞察力和本能；

"他能预示进球"（关于罗伯特·巴乔的引言）；

"我一直在不断地提问，不断地寻找新的解决方案和新的方法以便不断的提高"（Benitez，利物浦足球俱乐部）。

阅读比赛 — 训练眼睛的观察能力

§ 获得知识；

§ 获得经验；

§ 区别比赛的模式；

§ 识别质量；

§ 认识比赛战略；

§ 理解战术；

§ 评价影响因素；

§ 感知比赛场景；

§ 提高注意力；

§ 形成下一个动作的预判能力。

希望发生什么事情？期望；

正在发生什么事情？解释；

可能发生什么事情？预测；

应该发生什么事情？评价。

第十一节　身体训练既是足球训练，足球训练又是身体训练

当我们想到身体素质训练，我们通常会联想到疲劳和酸痛的肌肉，跑步、热、出汗、冲刺、进行力量练习等。简而言之，所有训练活动是为了突破球员在身体能力方面的极限。训练原则是身体的调整必须满足于不断提高的比赛要求。必须对身体训练施加已适应水平更高一些的负荷。然而，球员的耐力、力量、速度、供能、机能、战术洞察力、心理素质等的总和，还不足以构成球员的竞技表现。

这些因素与球员的足球竞技能力无关，重要的是球员如何解决他们所遇到的问题以及他们如何在比赛中达到目标。因此必须对球员的足球竞技能力进行分析。显然，仅仅

进行肌肉围度、肺活量、心率、摄氧能力、弹跳力等指标的测量是不够的。100 米跑和库伯（12 分钟跑）测试的成绩无法反映一名球员的足球能力。这种分析更多地与球员在比赛中解决问题的效率结合起来。

足球运动员的身体训练水平应定义为：球员对比赛结果作出积极性贡献的能力。

T. I. C 越好（技术、洞察力和交流），球员的竞技水平越高。

过去身体训练的焦点是肌肉，但肌肉是大脑的奴隶，肌肉本身并不具备学习能力，是大脑在学习。为提高足球比赛能力，足球绝不能被简单地归结于行动，而是行动的目的：达到足球目标。

如果球员懂得了解决问题的目的，他的大脑就会支配他的肌肉。球员对付比赛局面的经历越丰富，他寻求决策就越快。

足球身体训练必须包括以下几个方面：

§球员对比赛结果作出积极性贡献的能力；

§必须与足球比赛中所遇到的专业障碍相关；

§训练目的是达到足球目标；

§结合足球的四个主要时刻对球员在大大目标方面的能力进行分析；

§借助对比赛表现的观察来评价球员，而不能通过一些伪评价方式。例如，库伯测试或折返跑测试；

§行为的描述。

质量，以进球为导向，效率；

数量，足够长的，持续的，经常地；

身体训练应该能系统地提高球员的比赛质量。

对比赛评价时总要包括竞技表现的内容，例如，当本方控球和对方控球时：

§快速、连续地解决问题的能力；

§持续的、依次序的；

§在对手的压力下；

§逼迫对手；

§变化和为预料之事；

§预见；

§控球权转换时的角色转变。

比赛、指导、训练更多是用脑，而不是用腿。

理论必须付诸实践

教练员必须掌握提高球员耐力、力量等

素质的训练原则方面的知识。这是身体训练理论的基本原则。应借助这些原则的指导，并通过实践（小型比赛、竞争性比赛等）来提高足球竞技能力。

除了掌握身体训练的理论知识外，懂得球员是如何学习以及怎样教授足球也是非常重要的。对策没有现成的答案，没有对症的处方。在实践中教练员必须把所学的运用于自身面对的局面。在讨论球员的身体素质时，知识和洞察力是必不可少的前提。

我们不能说，如果一名球员肺活量很大（这很容易借助耐力训练加以提高），他就能把球技提高。也不能说，一名球员具有强壮的肌肉（在力量房进行一定负荷的收缩、伸展练习很容易达到），他就会在比赛中表现出色或他的头球能力强。同样，若一名球员跑得快（通过训练提高这一素质的难度较大），但我们不能认为他肯定就能踢好球。

观察比赛

观察比赛的能力也就是识别所出现的局面的能力，是教练员最重要的能力。在选择与足球比赛局面相关的适宜练习、方法、工作方式和组织训练时，能够对问题加以描述并作出正确的诊断，这一点至关重要。

我们对球员的诊断不能是"他应该跳得更高，跑得更快，转身更灵活等"之类的措辞。必须用明确的足球术语对问题进行表述，使球员明白以上所有要表达的事情。我们必须能把握什么是所缺乏的本质的东西。

实践中的足球身体训练

在实践中，身体训练的任何方面要与足球比赛的需求结合。教练员应设法创造一些局面，能激发球员作出更佳的足球动作，更多的常见的序列动作，或是更快的足球动作。提高球员竞技水平的原则是，联系的难度要逐步递增。

因此，球员所置身氛围（比赛对抗、训练）对球员的要求，应比他的承受能力要高一些，这点也非常关键。球员必须面对困难的任务，这要求集中精力和一定的思维组织，在身体训练理论中，称之为超量恢复原则。

超过自身极限，这使身体训练更像比赛。但在训练实践中（竞争性的比赛和训练课），这一点往往做的不够或是未对这一原则引起足够重视。

如果大多数足球训练不遵循这些训练原

则，那不能算是真正的训练（提高竞技水平），而只是维持现状（可能是有用的），提供一些训练内容（有用的不多），或是令人厌倦的（根本就是不受欢迎的）。

因此，必须尽可能的安排一些更难的训练任务（在竞争性比赛及所有训练课），以致在较好的意愿之下达到训练目标。为确保球员能始终全力的完成训练目标，教练员必须始终监控训练局面。

在实践中，教练员可以通过竞争性比赛或非竞争性比赛来提高球员的足球竞技水平。他不能只是简单地安排这些比赛，而是要在这些比赛中，对球员需改进的技能加以训练。

教练员可以凭借多种方式来达到这些目标，他可使球员置身于某种比赛的局面，让球员不得不以某一专门方式来比赛。

常规措施：

§ 减少可获空间；

§ 增大可获空间；

§ 对手较多；

§ 对手较少；

§ 要求防守队员尽快夺球；

§ 引入越位规则；

§ 场外供球充足；

§ 只有头球攻门得分（仅在8对8，7对7的越线比赛中运用）；

§ 限定时间（例如比赛仅余5分钟，或最后1分钟）。